4|18 1

El estallido del populismo

Álvaro Vargas Llosa, coord.

EL ESTALLIDO
DEL POPULISMO

 Planeta

Obra editada en colaboración con Editorial Planeta – España

Diseño de portada: Planeta Arte & Diseño
Fotografía deportada: © Shutterstock / Piyaphong

Índice

PARTE TERCERA

EUROPA

El populismo, el nuevo enemigo

Mario Vargas Llosa

El comunismo ya no es el enemigo principal de la democracia liberal
—de la libertad—, sino el populismo. Aquél dejó de serlo cuando desapareció la URSS, por su incapacidad para resolver los problemas económicos y sociales más elementales, y cuando, por las mismas razones,
China Popular se transformó en un régimen capitalista autoritario. Los
países comunistas que sobreviven —Cuba, Corea del Norte, Venezuela— son unas dictaduras que padecen un estado tan calamitoso que difícilmente podrían ser un modelo, como pareció serlo la URSS en los
tiempos de Lenin y Stalin, para sacar de la pobreza y el subdesarrollo a
una sociedad. El sufrimiento y las atroces matanzas que costó han acabado con aquella ilusión. El comunismo es ahora una ideología residual y
sus seguidores, grupos y grupúsculos, están en los márgenes de la vida
política de las naciones.

Pero, a diferencia de lo que muchos creíamos, y como lo proclamó
Francis Fukuyama en un libro célebre —*El fin de la historia y el último
hombre*—, que la desaparición del comunismo reforzaría la democracia
liberal y la extendería por el mundo entero, ha surgido la amenaza populista. No se trata de una ideología, sino de una epidemia viral —en el
sentido más tóxico de la palabra— que ataca por igual a países desarrollados y atrasados, adoptando para cada caso máscaras diversas, de ul-

traizquierdismo en el tercer mundo y de derechismo extremista en el primero. El populismo es una degeneración de la democracia, que puede acabar con ella desde dentro. Ni siquiera los países de más arraigadas tradiciones democráticas, como Gran Bretaña, Francia, Holanda y Estados Unidos, están vacunados contra esta enfermedad; lo prueban el triunfo del *brexit*, la presidencia de Donald Trump, que el partido de Geert Wilders (el PVV o Partido por la Libertad) haya encabezado todas las encuestas para las elecciones holandesas a lo largo de este año y el Frente Nacional de Marine Le Pen las francesas. Hay muchos otros ejemplos semejantes en Europa y el resto del mundo.

¿Qué es el populismo? Ante todo, la política irresponsable y demagógica de unos gobernantes que no vacilan en sacrificar el futuro de una sociedad por un presente efímero. En el tercer mundo, viene disfrazado de progresismo. Por ejemplo, estatizando empresas y congelando los precios y aumentando los salarios, como hizo en el Perú el presidente Alan García durante su primer gobierno, lo que produjo una bonanza momentánea que disparó su popularidad. Después, sobrevendría una hiperinflación que estuvo a punto de destruir la estructura productiva de un país al que aquellas medidas empobrecieron de manera brutal. (Aprendida la lección a costa del pueblo peruano, Alan García hizo una política bastante más sensata en su segundo gobierno). Con algunas variantes, lo ocurrido en el Perú ha sido lo que hicieron en Argentina los esposos Kirchner, y en Brasil los gobiernos del Partido dos Trabalhadores de Lula y Dilma Rousseff, cuya política económica, luego de un pasajero relumbrón de falsa prosperidad, hundió a ambos países en una crisis sin precedentes, acompañada de una corrupción cancerosa, que golpeó sin misericordia sobre todo a los sectores más desvalidos. En Filipinas, el populismo del presidente Duterte muestra un perfil sanguinario: pretende acabar con el narcotráfico asesinando traficantes y drogadictos; ya hay cerca de ocho mil cadáveres y, qué duda cabe, entre ellos, gran número de inocentes.

En el primer mundo, el populismo adopta, sin escrúpulo alguno, la máscara de una derecha nacionalista que supuestamente defiende la soberanía nacional de injerencias foráneas, sean económicas, religiosas o raciales. Donald Trump promete a sus electores que «América será grande de nuevo» blindando sus fronteras con medidas proteccionistas contra la competencia desleal y pretendiendo expulsar a once millones de inmigrantes ilegales, que roban el trabajo a los estadounidenses y usurpan sus beneficios sociales, y que, armándose hasta los dientes, «volverá a ganar guerras de nuevo». Estados Unidos ya no se dejará explotar por China, ni Europa (que no paga lo que debería en los gastos de defensa de la OTAN) ni por los demás países del mundo, pues, ahora, sus intereses prevalecerán sobre los de las demás naciones.

Ingrediente central del populismo es el nacionalismo, la fuente, después de la religión, de las guerras más mortíferas que haya padecido la humanidad. Los partidarios del *brexit* —yo estaba en Londres y oí, estupefacto, la sarta de mentiras chauvinistas y xenófobas que propalaron gentes como Boris Johnson y Nigel Farage, el líder de UKIP, en la televisión durante la campaña— ganaron el referéndum proclamando que, si salía de la Unión Europea, el Reino Unido recuperaría su soberanía y su libertad, sometidas a los burócratas de Bruselas, y el derecho de defender sus fronteras contra la invasión de inmigrantes tercermundistas.

El nacionalismo inglés tiene, desgraciadamente, algunos aspectos liberales que añaden complejidad a la discusión y confunden a mucha gente. El rechazo de Europa en parte es el rechazo a la burocracia europea, una realidad que no se puede negar, aunque la mejor forma de dar la batalla contra ella es desde adentro. La propia Margaret Thatcher, que no llegó nunca a pedir la salida de su país de la Unión Europea, compartió ciertas críticas liberales a la burocracia pero no llegó a plantear que la forma de dar la batalla era aislando al Reino Unido por completo de la Europa continental. Esos principios liberales, que algunos políticos e intelectuales británicos comparten hoy, son respetables, desde luego, y es muy necesario combatir la burocratización del proyecto europeo. Pero los argumentos contra la burocracia han sido utilizados por el nacionalismo de mala manera para llevar a un sector muy amplio de la sociedad inglesa a querer salir de Europa y ahora, envalentonados con el *brexit*, intentan lograr lo mismo en otros países europeos. Por eso, los liberales debemos ser los primeros en alertar contra la manipulación de la legítima preocupación por el exceso de burocracia europea. A la larga, el nacionalismo sería infinitamente peor para Europa desde el punto de vista de la fosilización y burocratización de las instituciones.

No creo, en relación con Europa, que tengamos que llegar a conclusiones catastrofistas como las que expresan los populistas: la construcción europea sigue siendo el proyecto democrático más ambicioso de los tiempos modernos. Su balance es ampliamente positivo; entre otras cosas, es la primera vez en su historia que Europa pasa más de 60 años sin guerras internas. Las fronteras se han abierto y en varios países las fuerzas extremistas se han ido moderando y acercando al consenso democrático, a pesar del resurgimiento del nacionalismo en otros. La crisis económica de los últimos años y otros problemas que son de difícil solución, como la inmigración, han provocado sobresaltos y han sido aprovechados por los demagogos. Gracias a ello han rebrotado los nacionalismos extremos, a veces de derecha y a veces de izquierda, pero es catastrofista pensar que eso va a traer abajo la construcción europea. Todavía se está a tiempo de conjurar la amenaza porque millones de europeos rechazan a los populistas y los logros del proyecto europeo están a la vista a pesar de lo que falta mejorar.

Inseparable del nacionalismo es el racismo, y se manifiesta sobre todo buscando chivos expiatorios a los que se hace culpables de todo lo que anda mal en el país. Los inmigrantes de color y los musulmanes son por ahora las víctimas propiciatorias del populismo racista en Occidente. Por ejemplo, esos mexicanos a los que el presidente Trump ha acusado de ser violadores, ladrones y narcotraficantes, antes de dictar un decreto que prohibía el ingreso a Estados Unidos a ciudadanos de seis países musulmanes, medida que, por fortuna, ha sido momentáneamente atajada por la justicia norteamericana. Geert Wilders en Holanda,

Marine Le Pen en Francia, y no se diga Viktor Orbán en Hungría y Beata Szydlo en Polonia acusan a la inmigración de quitar el trabajo a los nativos, de abusar de la seguridad social, de degradar la educación pública. Pero, acaso, la acusación más efectiva es que los inmigrantes musulmanes son el caballo de Troya del terrorismo, olvidando que las primeras víctimas de las atroces matanzas colectivas que provocan organizaciones como ISIS y Al-Qaeda son los propios musulmanes. Que lo digan si no las decenas de miles de iraquíes —sunitas y chiíes— desmembrados por las bombas terroristas desde la caída de Sadam Husein.

Un factor que ha contribuido a afianzar al nacionalismo es el aislacionismo que profesa un amplio sector de la sociedad norteamericana. Hay liberales en Estados Unidos, como Ron Paul, que son muy lúcidos en temas económicos pero quieren que Estados Unidos renuncie al liderazgo democrático en el mundo. También hay conservadores que quieren que su país se repliegue y abandone sus responsabilidades en otras partes del mundo. Trump ha explotado esa tendencia aislacionista y pretende dejar la puerta abierta a que demagogos autoritarios como Vladimir Putin reemplacen el liderazgo de Estados Unidos, debilitando por ejemplo la capacidad de Europa de frenar los impulsos imperialistas del líder ruso. Estados Unidos es claramente el líder de Occidente y tiene una responsabilidad que no puede eludir. Pensar que el mundo libre puede prescindir de una política exterior activa por parte de Estados Unidos es una peligrosa ingenuidad.

Esa responsabilidad internacional no cuenta con una movilización de la sociedad norteamericana que la respalde decididamente. Eso explica la relativa inhibición de la política exterior de ese país desde hace un tiempo y el hecho de que el discurso aislacionista de los nuevos populistas haya convencido a amplios sectores de la sociedad de la inutilidad de que Estados Unidos siga asumiendo un papel orientador y comprometido en el exterior. Pero hay que recordarles a los norteamericanos que el riesgo de un repliegue por parte suya no lo corre sólo el resto del mundo libre: también los propios Estados Unidos y, por supuesto, sus aliados.

Algunos europeos, como los alemanes, lo han entendido así y ha cundido entre ellos la alarma.

Los efectos del populismo en Occidente, y, sobre todo en los Estados Unidos, pueden ser desastrosos para América Latina, pues aquél ha sobrevenido cuando, de una manera general, en los países latinoamericanos iban desapareciendo las dictaduras militares y, aunque a distintas velocidades pero de manera bastante sistemática, iban reemplazando a los viejos regímenes autoritarios y a los gobiernos populistas, administraciones democráticas salidas de elecciones más o menos libres. Abundan los ejemplos de los últimos años: Brasil y Argentina son los casos más ostensibles, pero no los únicos. Ese proceso de democratización de América Latina se puede ver ahora frenado y, qué duda cabe, los agravios racistas del presidente Trump a los mexicanos y sus políticas proteccionistas y antiinmigrantes pueden revertir el proceso en el que, a medida que la democracia liberal iba hundiendo sus raíces en el continente, los viejos prejuicios ideológicos contra los Estados Unidos amenguaban. Ahora, no es imposible que aquella hostilidad renazca de pronto con nuevos bríos. Y ya no sólo por obra de una extrema izquierda sino respaldada por amplios sectores democráticos. Como lo han señalado muchos ensayistas mexicanos, las bravatas nacionalistas y racistas del presidente Trump han tenido por lo pronto la virtud de poner a la cabeza de las encuestas presidenciales al candidato populista Manuel López Obrador, que, si llegara al poder, representaría una regresión izquierdista radical al proceso de democratización que México experimenta desde hace unas dos décadas.

El populismo no sólo arruina económicamente a los países, luego de un breve período en el que las políticas demagógicas seducen al grueso de su población con una apariencia de bonanza; también desnaturalizan la democracia y las políticas genuinamente liberales. En América Latina, gobiernos como los de Rafael Correa en el Ecuador, el comandante Daniel Ortega y su mujer en Nicaragua y Evo Morales en Bolivia se jactan de ser antiimperialistas y socialistas, pero, en verdad, son la encarnación misma del populismo. Los tres se cuidan de aplicar la receta comunista de nacionalizaciones masivas, colectivismo y estatismo económicos, pues, con mejor olfato que el iletrado Nicolás Maduro, saben el desastre a que conducen esas políticas. Apoyan de viva voz a Cuba y Venezuela, pero no las imitan a cabalidad. Practican, más bien, el mercantilismo de Putin (es decir, el capitalismo corrupto de los compinches) estableciendo alianzas mafiosas con empresarios serviles, a los que favorecen con privilegios y monopolios, siempre y cuando sean sumisos al poder y paguen las comisiones adecuadas. Todos ellos consideran, como el ultraderechista Trump, que la prensa libre es el peor enemigo del progreso y han establecido sistemas de control, directo o indirecto, para sojuzgarla. En esto, Rafael Correa fue más lejos que nadie: aprobó la ley de prensa más antidemocrática de la historia de América Latina. Trump no lo ha hecho todavía porque la libertad de prensa es un derecho profundamente arraigado en los Estados Unidos y provocaría una reacción negativa muy fuerte en las instituciones y en el público. Pero no se puede descartar que, a la corta o a la larga, tome medidas que —como en la Nicaragua sandinista o la Bolivia de Evo Morales— restrinjan y desnaturalicen la libertad de expresión.

Es una paradoja que el populismo arrecie en países desarrollados cuando está de salida en América Latina. Sería trágico que el populismo de los países desarrollados acabe provocando el regreso del populismo latinoamericano ahora que la región exhibe logros importantes.

Si se la compara con lo que era hace treinta o cuarenta años, es evidente que hay un progreso considerable en América Latina desde el punto de vista político: las dictaduras militares han desaparecido, con muy pocas excepciones (como las que se disfrazan de revoluciones socialistas). Hay democracias corruptas, como lo demuestra el escándalo de «Lava Jato» en Brasil, con sus ramificaciones en todo el continente, pero la gente entiende que las democracias corruptas son preferibles a las dictaduras militares. Son las instituciones de la democracia, precisamente, las que están investigando y castigando a los corruptos. Si ese proceso se lleva hasta las últimas consecuencias, puede ayudar a fortalecer la fe de los votantes en la democracia liberal.

Las dictaduras populistas o comunistas ya no son un ejemplo para nadie en el hemisferio occidental. Cuba es un anacronismo que está en bancarrota y trata de abrirse a formas limitadas de capitalismo para poder sobrevivir. Lo hace gracias a los regalos de petróleo de Venezuela, que no van a durar mucho por el descalabro de la economía venezolana y los precios actuales del crudo. ¿Es acaso Venezuela un ejemplo para los jóvenes idealistas? ¿Cuáles son los logros de esa revolución? No hay uno solo. El país tiene la inflación más alta del mundo y uno de los mayores índices de violencia criminal. Hay una mayoría significativa de venezolanos que no cree en la revolución y que quiere salir de ella cuanto antes por la caída abismal de los niveles de vida, la atroz inseguridad y una violencia política que se manifiesta cada vez más. El fracaso del populismo es pavoroso y la dirigencia política encabezada por Maduro da muestras cotidianas de su ineptitud a la hora de resolver los problemas más elementales. Ni siquiera los vasallos de Venezuela imitan ya al chavismo. Nicaragua, por ejemplo, trata de hacer una política capitalista con retórica populista y con autoritarismo, dándoles a los empresarios nicaragüenses lo que quieren. Evo Morales ha tratado de hacer algo similar en Bolivia. Los propios populistas, pues, admiten el fracaso de sus recetas. Es una lección que los países desarrollados donde el populismo ha resurgido deberían aprender.

Hay además en América Latina un fenómeno interesante que va a contrapelo del populismo: gobiernos de izquierdas, como el de Uruguay, que han respetado las instituciones e incluso propiciado algunas medidas liberales en ciertas áreas a pesar de sus ideas socialistas y su vocación intervencionista. ¿Por qué han surgido algunos gobiernos así? Por una razón evidente: el fracaso del populismo ha hecho entender a ciertos dirigentes que si quieren tener éxito deben apartarse de esas ideas caducas.

En general, los países de la región han ido resignándose a que no son las utopías revolucionarias o los gobiernos militares, ni los populismos trasnochados, los que pueden sacar a América Latina de su subdesarrollo. Es un progreso considerable que los países se vayan convenciendo en la práctica de que no son el estatismo ni el nacionalismo económico los que pueden traer riqueza y crear empleo. Algunos de los países que han progresado en América Latina son miembros, por ejemplo, de la Alianza del Pacífico, una importante iniciativa de integración cuya vocación va en dirección contraria de lo que hoy predica Trump y de lo que representan dictaduras moribundas como la venezolana. Ojalá que pronto otros países se sumen a ese grupo integrado por México, Chile, Perú y Colombia que apuesta sin complejos por la globalización.

El populismo tiene una muy antigua tradición, aunque nunca alcanzó la magnitud que ostenta hoy en el mundo. Una de las dificultades mayores para combatirlo es que apela a los instintos más acendrados en los seres humanos, el espíritu tribal, la desconfianza y el miedo al otro, al que es de raza, lengua o religión distintas, la xenofobia, el patrioterismo, la ignorancia. Por eso prende tan fácilmente en sociedades que experimentan cualquier crisis o situación imprevista. Como ocurrió en Europa en los años treinta, cuando el fascismo y el nazismo conquistaron a grandes masas que, aturdidas y fanatizadas por las ideologías nacionalistas y racistas de caudillos estentóreos y carismáticos como Mussolini y Hitler, precipitaron un cataclismo que causó treinta millones de muertos y dejó al Viejo Mundo devastado. Aún no se ha llegado a esos extremos, pero el populismo de nuestros días, que ya ha permitido al nacionalismo más frenético y racista mostrarse a cara descubierta y —una vez más— conquistar con sus recetas fáciles y sus prejuicios tradicionales a vastos sectores, es una fuente de división que exacerba y encona a las sociedades que se creía más solidarias y democráticas.

Eso se advierte en Gran Bretaña, con la polémica sobre el *brexit*, que ha enardecido el debate político de una manera muy áspera, y ocurre también en buen número de países europeos con la controversia intensa y a veces violenta sobre la inmigración, que ha permitido la aparición y el crecimiento de partidos y movimientos de clara vocación fascista. Pero donde este fenómeno se manifiesta de manera dramática es sobre todo en los Estados Unidos. Jamás la división política del país ha sido tan grande y nunca ha estado tan clara la línea divisoria: de un lado, toda la América culta, cosmopolita, educada, moderna; del otro, la más primitiva, aislada, provinciana, que ve con desconfianza o miedo pánico la apertura de fronteras, la revolución de las comunicaciones y esa globalización que es, sin duda, el hecho más promisor y exaltante de nuestro tiempo, pues abre inmensas oportunidades a todos los países, pero, sobre todo, a los más pobres, que, por primera vez en la historia, gracias a la globalización pueden salir de la pobreza en poco tiempo y alcanzar el bienestar para todos sus ciudadanos. Pero las grandes transformaciones sociales y económicas provocan también un movimiento retráctil hacia lo que Karl Popper llamaba «el espíritu de la tribu». El populismo frenético de Trump ha convencido al sector más retrógrado de su país de que es posible detener el tiempo, retroceder a ese mundo supuestamente feliz y previsible, sin riesgo para los blancos y cristianos, que fue el Estados Unidos de los años cincuenta y sesenta. El despertar de esa ilusión será traumático y, por desgracia, no sólo para el país de Washington y Lincoln, sino también para el resto del mundo.

Un caso interesante y atípico es el de España. ¿Por qué no ha surgido un partido anti-Europa y antiinmigrantes, de extrema derecha, racista y xenófobo, como en buena parte de los países europeos? Tal vez porque, sin la generosa ayuda de la Unión Europea, la transición de la dictadura franquista a la democracia no hubiera sido tan celera y eficaz, ni, luego de la transición, el progreso económico de España hubiera sido tan rápido y profundo, al extremo de convertir al que era un país subdesarrollado en una sociedad ahora moderna, próspera, democrática y de clases medias. Desde la muerte de Franco, los partidos popular y socialista se alternaron en el poder, y, pese a la animadversión que se profesaban, la verdad es que ambos siguieron unas políticas bastante similares de integración a Europa, promoción de una economía abierta y de respeto a la propiedad privada, a las empresas y a la inversión, lo que trajo un progreso económico que convirtió España en un caso ejemplar, un modelo a seguir. Los gobiernos de Felipe González y de José María Aznar elevaron los niveles de vida de una manera espectacular y reforzaron las instituciones democráticas.

Pero, ay, la crisis económica que vivió el Occidente también hizo estragos en España, y, por desgracia, sus efectos negativos fueron mucho más graves aquí por culpa del gobierno populista de Rodríguez Zapatero, quien, durante cerca de año y medio, negó que hubiera crisis alguna y se negó por tanto a tomar medidas para conjurarla, de modo que aquélla terminó golpeando al país de manera mucho más grave que al resto de países desarrollados. Y, además, en esos mismos años empezaron a salir a la luz los casos espectaculares de corrupción que habían acompañado, a lo largo de mucho tiempo, tanto a los gobiernos populares como a los socialistas. España vivió momentos trágicos, con la subida terrible del paro, la caída de los niveles de vida, el escándalo y la indignación para grandes sectores populares afectados por la crisis económica que fue saber que la corrupción había permitido a funcionarios y empresarios practicar esas alianzas mafiosas que los enriquecían, mientras el grueso de la población se apretaba los cinturones y sufría. Esto explica la aparición de un movimiento popular extremista como Podemos, que, aunque disimulando sus designios con retórica reformista, propone, si toma el poder, practicar un socialismo populista que —digan lo que digan sus dirigentes— podría poner fin a la España democrática y libre de nuestros días, y enrumbarla hacia el modelo chavista.

Hay que recordar que sus principales dirigentes fueron no sólo propagandistas entusiastas sino, incluso, colaboradores rentados del «socialismo del siglo XXI». Por lo demás, los antiguos «indignados» con el sistema de poder, antes de conquistarlo ya participan de sus vicios: se han dividido y sus luchas intestinas les han hecho perder buena parte del prestigio que tenían. En el último congreso del partido, Pablo Iglesias ha derrotado en toda la línea a Íñigo Errejón. Aquél era el más carismático y mejor orador, pero el más peligroso era este último, pues había entendido mejor que en la España de hoy día es muy difícil que prenda el modelo populista y extremista que predica Iglesias; Errejón proponía edulcorar su populismo radical con disfraces socialdemócratas, mediante una «transversalidad» —colaboración de clases y alianzas con partidos moderados—, estrategia a todas luces más astuta y pragmática. Lo ocurrido ha sido bueno para la España democrática y, para Podemos, probablemente signifique el principio de su fractura y fragmentación.

El más grave peligro que afronta España, sin embargo, no es el populismo izquierdista de Podemos, sino las amenazas independentistas de Cataluña (las del País Vasco se han atenuado últimamente). Aprovechando la muy amplia descentralización que trajo a las regiones la ley autonómica, en Cataluña los gobiernos nacionalistas han adoctrinado por lo menos a tres generaciones de catalanes con una prédica soberanista del más flagrante cariz populista, asegurando que «España nos roba» y promoviendo la idea de que, con la independencia, la República Catalana será poco menos que el paraíso terrenal. Parece mentira que la región acaso más culta de España haya podido sucumbir —por lo menos un amplio sector de ella— a esta engañifa ideológica, algo que, de más está decir, jamás se hará efectivo por su obtuso arcaísmo y pertinaz irrealidad. Pues, si llegara a ocurrir, traería gravísimos problemas, no sólo a España y Europa, sino, sobre todo, a la misma Cataluña, a la que veríamos probablemente convertirse no en Dinamarca, como dicen los propagandistas de la independencia, sino en Bosnia. Mi impresión —mi seguridad— es que Cataluña jamás será independiente. Y, asimismo, que Podemos nunca llegará al poder. España ya ha progresado demasiado económica y culturalmente para que haya mayorías suficientemente enajenadas por la ceguera populista para que electoralmente gane el poder un partido que retrocedería en poco tiempo el país a un estado de subdesarrollo tercermundista, como Venezuela, o para que un número suficiente de ciudadanos fanatizados ampare electoralmente a unos independistas que, como ha quedado demostrado en estos días ante los tribunales, a la vez que profetizaban el paraíso secesionista, se llenaban los bolsillos (hablo de la familia Pujol, el patriarca del independentismo, sobre todo).

¿Se puede combatir el populismo? Desde luego que sí. Los argentinos lo demostraron en la última elección, derrotando al candidato de la señora Kirchner, y están dando un ejemplo de ello los brasileños con su formidable movilización contra la corrupción, los estadounidenses que resisten las políticas de Trump, los ecuatorianos que infligieron una derrota a los planes de Rafael Correa imponiendo una segunda vuelta electoral en la que su candidato tuvo que rivalizar con Guillermo Lasso, un genuino demócrata, y los bolivianos que respondieron «No» a Evo Morales en el referéndum con que pretendía hacerse reelegir por los siglos de los siglos. Y lo están dando los venezolanos que, pese al salvajismo de la represión desatada contra ellos por la dictadura narco-populista de Nicolás Maduro, siguen combatiendo por la libertad.

Sin embargo, la derrota definitiva del populismo, como fue la del comunismo, la dará la realidad, el fracaso traumático de unas políticas irresponsables que agravarán todos los problemas sociales y económicos de los países incautos que se rindieron a su hechizo. La colección de ensayos de este libro, *El estallido del populismo*, que muestra con sólidos argumentos y ejemplos muy precisos los estragos que el populismo ha causado y causa en los países que se rinden a su demagogia, participa en ese combate de manera resuelta, defendiendo la democracia liberal contra ese nuevo enemigo encubierto que se filtra en ella de manera solapada para irla degradando y destruyendo poco a poco con mentiras y falsas promesas. Sus autores son, todos ellos, a la vez, intelectuales y hombres y mujeres de acción, que defienden sus ideas con sus convicciones y sus actos, en sus propios países y en ese vasto mundo del que la globalización nos ha hecho a todos sus ciudadanos. Ojalá su voz sea escuchada y sirva para arrebatarle adeptos al populismo en el amplio escenario de Iberoamérica.

Madrid, marzo de 2017

PARTE PRIMERA

ESTADOS UNIDOS

1

El caso Trump

Álvaro Vargas Llosa

Los antecedentes

La victoria de Donald Trump el 8 de noviembre de 2016 con 304 votos en el Colegio Electoral contra los 227 de su adversaria, Hillary Clinton, estremeció al mundo. Pocos esperaban que la candidatura populista y nacionalista del magnate inmobiliario y estrella de la *reality television* lograra semejante proeza en una democracia avanzada, con instituciones sólidas y una cultura política acendrada, cuyas responsabilidades desbordan largamente, desde hace setenta años, su perímetro geográfico.

Esta sorpresa delataba desconocimiento de lo que es el populismo nacionalista y de su trayectoria a lo largo del último siglo, lo mismo que de las corrientes sociales y políticas que desde hace algún tiempo recorren Estados Unidos. Si algo ha demostrado la historia es que con frecuencia el populismo se origina en una democracia, por desarrollada que sea. Es la razón por la que Aristóteles, en su análisis de los sistemas políticos griegos, desconfió de ella: la veía proclive al enfrentamiento entre estratos sociales y pensaba que en ella las emociones sustituían a la legalidad. Aunque hay dictaduras que se vuelven populistas, son sobre todo las democracias las que degeneran en ese fenómeno, independientemente del grado de solidez que puedan tener, como lo recuerda Eduardo

Fernández Luiña en su trabajo «Los movimientos populistas», parte de la serie «Mitos y realidades» del Instituto Juan de Mariana. Por eso hay populismos en América Latina lo mismo que en Europa, por ejemplo.

Si existe determinado grado de descontento y miedo en una sociedad, y un caudillo capaz de construir en la imaginación de suficientes personas un mito y una utopía que den cohesión discursiva a los instintos, frustraciones y reclamos que los enemistan con el estado de cosas imperante, el populismo irrumpirá con fuerza. En cualquier lugar y tiempo. Dadas ciertas condiciones, no hay democracia que no sea vulnerable a la construcción del mito (un pasado ilusorio que el caudillo resucita) y la utopía (el anuncio de un futuro glorioso) que informan, con su potente carga emocional, el relato populista. Estados Unidos no es una excepción. El gran escritor (y gran cínico) H. L. Mencken, escéptico frente a las posibilidades de todos los sistemas políticos, escribió en sus *Notes on Democracy* que, cuando la gente siente su seguridad amenazada, «todos los grandes tribunos de la democracia [...] se convierten, por un proceso tan simple como respirar hondo, en déspotas de una ferocidad casi fabulosa».

Es muy pronto para saber si Trump hará todo lo que dijo que haría y lo que las tremebundas decisiones de sus primeras semanas en la Casa Blanca presagian, o si su partido, sus colaboradores, las instituciones, la sociedad, le permitirán llegar hasta las últimas consecuencias, o si, en este primer año de gobierno, irá atemperando su administración por instinto de supervivencia para hacer un gobierno respetuoso de la convivencia interna y externa. En cualquier caso, el fenómeno Trump —el de su candidatura exitosa y su ascenso improbable a la cúspide del poder estatal— nos habla de un país, una democracia, en la que ha sido posible el triunfo electoral del populismo nacionalista en pleno siglo XXI. Eso, independientemente de lo que suceda con el gobierno, merece ser entendido y explicado porque nos da luz sobre los tiempos que corren y la naturaleza misma del populismo.

El populismo estadounidense no es el mismo que el latinoamericano o el europeo, ni son estos últimos comparables en todos sus rasgos. El estadounidense tiende a ser más interclasista que el latinoamericano: en

Estados Unidos la división entre el pueblo y las élites no se solapa del todo con la división entre el poder económico y la masa desposeída (Trump, un *tycoon* muy mediático de los bienes raíces que ha construido un discurso sobre la clase media venida a menos, es, él mismo, prueba de ello). Dado lo difuso que es el populismo en términos ideológicos, tampoco es raro que los movimientos populistas difieran mucho en su conjunto de propuestas. En Estados Unidos, el populismo puede rebelarse contra los altos impuestos, como lo ha hecho Trump, mientras que en América Latina, con pocas excepciones, el populismo pretende elevar los impuestos de los ricos para redistribuir la riqueza.

En Europa misma hay populismos de distinto pelaje ideológico. El de la izquierda, resurgido con indignación tras la crisis financiera de 2008 y expresado, por ejemplo, en Podemos en España, Syriza en Grecia o Bloco de Esquerda en Portugal, tiene mucho en común con el tercermundismo latinoamericano de Venezuela o Bolivia. Pero el de la derecha —por ejemplo el Frente Nacional en Francia, el Partido de la Libertad en Holanda o los Finlandeses Auténticos en Finlandia— tiende a ser más nacionalista y xenófobo. El UKIP británico adopta algunas ideas liberales en temas económicos junto a otras nacionalistas, mientras que el gobierno de Viktor Orbán en Hungría es corporativista también en economía y cree que el Estado debe corregir el mercado a partir de una moralidad cristiana. El populismo es ideológicamente elástico, proteico.

En el caso de Estados Unidos, la discusión sobre el populismo se complica porque algunos de los populistas del pasado republicano fueron figuras de prestigio que se enfrentaron a las élites en nombre de los derechos individuales, la libre competencia y la descentralización, causas más bien liberales. El «populismo jeffersoniano» es una expresión que se usa a menudo en el debate académico y político en referencia a Thomas Jefferson, una de las grandes figuras de la historia de la república. Thomas Paine, otro de los Padres Fundadores, es considerado un populista elogiosamente. El populismo se enfrentó, en esa primera hora, al mercantilismo, lo que en términos políticos significó el partido de los Federalistas; la segunda ola populista, la de Andrew Jackson, también en el siglo XIX, luchó contra los Whigs, símbolo del *establishment* (Jackson, primer presidente que no venía de los estados históricos del noreste sino de la frontera occidental y odiaba a la élite, no era, sin embargo, un liberal en los aspectos en que sí lo había sido Jefferson, sino un autoritario de otro tipo, pero esa es otra historia). A mediados del siglo XIX se produce, en el populismo estadounidense, un punto de inflexión; pasa de representar la saludable rebelión contra el privilegio coludido con el Estado a convertirse en un desafío a las instituciones republicanas y el sistema económico. Tanto desde la izquierda como desde la derecha, diversas corrientes antiliberales acabarían produciendo fenómenos populistas más parecidos a aquellos que asociamos con el populismo contemporáneo.

Una corriente que tuvo mucha fuerza y podemos hoy identificar como precursora del populismo de Trump es el nativismo. Nació a mediados de aquella centuria en respuesta a la inmigración. Los primeros nativistas fueron parte de una sociedad secreta llamada Star-Spangled Banner en honor del himno nacional. Se los apodaba —a ellos y otras sociedades afines— los Know-Nothings (Los No Saben Nada) por el silencio que debían mantener sobre sus actividades. Contó con algunas de las figuras de la Guerra Civil, así como con intelectuales de la talla de Jack London, y unos cuantos alcaldes. Luego se integraron al Partido Americano. Estaban contra la esclavitud, de manera que pelearon contra la Confederación, y proponían «nacionalizar antes que naturalizar» a los extranjeros en Estados Unidos.

Otra corriente precursora del populismo contemporáneo venía desde la izquierda. Tenía que ver con cooperativas agrarias enemistadas con el mundo de la gran industria y las finanzas. La novela *El Mago de Oz*, de Frank Baum, recogería luego con nostalgia ese mundo idealista y anticapitalista bajo el disfraz de un cuento de hadas.

La tercera ola populista de Estados Unidos también es del siglo XIX. Fue populista en un sentido más reconocible a partir de lo que hoy entendemos por ese concepto. El primer partido populista de la historia, el People's Party o Populist Party, abogó, a finales del siglo XIX, por inflar la moneda, nacionalizar los ferrocarriles y elevar los impuestos de acuerdo con la renta de los contribuyentes. Su influencia se advierte en la llamada Era Progresista, una sucesión de gobiernos de comienzos del siglo XX, tanto del Partido Republicano como del Partido Demócrata, que creían en el proteccionismo en favor de los trabajadores, y pretendían sujetar o fragmentar los conglomerados económicos, hacer crecer el gobierno federal y poner orden en un mundo levantisco mediante el intervencionismo exterior. Había desaparecido el partido que llevaba ese nombre, pero mucho de su legado impregnaba la atmósfera de aquellos años.

Curiosamente, la Era Progresista produjo, entre la Primera y la Segunda Guerra Mundial, una reacción de derecha (muchos progresistas, dicho sea de paso, dieron un acrobático volantín y formaron parte de ella) que también tuvo elementos populistas, pero de signo ideológico contrario: era aislacionista y tenía un tufo xenófobo que lo emparentaba con el nativismo del siglo anterior. Populista había sido la ola de izquierda, populista era la resaca de derecha.

Uno de los movimientos que encarnaron esa reacción aislacionista durante la entreguerra, el America First Committee, ha sido reivindicado por Trump: el nuevo presidente dedicó buena parte de su discurso de toma de posesión del cargo a definir su gobierno precisamente con ese lema. Era un movimiento desconfiado del mundo exterior que a la vez defendía la reducción del intervencionismo estatal en casa: la cuadratura del círculo. Se distinguió sobre todo por propugnar la no intervención estadounidense en lo que sería la Segunda Guerra Mundial. Entró en decadencia cuando Dwight Eisenhower, a la cabeza del Partido Republicano, decidió preservar gran parte del legado intervencionista del *New Deal* de Roosevelt y dejó sin piso al populismo de derecha, conocido como el de los «paleoconservadores».

Un ala de America First lindó con el antisemitismo: todavía se recuerda que su portavoz más célebre, Charles Lindbergh, culpó a los judíos estadounidenses de haber arrastrado a Estados Unidos a la guerra contra Alemania. Como veremos, en el populismo de Trump hay una mezcla de elementos del populismo progresista de comienzos del siglo

XX, más bien de izquierda en clave actual, y del populismo, más bien de derecha, que sirvió de reacción contra él en la entreguerra. El eclecticismo, el galimatías ideológico, es consustancial al populismo.

Los antecedentes más recientes del populismo son mejor conocidos. Uno de ellos fue Ross Perot, quien jugó un papel destacado en los comicios de 1992 que ganó Bill Clinton; Perot, empresario acaudalado, se oponía con pugnacidad al tratado de libre comercio con México y Canadá que estaba por firmarse. También hay que recordar al movimiento que impulsó el protagonismo en los años noventa, al interior del Partido Republicano, del proteccionista Pat Buchanan. Aupado por votantes a los que el intelectual Sam Francis llamó *Middle American Radicals*, cuya presencia siguió haciéndose notar luego en otras candidaturas, el periodista se oponía a la globalización y a la inmigración con un discurso nacionalista y nativista incandescente. Los *Middle American Radicals*, blancos de la clase media venida a menos y alejada de las costas, convencidos de haber sido despojados por el Estado y las élites de ciertas cosas, y temerosos de los cambios demográficos y tecnológicos que empezaban a desarreglar el mundo que los rodeaba, jugarán después un papel capital en el movimiento —y el triunfo— de Trump.

El movimiento del Tea Party, durante la presidencia de Obama, es otro antecedente reciente. Tenía rasgos populistas en sentidos opuestos: reivindicaba el legado de los Padres Fundadores, pero su aliento era nativista y en muchos casos xenófobo. También había una contradicción en su visión de la política exterior. Algunos miembros creían en la idea de que Estados Unidos debe promover activamente la democracia en el mundo, y otros, en común con el movimiento libertario de Ron Paul, propugnaban el repliegue de Estados Unidos en el exterior: recusaban la idea de que la primera potencia mundial tiene una responsabilidad en la defensa activa, si es necesario por la vía militar, de la democracia liberal, como sostenían los neoconservadores, otra rama del Partido Republicano o cercana a él.

En definitiva, el trumpismo no es un accidente geográfico sino una larga progenie política.

¿Cómo y por qué ganó?

Para entender mejor los resortes que mueven el populismo estadounidense hoy, conviene, además de señalar factores de atracción obvios como el impacto espectacular que tiene este *showman* con gran sentido del efecto televisivo en la gente y de la incorrección política, echar un vistazo a la coalición social que hizo posible el triunfo del empresario inmobiliario. Es cierto, como se ha dicho hasta el cansancio, que los votantes blancos con escasa educación formal, afectados de manera directa o indirecta por el declive de ciertas industrias de la vieja economía, temerosos de la globalización y la inmigración, fueron determinantes en el resultado. Pero ese núcleo duro no habría bastado. También hubo, entre los 63 millones de personas que optaron por aquella candidatura, votantes blancos con estudios universitarios y mejor nivel económico, así como votantes de las llamadas minorías, léase negros e hispanos, especialmente en el Medio Oeste del país.

Mención aparte merece el voto femenino, que, según los sondeos, debía ser el talón de Aquiles de Trump —junto con los afroestadounidenses y los hispanos— tras las muestras reiteradas de desprecio mostradas durante la campaña electoral contra muchas mujeres a las que atacó soezmente y de manera genérica. La identificación de millones de mujeres votantes con Hillary Clinton que registraron las encuestas a lo largo de la campaña electoral auguraba un grave problema de partida para Trump, dado el peso ligeramente mayoritario del voto femenino en el sufragio total. Sin embargo, según los sondeos realizados a la salida de las urnas, ellos sí bastante fiables, llegada la hora, un 54 por ciento de las votantes blancas optaron por Trump. Una parte significativa de ese voto también se dio en el Medio Oeste, incluyendo las zonas donde el voto blanco solía ser cautivo del Partido Demócrata.

En cuanto a los votantes negros e hispanos, Hillary Clinton obtuvo un triunfo holgado, como se esperaba y suele ser el caso de las candidaturas demócratas en elecciones presidenciales (con contadas excepciones).

Pero lo sorprendente es que Trump superase el porcentaje del voto negro e hispano que había obtenido Mitt Romney, el candidato republicano, cuatro años antes. Los sondeos a la salida de las urnas indican que el
empresario populista se llevó un 30 por ciento del voto hispano. Entre
esos votantes, no prevaleció la política identitaria que atribuye a ciertos
grupos étnicos o sociales comportamientos homogéneos y previsibles.

El fenómeno Trump sugiere que el voto identitario, que en los comicios estadounidenses parecía jugar en años recientes un papel saliente
debido a la influencia de ciertos tópicos académicos, mediáticos y políticos en el gran público, fue superado por otros comportamientos electorales. O quizá sea más acertado decir que, aunque el voto identitario siguió siendo importante, existen distintos tipos de identidades de grupo
y que en ciertas circunstancias las más reconocibles pueden ser desplaza-
das o superadas por otras que antes no parecían afirmarse en tiempos
electorales. Hablo de identidades de grupo porque uno de los rasgos de
la política estadounidense en décadas recientes ha sido la afirmación,
desde la academia, la prensa y la política, de entronizar esa idea colectivista. El resultado es que, aun si la identidad sigue siendo sobre todo individual, ciertos comportamientos políticos, incluyendo el voto, suelen
tener connotaciones identitarias. Sólo que, como ahora se ha comproba-
do, no hay una sola sino muchas posibles.

El 70 por ciento de los votantes de Estados Unidos son blancos (incluyendo a votantes hispanos considerados blancos). No se solía asociar
el voto identitario con los votantes blancos sino con las minorías, pero la
novedad de estas elecciones estaría en que en ciertas zonas del país la
identidad blanca prevaleció sobre la identidad femenina, de modo que
muchas mujeres votaron de la misma manera que lo hicieron los hombres aun si sentían antipatía por algunos aspectos de la conducta o el discurso de Trump. Cuando aludo a una identidad blanca no pienso en
una identidad étnica necesariamente, sino en una experiencia común entre votantes que son blancos y que, a grandes rasgos, comparten circunstancias económicas, geográficas y, en sentido más amplio, culturales.

El fenómeno puede ser interpretado en términos étnicos, como suele hacerse con simplismo en la prensa, pero algunos datos reclaman mayor análisis. El principal tiene que ver con los votantes blancos de Trump que en 2012 habían votado por el presidente negro, Barack Obama, en su exitoso empeño reeleccionista. Por ejemplo, veintidós condados de Wisconsin, estado del Medio Oeste donde Trump obtuvo una victoria inesperada, cambiaron su voto del Partido Demócrata al Partido Republicano en cuatro años. En Iowa, nada menos que treinta y tres condados, un tercio del total, habían votado por Obama y luego lo hicieron por Trump. En esos votantes blancos, ¿qué identidad prevaleció? ¿La étnica o —aceptando por un momento la existencia de «razas»— la racial? Si fue así, es harto difícil explicar que votaran por Obama cuatro años antes, salvo que ciertos factores indujeran en esos votantes a un comportamiento étnico o racial en 2016 que antes no afloraba ante las urnas. ¿O fue más bien una identidad socioeconómica la que prevaleció en 2016? ¿Y puede descartarse que se tratara, más bien, de la simple ley del péndulo entre un partido y otro? Esto último sería novedoso, sin embargo, pues en los estados del Medio Oeste en los que Trump rompió una larga tradición de victorias demócratas, no se había producido un péndulo en ocasiones anteriores.

El votante blanco de escasos recursos de las Apalaches, estados recorridos por la famosa cordillera, tendía a votar por el Partido Demócrata. Muchos de esos votantes respaldaron a Trump. Los síntomas de un descontento estaban allí mucho antes de que el Trump populista y nacionalista agitara el poso de sus cuitas: a lo largo de los ocho años de gobierno de Obama, esa zona ya había contribuido a la importante disminución de las bancadas demócratas en la Cámara de Representantes y el Senado. En 2010, las derrotas se habían sentido con contundencia tanto en las Apalaches como en el Sur profundo o *Deep South*. El descontento frente al gobierno, o quizá la sucesión de gobiernos, puede haber sido tan o más importante a la hora de votar que la identidad étnica, por no mencionar otras identidades de grupo.

Puestos a jugar el juego de la identidad colectiva, una identidad grupal que podría haber desplazado a otras más fácilmente identificables es la del voto rural y el voto de las ciudades pequeñas (de menos de un millón de personas). El votante rural o de la ciudad pequeña se volcó con Trump de forma abrumadora. En el Sur profundo, en Kentucky, en Tennessee y en la zona conocida como el Atlántico Sur (corredor que va de Delaware a Florida), el populista barrió a su oponente (también ella imbuida de un cierto populismo) en las zonas rurales y las ciudades pequeñas. El voto identitario que parece haber funcionado aquí tiene más que ver con la búsqueda de la protección que con el color de la piel o los ancestros. En esos mismos estados, en cambio, Hillary Clinton triunfó con holgura en áreas metropolitanas grandes.

Se calcula que los blancos con pocos o nulos estudios superiores constituyeron casi un tercio del electorado. Trump atrajo ese voto con una diferencia de 39 puntos porcentuales sobre su oponente. La mitad de esos votantes declararon a la salida de las urnas, según sondeos serios, que la economía fue la motivación por excelencia. Sólo un 14 por ciento nombró a la inmigración como el hecho determinante. Aquí tampoco está muy claro, pues, que el voto identitario de carácter étnico o el voto identitario de carácter nacionalista haya sido tan decisivo como una lectura inmediata y superficial del resultado parecía sugerir la madrugada del 8 de noviembre de 2016.

Lo que sí se puede afirmar con rotundidad es que el Medio Oeste —especialmente Pensilvania, Ohio, Wisconsin y Michigan— fue capital para la victoria del actual presidente. Pensilvania suele votar por el Partido Demócrata, pero ha habido excepciones en décadas recientes. Ohio suele oscilar, pero han sido más las victorias demócratas que las republicanas en ese mismo período. En el caso de Michigan y Wisconsin, se trata de un verdadero bastión demócrata. El triunfo de Trump en esos cuatro estados, que las encuestas locales no vaticinaron, encierra mucha de la explicación del éxito del presidente. Un éxito parcial, en la medida en que no ganó el voto popular a escala nacional, pero éxito al fin y al cabo. Otros estados que dan una idea de lo extenso del fenómeno son Florida, donde ganó, y Virginia, donde perdió pero estuvo muy cerca de alcanzar a Hillary Clinton a pesar de que había dejado de ser un bastión republicano hacía ya varios años por la transformación que ha experimentado la parte que está conectada a Washington, la capital.

El fenómeno Trump implicó una aparente contradicción: la victoria con su mensaje populista y proteccionista en estados demócratas pero también en estados republicanos que normalmente representan una actitud, si no una ideología, más bien libertaria y antiestatista. Trump mantuvo todos los estados donde había ganado Mitt Romney, republicano tradicional, y sumó a esa base algunos estados donde los republicanos tenían escasas esperanzas. Así, la coalición demócrata de los nuevos tiempos —jóvenes o *millennials*, mujeres no casadas, negros, hispanos—, que, junto a los votantes vinculados a las viejas industrias del Medio Oeste, parecía haber inaugurado una larga era de dominio del partido más antiguo y el confinamiento de los republicanos en una perenne oposición, resultó estar sobrevalorada en términos políticos. Lo que no había podido hacer el mensaje republicano tradicional en décadas lo logró el populismo nacionalista de Trump en el crepúsculo de 2016.

El miedo de los nuevos tiempos

Antes que razones económicas, detrás del rebrote populista en la sociedad estadounidense hay una dimensión que podríamos llamar cultural. Se trata, en parte, de una reacción contra el multiculturalismo, si damos a esta palabra un sentido amplio que recoge muchos de los polémicos cambios sociales y políticos que se han ido dando gradualmente desde los años sesenta hasta hoy.

No entenderemos bien la reacción de una parte amplia de la sociedad contra lo que siente como una amenaza a la composición, las costumbres y las tradiciones del país que va quedando atrás si no se toma en cuenta la paulatina degeneración de tendencias y corrientes académicas y sociales impulsadas, en su origen, con nobles motivaciones y un idealismo orientado a corregir injusticias históricas. El multiculturalismo y la corrección política han permitido a distintos grupos e instituciones llevar la lucha por la igualdad ante la ley y contra la discriminación a un espacio donde se han entremezclado con algo que un amplio segmento de la sociedad siente írrito a su propia idea de los Estados Unidos y al mundo de sus padres y abuelos, o de su propia juventud. Esta pulsación late con fuerza en sectores económicamente disminuidos y con menos formación educativa, pero no es exclusiva de ellos: también está en una franja de la élite a la que estos cambios alarman desde hace algún tiempo.

¿Qué idea de los Estados Unidos sienten amenazada estos sectores por el multiculturalismo? Esencialmente, la idea de que se trata de un país de raíz europea con valores conservadores de connotación religiosa, construido sobre el trabajo, el ahorro y el sentido de comunidad, en el que la libre empresa y el esfuerzo propio garantizan la movilidad social, y donde el Estado de derecho nace de una interpretación más bien rigurosa, literal de la Constitución.

Una parte de esos ciudadanos vieron en el gobierno de Barack Obama la confirmación definitiva de que habían perdido su país. Otra parte lo vio, más bien, como la posibilidad de poner fin a la amenaza multiculturalista en la medida en que la llegada a la cumbre de una familia afroamericana implicaba cerrar la herida histórica de la esclavitud y de la discriminación racial. Pero dos cosas se coludieron, desde lados opuestos del espectro, para crear un estado de miedo y alarma entre estos últimos votantes, cuya tendencia iba del centro a la derecha: de un lado, la retórica reivindicativa, la profusión de «derechos» y transferencias fiscales, directas o indirectas, la interferencia regulatoria constante en la vida económica y la retórica favorable a la inmigración por parte del *establishment* demócrata de la era Obama; del otro, la denuncia exagerada, a veces tóxica, de una corriente de la derecha contra lo que percibía como la validación definitiva de las élites biempensantes y de las minorías entronizadas a costa de la mayoría (un ejemplo de esto último es la fuerte campaña, de la que Trump fue protagonista, que acusaba a Obama de no haber nacido en Estados Unidos sino en África y ser un musulmán encubierto).

Ese miedo existencial —el miedo a desaparecer si no se hacía algo para rescatar al país de las garras del multiculturalismo— era la culminación de muchos años de sospecha y desconfianza ante los cambios demográficos de un país que había sido blanco en un 90 por ciento y que en pocos años tendrá a los blancos sólo como su minoría más numerosa, y ante el apogeo de unas élites cosmopolitas y esnobs que, a ojos de ellos, desdeñan al estadounidense provinciano y tradicional, y practican un constructivismo tendiente a reemplazar los valores y leyes responsables del «excepcionalismo» estadounidense del que sienten orgullo por una modernidad decadente y antihistórica.

El proceso que derivó en el multiculturalismo y la corrección política vino impulsado por el aparato que acompañó y prolongó la legislación de los llamados derechos civiles en los años sesenta. Las corrientes que desembocaron en la corrección política, primero en la academia y luego, a través de los medios masivos de comunicación y la escuela pública, en la sociedad, interpretaron los derechos civiles de un modo que tenía mucho menos que ver con la igualdad ante la ley que con la entronización de un colectivismo discriminador y redistributivo. La corrección política debe entenderse en este caso, porque así la entiende esa masa de votantes que han optado por el populismo nacionalista, como el triunfo de una moral que estigmatiza al país otrora mayoritario por una culpa histórica que debe pagar hasta en el detalle de la vida diaria (incluyendo las expresiones que está permitido usar en el habla cotidiana y las que no, so pena de padecer una censura social extrema).

El multiculturalismo, por supuesto, deriva de una valoración importante y necesaria, tras la descolonización que siguió a la Segunda Guerra Mundial, del mundo que había sido oprimido por el imperialismo o había ocupado un lugar marginal a la modernidad. La mala influencia de algunos intelectuales europeos, particularmente franceses, que interpretaron la cultura occidental como un paradigma de dominación y veían en el canon de Occidente la expresión de una forma discriminatoria de entender las relaciones sociales o la relación entre los países contribuyó mucho a desviar aquella sana revisión hacia tendencias académicas y sociales que eran la negación de lo que pretendían ser. Esto sucedió en todo el mundo occidental; Estados Unidos, el país más poderoso y por tanto al que más reclamos había que hacerle, lo vivió con especial fermento. El relativismo cultural, según el cual no había valores occidentales superiores a los valores de sociedades más atrasadas porque todos los valores tenían una equivalencia moral, inició una larga erosión de ciertos consensos. No tardó en plantearse el debate en términos étnicos y las minorías pasaron a jugar un papel clave en el nuevo paradigma multicultural. El paso natural fue legislar en función de la protección de minorías y revisar el sistema educativo para favorecer esta reinterpretación de la república.

El multiculturalismo y la corrección política olvidaron el origen respetable del movimiento a favor de revalorizar a los discriminados y oprimidos. Ese origen tuvo que ver, por ejemplo, con la puesta en valor de las culturas que habían sido objeto de la explotación europea. Hubo empeños intelectuales muy interesantes como el de Lévi-Strauss por estudiar otras civilizaciones sin «imponer» parámetros culturales occidentales. Pero de esos orígenes se pasó al relativismo extremo, a denunciar como una forma de dominación y discriminación valorar los avances de la cultura de la libertad en los países más desarrollados. Se puso de moda «deconstruir» esa cultura para exponer sus taras e invalidarla como modelo. Estados Unidos hizo suyas en el mundo académico las contribuciones de autores como Jacques Derrida y otros.

En el campo político, este cuestionamiento de los valores occidentales tuvo un impacto más lento y gradual, pero a la larga traumático. Se convirtió, bajo la cobertura de la defensa de los derechos de las minorías discriminadas, en una ingeniería social colectivista que glorificaba las identidades colectivas, la redistribución y la igualdad en la llegada antes que la multiplicación de las oportunidades en la partida. El uso de la etnicidad como argumento colectivista para justificar un intervencionismo económico y legal poco integrador y productivo resultó en lo contrario de lo que se pretendía.

Ante esto, el nativismo reaccionó con sus instintos tribales a través de las distintas manifestaciones de populismo nacionalista y en ciertos casos xenófobo glosadas páginas arriba.

Conviene tener esto en cuenta porque, con pocas excepciones, los países avanzados que se inclinan por el populismo nacionalista en un momento dado suelen hacerlo después de un largo período de incubación de miedos, rencores y frustraciones que cristalizan en un movimiento político.

Los derechos civiles, como se conoce a la legislación contra la discriminación y segregación raciales, debieron ser la admirable culminación de la lucha por la igualdad ante la ley. Pero fueron parcialmente pervertidos por una corriente antiliberal hasta convertirse en un pretexto para el voto cautivo, lo que por cierto contribuyó a preservar los bolsones y guetos donde se concentraban ciertas minorías. La corrección política y el relativismo cultural hicieron que criticar este estado de cosas fuera imposible sin arriesgarse a ser estigmatizado. Del otro lado, el miedo y la agresividad reemplazaron al análisis sereno y el sentido de la integración. La polarización extrema de la vida política era inevitable en un escenario donde los instintos tribales, antes que las ideas, prevalecían. En momentos de especial fermento, por ejemplo con ocasión de la crisis financiera de 2008, las pasiones adquirieron una intensidad inaudita en un país desarrollado.

En el sector más educado de la sociedad, la pugna cultural produjo un fascinante debate; en el menos ilustrado, lo que produjo fue una creciente desconfianza hacia las élites políticas y académicas. La polarización política llevó a las minorías a cobijarse, abrumadoramente, en el Partido Demócrata; a la población blanca alejada de las costas, con excepción del Medio Oeste, donde la vieja industria todavía tenía peso y estaba vinculada también a los demócratas, la llevó a buscar una respuesta en el Partido Republicano y en grupos evangélicos. Distintas corrientes republicanas expresaban reacciones diferentes al multiculturalismo entendido como desquite o intervencionismo punitivo: la libertaria y la evangélica, por ejemplo, encarnaban dos visiones contrapuestas, pero no eran las únicas. El Partido Republicano se balcanizó, ideológicamente hablando. Algo de eso sucedió también en el Partido Demócrata, donde el divorcio entre las élites y la base produjo populismos como el de Bernie Sanders enfrentados al *establishment* de los Clinton.

No era difícil imaginar, dado el estado psicológico de ciertos sectores tradicionales menos conectados al mundo moderno, que muchas personas del común sintieran el peligro de que Estados Unidos dejara de ser el país «excepcional» que había sido y resultara conquistado por las masas tercermundistas. En un escenario económico menos traumático, esta exacerbación del miedo y la dificultad para adaptarse a un mundo cambiante —demográfica, social y culturalmente rico y diverso, pero demasiado novedoso y exigente para ciertas generaciones— quizá no habrían dado pie a una reacción defensiva tan marcada. Pero si añadimos a estas condiciones el declive de la vieja economía y su reemplazo por la nueva, la obsolescencia de ciertas industrias y la aparición de otras, y la dislocación sufrida por tantas familias, no resulta demasiado raro que aflorase lo que Karl Popper llamaba «el llamado de la tribu».

Esto es lo que entendió, certera y perversamente, Donald Trump. Un Donald Trump que no era un ideólogo nacionalista, ni lo que se llama en Estados Unidos un «supremacista blanco», sino más bien un empresario liberal en el sentido estadounidense, es decir, progresista, que creía en el aborto, el matrimonio gay y la diversidad que su ciudad operativa, Nueva York, representaba (donaba dinero al Partido Demócrata y tenía al matrimonio Clinton tan cerca como para invitarlo a la boda de su hija Ivanka). En algún momento, durante la presidencia de Obama, al percibir la reacción, por ejemplo, del Tea Party y otros grupos que insurgieron contra lo que veían como el *summum* del estatismo y el progresismo, la amenaza definitiva contra el país legado por los Padres Fundadores,

Trump olfateó una oportunidad dorada. La aprovechó de todas las formas posibles, incluso cuestionando el origen estadounidense del presidente Obama, y construyendo, desde la periferia del conservadurismo recientemente adoptado y altamente heterodoxo, una base política potencial.

Trump aportó una combinación extraña: la reacción blanca contra el multiculturalismo y, al mismo tiempo, un credo en materias económicas parcialmente de izquierda (en el espectro estadounidense), favorable al proteccionismo comercial, laboral y de otras índoles, y al intervencionismo en asuntos, por ejemplo, como los precios de las medicinas. Eso que no había hecho la derecha conservadora y que sólo una derecha marginal en el mundo de las élites había profesado, él lo asumió y propugnó tempestuosamente: el maridaje del nacionalismo cultural de derecha con el nacionalismo económico de izquierda, amalgama y confusión muy propias del populismo. No es extraño, pues, que ocurriera en Estados Unidos algo similar a lo sucedido, por ejemplo, bajo el gobierno de Ley y Justicia en Polonia o, en un caso más extremo, bajo el liderazgo de los Le Pen en el Frente Nacional en Francia: la captura de un antiguo voto de izquierda en la base social y su fusión con un voto de derecha más tradicional.

El factor económico

Al factor cultural hay que sumarle el económico para entender mejor la irrupción del populismo como fenómeno electoral en Estados Unidos. En décadas recientes, a pesar de la prosperidad general, algunos millones de personas han sufrido un impacto en su estabilidad laboral y nivel de vida por los cambios tecnológicos disruptivos e innovadores, la pérdida de competitividad de ciertos estados con respecto a otros, la transformación de la economía industrial en una economía de servicios y el desfase entre el sistema educativo público y las transformaciones mencionadas.

Entre 1975 y 2014, según los datos del censo analizados por el Center on Budget and Policy Priorities, la media del ingreso de los varones blancos sin un título universitario cayó más del 20 por ciento (tomando en cuenta la inflación). Entre 2007 y 2014, el período marcado por la crisis financiera y crediticia de larga reverberación, la caída fue del 14 por ciento. Unos siete millones de hombres en edad de trabajar se han retirado del mercado laboral, la cifra más alta desde la Gran Depresión (una parte de ellos, sin embargo, son la generación del *baby boom* que se está jubilando). En el último cuarto de siglo, muchos empleos y personas emigraron del Noreste y el Medio Oeste al Sudoeste y el Sudeste de los Estados Unidos.

Cuando, en 1992, George H. W. Bush perdió las elecciones ante Bill Clinton, su asesor Ed Rogers dijo: «Su campaña no tuvo ningún problema que una economía con un 4 por ciento de crecimiento no habría resuelto». Pues bien, en los últimos quince años la economía estadounidense no creció a un ritmo del 4 por ciento ni un solo año. De las siete economías más industrializadas, sólo Japón lo logró, pero apenas un año (2010). El crecimiento económico de Estados Unidos, en cambio, había alcanzado o superado el 4 por ciento muchas veces en las décadas de 1980 y 1990. La anemia económica reciente ha afectado muy directamente a aquella parte de la población que está menos enganchada a las tendencias modernas y globales.

En los últimos veinte años, han desaparecido el 28 por ciento de los empleos en las industrias manufactureras. Según el Departamento de Estadísticas Laborales de los Estados Unidos, algo más de 12 millones de personas están hoy empleadas en ese sector, casi 5 millones menos que en 1996. La concentración de este drama social en familias de determinados lugares y segmentos sociales explica en parte el comportamiento electoral de ciertos condados y estados.

Si la estadística lo fuera todo, se podría demostrar que esta dislocación ha sido más que compensada, a escala nacional, por la febril multiplicación de empleos en otras industrias (e incluso en ciertas ramas del sector manufacturero). En el índice de producción industrial de los últimos cien años que ofrece la Reserva Federal, se comprueba que el valor de lo producido en el campo manufacturero en general, junto con el minero y el de los servicios públicos, ha aumentado de manera sostenida. Lo que ha sucedido es que las industrias de bienes más baratos, por ejemplo los juguetes y las confecciones, han emigrado a otros países, especialmente en Asia, mientras que en Estados Unidos han crecido las industrias de bienes caros. Boeing fabrica hoy grandes aviones y General Electric construye turbinas de gas para plantas eléctricas que antes no se hacían.

La productividad, a pesar de la desaceleración de años recientes, ha aumentado: se produce más con menos. Las tecnologías que ahorran costos laborales han reemplazado a otras que contrataban mucha mano de obra. A lo cual hay que añadir el que la producción ya no está integrada en un solo lugar: distintos países fabrican bienes que luego se ensamblan en un tercer país, y así sucesivamente. En la industria de motores para aviones, por cada empleo que se crea en la fábrica se crean ocho en la cadena de suministro (si incluimos servicios de mantenimiento, etcétera). La cadena de suministro pasa, a su vez, por distintos países.

Se siguen creando muchos empleos en Estados Unidos..., pero empleos diferentes a los de antes. Los cambios económicos hacen que hoy apenas un 8.7 por ciento de los empleos civiles tengan que ver con las manufacturas. Otras industrias, como la venta minorista, el cuidado de la salud e incluso las profesiones liberales, emplean a más gente. El problema es que hoy las fábricas estadounidenses producen dos veces más que en 1984, sólo que con dos terceras partes de las personas que entonces trabajaban en ellas.

Desde el punto de vista de la economía y el empleo en general, esto supone una ganancia neta para Estados Unidos: después de China, que pasó a ser la primera potencia en manufacturas en 2010, es el país que más valor agrega cada año. Las fábricas estadounidenses añaden 2 billones (trillones en inglés) de dólares cada año a la economía y aportan un 36 por ciento de la producción total del país. Además, las manufacturas concentran tres cuartas partes de la investigación tecnológica de la empresa privada, lo que supone que allí se da una parte sustancial de la innovación que experimenta la economía.

Las manufacturas están conectadas, además, a otras industrias del país. Se crean así muchos puestos de trabajo y el nivel general de vida sigue subiendo. La tasa de desempleo no podría estar por debajo del 5 por ciento, como lo está en 2017, si ese no fuera el caso. Ésta ha sido siempre la historia del capitalismo basado en la empresa privada competitiva. Hace cien años, los avances tecnológicos hicieron que cada vez menos estadounidenses se emplearan en labores agrícolas pero se produjeran más alimentos. Hoy, significan que cada vez trabajan menos personas en fábricas de industrias que van siendo obsoletas.

Estos datos, sin embargo, no pueden cambiar una realidad: detrás de la estadística y de la impresión general que produce el país visto como un todo, hay historias particulares, en el Medio Oeste y parte del Noreste, que son ajenas a la fiesta de la prosperidad. Con los años, las nuevas generaciones, hijas de esos estadounidenses directamente afectados, probablemente estarán integradas a la nueva economía, pero para quienes no están educados para ella y arrastran una larga historia familiar relacionada con las viejas industrias, el cambio es desconcertante, angustioso. No es difícil, pues, que un discurso reivindicativo de la vieja economía prenda entre muchas de estas familias.

La rebelión contra las élites y el *establishment*

Cualquiera que haya seguido de cerca lo que sucedía en Estados Unidos tiene presente el deterioro creciente que ha sufrido el prestigio de las instituciones públicas, estatales o no. El descrédito cada vez mayor del Congreso, los partidos políticos, los medios de comunicación, los tribunales, la escuela pública, el mundo de las finanzas y un largo etcétera también ha llegado a la primera potencia mundial.

Es una erosión que empezó en los años sesenta en buena parte del mundo occidental; cada país la ha vivido a su manera. En esa década y en los años setenta, se rompió un consenso básico que había mantenido a los ciudadanos razonablemente unidos por debajo de sus importantes diferencias ideológicas y políticas (con la excepción, por supuesto, de sectores sociales como la comunidad negra, que por obra de una antigua discriminación vivían ese consenso desde la marginalidad). Los unía la fe en sus instituciones públicas, una comunidad de valores y un sentido de ciertos límites más allá de los cuales no era prudente ir sin poner en riesgo la convivencia pacífica. Pero en esos años se produjo una revolución en las costumbres y una rebelión contra lo establecido que lo abarcó todo, o casi todo: desde la religión hasta la política, desde la vida familiar hasta la relación entre personas, y entre las personas y las instituciones.

Lo que dio en llamarse la «contracultura» (*counterculture*) supuso un gran paso hacia la modernidad, un desapolillamiento de la forma de entender las relaciones humanas y los valores que las enmarcaban, una saludable desacralización de tradiciones que necesitaban una puesta al día. El individuo soberano se empinó por encima del Estado y las costumbres para proclamar su reino. De allí salió una forma más justa y cabal de entender cosas importantes como la igualdad ante la ley. Entre otras cosas, gracias a ese revulsivo social las minorías —étnicas, sexuales y otras— adquirieron con el tiempo un derecho de ciudad. Esa era desovó el nuevo y definitivo movimiento de los derechos civiles, por ejemplo.

Sin embargo, la explosión «contracultural» de las nuevas generaciones, como suele ocurrir con las revoluciones, pacíficas o violentas, cometió excesos. Los excesos, que no son materia de este libro, produjeron a su vez una reacción, una resaca; la radicalización de los grupos evangélicos de derecha, por ejemplo, es una de las formas que tomó esa reacción. Con el tiempo, los extremismos —el de la corrección política y la llamada «discriminación positiva», del lado de los herederos de la «contracultura», y, del otro, el del oscurantismo religioso de quienes creen que el Estado debe imponer las preferencias de ciertas Iglesias a los demás— fueron envenenando la discusión pública y desgarrando a los partidos políticos, que acabaron viviendo en su propio seno las divisiones enconadas de la sociedad.

En ese contexto turbulento, de ruptura de consensos, de impugnación de todo lo bueno y lo malo, se inició la erosión de la autoridad y prestigio de la clase dirigente, de las instituciones más influyentes y de las personas asociadas a ellas. Esta desacralización de las instituciones públicas fue acentuada por los cambios tecnológicos y económicos mencionados páginas atrás, y por el escenario convulso y desconcertante que siguió al fin de la Guerra Fría, con sus peligros inéditos y sus nuevos y desafiantes protagonistas mundiales. Aumentó, por un lado, la incertidumbre, el temor de muchos ciudadanos al mundo moderno, y por el otro, el desapego, la desafección de una parte importante de la sociedad hacia su clase dirigente o clase política.

La intuición de Trump con respecto a lo explotable que resultaba todo esto para quien alzara el azote contra la clase política fue certera. En cada paso que dio, desde el momento en que convirtió a Jeb Bush, hijo y hermano de dos expresidentes, en su blanco preferido durante la primera parte de las primarias del Partido Republicano hasta el momento en que se enfrentó a Hillary y Bill Clinton (y a Barack Obama, que se jugó por ella), fue evidente el frío cálculo populista del magnate inmobiliario. Los Bush, por parte republicana, y los Clinton, por parte demócrata, representaban a la clase política —peor aún: la alianza de la clase política y las finanzas, sobre todo en el caso de la pareja demócrata— en toda la expresión del concepto. Otros actores, por ejemplo los congresistas republicanos con los que también se enfrentó, o las empresas de alto vuelo que vituperó, o ciertos sindicatos a los que atacó con denuedo, y por supuesto la gran prensa, despiertan animadversión en mucha gente.

Estas instituciones están también desprestigiadas en las costas cosmopolitas y globalizadas, desde luego, aunque allí una reacción masiva llevó a millones de ciudadanos a rechazar el fenómeno Trump tanto durante la campaña como en estos primeros meses de su gobierno; pero lo estaban todavía más en partes del interior, especialmente en el Sur y en el Medio Oeste, donde la idea de que este elefante entrara rompiéndolo todo en la cristalería era seductora y tenía un sentido vindicativo.

Por eso fue posible que Trump ganara las primarias de su partido a pesar de representar, en tantos temas, lo contrario de lo que esta organización había defendido durante mucho tiempo, empezando por el proteccionismo y la defensa de autoritarios imperialistas como Vladimir Putin (o de representar, por ejemplo en inmigración, lo contrario de los valores tradicionales de liberalidad, tolerancia y apertura que corrientes muy importantes del republicanismo, enfrentadas a otras más oscurantistas, han proclamado siempre: para no ir demasiado lejos, Ronald Reagan legalizó a 3 millones de indocumentados). Su base política demuestra hasta qué punto ha llegado el descontento de un gran público con la clase política. La captura por parte de Trump de la base republicana fue posible porque ella misma había sufrido una transformación en cierta forma parricida: su sello era el rechazo de las figuras tradicionales en el partido. Si eso significaba llevarse de encuentro a líderes, valores y políticas que habían sido consustanciales al partido, tanto mejor. Por eso es que en estos primeros meses del gobierno de Trump, los congresistas republicanos se han cuidado, a pesar de estar en desacuerdo, de criticar abiertamente las medidas o gestos más agresivos de la Casa Blanca.

En décadas recientes, los republicanos habían sido más bien liberales, y a veces libertarios, en economía, pero neoconservadores (es decir, favorables a apuntalar con ayuda militar la expansión democrática en el mundo) en política exterior, aun si en la práctica los gobiernos de este partido no fueron siempre fieles al ideario. Con Trump, que proclama la necesidad de la protección y el aumento del gasto público en economía, y que desde el primer momento en la Casa Blanca ha hecho lo posible para impulsar ambas cosas (aun cuando parte de ellas requerirán pasar por el Congreso), el libertarianismo ha volado por los aires. También lo ha hecho la visión neoconservadora de la política exterior, pues el presidente ha dejado en claro que difundir la democracia en el mundo no es tarea de Estados Unidos y que las credenciales democráticas de los aliados no son indispensables para estrechar las relaciones. Trump es el primer presidente desde el fin de la Segunda Guerra Mundial que no asume como suya la responsabilidad de Estados Unidos como cabeza del mundo occidental y libre. Ello ha desconcertado mucho a países acostumbrados al rol determinante de Estados Unidos en el sistema de alianzas y en los organismos internacionales a través de los cuales dicho liderazgo normalmente se había ejercido desde Washington.

Como populista, Trump no tiene una definición ideológica cabal. Por eso hay contradicciones flagrantes en sus políticas y no pocas contramarchas tácticas (como declarar un día el fin de la política conocida como «una sola China» y en conversación con el presidente Xi Jinping decir lo contrario). Por ejemplo, está a favor de reducir los impuestos y, como lo demuestran algunas de sus tempranas órdenes ejecutivas (decretos), por la desregulación de una economía que soporta una ingente cantidad de interferencias estatales. Hasta allí, uno diría que se trata de un liberal en economía. Pero esas posiciones conviven en él con el proteccionismo que varias órdenes ejecutivas también impulsaron desde los primeros días de su gobierno, así como con una fe denodada en la contratación de obra pública que, a través del poder legislativo, intentará hacer aprobar. Del mismo modo, conviven en él el empresario que ha hecho negocios en medio mundo gracias a la globalización y la seguridad jurídica ofrecida por las democracias europeas y el nacionalista que recusa a la OTAN (aun si en determinados momentos que parecen tácticos se proclama defensor de esa alianza).

El populismo es por naturaleza ecléctico, camaleónico. Una lectura del populismo a partir de la ideología resulta a menudo inútil. Más provechoso para la comprensión del fenómeno es entender qué grupos, qué bolsones sociales y qué personas se identifican con el líder populista. El líder o la líder populistas no siempre son una expresión cabal de los grupos que proyectan en ellos sus propias emociones, aspiraciones, miedos o frustraciones; a veces incluso encarnan algo distinto de lo que creen sus partidarios. Pero es importante conocer quiénes son porque los líderes populistas saben bien quiénes son: por eso mismo, entienden cómo satisfacerlos para preservar una base activa y movilizada sin la cual ningún proyecto populista puede durar.

Si algo no es Trump es un hombre vinculado a la manufactura pesada, o un fervoroso seguidor de los evangélicos, o un fanático del antiabortismo, o un representante del Sur conservador, o un enemigo de la clase política, o un desconocedor del papel de los inmigrantes en su país. Su mundo ha sido el de la costa cosmopolita, el de la globalización y hasta el de posturas liberales en ciertos asuntos de conciencia; y no se diga nada de sus tratos constantes, donaciones incluidas, con políticos de todo pelaje o de los miles de inmigrantes, muchos indocumentados, que han participado en sus negocios (la construcción es una de las industrias donde los indocumentados constituyen una fuerza laboral clave). Allí están un sinnúmero de testimonios y declaraciones suyas.

Pero Trump sabe qué teclas tocar para alojarse en el corazón de los ciudadanos que buscan protección y cobijo. Sabe que los evangélicos ven en él, no al orgulloso pecador que nunca ha dado muestras de religiosidad o contrición, sino a un protector conveniente para revertir la erosión del papel de la religión en las instituciones oficiales; sabe que la llamada *alt right* o derecha alternativa, nacionalista y en algunos casos lindante con la xenofobia, como lo prueban algunos textos publicados a lo largo de los años por el Breitbart News Network, cuyo fundador trabaja en la Casa Blanca, le da un soporte estratégico para llegar a sectores que engrosan su movimiento populista; sabe que muchos votantes del Partido Demócrata vinculados al sindicalismo lo ven a él como veían a sus antiguos líderes —un antídoto providencial contra la competencia extranjera—, y que eso prevalece sobre otras consideraciones, como el hecho de que está causando destrozos en el partido al que los sindicatos llevan mucho tiempo ligados; sabe que el lobby de los partidarios de la libre tenencia de armas no tenían evidencia, antes de su irrupción en la política, de su simpatía por la Asociación Nacional del Rifle, pero también que el matrimonio de conveniencia que ambos han firmado le garantiza una base popular porque ellos no tienen otro defensor mejor en un país que hace año y medio parecía dirigirse inexorablemente hacia mayores restricciones al uso de ellas.

El surgimiento del populismo bajo el liderazgo del presidente Trump ha revivido un crucial debate. Es un debate que recorre la historia estadounidense y que en distintos períodos, especialmente el último par de décadas, ha recobrado vigor. De un lado se sitúan quienes creen que Estados Unidos es un credo, una nación de naciones, un *melting pot* en el que gentes de distinta procedencia y con antecedentes diversos coexisten respetando ciertos valores y principios —la libertad política, económica, cultural y religiosa, la soberanía individual, la igualdad ante la ley, el derecho de propiedad, la apertura al mundo.

Del otro lado se sitúan aquellos para quienes es una sola nación que existía antes de que los Padres Fundadores plasmaran estos conceptos en su Constitución, compuesta por personas de ascendencia europea y cristiana, ordenada de acuerdo con ciertos patrones tradicionales, a la que la diversidad, el pluralismo, la inmigración y la globalización han hecho entrar en decadencia y cuya esencia amenazan.

De un lado hay gentes de izquierda, centro y derecha, socialistas, liberales y conservadores o incluso quienes no aceptarían ninguno de estos apelativos; del otro hay también una mezcla de inclinaciones políticas o ideológicas, pero el espectro es menos amplio, pues el populismo nacionalista tiende a desconfiar de las diferencias y matices. Los primeros están en desacuerdo entre sí en muchas cosas porque interpretan la aplicación del credo de Estados Unidos de manera distinta, pero comparten la idea de que ese país es la confluencia de muchas corrientes y muchas personas, una sociedad permeable, porosa, en permanente evolución; los segundos quisieran frenar esa evolución y devolver el país a los tiempos estables y previsibles de un pasado mucho más inventado que real, una nostalgia tribal antes que una comprobación histórica.

En esta batalla decisiva para definir lo que es Estados Unidos, participan los ciudadanos de ese país y los que no lo son: lo que sucede allí es asunto de todos. También de los autores y lectores de este libro.

PARTE SEGUNDA

AMÉRICA LATINA

2

Los redentores no cambian

Enrique Krauze

Escribí «El mesías tropical» en la primavera de 2006, cuando el triunfo de Andrés Manuel López Obrador se daba por descontado. Tras su sorprendente y cuestionada derrota en las urnas, el ensayo me atrajo un alud de vituperios por parte de la izquierda mexicana que entonces, casi en bloque, lo apoyaba.

López Obrador volvió a competir para la presidencia en 2012. Su discurso de campaña cambió de tono, fue conciliador al grado de predicar que con él advendría la era de una «República Amorosa». Yo le di, parcialmente, el beneficio de la duda. Lo hice porque su insistencia en señalar la corrupción como el problema central de México me parecía (y más ahora) enteramente justa y urgente. Y porque la vocación social de López Obrador es indiscutible. Pero puse dos condiciones: un compromiso de respeto a las instituciones republicanas y a las libertades, y una modificación a su programa económico, que ha querido retrotraer a México a la época de los estatismos improductivos. No cumplió.

Ahora López Obrador quiere hacer bueno el dicho de «la tercera es la vencida». Por varios factores convergentes (la corrupción del gobierno, el primero de ellos), sus posibilidades de éxito en las elecciones de julio de 2018 son muy altas. Encabeza todas las encuestas. Su discurso se ha vuelto a moderar, ha atraído a su equipo a personas competentes. ¿Ha cambiado?

Por el bien de México quisiera creer que sí, pero sometido a todas las pruebas que son propias de una vida republicana y democrática (flexibilidad, tolerancia, disposición a escuchar, a cambiar de opiniones) AMLO (como se le conoce) no pasa la prueba. Mi tesis es que no es un liberal ni un revolucionario (a la mexicana), sino un caudillo con un aura religiosa: un redentor.

Los redentores no cambian. No sólo eso: su estela les sobrevive, como hemos visto en América Latina en el caso del peronismo y el chavismo. Argentina comienza apenas a calibrar las consecuencias de haber puesto todo el poder y la fe en Perón y Evita. Si recobra la libertad y la democracia, Venezuela tardará una generación en ver de frente que el desastre comenzó con Chávez y que Maduro fue sólo su corolario natural.

México no cuenta con esa experiencia. El primer y último caudillo que llegó al poder y se mantuvo en él fue Antonio López de Santa Anna. Durante casi todo el siglo xx fuimos la tierra de la «dictadura perfecta», sistema corrupto y autoritario que al menos bloqueaba institucional y temporalmente el arribo de los caudillos. En los años setenta tuvimos políticas populistas con Echeverría y López Portillo, pero siempre enmarcadas en la estructura del PRI. Por eso no tenemos defensas naturales contra los regímenes populistas: no los hemos padecido. Y nadie, como se sabe, experimenta en cabeza ajena.

Para complicar más las cosas, el arribo de un demagogo tiránico a la Casa Blanca (una de las sorpresas de los tres siglos recientes) favorece a López Obrador, que seguramente atizará las pasiones nacionalistas, culpará a los enemigos internos y externos, y tendrá carta blanca para instaurar un régimen populista. Lo veo muy posible. México —es la verdad— está en la posición anímica (no real) de Venezuela en 1992 o Argentina en 1943: la repulsión hacia «el sistema» y a «los políticos» atrae el ascenso de las figuras salvadoras. Ojalá me equivoque, porque creo que la imperfecta democracia que comenzamos a construir en 2000 y el frágil desarrollo político y cívico de México sufrirían un retroceso de generaciones.

«El mesías tropical» fue leído como un texto de combate. Lo es, pero su misión era otra: comprender la peculiar psicología de AMLO, las raíces de una vocación religiosa que él mismo ha llamado «apostolado». Lo releo ahora, a más de diez años, y no quitaría una coma.

El mesías tropical

Hay en el sureste
un hombre de acción
que a todas las huestes
trajo redención.
CORRIDO TABASQUEÑO

Desayuno con el Peje

Conocí a Andrés Manuel López Obrador, el famoso y controvertido jefe de gobierno del Distrito Federal, una mañana (casi una madrugada) de agosto de 2003. Tempranero como un gallo, rijoso símbolo con el que le gusta compararse, elusivo como el pejelagarto, típico pez de las aguas de Tabasco, del que proviene su sobrenombre, López Obrador convocaba diariamente a los medios a una conferencia a las seis de la mañana para informarlos sobre la marcha de su gestión, pero también para sortear ingeniosamente las preguntas comprometedoras y lanzar certeros picotazos sobre el presidente Vicente Fox. El desayuno tendría lugar en sus oficinas, situadas en los altos del antiguo ayuntamiento. En el pequeño anexo a su despacho, mientras observaba sus objetos de culto personal (una imagen de Juárez, una foto de Salvador Allende, otra de Rosario Ibarra de Piedra, una más del propio López Obrador conversando con el «subcomandante Marcos», la escultura en madera de un indígena), pensaba que su presencia cotidiana en aquel espacio casi teocrático de México revelaba su sagacidad política: entendía la gravitación histórica del lugar y por eso no salía de él. En cambio Fox despachaba exclusivamente en la residencia oficial de Los Pinos y sólo llegaba al Zócalo de vez en cuando.

Jovial, directo y sencillo, con una sonrisa maliciosa pegada al rostro, era difícil no simpatizar con López Obrador. Nos acompañaba un hombre de sus confianzas, José Agustín Ortiz Pinchetti, veterano luchador democrático. López Obrador comenzó a hablar de historia. En los años ochenta, en un receso involuntario de su agitada vida política, había escrito dos libros sobre Tabasco en el siglo XIX. «Están muy basados en don Daniel», reconoció, y la alusión al mayor historiador liberal del siglo XX me llevó a recordar la opinión que alguna vez me confió el propio Cosío Villegas sobre el general Lázaro Cárdenas: «Yo siempre lo admiré por su instinto popular». Le dije que advertía en él la misma cualidad, y que bien usada podría enfilarlo a la presidencia. López Obrador lo tomó como la constatación de algo evidente: «El pueblo no se equivoca». Yo tenía curiosidad por saber si era cierto que no tenía pasaporte. «Es extraño —me dijo— que me reclamen eso. El presidente Venustiano Carranza nunca cruzó la frontera.» «Es verdad —le expliqué—, pero Carranza fue presidente entre 1916 y 1920, los tiempos han cambiado mucho.» Traje a cuento el caso de Plutarco Elías Calles, que antes de ocupar la presidencia, y para preparar la serie de reformas económicas que llevó a cabo (entre ellas la fundación del Banco de México), había viajado por Europa. ¿Por qué no seguir sus pasos y luego entrevistarse con la prensa liberal en Nueva York? No fui convincente. Años atrás había pasado unos días en Estados Unidos, y con su esposa (Rocío Beltrán, fallecida en 2003) solía visitar Cuba. Eso era todo: «Hay que concentrarse en México —me dijo—. Para mí la mejor política exterior es la buena política interior».

Era obvio que el mundo le tenía sin cuidado. Su mundo era México. Y el mundo de su mundo era Tabasco. Nacido el 13 de noviembre de 1953 en el pequeño pueblo de Tepetitán, en el seno de una esforzada familia de clase media dedicada a diversos ramos del comercio, nieto de campesinos veracruzanos y tabasqueños, y de un inmigrante santanderino que había llegado a «hacer las Américas», López Obrador vivió una niñez tropical, libre y feliz. Sus biografías oficiosas contendrían datos interesantes sobre su carácter temprano. «Fue un niño muy vivaracho —recordaba su padre—, pero tenía una enfermedad: no se le podía decir nada ni regañarlo, porque se trababa.» Según parece, le decían «piedra», porque pegaba duro: «Se peleaba con alguien, le ganaba, y salía con esa sonrisita burlona de "te gané". Era malo para las matemáticas y muy bueno para el beisbol, aunque «cuando perdía su equipo, terminaba enfurecido». Tepetitán tenía unas cuantas calles, pero los López Obrador vivían a sus anchas: «No teníamos barreras —recuerda uno de sus hermanos—, teníamos el pueblo entero, era nuestro». Si la familia salía era para viajar en automóvil a las playas de Veracruz y Tampico. En los años sesenta se mudaron a Villahermosa, capital del estado; en los setenta, Andrés Manuel estudió ciencias políticas en la UNAM y se hospedó en la Casa del Estudiante Tabasqueño. A partir de 1977, hasta 1996, pasaría la mayor parte del tiempo en su patria chica.

Había dos maneras de animar la conversación con López Obrador: hablar de beisbol o hablar de Tabasco. Opté por la segunda. El desayuno tabasqueño (pescado frito, plátano con arroz), el prehistórico pejelagarto disecado sobre un estante, el manoteo enfático y hasta la pronunciación del personaje (que, como es común en aquella zona del Golfo de México, convierte las «eses» en «jotas»), todo conspiraba para llevar la plática a Tabasco: cuna de la cultura madre de Mesoamérica, la olmeca; puerta de la Conquista (allí desembarcó Cortés y conoció a la Malinche). La historia de Tabasco lo apasionaba tanto o más que la historia de México. Con evidente gusto me refirió su buena impresión de los dos grandes jefes del siglo XX en Tabasco (Tomás Garrido Canabal y Carlos Madrazo). Y con mayor placer aún recordó su amistad con el poeta Carlos Pellicer («el tabasqueño más grande del siglo XX») y reconoció la obra de Andrés Iduarte («nuestro mejor escritor»). Yo recordaba que Tabasco —caso no único, pero sí excepcional entre los 32 estados de México— no había dado un solo presidente a México y quise plantearle la cuestión, pero López Obrador abrió sin querer una posible pista: «a los tabasqueños se nos dificulta mucho acostumbrarnos al Altiplano —me dijo—, es otra cultura; también a mí me ha costado trabajo adaptarme». Para explicarse mejor, me leyó en voz alta un párrafo extraído de uno de los libros que escribió sobre su estado:

En Tabasco la naturaleza tiene un papel relevante en el ejercicio del poder público. En consonancia con nuestro medio, los tabasqueños no sabemos disimular. Aquí todo aflora y se sale de cauce. En esta porción del territorio nacional, la más tropical de México, los ríos se desbordan, el cielo es proclive a la tempestad, los verdes se amotinan y el calor de la primavera o la ardiente canícula enciende las pasiones y brota con facilidad la ruda franqueza.

«De aquí parte —dijo— mi teoría sobre el "poder tropical": el tabasqueño debe controlar sus pasiones.» Me había dado una clave biográfica que yo tardaría en descifrar. «Quizá en el futuro —le dije al despedirme— tenga usted que hacer una adaptación aún mayor: pasar del Altiplano a la aldea global.»

Lejos de Cárdenas

Era difícil que un hombre sin mundo entendiera el mundo y el lugar de su país en el mundo. Era difícil que un hombre encerrado en su mundo viera la necesidad de reformarlo en un sentido a la vez realista y moderno. En el concepto de López Obrador, todo lo que México requería para su futuro estaba en su pasado. «La cosa es simple —me dijo meses más tarde, en una segunda y última conversación formal—: hay que ser como Lázaro Cárdenas en lo social y como Benito Juárez en lo político.» Me propuse observar desde entonces los actos de su gobierno (anteriores y posteriores), para ver si confirmaban o desmentían su declarada fidelidad a aquellos dos modelos históricos. Lázaro Cárdenas fue un presidente popular pero no populista. De temple suave, pacífico y moderado, tan silencioso y ajeno a la retórica que lo apodaban La Esfinge, en los años treinta repartió dieciocho millones de hectáreas entre un millón de campesinos. Cárdenas fue un constructor interesado en los detalles prácticos, quiso que los campesinos llegaran a ser autónomos y prósperos mediante la organización ejidal colectiva o a través de la pequeña propiedad, ambas apoyadas por la banca oficial.

López Obrador se manifestaba cada vez más como un gobernante popular y populista. De temple rudo, combativo y apasionado, orador incendiario, su vía para emular a Cárdenas consistió en ofrecer un abanico de provisiones gratuitas, entre ellas el reparto de vales intercambiables por alimentos, equivalentes a setecientos pesos mensuales, a todas las personas mayores de setenta años. Estos programas, sobre todo el de apoyo a los «adultos mayores» (del cual no existe padrón), le granjeaban una gran simpatía pero no atacaban de fondo los problemas. «Andrés y su equipo no conocían la complejidad de la problemática social de la ciudad», me dijo Clara Jusidman, su amiga de muchos años y su jefa en los años ochenta, en el Instituto Federal del Consumidor. En el gobierno perredista de Cuauhtémoc Cárdenas (1997-1999), Jusidman y su equipo habían establecido las bases de una amplia y laboriosa red de «facilitadores» que procuraba atender diversas necesidades relacionadas con la ruptura del tejido social en el DF. «Todo eso se desmanteló —lamentaba Jusidman—, se privilegiaron medidas sociales de relativa simplicidad pero con efectos masivos, como fue la entrega de ayudas económicas a los adultos mayores, a las madres solteras y a las familias con personas discapacitadas; o el montaje de dieciséis escuelas preparatorias y de una universidad sin requisitos de ingreso y con muy poco tiempo de planeación.» Claramente, el criterio que las sustentaba era más político e ideológico que práctico y técnico. Lo mismo ocurrió en otros ámbitos. A un costo que nunca se aclaró, en tiempos de López Obrador se construyeron los segundos pisos del Anillo Periférico, pero se relegaron necesidades mucho más urgentes que la fluidez vial para los automovilistas: el transporte público, el abasto de agua, la inseguridad, el empleo. Entre 2000 y 2004, el crecimiento del PIB en el DF fue inferior al crecimiento promedio acumulado en el resto de las entidades. Y el empleo formal entre 2000 y 2005 creció menos que en el resto del país.

La gestión de Lázaro Cárdenas coincidió con el ascenso del nazismo europeo. Se enmarcó en una época en que, para amplios sectores intelectuales y políticos de Occidente, el socialismo soviético constituía una alternativa al capitalismo occidental. Por eso, en tiempos de Cárdenas la educación oficial en México era «socialista». Con todo, Cárdenas no atizó el odio de clases ni era proclive a las ideologías que lo propugnaban. De hecho, tras la expropiación petrolera, Cárdenas fue el precursor de la industrialización en México y para ello fundó el Instituto Politécnico Nacional.

En sus dichos y sus hechos, López Obrador ha seguido pautas muy distintas. A partir de las ruidosas querellas legales en las que se vio involucrado en 2004 y 2005, el jefe de gobierno recurrió a una retórica de polarización social que Cárdenas no habría avalado. Su vocabulario político se impregnó del conflicto entre las clases. Sus enemigos eran los enemigos del pueblo: «los de arriba», los ricos, los «camajanes», los «machucones», los «finolis», los «exquisitos», los «picudos». La palabra «dinero» era necesariamente sinónimo de abuso, de inmoralidad, de ausencia de decoro, de impureza. «Vamos a establecer —profetizó— una nueva convivencia social, más humana, más igualitaria, tenemos que frenar [...] a esa corriente según la cual el dinero siempre triunfa sobre la moral y la dignidad de nuestro pueblo.» Su argumento central era el tema del Fobaproa, operación de rescate bancario que evitó el colapso del sistema financiero (y la consiguiente pérdida para los cuentahabientes), pero que, sin lugar a dudas, tuvo irregularidades y abusos en verdad flagrantes. Si bien el peso de la operación sobre las finanzas públicas era y es muy oneroso, López Obrador lo utilizaba para concentrar el odio en la figura de los empresarios.

Con López Obrador, la teoría de la conspiración se volvió política de Estado: toda crítica era parte de un «complot» para desbancarlo. El 27 de junio de 2004, cerca de setecientas mil personas de diversas clases sociales, alarmadas por la ola de secuestros y asaltos en la ciudad, marcharon a lo largo del Paseo de la Reforma. Horas más tarde, en vez de considerar la pertinencia objetiva de los reclamos, López Obrador se lanzó al palenque y declaró: «Sigo pensando que metieron la mano [...] para manipular este asunto, y señalo tres cosas: una, la politiquería de "las derechas"; dos, el oportunismo del gobierno federal [...] las declaraciones del ciudadano presidente [...]. Y también el amarillismo en algunos medios de comunicación». Para remachar, agregó que seguramente los propios secuestradores habían desfilado ese día. Al poco tiempo, aparecieron unas historietas que representaban a los manifestantes como jóvenes de clase alta y pelo rubio, encantados de acudir a la manifestación para «estrenar» ropa nueva y tomarse una foto con sus amigos. «Eran unos *pirrurris*», dijo el Peje, refiriéndose con desdén a los marchistas. Que la referencia a la piel de los manifestantes fuera racista, y las víctimas de la delincuencia fueran mayoritariamente pobres, no lo inmutaba. Para él, la delincuencia es una función de la desigualdad y la pobreza.

El proyecto nacional de Lázaro Cárdenas se enmarcó siempre en los paradigmas de la Revolución mexicana: por eso marginó a los comunistas prosoviéticos de la CTM, asiló a Trotsky y dejó el poder en manos del moderado Ávila Camacho, no del radical Múgica. López Obrador repetiría incansablemente que su proyecto era «de izquierda». Nunca sentiría la necesidad de explicar el significado de esa palabra en el mundo posterior a la caída del imperio soviético, un mundo en el que China es la estrella ascendente de la economía de mercado. Pero es natural: el mundo no es interesante para López Obrador.

Ajeno a Juárez

López Obrador había afirmado, en innumerables ocasiones, que admiraba a Benito Juárez sobre todos los seres en la tierra. Pero su identificación política con Juárez era, sencillamente, insostenible. Fuera de una apelación formal a la «austeridad republicana» de aquel legendario presidente, o la repetición escolar de algunas de sus frases, López Obrador tenía poco en común con su héroe.

La «austeridad republicana» de los gobiernos juaristas (1858-1872) debía hallar su contraparte en un manejo impecable de las finanzas públicas. No fue el caso. La opacidad en las cuentas públicas del gobierno del DF era ya entonces (y sigue siendo, hasta la fecha) la zona más turbia en su desempeño. Fox había sacado adelante una Ley de Transparencia que abría a cualquier ciudadano las cuentas públicas del gobierno federal. Muchos gobiernos estatales hicieron lo mismo, pero el del DF frenó y limitó la idea, aduciendo que era muy onerosa, y, cuando no tuvo más remedio que aceptarla, durante mucho tiempo se negó a dar oficinas al nuevo organismo. Finalmente, inconforme con el consejo nombrado, modificó la ley para disolverlo y nombrar otro.

López Obrador decía admirar a Juárez por haber integrado su gabinete con los mejores mexicanos, pero de su propio gabinete no podía predicar lo mismo. Un video que se transmitió en 2004 por la televisión abierta mostraba a su secretario de Finanzas del gobierno del DF apostando cuantiosas sumas en una habitación reservada a clientes *VIP* en Las Vegas. A los pocos días, un nuevo video mostraba a su principal operador político tomando fajos de dinero de manos de un empresario consentido por los anteriores gobiernos del PRD. Aunque ambos funcionarios fueron separados de sus cargos y sometidos a juicio, la estrategia política de López Obrador no consistió en honrar su lema de gobierno (la «honestidad valiente»), sino en relativizar los hechos, desmarcarse de toda responsabilidad, y por primera vez declararse víctima de un «complot» orquestado por «las fuerzas oscuras», por «los de arriba».

La generación de Juárez produjo en 1857 una admirable constitución de corte liberal clásico que limitó el poder presidencial, instituyó la división de poderes y consignó las más amplias libertades y garantías individuales. Aquellos legisladores y juristas creyeron en el imperio de la ley y lo respetaron escrupulosamente. El presidente Juárez tenía adversarios de peso en la Suprema Corte y el Congreso, pero jamás utilizó contra ellos las más mínimas triquiñuelas, ni afectó o anuló su esfera autónoma. En cambio López Obrador, aunque rindiera homenaje retórico a

Juárez, mostró muy pronto que no comulgaba con los preceptos esenciales de la democracia liberal.

Al despuntar su sexenio, había ocurrido un linchamiento en el pueblo indígena de Magdalena Petlacalco. López Obrador dio a entender que había normas tradicionales más altas que la ley: «el caso hay que verlo en lo que es la historia de México, es un asunto que viene de lejos, es la cultura, son las creencias, es la manera comunitaria en que actúan los pueblos originarios... No nos metamos con las creencias de la gente». En un problema similar (una sublevación indígena en Chiapas en 1869), Juárez no dudó en enviar a la fuerza pública y aplicar la ley.

En octubre de 2003, una sentencia judicial dictada por un tribunal de circuito obligaba al gobierno del Distrito Federal a pagar una suma (en verdad absurda) por la expropiación de unos terrenos. López Obrador declaró, con tonos extrañamente evangélicos: «Ley que no es justa no sirve. La ley es para el hombre, no el hombre para la ley. Una ley que no imparte justicia no tiene sentido», y agregó:

«La Corte no puede estar por encima de la soberanía del pueblo. La jurisprudencia tiene que ver, precisamente, con el sentimiento popular. O sea que, si una ley no recoge el sentir de la gente, no puede tener una función eficaz [...]. La Corte no es una junta de notables ni un poder casi divino».

Si la ley era injusta, había caminos institucionales para cambiarla. Si el juez, como era el caso, había dado una sentencia excesiva, existían instancias jurídicas para combatirla. Los abogados del gobierno del Distrito Federal (los había excelentes) hicieron uso de esas instancias y, al cabo del tiempo, lograron reducir sustancialmente la cantidad que se reclamaba. Pero el tema no era legal, sino político. Al litigar el asunto en los medios y negar la autoridad de la Suprema Corte de Justicia, el Peje había dado una primera muestra de su idea de la justicia, y su imagen condicionada de la división de poderes. Un paisano suyo explicó el fundamento de su actitud: «Tiene un concepto marxista del derecho, para él es un arma de la burguesía para dominar al proletariado».

En mayo de 2004, otro proceso judicial comenzaría a ocupar las planas de los diarios y el espacio de los noticieros. El gobierno del DF se había negado a respetar una orden de suspensión dictada por un juez dentro de un juicio de amparo. El juez turnó el asunto a la Procuraduría para su consignación. Ante la posibilidad real de verse privado del fuero por la Cámara de Diputados y ser sometido a juicio (proyecto que tanto el PAN como el PRI alentaban con la peregrina idea de inhabilitarlo como candidato a la presidencia), López Obrador pasó de nuevo a la ofensiva, dobló las apuestas, declaró que no emplearía abogados ni se defendería y que —como admirador de Gandhi y Mandela— prefería ir a la cárcel en vez de acatar una orden que consideraba injusta. La responsabilidad directa recaía sobre un subordinado que había firmado la documentación, pero López Obrador se negó a involucrarlo y así liberarse legítimamente del problema. En términos legales, el caso era discutible. Para los defensores de López Obrador era inexistente o nimio; para sus críticos tenía un valor de principio, no debía permitirse el desacato a una sentencia judicial. López Obrador declaró que el poder judicial actuaba en connivencia con las «fuerzas oscuras» y dijo que lo reformaría al llegar a la presidencia. Su «ruda franqueza» tabasqueña necesitaba de enemigos, y los encontró en la Suprema Corte.

Años atrás, al tomar posesión, el Peje había delineado su concepto de la verdadera democracia, no la democracia liberal, sino la «democracia popular»: «El gobierno es el pueblo organizado o, para decirlo de otra manera, el mejor gobierno es cuando el pueblo se organiza. La democracia es cuando el pueblo se organiza y se gobierna a sí mismo». Pero esa democracia requería la presencia cotidiana de un líder social que midiera «el pulso a la gente», que «metiéndose abajo» escuchara y canalizara —sin intermediaciones burocráticas o institucionales— las demandas de «la gente». Ésa era, a su juicio, la función del jefe de gobierno.

¿A qué tradición correspondían estas ideas? «La nación —había escrito hacia 1837 el pensador conservador Lucas Alamán al carismático dictador Antonio López de Santa Anna— le ha confiado a usted un poder tal como el que se constituyó en la primera formación de las socieda-

des, superior al que pueden dar las formas de elección después de conve-
nidas, porque procede de la manifestación directa de la voluntad
popular, que es el origen presunto de toda autoridad pública.» Precisamente contra esa concepción «directa» del poder —de raíz medieval y
monárquica—, la generación de Juárez concibió una constitución liberal en la que la «voluntad popular» se expresaba en votos individuales y el
poder presidencial permanecía acotado por los otros poderes.

Curiosamente, a fines de 2004 López Obrador se hizo fotografiar
con un ejemplar de la biografía de santo Tomás de Aquino, en cuya
Summa Theologiae la división de poderes no es siquiera imaginable. En
esa visión orgánica del poder público (muy arraigada en la cultura política de los países hispánicos), la soberanía popular emana de Dios hacia el
pueblo, y quien debe interpretarla correctamente es la autoridad elegida
por Dios. (Por eso «no había que meterse con las creencias de la gente».)
¿Y quién interpreta el divino poder de la «soberanía popular»? El líder
social que se autodesignaba «el rayo de esperanza»: López Obrador.

En ningún momento quedó más clara esta inspiración divina que
sentía encarnar el jefe de gobierno como en la fervorosa concentración
del Zócalo, el día del desafuero. Ni en los tiempos dorados del PRI se
había visto algo similar, porque en el viejo sistema político mexicano la
gente acudía al Zócalo para apoyar al detentador temporal de la investi-
dura presidencial. Ahora no, ahora acudía a mostrar su apego solidario al
«hombre providencial». Un grupo de ancianas portaban un letrero que
decía «Que Dios te cuide, rayito de esperanza».

«La doble valla metálica que corta por la mitad a la multitud y dentro de la cual camina solitario el Jefe hacia la gran tribuna de la plaza.»
¿Qué recordaba la escena? Adolfo Gilly, historiador respetado y viejo
militante de izquierda, señalaría tiempo después que la inspiración de
aquella «coreografía y escenografía», de aquel «método de centralización
personal de la organización en la figura del Jefe», provenía «de los años
treinta, en la figura y las ideas del tabasqueño Tomás Garrido Canabal».

Tenía razón. La clave para comprender mejor la formación, la imaginería, el estilo y sobre todo la actitud política de Andrés Manuel López Obrador no estaba en la historia de México, en Cárdenas o Juárez. La clave —como él mismo me había dado a entrever en aquel desayuno de agosto de 2003— estaba en la historia de Tabasco, la tierra del «poder tropical».

Un ferviente deseo de gobernar

«Ese estado pantanoso y aislado, puritano e impío», escribió Graham Greene en *Caminos sin ley* (1939), libro de viaje complementario a *El poder y la gloria* (1940). A Graham Greene, que recorrió Tabasco en 1938, tres años después de terminada la era de Garrido, lo intrigaba la «oscura neurosis personal» de aquel «dictador incorruptible». Su sombra seguía rondando. Ahí estaban las «escuelas racionalistas», instituciones de disciplina casi militar donde los niños eran adoctrinados «científicamente», aprendían las virtudes de la razón, la técnica agrícola y los ejercicios físicos. Greene se impresionó con los carteles que vio en las escuelas: una mujer crucificada a la que un fraile le besa los pies, un cura borracho bebiendo vino en la Eucaristía, otro tomando dinero de manos indigentes. Su confesor en Orizaba se lo había advertido: «A very evil land», y Greene, converso al catolicismo, creyó constatarlo a cada paso: «Supongo que siempre ha existido odio en México —apuntó—, pero ahora el odio es la enseñanza oficial: ha superado al amor en el plan de estudios [...]. Uno se niega a creer que logrará algo bueno: y es que ese odio envenena los pozos de humanidad».

Ahí estaba también la huella de una existencia puritana (las luces se apagaban todavía a las 21:30, la venta y consumo de alcohol estaban prohibidos) y el recuerdo de una sociedad regimentada: cooperativas de distribución agrícola controladas por el gobierno, «ligas de resistencia» obligatorias para cada gremio de trabajadores o empleados, y, sobresaliendo entre todas, los llamados «camisas rojas», contingentes estudiantiles de ambos sexos uniformados con colores rojinegros, recorriendo las calles con disciplina fascista y sirviendo como tropas de adoctrinamiento y choque para la intensa campaña «contra Dios y la religión». En escenas filmadas por el gobierno de Garrido para fines de propaganda se veía cómo los «camisas rojas» (precursores de los «guardias rojos» chinos) empuñaban la piqueta para destruir, piedra por piedra, la catedral de Villahermosa; arrojaban a las llamas imágenes piadosas de los templos destruidos y los objetos de culto que la gente guardaba en sus casas, y escenificaban tumultuosos «autos de fe» donde los niños, maestros, jóvenes y viejos se turnaban para destruir con la piqueta grandes esculturas de Cristo crucificado.

A juicio de López Obrador, el mérito de Garrido fue convertir a Tabasco «en la meca política del país». El uso de la metáfora religiosa no era casual. Tabasco, en efecto, creció a través de los siglos con una población alimentada por la madre naturaleza, pero literalmente dejada de la mano de Dios: sin la presencia de los misioneros que evangelizaron a la mayor parte del país, casi sin templos ni parroquias (el Obispado, muy tardío, es de 1880), y con una cuota de sacerdotes pequeñísima frente al promedio nacional. Tampoco las instituciones de enseñanza —colegios o seminarios, comunes también en el resto de la República— se arraigaron en el lugar (el Instituto Juárez, único plantel de enseñanza superior, no se fundó hasta 1879). Además de su aislamiento geográfico, Tabasco resentía su marginalidad espiritual, y esperaba su oportunidad para afirmarse en la historia nacional, para convertirse en su meca. Esa oportunidad arribó con la Revolución mexicana.

Había llegado de fuera, traída por los generales del norte y del Altiplano. El primero que puso su sello en Tabasco fue el general Francisco J. Múgica, antiguo seminarista de la seráfica ciudad de Zamora que, en un movimiento muy típico de los revolucionarios de la época, se había rebelado contra su formación católica llevando el jacobinismo a extremos de profanación sólo vistos en la Revolución francesa o antes, en la Inglaterra isabelina. Al llegar a Tabasco en 1916, Múgica ocupó con sus tropas la catedral, cambió el nombre de la capital de San Juan Bautista a Villahermosa, y dio inicio a un reparto agrario. Múgica estaba orgulloso de la naturalidad con que los tabasqueños parecían adoptar su radicalismo antirreligioso: «Hay que tabasqueñizar a México», llegó a decir. Según Andrés Manuel López Obrador, Múgica —tutor de Garrido— fue «el más idealista de los revolucionarios».

En su libro *Entre la historia y la esperanza* (1995), López Obrador describe este proceso como un historiador oficial, sin mayor distancia crítica. Gracias a Garrido —recuerda—, Álvaro Obregón había dicho: «Tabasco es el baluarte de la Revolución». Debido a su falta de tradición religiosa —escribió—, Tabasco tenía «condiciones ideales» para la política anticlerical. Aunque entrecomilló la «obsesión» de Garrido por destruir de raíz «el virus religioso», su recuento de aquella gestión era neutro o francamente positivo, como cuando refería la «extraordinaria» labor educativa, la organización de las Ligas de Resistencia obreras y campesinas, las ferias y los conciertos. Si bien le objetaba que, «en sentido estricto, no fuera socialista» y que «sin ser un dictador, fuese un caudillo autoritario», lo consideraba «un visionario de gran sensibilidad que supo combinar armónicamente economía y política». Para López Obrador, su verdadero error fue táctico y posterior a su gubernatura: «Querer trasladar la política anticlerical del trópico al altiplano [...] Eran otras las condiciones». (En 1935, siendo ya ministro de Agricultura en el gobierno de Cárdenas, Garrido ordenó una matanza de católicos en la ciudad de México, hecho que le valió su dimisión y exilio a Costa Rica.) «Don Tomás», en definitiva, era objeto de su admiración: «Era muy hábil, muy eficaz, muy sensible [...] Tenía un instinto certero [...] tenía otra cosa que también es fundamental [...] era un hombre con aplomo».

López Obrador admiraba al político en Garrido, pero no veía que el político era inseparable del teólogo. El celo antirreligioso de Garrido Canabal era en sí mismo «religioso», un reverso torcido y cruel del celo que furiosamente combatía. Esa dialéctica está en el centro de la novela de Greene. Al describir al teniente garridista, puritano y ateo, Greene percibe «algo sacerdotal en su andar decidido y vigilante, parecía un teólogo que volvía sobre los errores de su pasado para destruirlos nuevamente [...] Hay místicos que dicen haber conocido directamente a Dios. Él también era un místico y lo que había conocido es el vacío». El espacio de ese vacío, el espacio de la fe, no se llenó en Tabasco con un humanismo laico. Se llenó, sobre todo, con una fe agresiva y militante. En la meca tabasqueña no se enseñaba la ciencia: se la predicaba. En términos históricos y culturales, en el Tabasco de entonces no había Ilustración: había una religiosidad invertida, y había iconoclasia.

Esa paradójica inserción de Garrido en la sociología religiosa es un dato crucial: se daría también —aunque con un perfil distinto— en Andrés Manuel López Obrador. Según algunas versiones, su religión, como la de más de un 20 por ciento de tabasqueños, era evangélica. Según su propio testimonio, es católico, aunque no practicante. Una biografía oficiosa consigna que, siendo adolescente en Macuspana, fue monaguillo y recorría los pueblos pobres con los curas. La familia creyó que tenía vocación sacerdotal. Su amistad posterior con el poeta Carlos Pellicer (hermano espiritual de Neruda, hombre de izquierda, cantor de la naturaleza, de la América hispana y de la religiosidad cristiana) fue, seguramente, otro momento de inspiración. ¿Frecuentó en algún período posterior a los jesuitas postconciliares? En todo caso, su religiosidad fue buscando cauces propios, políticos, pero habría de tener una inspiración garridista: puritana, dogmática, autoritaria, proclive al odio y, sobre todas las cosas, redentorista.

Gilly tenía razón, pero no sólo la coreografía, la escenografía, el culto a la personalidad que rodeaban a López Obrador provenían del Tabasco de Garrido Canabal. También la propensión al liderazgo religioso en la política. En la era de Garrido (que duró catorce años: un salvador, como se sabe, necesita tiempo), el diario oficial se llamaba *Redención*, se publicaban poemas religiosamente ateos, se escribían nuevos «credos» y loas al salvador: «Ese hombre es Garrido / el hombre de acción / que al pueblo oprimido / trajo redención».

Hacia mediados de 2004, el tema del liderazgo religioso comenzó a aparecer explícitamente en las entrevistas de López Obrador. Él no buscaba el poder, sino la oportunidad de servir al prójimo. Su desapego de los bienes terrenales, su *pureza*, no eran sólo virtudes personales sino argumentos de autoridad política indisputable, pruebas de que *él tenía la razón*, que sus adversarios estaban equivocados o actuaban de mala fe. Para entonces ya se refería a su persona en términos inconfundiblemente mesiánicos: «Yo estoy convocando a un movimiento de conciencia, un movimiento espiritual, mucha gente que me ve, gente humilde, lo que me dice es que está orando [...]. Yo soy muy demócrata y muy místico, estoy en manos de la gente».

El otro gran líder de Tabasco (mitad cacique, mitad caudillo) había sido Carlos Madrazo. López Obrador se refirió a él también en *Entre la historia y la esperanza* y en entrevistas posteriores. Becado desde joven por Garrido —fundador de los «camisas rojas», impulsor de la «educación socialista»—, se incorporó en los años treinta a las filas del PRI (entonces el Partido Nacional Revolucionario). En 1958 alcanzó su sueño, llegó a Tabasco con «el ferviente deseo de gobernar»: «Tengo recuerdos de él cuando llegaba a mi pueblo —rememoraba López Obrador—. Había cierta veneración por los hombres del poder. Cuando Madrazo visitaba Tepetitán se ponían arcos de triunfo con palmas, las calles se adornaban [...], lo recibían las mujeres más bellas del pueblo».

Madrazo presidió una nueva etapa de crecimiento económico, obra pública y concentración de poder. A los ojos de López Obrador, Madrazo era admirable pero imperfecto: «no era un idealista, no actuaba motivado por las necesidades de la gente [...] del pueblo raso, de los de abajo». Sin embargo, en los años sesenta, siendo presidente nacional del PRI, había intentado una audaz reforma democrática, la celebración de elecciones internas en el partido. El sistema no lo toleró y Madrazo dimitió. Durante el movimiento estudiantil del 68, pudo haber fundado una corriente política de oposición. López Obrador recuerda cuánto se reprochaba a sí mismo su indefinición. En junio de 1969, meses antes del período preelectoral, el avión comercial en que viajaban Madrazo y su esposa se estrelló en la sierra de Monterrey. Dejaban huérfanos a sus hijos, entre ellos a Roberto, que desde 1994 se volvería el principal enemigo político de López Obrador. «Yo tengo razones suficientes para sostener que fue un asesinato político, iba a lanzarse como candidato independiente», sostenía López Obrador.

Carlos Madrazo era su modelo político. Los adjetivos que le dedicaba en su libro eran caudalosos como el Usumacinta: avispado, ejecutivo, eficiente, de mucho carácter, todo él era nervio y acción, apasionado, abierto, desbordante, caliente, auténtico. Al hablar de Madrazo estaba hablando de sí mismo.

Finalmente, junto a Garrido y Madrazo, en el libro *Entre la historia y la esperanza* aparecía un tercer personaje. Era el sucesor natural de ambos. Como ellos, gustaba de sentir «la veneración por los hombres del poder», y compartía con ellos «el ferviente deseo de gobernar». Heredaría sus virtudes y corregiría sus defectos; él era un idealista de izquierda; nunca se reprocharía su indefinición porque se había atrevido a salir del espacio institucional; no se identificaba con «los de arriba», él sólo quería el poder para servir a «los de abajo». Él sí sabría cómo purificar a la Revolución. En él terminaba la historia y comenzaba la esperanza. Era, naturalmente, Andrés Manuel López Obrador.

El rayo de esperanza

Su trayectoria de líder social y activista político, recogida en ese libro y en varias biografías subsiguientes, es notable por su tenacidad y eficacia. Su carrera había comenzado en 1976, como director de campaña de Carlos Pellicer, cuando el viejo poeta lanzó su candidatura como senador del PRI (y de los indígenas chontales, decía él) por Tabasco. Quizá fue suya la idea de no gastarse en publicidad todo el dinero que el PRI les dio para la campaña, sino comprar máquinas de coser y regalarlas a las comunidades pobres, como se hizo. Pellicer moriría en 1977, pero recomendaría a su discípulo con el gobernador Leandro Rovirosa, que al advertir de inmediato la «emoción social» de aquel joven impetuoso, le encomienda la dirección del centro que atendía a los indígenas de Tabasco, los «chontales». «Andrés lo tomó como si se hubiera tratado de una misión —recordaba su esposa—. Muchas veces, en lugar de ir al cine o a un parque conmigo, yo lo acompañaba a reuniones o a asambleas para aprovechar el poco tiempo que teníamos para vernos.» Gracias al súbito y fugaz *boom* petrolero de esos años, el gobierno pudo apoyarlo para financiar la construcción de obras sanitarias, pisos de concreto, letrinas y viviendas para los indígenas. Los «camellones chontales» creados por López Obrador (islotes de tierra firme ganados al agua, inspirados en técnicas de los aztecas) serían sus primeras «obras públicas», visibles y útiles.

En 1982 tomó posesión un nuevo gobernador, Enrique González Pedrero. Brillante maestro de la UNAM, hombre de izquierda y teórico de la política, González Pedrero y su esposa, la escritora Julieta Campos, reconocieron la vocación social del fogoso líder, y el gobernador le encomendó la dirección del PRI estatal. López Obrador puso en marcha una reforma democrática interna no muy distinta de la que Carlos Madrazo había intentado en su momento. Se dice que, al advertir en el proyecto ecos de la organización territorial del Partido Comunista Cubano, González Pedrero le advirtió «esto no es Cuba», pero el líder persistió en su plan. Igual que con Madrazo, los jefes políticos locales se rebelaron y, de manera intempestiva, el gobernador le exigió la renuncia, ofreciéndole la Oficialía mayor. López Obrador declinó, y emigró con su familia a México. Del exilio lo sacó la siguiente elección estatal. Todavía dentro del PRI, buscó la candidatura a la presidencia municipal de Macuspana y, al serle denegada, la fraguó con una coalición de partidos de izquierda.

Su trayectoria correría en paralelo a la de Cuauhtémoc Cárdenas, que, sintiéndose verosímilmente despojado del triunfo legítimo en las elecciones presidenciales de 1988, optaría por fundar el PRD. Su hombre en Tabasco fue López Obrador. Recorriendo los pueblos, pernoctando en las comunidades, editando un periódico combativo —*Corre la voz*—, López Obrador edificó exitosamente el PRD tabasqueño. Su primera gran campañada fueron las elecciones intermedias de 1991. El PRI reclamó, como siempre, el triunfo completo, pero López Obrador había construido una poderosa base social y, para protestar por el fraude, encabezó un «éxodo por la democracia» (de obvias resonancias bíblicas) a la ciudad de México. Una multitud de campesinos recorrió el país, del Trópico al Altiplano, y acampó en el Zócalo (la zona teocrática). El gobierno de Salinas de Gortari no tuvo más remedio que ceder a la presión. López Obrador regresó a Tabasco con una buena cosecha: tres municipios reconocidos para el PRD y la inminente renuncia del gobernador. De aquel movimiento, López Obrador extrajo una experiencia clave, que le confió a un amigo: «Diálogo verdaderamente sustantivo para el avance de la democracia es el que se acompaña de la movilización ciudadana».

En 1992, López Obrador amplía su radio de acción: organiza exitosas movilizaciones y marchas en defensa de trabajadores transitorios despedidos por Pemex. «La empresa —recuerda en su libro— tuvo que acceder a pagar las prestaciones básicas de miles de transitorios, no sólo en Tabasco, sino en todas las zonas petroleras del país.» Dos años más tarde, va tras la huella de Garrido y Madrazo: se lanza a la gubernatura de Tabasco. Su contrincante es nada menos que Roberto Madrazo, que, a diferencia de su padre, ha seguido una trayectoria de ortodoxia partidista y ha operado de manera turbia en no pocos procesos electorales. En su campaña, López Obrador ofrece 32 compromisos muy similares a los que aplicará en el gobierno del DF. Visita todos los municipios, conoce a cientos de miles de ciudadanos. «La gente estaba prendida», recuerda. Las elecciones son disputadas, y por una diferencia de apenas veinte mil votos se declara el triunfo de Madrazo. López Obrador busca deliberadamente una proyección nacional y organiza una «caravana por la democracia» hacia la ciudad de México. En Tabasco, la protesta incluye nuevas tomas de las instalaciones petroleras. Sus simpatizantes se posesionan de la plaza de armas en Villahermosa, se declaran en desobediencia civil e instalan un gobierno paralelo.

A principios de 1995, decidido a abrir de verdad el sistema político, el presidente Zedillo pacta con todas las fuerzas —incluido el PRD— una reforma que consolidaría la autonomía del Instituto Federal Electoral y echaría a andar la transición democrática. Zedillo no acude a la toma de protesta de Madrazo, que habita un «búnker» en Villahermosa. Ante el peligro inminente de una represión, López Obrador disuelve el plantón en Villahermosa, pero al poco tiempo convierte su derrota en victoria al exhibir, en un segundo «éxodo» de campesinos tabasqueños al Zócalo de México, las cajas con documentos que contenían pruebas del fraude electoral en Tabasco.

En el horizonte se dibuja la oportunidad de incidir, no ya en la política de Tabasco, sino en la nacional. En 1996 moviliza a las organizaciones indígenas de La Chontalpa para tomar cincuenta pozos petroleros. Protestan por el daño ecológico causado por la empresa y apoyan a productores con carteras vencidas. La fuerza pública encarcela a doscientos seguidores. López Obrador cumple ya veinte años como líder social, siempre en ascenso: «Este país no avanza con procesos electorales —le confía entonces a su paisano Arturo Núñez—, avanza con movilizaciones sociales». Había arribado a su teoría de la movilización permanente. El problema, claro, era que la movilización y algunas formas de resistencia (como la negativa a pagar la luz) podían entrar en conflicto con el Estado de derecho. Pero el derecho para López Obrador —apunta el propio Núñez— no era (ni es) más que una «superestructura» creada por los burgueses para oprimir al trabajador. El 10 de noviembre escribió la última línea de su libro, con una profecía:

> Hemos aprendido que se puede gobernar desde abajo y con la gente; desde las comunidades y las colonias; desde las carreteras y las plazas públicas; que no hace falta tener asesores ni secretarías ni guaruras; que lo indispensable es poseer autoridad moral y autoridad política; y tenemos la convicción de que mientras no haya ambiciones de dinero y no estemos pensando nada más en los puestos públicos, seremos políticamente indestructibles.

Gobernar es una palabra que le gusta a López Obrador. La usa como sinónimo de mando. Gobernaba sin ser gobernador. Y seguiría su incontenible ascenso hasta volverse «el rayo de esperanza»: la presidencia nacional del PRD en 1996 (muy exitosa en lo electoral pero no en el avance de la democracia interna del partido), la Jefatura al gobierno del DF en el 2000 y, a fines de 2005, la candidatura a la presidencia de la República por el PRD.

«Tabasco en sangre madura»

En términos sociológicos, su misión «providencial» proviene del redentorismo garridista. Pero ¿cuál es el resorte psicológico de su actitud? Sus hagiografías refieren el episodio de una excursión con el poeta Pellicer y unos amigos, en el que la traicionera corriente de un río en Tabasco puso al joven Andrés Manuel en trance de muerte. Según esa versión, López Obrador habría interpretado su salvación como un llamado a cumplir con una misión trascendental. Pero otras publicaciones consignan un hecho anterior, íntimo, que tuvo lugar en Tabasco.

Graham Greene había escrito que Tabasco «era como África viéndose a sí misma en un espejo a través del Atlántico». Extrañamente, Andrés Iduarte —«el mejor escritor de Tabasco», según López Obrador— tenía una línea similar: «Tabasco es un país de nombres griegos y alma africana». En su obra *Un niño en la Revolución Mexicana*, uno de los textos clásicos del género, Iduarte se refiere con insistencia a los rostros de la violencia en Tabasco: «El desprecio a la muerte, presente en todo mexicano, adquiere en Tabasco un diapasón subido [...]. El tabasqueño peleaba y mataba sin saber que hacía algo malo [...]. Lo malo no es que maten [en Tabasco], lo malo es que crean que matar es algo natural».

«Estábamos envenenados de una hombría bárbara», apuntaba Iduarte recordando cómo los muchachos «usaban una pistola encajada en el pantalón, bajo la blusa» y se liaban «con brutalidad», en «verdaderas batallas [...] con rifles de salón bajo los platanares». ¿Cómo explicarlo? Era el «ambiente de Tabasco, cargado de pasiones tempestuosas», era el «individualismo tropicalmente vital, impetuoso, desorbitado», era la voz de la selva a cuya escucha los hombres se «agujereaban a tiros por la más leve ofensa». Iduarte hablaba por experiencia propia. Hombre culto y gentil, escribía su memoria en 1937, fuera del país. Autor de una obra literaria e histórica vastísima, Iduarte llegaría a ser profesor emérito de la Universidad de Columbia en Nueva York, pero viviría casi todo el resto de su vida en destierro voluntario. Presa de la «pasión tropical», el caballeroso Iduarte había matado a un hombre.

Andrés Manuel López Obrador vivió también una dolorosa experiencia con la muerte. En su edición del 9 de julio de 1969, los periódicos *Rumbo Nuevo*, *Diario de Tabasco* y *Diario Presente* consignaban la muerte de su hermano, José Ramón López Obrador. Los hechos habían ocurrido a las dieciséis horas del día anterior, en el interior del almacén de telas Novedades Andrés, propiedad de la familia en Villahermosa. De la declaración que rindió Andrés Manuel López Obrador ante el agente del ministerio público (recogida parcialmente en la prensa), se desprendía que los dos hermanos habían tenido una discusión. Tomando un arma, José Ramón había querido convencer a su hermano de «espantar» a un empleado de una zapatería cercana. Andrés Manuel habría intentado disuadirlo, pero José Ramón lo tildaba de miedoso. De pronto, al darle la espalda a su hermano, Andrés Manuel escuchó un disparo. Trató de auxiliarlo y quiso llevarlo rápidamente con un médico, pero al poco tiempo José Ramón dejó de existir. Versiones distintas consignaban que a Andrés Manuel, accidentalmente, se le había escapado un tiro. La declaración ministerial desapareció de los archivos.

Cabe conjeturar que la muerte de su hermano no pudo menos que pesar profundamente en la vida de Andrés Manuel. Tal vez de allí proviene su conciencia de los peligros de la «pasión tropical», de esa «ruda franqueza», tempestuosa, desbordante, que sin embargo aflora en él saliéndose de cauce con mucha frecuencia. Y quizá también de allí provenga su actitud mesiánica. Él no había sido culpable de los hechos, pero tal vez pensaría que podía haberlos evitado. En un cuadro así parece difícil liberarse de la culpa. Y la culpa, a su vez, busca liberarse a través de una agresividad vehemente, tan temeraria como para tomar pozos petroleros. O mediante vastas mutaciones espirituales. López Obrador pudo haber encontrado su forma de expiación llenando su existencia con una misión redentora. Dedicaría la vida al servicio de los chontales, de los tabasqueños, de los mexicanos, del «pueblo». «Tabasco en sangre madura», había escrito Carlos Pellicer. Andrés Iduarte y Andrés Manuel López Obrador sabían con cuánta verdad.

Personalidad «maná»

Ése es «el hombre de acción que a todas sus huestes trae redención». La versión actual de Garrido Canabal que desde el poder purificará y organizará a la sociedad, mostrándole el camino de la verdadera convivencia, liberándola de sus opresores. En sus ratos de ocio lee cuentos sobre Pancho Villa, y —dato curioso— recomienda la lectura de *El poder y la gloria*. Lo inquietante no es su ideología: la opinión liberal en México podría ver con naturalidad y con buenos ojos la llegada al poder de una izquierda democrática, responsable y moderna, como ocurrió en Brasil y Chile. Tampoco preocupa demasiado su programa: da la espalda a las ineludibles realidades del mundo globalizado e incluye planes extravagantes e irrealizables, pero contiene también ideas innovadoras, socialmente necesarias. Lo que preocupa de López Obrador es López Obrador. No representa a la izquierda moderna que, a mi juicio, sería la alternativa ideal frente a un PAN ultramontano, sin autoridad política, y un PRI anquilosado, sin autoridad moral. Representa a la izquierda autoritaria. «No es un pragmático —comenta Gustavo Rosario Torres, perspicaz tabasqueño, psicólogo de tabasqueños—, el altiplano no lo atempera, le gana la "pasión tropical".» Pero la suya no es una simple pasión política, sino una pasión nimbada por una misión providencial que no podrá dejar de ser esencialmente disruptiva, intolerante.

En una entrevista de televisión, al preguntársele por su religión, contestó que era «católico, fundamentalmente cristiano, porque me apasiona la vida y la obra de Jesús; fue perseguido en su tiempo, espiado por los poderosos de su época, y lo crucificaron». López Obrador no era cristiano porque admirara la doctrina de amor de los Evangelios, porque creyera en el perdón, la misericordia, la «paz en la tierra a los hombres de buena voluntad». Él era «fundamentalmente cristiano» *porque* admiraba a Jesús en la justa medida en que la vida de Jesús se parecía a la suya propia: comprometida con los pobres hasta ser perseguido por los poderosos. La doble referencia a «su época» y «su tiempo» implicaba necesariamente la referencia tácita a *nuestra* época y a *nuestro* tiempo, donde otro rebelde, oriundo no de Belén sino de Tepetitán, había sido perseguido y espiado por los poderosos, y estuvo a punto de ser crucificado en el calvario del desafuero. No había sombra de cinismo en esta declaración: había candor, el candor de un líder mesiánico que, para serlo cabalmente, y para convocar la fe, tiene que ser el primero en creer en su propio llamado. No se cree Jesús, pero sí algo parecido.

Hay diversos escenarios para la mañana del 3 de julio, pero son tres los que, en mi opinión, tienen mayor posibilidad. El menos probable es la derrota de López Obrador por un margen amplio, digamos más de un 7 por ciento: en ese caso, el tabasqueño esperaría una nueva oportunidad en el 2012. Si el margen fuera menor que un 7 por ciento, López Obrador repetirá su experiencia en Tabasco: desconocerá los resultados, aducirá fraude, hablará de complot, fustigará a los ricos, redoblará sus apuestas, invocará la resistencia civil, llamará a movilizaciones en todo el país para convocar a nuevos comicios y hasta intentará formar un gobierno paralelo. Si Madrazo se suma a las protestas, la situación sería caótica: aunque, en teoría, ese endurecimiento le daría una posición más fuerte para negociar un pacto de gobernabilidad, las fuerzas desatadas en el proceso podrían resultar incontenibles. En caso de darse la convergencia, ésta tendería a desacreditar la movilización del PRD, aunque no necesariamente a detenerla, porque para ello haría fal-

ta también negociar con López Obrador y el PRD. La tercera posibilidad —que es alta en este momento— es el triunfo de López Obrador
en las elecciones. En ese caso, la democracia en México también enfren-
tará una prueba histórica, aunque en otros términos.

Hace treinta años, en su ensayo «El 18 Brumario de Luis Echeverría»
(*Vuelta*, diciembre de 1976), Gabriel Zaid recordaba los estudios de Jung
sobre la «personalidad maná»: «El inconsciente colectivo puede arrastrar a
un hombre al desequilibrio, exigiéndole cumplir expectativas mesiánicas».
Para compensar su responsabilidad en el crimen del 68, Echeverría asumió una personalidad mesiánica. Pero, para acotarlo —además del límite
infranqueable de los seis años—, el sistema político mexicano tenía sus
propios valladares internos, como la fuerza de los sindicatos.

Ahora, mucho más que en la época de Echeverría, la dialéctica
descrita por Jung está operando. El «inconsciente colectivo» de muchos mexicanos está arrastrando a López Obrador al desequilibrio, exigiéndole cumplir expectativas mesiánicas: «Acá Andrés Manuel es
como una creencia, nosotros pedimos en la iglesia para él» —dijo una
mujer de la comunidad Pentecostés durante la gira por Tabasco—.
«Yo que soy católica también pido que gane», dijo otra. «México necesitaba un Mesías y ya llegó López Obrador», decía una pancarta en el
pueblo natal de Juárez. Pero él ha sido el primero en alentar esas expectativas y en creer que puede cumplirlas. «Ungido», más que electo, por
el pueblo, podría tener la tentación revolucionaria y autocrática de di-
solver de un golpe o poco a poco las instituciones democráticas, incluyendo la no reelección. Ésta parece ser, por cierto, la preocupación de
Cuauhtémoc Cárdenas, líder histórico de la izquierda mexicana, hombre tan ajeno a la explotación de la religiosidad popular para fines políticos como lo fue su padre, que por ese motivo rompió con Garrido
Canabal. En una charla, Cárdenas me dio a entender que no descarta
la perpetuación de su antiguo discípulo en el poder. Quizá tenga razón. Un proyecto mesiánico aborrece los límites y necesita tiempo: no
cabe en el breve período de un sexenio.

Pero México no es Venezuela. Si bien ya no existen los antiguos valladares del sistema que autolimitaban un poco los excesos del poder absoluto, ahora contamos con otros, nuevos pero más sólidos: la división de poderes, la independencia del poder judicial, la libertad de opinión en la prensa y los medios, el Banco de México, el IFE. México es, además, un país sumamente descentralizado en términos políticos y diversificado en su economía. El federalismo es una realidad tangible: los gobernadores y los estados tienen un margen notable de autonomía y fuerza propia frente al centro. Adicionalmente, dos protagonistas históricos, la Iglesia y el Ejército, representarán un límite a las pretensiones de poder absoluto, o a un intento de desestabilización revolucionaria: la Iglesia se ha pronunciado ya por el respeto irrestricto al voto, y el Ejército es institucional. Por sobre todas las cosas, México cuenta con una ciudadanía moderna y alerta. Los instintos dominantes del mexicano son pacíficos y conservadores: teme a la violencia porque en su historia la ha padecido en demasía.

Costó casi un siglo transitar pacíficamente a la democracia. El mexicano lo sabe y lo valora. De optar por la movilización interminable, potencialmente revolucionaria, López Obrador jugará con un fuego que acabará por devorarlo. Y de llegar al poder, el «hombre maná», que se ha propuesto purificar, de una vez por todas, la existencia de México, descubrirá tarde o temprano que los países no se purifican: en todo caso se mejoran. Descubrirá que el mundo existe fuera de Tabasco y que México es parte del mundo. Descubrirá que, para gobernar democráticamente a México, no sólo tendrá que pasar del trópico al Altiplano, sino del Altiplano a la aldea global. En uno u otro caso, la desilusión de las expectativas mesiánicas sobrevendrá inevitablemente. En cambio la democracia y la fe sobrevivirán, cada una en su esfera propia. Pero en el trance, México habrá perdido años irrecuperables.

Letras Libres, n.º 90, junio 2006

3

Cuba: conquistas, amenazas y liderazgo

Yoani Sánchez

El líder habla por horas en la tribuna, su dedo índice emplaza a un enemigo invisible. Una marea humana aplaude cuando la entonación de alguna frase lo exige y mira embelesada al barbudo orador. Por décadas esos actos públicos se repitieron en la plaza de la Revolución de La Habana y dieron forma al rostro del populismo revolucionario.

Sin embargo, las extensas alocuciones de Fidel Castro constituían sólo la parte más visible de su estilo de gobernar. Eran los momentos del hipnotismo colectivo, salpicados de promesas y anuncios de un futuro luminoso, que le permitieron establecer un vínculo estrecho con la población, azuzar los odios de clases y extender su creciente poder.

Castro ha sido el producto más acabado del populismo y del nacionalismo cubanos. Males que hunden sus raíces en la historia nacional y cuyo mejor caldo de cultivo fue la etapa republicana (1902-1958). Aquellos vientos trajeron el huracán en que se convirtió un joven nacido en la oriental localidad de Birán, que se graduaría como abogado y llegaría a ostentar los grados militares de comandante en jefe.

El marco político en que se formó Castro estaba lejos de ser un ejemplo democrático. Muchos de los líderes de esa Cuba convulsa de la primera mitad del siglo xx no destacaban por presentar plataformas programáticas a sus electores. La práctica común consistía en intercambiar influencias para obtener votos, amén de otras desviaciones como robar urnas o cometer fraude.

El joven jurista se codeó desde muy temprano con figuras que tenían más de comportamiento gansteril que de ejercicio transparente de la autoridad. Asumió rápidamente muchos de esos ingredientes de la demagogia que años después le serían de mucha utilidad a la hora de someter a toda una nación.

A diferencia del populismo republicano cuyo propósito era la conquista del favor electoral, el populismo revolucionario tuvo como meta abolir las estructuras democráticas tradicionales. A partir de enero de 1959 el entramado cívico fue sistemáticamente desmantelado y las leyes quedaron relegadas frente a la desmesurada voluntad de un hombre.

Para alcanzar ese sueño de control, el Máximo Líder persuadió a los ciudadanos de que podrían disfrutar de un elevado grado de seguridad si renunciaban a determinadas «libertades burguesas», entre ellas la posibilidad de elegir a los gobernantes y contar con una alternancia en el poder.

El denominado Programa del Moncada esbozado en *La Historia me absolverá* es un concentrado de estas promesas al estilo de un Robin Hood tropical. El panfleto fue presentado como alegato de autodefensa de Fidel Castro durante el juicio en que se le encausó por el ataque armado a la principal fortaleza militar de Santiago de Cuba en julio de 1953.

Hasta ese momento, aquel hombre era prácticamente desconocido como figura política. El arrojo que caracterizó la acción lo envolvió en un aura de heroico idealismo que lo colocó como líder de la alternativa revolucionaria frente a la dictadura de Fulgencio Batista.

En el texto donde describió los problemas que padecía el país, nunca advirtió que para solucionarlos sería preciso confiscar propiedades. Se limitó a detallar lo necesario de una reforma agraria que eliminara el latifundio y repartiera tierras a los campesinos. Eran propuestas que le ganaron rápidas simpatías entre los más pobres.

Al salir de prisión, Castro estaba convencido de que la única forma de derrocar la dictadura era por la fuerza. Organizó una expedición y abrió un frente guerrillero en las montañas de la región oriental de la Isla. Dos años después, su entrada triunfal a la capital y su carismática presencia lo convirtieron en el beneficiario de un cheque en blanco de crédito político, avalado por la mayoría de la población.

La primera artimaña populista del nuevo régimen fue presentarse como democrático negando cualquier tendencia que pudiera identificarlo con la doctrina comunista. Al mismo tiempo que se mostraba como propiciador de la libertad, expropiaba los periódicos, las estaciones de radio y los canales de televisión.

Asestó un golpe mortal a la sociedad civil instaurando una red de «organizaciones de masas» para agrupar a vecinos, mujeres, campesinos, obreros y estudiantes. Las nuevas entidades tenían en sus estatutos una cláusula de fidelidad a la Revolución y se comportan —hasta la actualidad— como poleas de transmisión desde el poder hacia la población.

Las primeras leyes revolucionarias, como la Reforma Agraria, la rebaja de alquileres, la Reforma Urbana y la confiscación de propiedades, constituyeron un reordenamiento radical de la posesión de las riquezas. En muy breve tiempo el Estado despojó de sus bienes a las clases altas y se convirtió en omnipropietario.

Con el enorme caudal atesorado, el nuevo poder hizo millonarias inversiones de beneficio social que sirvieron para lograr lo que pudiera denominarse «la acumulación original del prestigio».

El sistema socialista proclamado en abril de 1961 pregonó desde sus inicios el carácter irreversible de las medidas tomadas. Mantener las conquistas alcanzadas requería de la implantación de un sistema de terror respaldado por una estructura legal que imposibilitara a los antiguos propietarios recuperar lo confiscado.

La nueva situación trajo aparejada un poderoso aparato de represión interna y un nutrido ejército para disuadir de cualquier amenaza militar externa. Los barrotes más importantes de la jaula en la que quedaron atrapados millones de cubanos se erigieron en esos primeros años.

Al binomio de una conquista irrenunciable y de un líder indiscutible se le sumó la amenaza de un enemigo externo para completar la santísima trinidad del populismo revolucionario.

Las conquistas

Las principales conquistas implementadas en aquellos años iniciales se enfocaron en la educación, la salud y la seguridad social. El centralismo económico permitió a la nueva elite gobernante establecer amplias gratuidades y repartir subsidios o privilegios a cambio de fidelidad ideológica.

Como todo populismo que llega al poder, necesitaba además moldear conciencias, imponer su propia versión de la historia y sacar de los laboratorios docentes un individuo que aplaudiera mucho y cuestionara poco.

En 1960 la Isla era uno de los países con más baja proporción de analfabetos en América Latina, no obstante el gobierno convocó a miles de jóvenes hacia zonas intrincadas para enseñar a leer y escribir. La participación en esa iniciativa fue tenida como un mérito revolucionario y se vistió con tonos heroicos.

El texto de la cartilla para enseñar las primeras letras era abiertamente de propaganda y los alfabetizadores se comportaban como unos comisarios políticos que al leer la frase «El sol sale por el Este» debían agregar como explicación «y del Este viene la ayuda que nos brindan los países socialistas...».

Al concluir el proceso se inició un plan masivo de becas bajo métodos castrenses, donde los estudiantes vivían alejados de la influencia familiar. Comenzó también la formación masiva de maestros, se construyeron miles de escuelas en zonas rurales y los centros docentes bajo gestión privada pasaron al inventario del Ministerio de Educación.

De aquel reordenamiento debía salir el hombre nuevo, sin «rezagos pequeñoburgueses». Un individuo que no había conocido la explotación de un patrón, no había pagado por sexo en un burdel ni había ejercido la libertad.

El hecho de que no quedara en la Isla un solo niño sin ir a la escuela se convirtió en un paradigma deslumbrante que no dejaba ver las sombras. Hasta el día de hoy el mito de la educación cubana es esgrimido por los defensores del sistema para justificar todos los excesos represivos del último medio siglo.

El monopolio estatal convirtió el sistema de educación en una herramienta de adoctrinamiento político y la familia fue relegada a un papel de mera cuidadora de los hijos. La profesión de maestro se banalizó en grados extremos y los costos para mantener este gigantesco aparato se volvieron insostenibles.

Muchas de las conquistas que se pusieron en práctica eran inviables en el contexto de la economía nacional. Pero los agradecidos beneficiarios no tenían la oportunidad de conocer el elevado costo que estas campañas significaban para la nación. El país se sumió en una inexorable descapitalización y en el deterioro de su infraestructura.

Los medios informativos en manos del Partido Comunista ayudaron por décadas a tapar tales excesos. Pero con la desintegración de la Unión Soviética y el fin de los cuantiosos subsidios que el Kremlin enviaba a la Isla, los cubanos se dieron de bruces con su propia realidad. Muchas de aquellas supuestas ventajas se esfumaron o entraron en crisis.

El Máximo Líder

Uno de los rasgos distintivos del populismo es la presencia de un líder a quien se le tributa una total confianza. Fidel Castro logró convertir esa fe ciega en obediencia y culto a la personalidad.

La homologación del líder con la Revolución y de ésta con la Patria extendió la idea de que un opositor al comandante en jefe era un «anticubano». Sus aduladores lo catalogaban de genio, pero en sus prolongados discursos resulta difícil encontrar un núcleo teórico del que pueda extraerse un aporte conceptual.

En la oratoria del Máximo Líder jugaba un papel preponderante su carácter histriónico, la cadencia de su voz y la forma de gesticular. Fidel Castro se convirtió en el primer político mediático de la historia nacional.

El voluntarismo fue quizás el rasgo esencial de su personalidad y la marca de su prolongado mandato. Lograr los objetivos al precio que fuera necesario, no rendirse ante ninguna adversidad y considerar cada derrota como un aprendizaje que conduciría a la victoria le valió para conquistar una legión de fidelistas. Su empecinamiento tuvo todos los visos de un espíritu deportivo incapaz de reconocer las derrotas.

Los plazos para obtener el futuro luminoso prometido por la Revolución se podían postergar una y otra vez gracias al crédito político, en apariencia inagotable, de Castro. La reclamación al pueblo de que había que ajustarse los cinturones para alcanzar el bienestar se convirtió en una cíclica estratagema política para comprar tiempo.

Hubo promesas un tanto abstractas al estilo de que habría pan con libertad y otras más precisas como que el país produciría tanta leche que ni siquiera triplicándose la población podría consumirla toda. En la Isla se fundaría el zoológico más grande del mundo o se podría construir el socialismo y el comunismo al mismo tiempo.

En diciembre de 1986, cuando ya habían pasado veintiocho años de intentos fallidos, Fidel Castro tuvo la audacia, o el desparpajo, de proclamar ante la Asamblea Nacional el más demagógico de todos sus lemas: ¡Ahora sí vamos a construir el socialismo!

El enemigo

Los regímenes populistas suelen necesitar de cierto grado de crispación, de permanente beligerancia, para mantener encendida la llama emocional. Para eso nada mejor que la existencia de un enemigo externo.

Aun mejor si es poderoso y hace alianzas con los adversarios políticos del patio.

Desde que estaba en la Sierra Maestra comandando su ejército guerrillero, Fidel Castro determinó quién sería ese enemigo. En una carta fechada en junio de 1958 escribía: «Cuando esta guerra se acabe, empezará para mí una guerra mucho más larga y grande; la guerra que voy a echar contra ellos [los americanos]. Me doy cuenta que [sic] ese va a ser mi destino verdadero».

Entre el mes de abril y finales de octubre de 1960 se produjo una escalada de enfrentamientos entre Washington y La Habana. La expropiación de grandes extensiones de tierra en manos de compañías estadounidenses, la suspensión de la cuota azucarera de la que gozaba la Isla, la nacionalización de las empresas norteamericanas radicadas en Cuba y el inicio del embargo a las mercancías procedentes del país del Norte son algunos de los más importantes.

En ese mismo lapso de tiempo el viceprimer ministro soviético Anastas Mikoyan visitó La Habana, se restablecieron las relaciones diplomáticas con la URSS y Fidel Castro se entrevistó en Nueva York con Nikita Kruschov, quien llegó a decir en una entrevista: «Yo no sé si Castro es comunista, pero sí que yo soy fidelista».

A los ojos del pueblo la estatura de Fidel Castro se elevaba y comenzaba a tener ribetes de líder mundial. La exacerbación del nacionalismo, otra tipicidad de los populistas, llegó a su máxima expresión cuando Cuba empezó a ser mostrada como el pequeño David enfrentado al gigante Goliat.

La arrogancia revolucionaria, impulsada por la convicción de que el sistema aplicado en Cuba debía extenderse a todo el continente, hizo creer a muchos que fomentar la Revolución más allá de las fronteras era no solamente un deber, sino un derecho amparado por una verdad científica.

La raíz populista de este pensamiento «liberador de pueblos» llevó a decenas de miles de soldados cubanos a combatir en Argelia, Siria, Etiopía y Angola como parte de los intereses geopolíticos que tenía en África la Unión Soviética. Aunque envuelto en el ropaje del desinteresado internacionalismo revolucionario con otros pueblos con los que supuestamente se tenía una deuda histórica.

El enemigo no era ya solamente «el imperialismo norteamericano», sino que se sumaban los racistas sudafricanos, los colonialistas europeos y cuanto elemento apareciera en el tablero internacional que pudiera convertirse en una amenaza a la Revolución.

Convencidos, como el jesuita Ignacio de Loyola, de que «en una plaza sitiada la disidencia es traición», cada acto de oposición interna se ha venido identificando con una acción para contribuir con ese enemigo y para la propaganda oficial todo disidente se merece ser calificado de «mercenario».

Sin embargo, el comienzo del deshielo diplomático entre Cuba y Estados Unidos a finales de 2014 ha hecho tambalearse la tesis de un permanente peligro de invasión. La muerte de Fidel Castro, la declinación de las fuerzas de izquierda en América Latina y la anunciada retirada del poder de Raúl Castro para febrero de 2018 hacen languidecer lo que queda del populismo revolucionario.

Por otro lado, los más jóvenes tienen una percepción menos agradecida y más crítica sobre aquellas conquistas en el terreno de la educación y la salud que en su día fueron presentadas como una dádiva generosa del sistema.

La reaparición de notables diferencias sociales surgidas a partir de la impostergable aceptación de las reglas del mercado y del crecimiento del llamado «sector no estatal» de la economía han vuelto irrepetibles los lemas del igualitarismo ramplón propugnado por el discurso ideológico que justificaba el anquilosado sistema de racionamiento de productos alimenticios.

Restaurantes de alta cocina y hoteles de cuatro o cinco estrellas, otrora de uso exclusivo para turistas, están hoy al alcance de una nueva clase. Ni siquiera se ha vuelto a hablar de la eliminación de la explotación del hombre por el hombre, bandera esencial del socialismo marxista-leninista.

La convicción extensamente compartida de que el país no tiene solución es uno de los resortes que más ha impulsado la emigración en los últimos años. Pero esa falta de ilusión de futuro, combinada con una férrea represión, también limita el accionar de la oposición.

El sistema que una vez vivió del entusiasmo se sostiene ahora en virtud del desgano. La llamada «generación histórica» no llega a una docena de octogenarios en vías de jubilación y a los nuevos retoños se les nota más inclinación al empresariado que a las tribunas. Los nietos de aquellos populistas tienen hoy más talento para el mercadeo que para las consignas.

4

Los diez rasgos populistas de la Revolución cubana

Carlos Alberto Montaner

¿Se puede calificar de populista a la Revolución cubana? Se puede y debe hacerse. Enseguida lo veremos.

El 19 de diciembre del 2016 *The Economist* admitía que la palabra «populismo» significaba muchas cosas. Servía para caracterizar a Donald Trump, presidente de Estados Unidos, al comunista español Pablo Iglesias, líder de Podemos, al violento presidente filipino Rodrigo Duterte, inductor de las ejecuciones de cientos de personas acusadas de narcotráfico, o incluso a Evo Morales, presidente de Bolivia y portavoz de los cocaleros de su país, lo que lo hubiera convertido en víctima de Duterte si hubiera sido filipino.

Esas aparentes contradicciones no deben sorprendernos. El populismo no es exactamente una ideología, sino un método para alcanzar el poder y mantenerse en él.

El populismo le sirve a la derecha y a la izquierda, a ciertos conservadores y a los comunistas. Incluso, pueden recurrir a él formaciones democráticas dispuestas a ganar y perder elecciones, como sucede con el peronismo argentino o el PRI mexicano, u otras, como el chavismo venezolano, que lo utilizan para alcanzar el poder y, una vez encumbrados, se afianzan contra todo derecho en la poltrona presidencial y arman verdaderas dictaduras.

En todo caso, la palabra «populismo» servía para casi todo. El vocablo, dotado de una sorprendente elasticidad semántica, había evolucionado notablemente desde que fue acuñado en Estados Unidos en la última década del siglo xix para designar a un sector rural del partido demócrata adversario de los más refinados republicanos, entonces calificados de elitistas alejados de la realidad del pueblo agrícola norteamericano. En esa época, como ocurría en el resto del planeta, más de la mitad de la población norteamericana obtenía su sustento de tareas relacionadas con el campo.

Pero más que sustituir esa acepción de la palabra —el rechazo a las élites—, se le fueron agregando otras características, sin que desapareciera el desprecio por los intelectuales, por las personas adineradas, los núcleos cercanos al poder y todo aquel que se desviara del culto por el «pueblo verdadero».

De alguna manera, ese viejo rencor hincaba sus raíces en la Revolución francesa y la devoción popular por los *sans-culottes*, aquellos jacobinos radicales que odiaban hasta la manera de vestir de nobles y burgueses enfundados en unos ajustados bombachos de seda —los *culottes*— y pusieron de moda el áspero pantalón de los trabajadores.

Aunque no se llamara populismo, ésa fue la actitud de Stalin cuando recetó e impuso el «realismo socialista» —una fórmula ajena y refractaria a cualquier vanguardia— para proteger la esencia nacionalista del pueblo ruso, lo que lo llevó a calificar de estúpida la ópera *Macbeth* de Dmitri Shostakovich porque estaba, decía, infestada de cosmopolitismo.

Lo verdaderamente revolucionario y de izquierda era lo que conectara con la esencia campesina y viril del pueblo ruso.

En ese sentido, en Estados Unidos eran populistas los que se burlaban de los *eggheads* que rodeaban al presidente John F. Kennedy. O en Camboya los matarifes empleados por Pol-Pot para asesinar o reeducar a millones de estudiantes y maestros procedentes de las ciudades.

Incluso, fueron populistas los patriotas maoístas que perseguían a los sospechosos de mil desviacionismos, incluidos los que utilizaban gafas para subrayar su superioridad intelectual en la China de Mao durante la Revolución Cultural. (Hasta eso, utilizar lentes, llegó a ser considerado un síntoma de decadencia durante el espasmo maoísta-populista de la Revolución Cultural china.)

La Revolución cubana también tiene algo de ese salvaje primitivismo anti-*establishment*.

Durante décadas fue desechada la corbata burguesa y el trato respetuoso de usted. Lo revolucionario eran la guayabera o la camisa varonil, la ropa de mezclilla de los obreros, la palabra «compañero» o «compañera» para dirigirse al otro, porque se había desterrado del lenguaje y de las apariencias todo lo que pudiera calificarse de elitista.

Lo revolucionario, lo propio del «hombre nuevo», algo que los niños aprendían muy pronto en la escuela, era ser como el Che, una persona que proclamaba como una virtud la falta de asco.

Es decir, la Revolución prefería a los niños desaliñados, desinteresados de los signos materiales, refractarios a las colonias y a los desodorantes, porque un verdadero macho no necesita de esos aditamentos feminoides. La «gente verdadera», que eran los revolucionarios, no sucumbía a esos comportamientos ultraurbanos y pequeñoburgueses de la «gente falsa».

Tal vez uno de los mejores acercamientos al tema, uno de los intentos más certeros de definir de qué estamos hablando cuando mencionamos la palabra «populismo», es el del profesor de Princeton Jan-Werner Müller en su breve libro *What is populism*, publicado en el 2016 por la University of Pennsylvania Press de Filadelfia.

En esencia, se mantiene la definición original de quienes desprecian a las élites corrompidas por la *dolce vita* de inspiración occidental, pero se agregan otros diez factores como:

1. El exclusivismo: sólo «nosotros» somos los auténticos representantes del pueblo. Los «otros» son los enemigos del pueblo. Los «otros», por lo tanto, son unos seres marginales que no son sujetos de derecho.

2. El caudillismo: se cultiva el aprecio por un líder que es el gran intérprete de la voluntad popular. Alguien que trasciende a las instituciones y cuya palabra se convierte en el dogma sagrado de la patria (Mussolini, Perón, Fidel Castro, Juan Velasco Alvarado, Hugo Chávez).

3. El adanismo: la historia comienza con ellos. El pasado es una sucesión de fracasos, desencuentros y puras traiciones. La historia de la patria se inicia con el movimiento populista que ha llegado al poder para reivindicar a los pobres y desposeídos tras siglos de gobiernos entreguistas, unas veces vendidos a la burguesía local y otras a los imperialistas extranjeros.

4. El nacionalismo: una creencia que conduce al proteccionismo o a dos reacciones aparentemente contrarias. El aislacionismo para no mezclarnos con los impuros o el intervencionismo para esparcir nuestro sistema superior de organizarnos.

5. El estatismo: es la acción planificada del Estado y nunca el crecimiento espontáneo y libre de los empresarios lo que colmará las necesidades del pueblo amado, pero necesariamente pasivo.

6. El clientelismo: concebido para generar millones de estómagos agradecidos que le deben todo al gobernante que les da de comer y acaban por constituir su base de apoyo.

7. La centralización de todos los poderes. El caudillo controla el sistema judicial y el legislativo. La separación de poderes y el llamado *check and balances* son ignorados.

8. El control y manipulación de los agentes económicos, comenzando por el banco nacional o de emisión, que se vuelve una máquina de imprimir billetes al dictado de la presidencia.

9. El doble lenguaje. La semántica se transforma en un campo de batalla y las palabras adquieren una significación diferente. «Libertad» se convierte en obediencia, «lealtad» en sumisión. Patria, nación y caudillo se confunden en el mismo vocablo y se denomina «traición» cualquier discrepancia.

10. La desaparición de cualquier vestigio de cordialidad cívica. Se utiliza un lenguaje de odio que preludia la agresión. El enemigo es siempre un gusano, un vende-patria, una persona entregada a los peores intereses.

La Revolución cubana encaja perfectamente en ese esquema.

El marxismo-leninismo admite estos rasgos populistas sin grandes contradicciones. De alguna manera, la pretensión marxista de haber descubierto las leyes que gobiernan la historia es una perfecta coartada pseudocientífica para que afloren los síntomas.

Exclusivismo

La Revolución cubana es exclusivista. «Fuera de la revolución, nada», dijo Fidel en 1961 en su discurso «Palabras a los intelectuales». Y enseguida apostrofó: «Dentro de la revolución, todo». Sus líderes no tienen el menor remordimiento cuando advierten que «la universidad es sólo para los revolucionarios». O cuando cancelan y persiguen toda opción política que no sea la que ellos preconizan. O cuando alientan a las turbas a que persigan y les griten a los desafectos o a los gais que «se vayan», porque los cubanos no tienen derecho a vivir en el país si no suscriben la visión oficial definida por la Revolución o si no tienen la inclinación sexual de los «verdaderos cubanos». Todo el que no es revolucionario es «escoria». Es despreciable y, por lo tanto, extirpable.

En Cuba ni siquiera ha sido posible inscribir verdaderas ONG extraoficiales (y la oposición lo ha tratado) porque el gobierno ha estabulado a la sociedad en varias instituciones exclusivas —Comités de Defensa, Federación de Mujeres Cubanas, Confederación de Trabajadores Cubanos, Federación de Estudiantes, etcétera—, presididas por el Partido Comunista y su ala juvenil. Ya lo dijo Fidel: «fuera de la revolución, nada», y «a los enemigos, ni un tantico así».

Caudillismo

El caudillismo es y ha sido la seña de identidad más evidente de la Revolución cubana. Fidel Castro, desde 1959 hasta su forzado retiro en el 2006 debido a una grave enfermedad, hizo lo que le dio la gana con la sociedad cubana. A partir de ese momento, se transformó en la inspiración de su hermano Raúl, escogido por él para sucederlo en el trono, algo que oficialmente ocurrió en el 2008, pero que en realidad no culminó hasta el 25 de noviembre de 2016, cuando Fidel, finalmente, murió tras noventa años de una vida agitada.

Fidel, con la permanente complicidad de Raúl, lo hizo todo de manera inconsulta: desde cambiar el sistema económico del país introduciendo el comunismo, lo que implicó la desbandada de los empresarios y el empobrecimiento de la sociedad, hasta convertir la nación en un nuevo satélite de la URSS, sacando a los cubanos de su hábitat cultural latinoamericano. Ejerciendo su omnímoda voluntad, llevó a los cubanos a pelear en interminables guerras africanas, mientras desarrollaba decenas de «focos» revolucionarios, como el que le costó la vida al Che Guevara en Bolivia en 1967. Fidel, y luego Raúl, no sólo han sido los caudillos. Han sido los amos de una plantación de verdaderos esclavos.

Adanismo

El adanismo ha sido parte esencial del discurso de la Revolución cubana. El sustantivo proviene de Adán, el primer hombre sobre la tierra según el mito bíblico. Nunca hubo verdaderos cubanos, gallardos e independientes, hasta que triunfó la Revolución. Ahí comenzó la verdadera historia de la patria y de los patriotas.

Entre José Martí, muerto en 1895 combatiendo a los españoles, y Fidel Castro, Máximo Líder de la Revolución desde 1959, hay un total vacío histórico. Para subrayar esos nexos, Fidel Castro dio órdenes de que a su muerte lo sepultaran junto a Martí. Así se hizo en noviembre de 2016.

En ese fantástico relato adánico, la Revolución es la única heredera de los mambises independentistas que se enfrentaron a los españoles. La república fundada en 1902 no existe. Fue una pseudorrepública fantasmal subordinada a los yanquis, descalificada por la Enmienda Platt que autorizaba la intervención de Washington en caso de que se interrumpiera el curso democrático. (La Enmienda Platt fue derogada en 1934, pero ese dato no obsta para que una de las frecuentes acusaciones a la oposición sea la de plantista.)

Los ataques a la «pseudorrepública» se llevaban a cabo en todos los frentes, incluido el del entretenimiento. Uno de los programas más populares de la televisión cubana se titulaba *San Nicolás del Peladero*, emitido semanalmente por la televisión entre los años sesenta y ochenta del siglo pasado. Era un pueblo imaginario de la Cuba prerrevolucionaria, gobernado por un alcalde del Partido Liberal, tramposo y deshonesto, pero los conservadores no le iban a la zaga. El propósito era caricaturizar la época y burlarse de la República. Era reforzar en el pueblo la idea de que la historia real y gloriosa del país independiente comenzó en 1959.

Nacionalismo

Fidel Castro y sus cómplices nunca se molestaron en explicar cómo se podía hacer una revolución comunista en Cuba sin renunciar al nacionalismo, pero igual sucedía en la URSS, donde se cultivaban sin tregua ni pausa las raíces de la madre patria Rusia aunque ello fuera profundamente antimarxista.

El nacionalismo, pues, proclamado con fiereza, ha sido una de las señas de identidad de la Revolución cubana, y muy especialmente desde la desaparición de la URSS. Sólo que el nacionalismo conduce inevitablemente al proteccionismo en el terreno económico, aunque en el político el régimen cubano, mientras protesta airado contra cualquier acción o crítica sobre o contra la Revolución, invariablemente calificada como «injerencista», al mismo tiempo proclama su derecho a inmiscuirse en los asuntos de cualquier país mientras repite la consigna de que «el deber de cualquier revolucionario es hacer la revolución».

Estatismo

Hay un estatismo económico, que es el más difundido, que supone, contra toda experiencia, que le corresponde al Estado crear y preservar las riquezas. Ahí se inscriben las expresiones «soberanía alimentaria», control de las «empresas estratégicas», las «nacionalizaciones» (que son, realmente, estatizaciones), o el fin de la plusvalía, como quería Marx, por medio de la transferencia al sector público de las actividades privadas.

La Cuba comunista, como nadie disputa, ha sucumbido a esos planteamientos estatistas al extremo de haber sido la sociedad más estatizada del perímetro soviético, especialmente desde que en 1967 decretó la confiscación de casi sesenta mil microempresas (todas las que había) en lo que llamó la «Ofensiva revolucionaria». Pero acaso eso, con ser radicalmente injusto y empobrecedor, no es lo más grave. Al fin y al cabo, el populista es casi siempre estatista, especialmente si se coloca a la izquierda del espectro político.

Lo más pernicioso es el razonamiento, fundado en la expresión «razón de Estado», acuñada por Maquiavelo, quien le llamara *Arte dello Stato (Discursos sobre la primera década de Tito Livio)*, que comienza por admitir que a la patria se le sirve «con ignominia o con gloria», lo que lleva a los gobernantes populistas a cometer cualquier crimen o violación de la ley amparándose sin recato en el patriotismo. La revolución es un Jordán que limpia cualquier exceso.

Esa coartada, esa «razón de Estado», les sirve a los gobernantes populistas para cometer toda clase de crímenes. No dicen, como Maquiavelo, que lo primordial es proteger al Estado, sino algo muy parecido porque la idea de revolución se ha confundido, a propósito, con las de nación, caudillo y pueblo.

En Cuba todo se justifica con proteger a la Revolución, sinónimo de Estado. Y ese todo incluye desde encarcelar a decenas de miles de ciudadanos, como el comandante Huber Matos, hasta asesinar a Oswaldo Payá o a decenas de personas que huían a bordo de una vieja embarcación llamada 13 de Marzo, en la que viajaban numerosos niños. Para ellos son gajes del oficio, *pecatta minuta* que se redimirá en el futuro radiante que les espera a los cubanos cuando llegue el comunismo.

Clientelismo

Fidel Castro, lector de Mussolini e imitador de su discípulo Perón, sabía que lo primero que debe hacer un gobernante populista es crearse una base de apoyo popular asignando privilegios a sabiendas de que a medio plazo eso significará la ruina del conjunto de la sociedad.

En 1959 comenzó por congelar y reducir arbitrariamente el costo de los alquileres y de los teléfonos y electricidad en un 50 por ciento, al tiempo que decretaba una reforma agraria que transfería a los campesinos en usufructo (no en propiedad) una parte sustancial de las tierras.

Esto le ganó, provisionalmente, el aplauso entusiasta de millones de cubanos (que era lo que perseguía), aunque destruyó súbitamente la construcción de viviendas y paralizó las inversiones en mantenimiento y expansión, tanto de la telefonía como de las redes eléctricas y de la conducción de agua potable, lo que luego sería una catástrofe para la casi totalidad de la sociedad. (Lo de «casi» es porque la nomenklatura, acaso el 1 por ciento de la población, suele estar a salvo de estas carencias tercermundistas.)

Fue entonces, a partir del primer reclutamiento clientelista, cuando en cientos de miles de viviendas los cubanos agradecidos comenzaron por colocar en sus hogares letreros que decían «Fidel, ésta es tu casa», a los que luego agregaron otro más obsequioso que demostraba que le habían entregado al Caudillo cualquier indicio de juicio crítico: «Si Fidel es comunista, que me pongan en la lista».

En todo caso, esa primera fase sería provisional, en la medida en que se creaba el verdadero sostén de la dictadura: los servicios de inteligencia, para lo que tuvo abundante ayuda soviética. En 1965 ya la contrainteligencia controlaba totalmente a la sociedad cubana, dedicada a desfilar bovinamente en todas las manifestaciones, mientras la inteligencia se dedicaba a fomentar los focos revolucionarios en medio planeta.

El clientelismo revolucionario, por supuesto, no se consagró solamente a los cubanos. Los extranjeros útiles como caja de resonancia (Sartre, García Márquez, por ejemplo), o por los cargos que desempeñaban (el chileno Salvador Allende, el mexicano López Portillo, entre cientos de casos), eran cortejados y ensalzados en una labor de reclutamiento tan costosa como eficaz a la que le asignaban decenas de millones de dólares todos los años. A su manera, también eran estómagos o egos agradecidos.

Centralización de poderes

En Cuba no existe el menor vestigio de separación de poderes. Durante los primeros años de la Revolución, el Consejo de Ministros, cuyo factótum era Fidel, se ocupaba de legislar al tiempo que despedían a los jueces independientes y nombraban a «compañeros revolucionarios» en esos cargos.

Los comunistas no creen en la separación de poderes. Los cubanos le llaman a la Asamblea Nacional del Poder Popular, el parlamento de la nación, «Los niños cantores de La Habana». Se trata de un coro afinado y obsecuente que jamás ha discutido una ley o hecho una proposición crítica.

Son convocados dos veces al año por períodos muy breves para refrendar las decisiones del Ejecutivo, que hoy son, claro está, las de Raúl, como hasta su muerte fueron las del Comandante. De acuerdo con la famosa frase mexicana atribuida al líder sindical oficialista Fidel Velázquez con relación al PRI: «El que se mueve no sale en la foto».

El Poder Judicial es, igualmente, una correa de transmisión de la autoridad central. Si el pleito tiene algún componente ideológico, la sentencia se estudia y genera en la policía política. Incluso, cuando se trata de un delito común, pero el autor es un revolucionario o un desafecto connotado, esa circunstancia se toma en cuenta.

Cuando el comandante Universo Sánchez, un líder histórico de la Revolución, asesinó a un vecino por un pleito personal, la condena fue mínima, dados los antecedentes políticos del delincuente. En Cuba todos son iguales ante la ley…, menos los héroes revolucionarios o los opositores.

Control económico

En Cuba no hay el menor factor económico aislado de las órdenes de la cúpula dirigente. Como no existe el mercado, el gobierno decide el salario y el precio de las cosas y servicios. Y como el Banco Central o Nacional es un apéndice del Ministerio de Economía, sin la menor independencia, ahí se fija arbitrariamente el valor de la moneda, el monto de los intereses o la cantidad de papel moneda que se imprime.

Por otra parte, las empresas extranjeras que operan en el país, siempre asociadas al gobierno, tienen que reclutar a sus trabajadores por medio de una entidad oficial que les cobra en dólares, pero paga los salarios en pesos, confiscándoles a los trabajadores hasta el 95 por ciento de lo que obtienen.

Asimismo, el país posee dos monedas: el CUC y el peso corriente y moliente. El peso convertible o CUC, equivalente al dólar americano, es canjeado a 24 pesos por CUC, lo que quiere decir que los trabajadores cubanos perciben un salario promedio mensual de 20 dólares, el más bajo de América Latina, Haití incluido. A lo que se agrega un elemento terrible: el 90 por ciento de los bienes o servicios que los cubanos aprecian sólo se pueden adquirir en CUC.

Doble lenguaje

La utilización del doble lenguaje está en la raíz misma de la Revolución. Eso significa que la palabra «justicia» en una sociedad como la cubana quiere decir el derecho del «pueblo combatiente» a aplastar como si fuera una alimaña a cualquier compatriota que se atreva a criticar a la Revolución.

Quiere decir recurrir a los eufemismos más descarados. La «libreta de racionamiento» pasará a llamarse «libreta de abastecimientos». Los campesinos enfrentados al régimen serán denominados «bandidos». El prolongado período de falta de combustible que detuvo a los pocos tractores y obligó al gobierno a volver a la carreta tirada por bueyes se calificó como «el regreso a las gloriosas tradiciones agrícolas».

Pero ese doble lenguaje a veces se convierte en mentiras puras y duras, como las que se vierten en las estadísticas oficiales para tratar de maquillar el desastre económico introducido por el castrismo.

Fin de cualquier signo de «cordialidad cívica»

El concepto de «cordialidad cívica» es consustancial a la democracia. Consiste en respetar a quien tiene ideas diferentes a las nuestras. En Cuba la noción de cordialidad cívica es tabú.

En un régimen como el cubano no existe (ni puede existir) una oposición respetable. Y no la hay para poder negarle el derecho a utilizar cualquier tribuna o para evitar cualquier forma de negociación con la oposición. ¿Cómo tratar con personas tan singularmente malvadas? Ése es el propósito de desacreditarlas.

Todos los disidentes son «vendepatrias» y «gusanos» al servicio del «imperialismo yanqui». Cualquier grupo de personas que desee agruparse para defender una idea diferente a las que el gobierno preconiza oficialmente inmediatamente es vilipendiado y ofendido.

En Cuba, además, la ofensa personal es parte del primer círculo represivo. La mayor parte de las personas rehúye el enfrentamiento verbal, y mucho más si éste constituye el preludio a la agresión, como suele suceder antes de los actos de repudio, verdaderos pogromos organizados por la policía política contra los opositores.

Colofón

Reitero lo dicho. No puede haber la menor duda. La dictadura cubana encaja perfectamente en el molde del populismo de izquierda. Basta repasar esas diez categorías. Lo comunista no quita lo populista.

5

Una fábrica de espejismos

Sergio Ramírez

Elecciones en extinción

El 19 de enero de 2017, al juramentar a sus 20 ministros, y otros 20 asesores presidenciales con rango de ministros, Daniel Ortega declaró sus intenciones de quedarse otros diez años en el poder: «Nuestras jornadas son de 10 años... una jornada de 10 años de 1979 a 1990; hubo una jornada de 10 años del 2007 al 2017, y ahora vamos a la otra jornada, porque hay que trabajar pensando hacia el futuro».

De ser así, al cumplirse ese nuevo plazo, y superados ya los ochenta años de edad, habría llegado a las tres décadas en el poder, como los viejos dictadores de las novelas latinoamericanas. Pero desde ahora mismo nadie lo supera en longevidad en el mando, pues ha ejercido veinte años la presidencia, contando el período de la Junta de Gobierno de Reconstrucción Nacional que presidió al triunfo de la revolución.

José Santos Zelaya, caudillo militar de la revolución liberal de 1893, gobernó dieciséis años con poderes dictatoriales hasta que en 1909 fue forzado a renunciar por Estados Unidos; y Anastasio Somoza García, el fundador de la dinastía, estuvo en la presidencia dieciséis años; su hijo Luis, seis años, y su segundo hijo, Anastasio, el último de los Somoza en el poder, derrocado en 1979 por la revolución, doce años.

Ortega nunca ha dejado de ser candidato. Perdió las elecciones tres veces, y su regreso a la presidencia fue el resultado del pacto del año 2000 con Arnoldo Alemán, expresidente y jefe del partido liberal, condenado por lavado de dinero, con quien se alió para reformar la constitución política y rebajar al 35 por ciento la cantidad de votos necesarios para ser electo en primera vuelta, una cota que no había podido superar. A cambio, Alemán fue sobreseído por los tribunales, ya desde entonces bajo el control de Ortega.

Hoy, más allá de la farsa de las elecciones, se presenta como el gobernante eterno inconmovible que sólo depende de la voluntad de Dios, a quien invoca en sus discursos, un converso piadoso acogido a la fe católica que recibe la comunión de manos de su antiguo adversario, y ahora aliado suyo a muerte, el cardenal Miguel Obando y Bravo.

En una comparecencia en la televisión oficial cubana del 22 de abril de 2009, habló de la inutilidad de las elecciones y las bondades del partido único:

En las democracias que nos han impuesto a nosotros, desde el momento que se propician partidos, se está propiciando la división de los pueblos [...], el pluripartidismo no es más que una manera de dividir a nuestros pueblos [...], las elecciones en las democracias burguesas impuestas por Occidente, son impuestas porque ahí están los yanquis, los europeos [...]. ¿Por qué? Porque es la mejor manera de dominarnos.

Para las elecciones de 2016 los pocos partidos opositores fueron ilegalizados por decreto del Consejo Supremo Electoral, una entidad formada por militantes del partido de gobierno, y los diputados con que contaban en la Asamblea Nacional, expulsados tras la cancelación de sus escaños.

De inmediato se fabricaron candidatos presidenciales de rostros desconocidos, incluido el del Partido Liberal de Alemán. «Candidatos de zacate», se les llama en Nicaragua, muñecos rellenos de paja.

Las imponentes estructuras metálicas con gigantografías de la pareja presidencial, Daniel Ortega y su esposa Rosario Murillo, candidatos a la presidencia y vicepresidencia, y ganadores de antemano, no eran ninguna señal de campaña porque siempre están allí. Se veían algunas mantas tendidas en alguna calle, con la propaganda de algún otro candidato, pero eran más propias de elecciones estudiantiles o kermeses benéficas.

Ninguno de los dos esposos salió nunca del recinto amurallado donde viven para hacer campaña. Lo importante era demostrar que no se trataba sino de un rito inútil, y que las elecciones burguesas se hallan en extinción en Nicaragua. Pero que marido y mujer se presentaran juntos era algo inédito como forma de asegurar la sucesión familiar. No de padre a hijo, como los Somoza, sino de marido a mujer.

Nadie puede dar cuenta de las cifras reales de los resultados electorales, porque no hay fiscalización. El propio Ortega desterró a los observadores internacionales en junio de 2016, al ser proclamado candidato: «Observadores sinvergüenzas, aquí se acabó la observación [...] en Nicaragua se enfrentan a un pueblo que tiene vocación antiimperialista». La Unión Europea, que ha estado entre los observadores junto a la OEA y el Centro Carter, señaló la falta de «condiciones para una participación libre de todas las fuerzas políticas del país, así como la ausencia de observación internacional ni local acreditada».

Las cámaras de televisión oficiales no pudieron nunca lograr una foto aceptable de colas de ciudadanos en los recintos electorales, desiertos hasta la hora del cierre. Cid Gallup reporta una abstención del 37 por ciento, pero en Nicaragua nadie dice la verdad en las encuestas, por astucia o por miedo.

El país se aleja cada vez más del modelo de democracia occidental que repugna a Ortega. De acuerdo al reporte anual sobre la democracia en el mundo de *The Economist Intelligence Unit*, en el año 2016, precisamente el año electoral, Nicaragua cayó a 4.81 puntos, ya en el borde de los «sistemas autoritarios», junto con Venezuela.

Las vacas pastan en la ruta del Gran Canal

El 22 de diciembre de 2014 se dieron por inauguradas las obras del Gran Canal de Nicaragua, con 286 kilómetros de largo, y un costo de 50.000 millones de dólares, capaz de generar ingresos anuales por 5.500 millones de dólares.

El acto se celebró en una finca ganadera cerca de la desembocadura del río Brito, sitio escogido como salida del canal al océano Pacífico, y vecino al lugar donde se construiría uno de los juegos de exclusas para dar paso a los buques de 400.000 toneladas de peso, capaces de cargar 18.000 contenedores.

A comienzos del año 2020 los primeros barcos deberían estar pasando por allí, pues el canal sería construido en un plazo milagroso de apenas seis años, con legiones de chinos a cargo de los aspectos técnicos de la obra, y 50.000 obreros nicaragüenses ganando salarios nunca vistos. El ministro de la presidencia para Políticas Públicas anunció que el producto interno bruto crecería, sólo en los primeros años de la construcción, entre el 10 y el 14 por ciento anual.

El Consejo Nacional de Universidades anunció cambios drásticos en los planes de estudio, que deberían incluir el chino mandarín, y nuevas carreras técnicas relacionadas con el canal, hidrología, ingeniería náutica. La agricultura debía orientarse a producir los alimentos preferidos por los chinos.

En la ceremonia inaugural estuvo presente Wang Ying, un empresario de comunicaciones de Pekín, dueño único de la concesión del canal otorgada por el decreto presidencial 840 del 14 de junio de 2013, y ratificada 72 horas después por la Asamblea Nacional. Despojado del saco, se calzó el casco amarillo de protección para arrancar simbólicamente la primera de las retroexcavadoras que lucían en fila, listas para empezar a abrir la gran zanja que partiría en dos a Nicaragua.

Aladino es un personaje chino, y también el genio que vive dentro de la lámpara maravillosa. En ese mismo plazo de seis años se hallarían funcionando también un oleoducto, un ferrocarril interoceánico de alta velocidad, una autopista de costa a costa, un megaaeropuerto para un millón de pasajeros, un puerto marítimo automatizado en cada extremo del canal, nuevas ciudades, complejos de turismo y zonas de libre comercio.

El Acuerdo Marco de Concesión e Implementación del Canal de Nicaragua, mejor conocido como tratado Ortega-Wang Ying, tiene una duración de cien años. No establece ninguna obligación para el concesionario, más que un magro pago anual de peaje. Nicaragua renuncia a toda autoridad judicial, administrativa, laboral y de seguridad, migratoria, fiscal y monetaria en los territorios concedidos al canal, a favor de HKND, la compañía inscrita en Gran Caimán, propiedad exclusiva de Wang Ying.

El concesionario también puede confiscar las tierras privadas que necesite, y tomará las públicas sin costo alguno. Y las reservas del Banco Central quedan en garantía de cualquier incumplimiento del Estado. Juristas nicaragüenses han enlistado diecisiete violaciones a la Constitución Política en el tratado.

En la ceremonia de la firma, Ortega dio su propia interpretación de la soberanía como «un elemento tangible... si hay pobreza, si hay extrema pobreza, si hay dependencia económica, no hay soberanía... ¡Llegó el día, la hora de alcanzar la tierra prometida!». Wang Ying, copa de champaña en mano, respondió: «Los nicaragüenses han tenido este sueño por centenares de años y de pronto aparece un chino y les dice que tiene un plan. Se quedaron sorprendidos». El chino de la lámpara de Aladino.

El texto del tratado apareció en inglés en *La Gaceta*, diario oficial, el lunes 24 de junio de 2013. Es algo que no sucedía desde que William Walker, el filibustero que se apoderó del país en 1855 y se hizo elegir presidente de Nicaragua, publicaba en el mismo idioma sus leyes y decretos en *El Nicaragüense*, también periódico oficial.

Wang Ying ideó la fantasía de sacar a Bolsa las acciones de HKND para reunir los 50.000 millones de dólares del costo del canal. Pero en

2015 las acciones de Xinwei, su empresa de telecomunicaciones, sufrieron una caída del 57 por ciento, y su fortuna personal se derrumbó.

La tierra prometida se disuelve ahora en la bruma de la mentira más colosal inventada nunca en Nicaragua. Lo que aquellas máquinas hicieron en la finca de Miramar fue remozar un viejo camino rural de seis kilómetros de largo hasta la costa. Los equipos eran propiedad del Ministerio de Transportes y Obras Públicas, lo mismo que el casco amarillo que se puso Wang Ying.

Sobre el camino, otra vez abandonado, ha crecido el monte y en la época de lluvias es imposible de transitar debido a los lodazales. Unas cuantas vacas pastan allí donde hoy deberían estarse construyendo a ritmo febril las esclusas.

Un triunfo para los ecologistas del país, opuestos de manera férrea al proyecto, que habría significado la destrucción del ecosistema a lo largo de la ruta, y un final agónico para el Gran Lago de Nicaragua, convertido en un pantano.

Pero aun así, Wang Ying puede emprender cualquier tipo de obras en el territorio de la concesión. Puede venderla, entera o por partes. Y puede expropiar las tierras a sus legítimos propietarios.

Y este último arbitrio es lo que dio inicio al movimiento campesino agrupado en el Consejo en Defensa de la Tierra, el Lago y la Soberanía Nacional, que ha organizado hasta ahora más de ochenta marchas exigiendo la derogación del tratado.

La líder del movimiento es Francisca Ramírez, del municipio de Nueva Guinea, en el Caribe sur, parte de la supuesta ruta del canal. «Cuando yo oí los anuncios del gobierno de que el canal iba a sacar de la pobreza a los nicaragüenses, me alegré... —dice—. El susto fue cuando leímos la ley 840... Ahora estamos dispuestos a morir por defender nuestras tierras y nuestra soberanía nacional.»

Cada vez que quieren llegar hasta la capital, son perseguidos y reprimidos. La última vez, en noviembre de 2016, los caminos fueron cortados con palas mecánicas para impedir el paso a los camiones que transportaban a los manifestantes, atacados a balazos, con un saldo de decenas de heridos y prisioneros. Pero ya preparan la siguiente marcha.

La promesa de los milagros

Bernard-Henri Lévy señala entre las características principales de los regímenes populistas «la promesa de los milagros». Nunca se cumplen y se quedan lejos de la verdad, anulada por el poder. Decide el poder, no la comprobación de la verdad de los hechos. Allí se encuentra la clave de la mentira del canal.

Desde el siglo xix ha sido parte del imaginario nacional, como la gran panacea del desarrollo y la prosperidad, y revivirlo es alentar las esperanzas de la gente que divisa una puerta mágica para salir de la miseria y el atraso. Fabricar un espejismo es hacerse con un arma política.

A lo largo de los diez años de Ortega en el poder las promesas nunca cumplidas se han multiplicado, y la lista de proyectos fantasiosos sumaría más de 25.000 millones de dólares, sin contar los 50.000 millones del canal.

Empezó con la megarrefinería de petróleo El Supremo sueño de Bolívar, cuya primera piedra fue colocada por Chávez y Ortega el 20 de julio de 2007 en Miramar, cerca de Puerto Sandino. La planta, a un costo de 4.000 millones de dólares, refinaría diariamente 150.000 barriles de crudo, y dejaría a Nicaragua 700 millones de dólares anuales en ganancias.

En su discurso compartido de esa vez, Chávez y Ortega fueron agregando a la refinería una planta petroquímica, otra de urea, otra de plásticos, otra de aluminio, con lo que la cuenta de la inversión subió en menos de una hora a 8.000 millones de dólares.

Chávez, inspirado, dijo que, estando la refinería tan cerca del mar, ya veía a los tanqueros llevando directamente el combustible refinado a los puertos europeos. Ignoraba que aquél era el océano Pacífico. La refinería debió haber empezado a operar en 2013, pero el proyecto quedó abandonado.

Ese mismo año, al inaugurar una maquiladora de *blue jeans* en Ciudad Sandino, Ortega anunció que se reemprendería el cultivo del algodón en Nicaragua, pero ahora la mota crecería en los plantíos de color azul para fabricar la tela de los pantalones, y en todos los colores que fuera necesario.

En noviembre de 2009 anunció que Chávez había ofrecido 2.000 millones de dólares para un sistema de riego que preservaría al país de las sequías cíclicas. Nunca ocurrió. Pero en mayo de 2016, al presentarse a su nueva reelección, volvió sobre el tema: «Las aguas del Gran Lago de Nicaragua, que desembocan en el mar Caribe a través del río San Juan, serían embalsadas para generar energía; y esas aguas, trasvasadas al lago de Managua, irrigarían 600.000 hectáreas de tierras agrícolas en la franja del Pacífico. La vara de Moisés».

Ordenó al ministro de Hacienda allí presente «buscar fondos con los organismos internacionales, con el Banco Mundial, con el BID [...] este proyecto tiene que encarnar en el programa de gobierno del Frente Sandinista para este nuevo período [...] es de vida o muerte para nuestro país». El costo no fue declarado, pero puede hablarse de al menos 6.000 millones de dólares.

En 2010 había encargado a la empresa brasileña Andrade Gutiérrez, más tarde implicada en Brasil en el escándalo de sobornos Lava Jato, otros dos megaproyectos parecidos:

El primero, una represa en el mismo río San Juan para embalsar las aguas del Gran Lago, esta vez dirigidas hacia el río Brito, el mismo de la desembocadura del Gran Canal. Allí se construiría «un sistema de turbinas cuya producción de energía cubriría las necesidades del país, y aún podría exportarla a Centroamérica». Y junto con la central eléctrica, un puerto de aguas profundas en Brito.

El otro, un puerto en Monkey Point, también en la salida del Gran Canal hacia el Caribe. Este mismo proyecto fue ofrecido a Irán, y más tarde al presidente de Taiwán, Ma Ying-Jeou, con motivo de una visita oficial a Nicaragua en 2015.

En 2012 se anunció el proyecto NICASAT-1. A un costo de 350 millones de dólares, la empresa Gran Muralla China pondría en órbita un satélite, propiedad de Nicaragua, a una altura de 36.000 kilómetros, con un rango de cobertura de México hasta Colombia. Además de la venta de servicios a por lo menos diez países, el satélite tendría «la capacidad de observar el territorio palmo a palmo, monitorear cualquier emergencia por desastres naturales e implementar sistemas de educación digital a todo el territorio, entre cientos de beneficios». El cohete que llevaría el satélite al espacio no despegó nunca.

Iliá Mechnikov es un premio Nobel de Medicina e Inmunobiología. Los gobiernos de Nicaragua y Rusia decidieron bautizar con su nombre una planta productora de vacunas inaugurada en Managua en octubre de 2016 a un costo de 30 millones de dólares. Tras el factor Chávez, el factor Putin.

Desde Moscú acudió a cortar la cinta la ministra de Salud, Veronika Skvortsova, y la acompañaron la directora de la Organización Panamericana de la Salud (OPS), doctora Clarissa Etienne, y Laureano Ortega, hijo de la pareja presidencial y gestor de inversiones del gobierno.

Según el *19 Digital,* periódico electrónico del partido, en un primer momento la planta produciría 15 millones de vacunas para la influenza, y en 2017 «vacunas contra el cáncer, la fiebre amarilla, el zika y otras epidemias mundiales». Lo de las vacunas contra el cáncer no dejaba de ser una pasmosa novedad.

Un cascarón vacío que no podrá arrancar por falta de recursos. «El costo de la lucha por la reunificación del pueblo de la península de Crimea, las sanciones económicas de los países occidentales y la devaluación del rublo» son citados como motivos principales en un documento de Innova Salutem, la compañía mixta a cargo del proyecto.

La inauguración no fue sino una representación teatral, pues la planta no contaba con equipos, y según Vitalii Granovskii, antiguo gerente, los que aparecen en las fotos, microscopios, computadoras, fueron arrendados por el día.

El analista político Edmundo Jarquín explica que en muchos de los casos «no se trata de locuras. Es parte de una línea de propaganda sistemática, que sustituye la solución de los problemas concretos de los nicaragüenses con la droga del premio mayor. Es, en definitiva, una forma de crear una drogadicción social. Hasta que los nicaragüenses despertemos y abandonemos la adicción».

La bendición venezolana

Para el acto de toma de posesión presidencial de Ortega en enero de 2007, contra todas las normas del protocolo, los jefes de Estado, entre ellos el príncipe de Asturias, esperaron varias horas a que comenzara la ceremonia porque faltaba el invitado principal, Hugo Chávez.

Nicaragua entraba de lleno en la Alianza Bolivariana para los Pueblos de Nuestra América (ALBA). Al día siguiente se firmó el acuerdo de cooperación energética que permitiría a Nicaragua la importación de 10 millones anuales de barriles de petróleo. El 50 por ciento se pagaría a 90 días, y el otro 50 por ciento sería un crédito a largo plazo para obras de infraestructura y proyectos sociales. Pocos meses después se reformó el acuerdo y el 25 por ciento del crédito se volvió no reembolsable, es decir, gratuito.

Estos fondos gratuitos y semigratuitos, que comenzaron a sumar anualmente cerca de 500 millones de dólares, no fueron nunca registrados en el presupuesto nacional como ingresos fiscales, sino que fueron a dar a una entidad privada. Una caja negra.

Una pequeña cooperativa, CARUNA, que nació en 1993 con un patrimonio de menos de mil dólares, dio paso a ALBA-CARUNA y apareció desde entonces como receptora de los fondos. Otra entidad llamada ALBANISA surgió luego para administrarlos. El pago de contado del

50 por ciento de la factura petrolera se empezó a hacer con alimentos y otros bienes de consumo producidos en Nicaragua, y el exportador exclusivo fue ALBANISA.

El FMI, que manejaba de cerca la disciplina de las cuentas nacionales, nunca cuestionó esta desviación de conducta. Hasta ahora Ortega no reconoce que estos recursos sean parte de la deuda pública de Nicaragua, pero el Banco Central de Venezuela sí la ha inscrito en sus cuentas a cobrar.

Hasta la reciente caída de los precios del petróleo, ALBANISA había recibido cerca de 4.000 millones de dólares, invertidos principalmente en crear un grupo de poder económico de índole familiar capaz de controlar la producción y distribución de los combustibles y la energía eléctrica, y de acaparar las estaciones de televisión, entre una variedad de negocios; y también han ido a dar a emprendimientos disparatados, y han alimentado flagrantes casos de dispendio y corrupción.

Otra parte ha sido dedicada a financiar los subsidios a la tarifa eléctrica y al transporte urbano, bonos salariales para los empleados públicos, soldados y policías, y los programas sociales, que imitan las «misiones» creadas por Chávez.

Entre estos programas sobresalen Hambre Cero, el «bono productivo alimentario» que consiste en la entrega de cerdos, cabras y aves de corral a familias rurales; Usura Cero, un programa de microcrédito; Techo Solidario, y Casas para el Pueblo, un plan de viviendas al crédito; todo a través de la mano de ALBANISA.

El discurso oficial los exalta bajo el alegato de que «a través de la historia oligárquica del país se ha concentrado la riqueza en unas pocas manos [...] los valores de avaricia, individualismo, competitividad, acumulación, exclusión y elitismo de este modelo, heredó un país en serias dificultades económicas [...] y altos índices de pobreza [...]».

Ortega suele contradecir la realidad con la retórica del discurso. O enfrenta un discurso de consumo partidario a otro de difusión pública. Los programas populistas mencionados son de aplicación marginal y no

116 EL ESTALLIDO DEL POPULISMO

pocas veces fallida, y están lejos de variar la arcaica estructura social del país. Y lo que de verdad ha privilegiado es una alianza política y económica con el gran capital, justificado también de manera doctrinaria: «La Gran Alianza entre el Gobierno, Sector Privado y Trabajadores es [...] una estrategia de consenso para la estabilidad y cohesión social de Nicaragua», establece otro documento oficial, que además define las funciones de esta alianza: «contribuir a la estabilidad y crecimiento del sector privado, lograr consensos en las reformas tributarias [...] realizar esfuerzos conjuntos para la promoción de la inversión privada [...]».

La base de este entendimiento es que los empresarios deben dedicarse exclusivamente a sus negocios, sin los temores y amenazas del pasado; pero a condición de que no intervengan en política. Atravesar la línea es perder las garantías y exponerse a riesgos.

Al tomar posesión para su tercer período presidencial en enero de 2016, Ortega no habló de otra cosa que de esta alianza, que se justifica como «tripartita», gobierno, empresarios y trabajadores. Pero no hay tercera parte. Los sindicatos que participan en algunas negociaciones, entre ellas el salario mínimo, son fieles al partido de gobierno y sólo obedecen sus órdenes.

La macroeconomía ha logrado niveles estables, con un crecimiento del PIB un tanto superior al 4 por ciento, una tasa de inflación interanual del 3 por ciento. Estos resultados le han permitido a Ortega el acceso a préstamos concesionales del FMI, el Banco Mundial, el Banco Interamericano de Desarrollo y el Banco Centroamericano de Integración Económica.

Pero el Reporte de Riqueza 2014 de Wealth-X y UBS establece que el número de multimillonarios había crecido en Nicaragua un 11.1 por ciento en 2013. Y el estudio *Privilegios que niegan derechos* de Oxfam indica que la riqueza concentrada en esas muy pocas manos, unos 30.000 millones de dólares, «representa 76 veces lo que se destina para el gasto público en educación, la proporción más elevada a nivel de América Latina y el Caribe».

Entre los nuevos millonarios se cuentan la familia en el poder, algunos viejos comandantes guerrilleros y otros fieles militantes con garra capitalista. Es la burguesía emergente que se codea con la antigua, construye sus mansiones en los repartos más exclusivos y celebra cumpleaños con lujosas y extravagantes fiestas temáticas intramuros.

Una eficiente fábrica de dos pisos que produce arriba millonarios y multimillonarios y abajo pobres cuyo número puede ser reducido a discreción, según sea el nivel de ingreso decidido al arbitrio en los cálculos oficiales.

En la Encuesta de Medición de Nivel de Vida del año 2014, realizada con el aval del Banco Mundial, se establece que es pobre quien tiene un consumo de calorías equivalente a 1.81 dólares por día, y pobre extremo si su consumo equivale a 1.11 dólares.

De acuerdo a esta escenografía, ya no sería pobre quien tuviera un ingreso diario de unos centavos más, digamos 1.85 dólares al día; eso significa 55 dólares mensuales, y para comprar la canasta básica necesita diez veces más que eso. Sigue hundido en el abismo de la miseria.

El estándar promedio de la línea de pobreza general establecida por el propio Banco Mundial es de 4 dólares por día, y para la extrema pobreza de 2.50 dólares. Si se aplicara esta medición, el 70 por ciento del país pasa a ser pobre.

Según este mismo estudio, a pesar de su benevolencia, el 30 por ciento de la población padece de desnutrición crónica, un 40 por ciento carece de acceso a la salud, el 60 por ciento recibe un servicio sanitario de muy baja calidad, y una tercera parte carece de agua potable. En un reciente estudio de la Unesco sobre educación primaria, Nicaragua ocupa el puesto 13 entre 15 países de América Latina.

Intermón/Oxfam ubica a Nicaragua como el segundo país más pobre de Latinoamérica, sólo delante de Haití. Y en el índice de progreso social (IPS) de 2016, que incluye a 133 países de todo el mundo, ocupa el puesto 78. Para sólo mencionar a otro país centroamericano, Costa Rica aparece en el puesto 28.

Los petrodólares venezolanos, vertidos tan abundantemente a lo largo de diez años, no han influido para nada en variar la injusta y anticuada estructura económica y social del país, con sus dos pisos tan incomunicados el uno del otro como cuando la revolución derrocó a Somoza en 1979.

Y tampoco han influido en la creación de empleos. Un 75 por ciento de la población en edad laboral vive en el mundo inconstante del empleo informal, el de la rebusca diaria.

Las remesas, que crecen en la medida en que cada año un número mayor de nicaragüenses emigra al extranjero, vienen a ser un paliativo. De acuerdo al Barómetro de las Américas, Nicaragua se encuentra entre los diez países de América Latina con mayor número de personas que quieren emigrar por razones económicas.

En 2016, las remesas enviadas principalmente desde Estados Unidos, Costa Rica y España sumaron 1.260 millones de dólares, aunque esta cifra puede acercarse a los 2.000 millones si se toma en cuenta el dinero que los emigrantes traen consigo cuando visitan a sus familiares y no es anotado en las cuentas del Banco Central.

De esta manera, el primer producto de exportación de Nicaragua, por encima del café, la carne y el oro, es su propia gente, que se exilia dando la espalda a la panacea del gobierno «cristiano, socialista y solidario».

El petróleo venezolano gratis se ha terminado, y ahora Ortega y los programas populistas deben cargarse al presupuesto nacional, bajo riesgo del déficit fiscal. Y los préstamos blandos de los organismos financieros internacionales, la otra palanca de apoyo, corren riesgos.

La introducción el año pasado de una ley ante la Cámara de Representantes de Estados Unidos, aprobada por unanimidad, que obliga a una fiscalización del comportamiento democrático de Ortega, bajo pena de vetar el acceso a esos préstamos, conocida como Nica Act, supone ya una advertencia que lo obligó en diciembre de 2016 a contratar a la firma Gephardt Group Government Affairs para cabildear a su favor en Washington.

En diciembre de 2015 había dicho que resultaba indigno ser miembro de la OEA, y acusó a su secretario general Luis Almagro de ser «un sirviente de los yanquis». Pero tras la aprobación de la Nica Act recurrió a él, lo invitó a Managua y logró su respaldo complaciente por medio de un acuerdo en el que Almagro se da tres años de plazo para valorar los avances de la democracia en Nicaragua.

La concentración absoluta de poder no puede disfrazarse ni esconderse. En manos de la pareja presidencial se hallan los tribunales de justicia, la Fiscalía de la República, la Asamblea Nacional, la Contraloría de Cuentas, el Consejo Supremo Electoral, la Policía Nacional, el Ejército de Nicaragua y los organismos de inteligencia; además, los Comités de Poder Ciudadano y los Gabinetes la Familia, la Comunidad y la Vida, creados por ley, y que funcionan en cada barrio. Y los medios de comunicación: son ya muy escasos los independientes.

«¡Victoria, victoria, María triunfó...!»

Después de las elecciones de noviembre de 2016, la avenida De Bolívar a Chávez en Managua se llenó de decenas de altares de la Virgen María con motivo de la Gritería, cada uno a cual más suntuoso según compiten entre ellas las entidades de gobierno que los financian: del Ministerio de Relaciones Exteriores a la Policía Nacional.

La Gritería es la fiesta religiosa más tradicional, y se celebra la noche del 7 de diciembre, cuando las puertas de los hogares se abren para que las romerías de celebrantes visiten los altares al grito de «¿quién causa tanta alegría?», mientras la respuesta es «¡la Concepción de María!»; luego reciben golosinas.

Hoy, el Estado se ha apropiado de la celebración con sus propios altares oficiales. Y esta vez, en cada uno de ellos podía leerse la misma consigna: «¡Victoria, victoria, María triunfó...!».

Quien había triunfado en las elecciones de noviembre había sido la

Virgen María. Su mano protectora dirigió a los votantes para marcar la casilla del Frente Sandinista. El milagro y el favor celestial consumados a favor de la pareja gobernante. En el *19 Digital* puede leerse:

> «Victoria, Victoria, ¡María Triunfó!» y «Tu Gloria, Tu Gloria, Tiempos de Victoria!» son los lemas de este año para la Grandiosa Celebración de la Purísima Concepción de María [...], el Gobierno del Comandante Daniel Ortega y la Compañera Rosario Murillo da Gracias a Dios, y a María, por estos Nuevos Tiempos de Triunfos del Pueblo...

El himno más emblemático en honor a la Virgen es «Tu Gloria», que termina:

> Rendido mi pecho
> celebra tu gloria.
> ¡Victoria, victoria,
> MARÍA TRIUNFÓ!

Se trata de una apropiación sistemática de los símbolos católicos, y también de los evangélicos, como ocurre con otro de los lemas que se ven en los rótulos gigantes acompañando las figuras de la pareja: «Bendecidos, prosperados y en victorias», tema de un merengue cristiano del cantante y compositor dominicano Angelito Villalona.

Uno de los pastores evangélicos que suelen aparecer en las tarimas de los actos oficiales explica sin subterfugios:

> No es una coincidencia sino algo de la providencia que esa proclama que se inició hace muchos años en el seno de las iglesias pentecostales [...] esté en las plazas, caminos y carreteras no como una consigna, o un eslogan, sino como una afirmación de fe que en tres palabras encierra el alfa y omega de un pueblo cristiano, socialista y solidario que levanta su voz para [...] proclamar que somos y estamos Bendecidos, Prosperados y en Victorias.

Monseñor Silvio Báez, obispo auxiliar de Managua, dice: «Cuando uno concibe la divinidad como el poder absoluto..., también quiero ser omnipotente, que lo puedo todo, omnipresente, estoy en todas las calles, y omnisciente, lo sé todo, y tengo solución para todo, indudablemente viene a producirse un fenómeno que es verdaderamente escandaloso. Y es hacer que se vea que la divinidad se ha encarnado en ese poder humano [...] han encontrado en el dios omnipotente una figura religiosa para justificar sus intenciones de establecer un poder absoluto y total en Nicaragua [...]».

Pero junto a la religión entran en la mezcolanza símbolos esotéricos y espiritualistas. La mano abierta de Fátima, hija de Mahoma, con un ojo al centro, que representa bendiciones, poder y fuerza, y también protección contra el mal de ojo, estuvo desde el 2006 detrás de la pareja presidencial en el salón de sus comparecencias, en un inmenso mural.

Y los árboles de la vida que pueblan Managua, un bosque inmenso de estructuras metálicas, pintadas de amarillo Simpson, azul cobalto, rojo fucsia, verde esmeralda, rosa mexicano. Han costado cerca de 4 millones de dólares. Miden veinte metros, y su follaje de fierro está formado por volutas.

Cada árbol tiene 15.000 bombillos con una potencia de 45.000 vatios, suficiente para iluminar cien casas, de acuerdo al promedio nacional por vivienda urbana, que es de 0.45 kilovatios.

Provienen de una milenaria tradición mística, y siempre tuvieron una sacerdotisa encargada de su culto. El centro de cada voluta representa el ojo de Horus, hijo de Osiris, que todo lo ve, e igual que el ojo de Fátima protege contra el mal de ojo y las acechanzas enemigas.

Catolicismo romano, lemas evangélicos, esoterismo, ciencias ocultas, cánones marxistas que no son sino recuerdos apagados de los viejos manuales soviéticos, leninismo en la organización de las inflexibles líneas de mando del poder, nostalgia afectiva del modelo cubano como si no hubiera envejecido, reproducción imitativa de los organismos de masas inventados por Chávez, y ecos fantasmales de lo que fue la revolución sandinista, despojada de sus ideales.

Pero esta promiscuidad no encarna una ideología capaz de ser transmitida hacia el futuro, ni un modelo de transformación social. Nadie puede ser aleccionado en una disparidad semejante de elementos que no encuentran su síntesis, y los miles de miembros de la Juventud Sandinista, uniformados con camisetas adornadas con las consignas oficiales, se duermen en los actos políticos al arrullo monótono de la voz de Ortega, pero disfrutan de los conciertos gratuitos de rock y demás espectáculos al aire libre patrocinados por el Estado benefactor, incluida la transmisión en pantallas gigantes de los juegos entre el Barça y el Real Madrid, con cerveza gratis a granel.

El 10 de enero de 1978 la dictadura de Somoza mandó asesinar al periodista Pedro Joaquín Chamorro. Un mes antes, había cerrado su último discurso político con la frase «¡Nicaragua volverá a ser república!».

Sin duda, Nicaragua volverá a ser república. Con todos sus atributos.

6

Lula y el PT, la incógnita brasileña

Fernando Luis Schüler

El día 2 de abril de 2009, en Londres, en una conversación informal en la apertura de la reunión del G20, Barack Obama, por entonces en su primer mandato, señaló a Lula y, frente a las cámaras, dijo «éste es el hombre, me encanta este tipo, el político más popular de la tierra». Obama tenía razón. Durante los casi dos años siguientes, Lula consagraría su biografía como un mito político. En 2010, la revista *Time* lo eligió como el líder más influyente del mundo. En diciembre le entregaría la presidencia a Dilma Rousseff con un 83 por ciento de aprobación popular, un hecho inédito en la historia de Brasil. La carrera de Lula, al menos hasta aquel año, es fundamentalmente la historia de un éxito político.

Lula gobernó Brasil durante ocho años sin poner en riesgo en ningún momento las instituciones democráticas del país. Su único desliz habría sido el intento de expulsar del país en el 2004 al periodista Larry Rohter del *New York Times* por un artículo en el que Rohter especulaba si el mal desempeño de Lula a esa altura de su mandato no estaba relacionado con su gusto por las «bebidas fuertes». La mención es provocadora. Se puede estar en desacuerdo con las políticas de Lula, y por cierto un gran sistema de corrupción se desarrolló en su gobierno, pero Lula representó estrictamente el tipo de izquierda que Carlos Alberto Montaner, Álvaro Vargas Llosa y Plinio A. Mendoza calificaron de «vegetariana». Respetó las reglas electorales, no pretendió un tercer mandato aun teniendo popularidad para intentarlo, no buscó interferir con las fuerzas armadas ni con la autonomía de los poderes. Es posible especular que por sus convicciones personales Lula no sea un perfecto demócrata, pero se comportó como tal en sus años de presidencia.

Lula llegó en un camión *pau de arara*, directo de Caetés, en el Sertão de Pernambuco, a São Vicente, en el litoral de São Paulo, en 1952. Vino con su madre, doña Lindu, y ocho hermanos. Al llegar, la decepción. El padre vive con otra mujer. Es violento. Doña Lindu reúne a los hijos y parte para la Villa Carioca, en la periferia urbana de São Paulo. Lula se gana la vida, es lustrabotas, vende tapioca en la calle, trabaja en una tintorería. En 1963 su vida da un giro: se gradúa de mecánico tornero en el SENAI (Servicio Nacional de Aprendizaje Industrial) y va a realizar el sueño de trabajar como metalúrgico en el ABC paulista.

Lula ingresa al movimiento sindical de la mano de su hermano Frei Chico, ligado al partido comunista, por entonces ilegal. Lula en esa época trabaja en la compañía Aços Villares. No es una figura ideológica ni relacionada con la política. Hace su carrera por dentro del aparato sindical oficial controlado por el régimen. En 1972 rechaza una convocatoria para candidatearse a la presidencia del sindicato por la oposición. Prefiere postularse junto a Paulo Vidal, el presidente aceptado por los militares y la estructura de poder. Es electo primer secretario y comienza a dedicarse a tiempo completo al sindicato. Es el responsable de la caja de jubilaciones. Otorga las credenciales para que el personal de fábrica jubilado pueda retirar sus beneficios. Un día aparece en el sindicato una muchacha bonita, viuda reciente, con un hijo para criar. Lula gestiona en unos días su trámite de pensión y cae en gracia. Es Marisa Letícia, la Gallega, viuda de un taxista de São Bernardo. Será la mujer de Lula durante cuarenta y dos años hasta que ella sufre un accidente cerebrovascular y fallece a principios del 2017.

La iniciación de Lula en la vida sindical es controversial. Para algunos, como Djalma Bom, antiguo colega, Lula era un tipo poco politizado pero «simpático». De los que juegan al fútbol y a los naipes con los colegas y son muy queridos por todo el mundo. Un tipo que tiene un carisma que no se explica. Que un día toma un micrófono y todo el mundo, sin saber bien por qué, deja de hablar y escucha. Para otros, Lula fue en determinado momento parte de la estrategia de «distensión» del régimen militar, comandada por el general Geisel y su mayor estratega, el general Golbery do Couto e Silva. Es un hecho que Lula hizo su carrera por la vía del sindicalismo oficial aprobado por el régimen militar brasileño.

Entre 1969 y 1975 fue básicamente un gestor secundario del aparato sindical de los metalúrgicos de São Bernardo. Hay relatos sobre que habría asistido a cursos de formación del IADESIL (Instituto Americano de Desarrollo del Sindicalismo Libre), financiado por la central sindical norteamericana AFL-CIO. Hay otras sospechas más creativas, como el relato de su ida a la Universidad Johns Hopkins en 1973 para un curso rápido de «sindicalismo libre».

Todo esto es en cierto modo irrelevante, pero señala un camino: la trayectoria de Lula ocurre en el contexto del divorcio entre Estado y sociedad producido por los militares en el Brasil de los años sesenta y setenta. El período militar transformó la estructura sindical brasileña, heredera de la dictadura de Vargas, en una máquina burocrática relativamente alejada de la tradicional influencia de los comunistas y de los laboristas vinculados al antiguo PTB, a Jango y a Brizola. Lula no carga con la herencia del 68, no participó de la resistencia al régimen militar (excepto en su melancólico final, durante el gobierno del general Figueiredo) ni recibió formación teórica de izquierda. Por el contrario, emerge como un líder pragmático, crítico de la estructura sindical tradicional y del impuesto sindical, que defiende una relación ganar/ganar entre capital y trabajo. Lula es el líder que negocia con los militares, que invita al gobernador arenista Paulo Egydio Martins a su asunción, que conversa de igual a igual con la cúpula empresarial y del Ministerio de Trabajo. Es respetado por el general Golbery y surge, a los ojos de los arquitectos de la transición, como un liderazgo alternativo al brizolismo[1] y a los viejos comunistas.

En 1978 todavía califica el golpe del 64 como «revolución», critica al movimiento sindical anterior a la época de Goulart por hacer mucha «politiquería» en vez de defender los intereses de las «categorías profesionales». Critica a los «intelectuales» y a los estudiantes que «serán los patrones de mañana» y ensaya un vago discurso «obrero» que marcará, poco después, el nacimiento del Partido de los Trabajadores.

Lula supo reinventarse luego de 1975 cuando asume la presidencia del sindicato. Con seis meses de mandato, hace un viaje a Japón y al volver se entera del encarcelamiento y tortura de su hermano Frei Chico. Años después, Lula dirá que aquél fue un punto de inflexión. Dice que perdió el miedo.

Sumó un elemento político a su discurso. El hecho es que los siguientes tres años no sólo cambiarían la trayectoria de Lula, sino la del sindicalismo brasileño como un todo. Fueron tres campañas salariales, en los meses de mayo de 1978, 1979 y 1980. En 1979 Lula permanece preso treinta y un días, período durante el cual le es autorizado visitar en el hospital a su madre enferma y luego ir a su sepelio. La prisión de Lula es un punto de inflexión. Añade un elemento dramático a su carrera. Al mismo tiempo, sirve como afirmación de independencia del denominado «nuevo sindicalismo» y deja en evidencia toda la fragilidad del régimen militar en su agonía.

A finales de los setenta, Lula lidera el movimiento para la creación del PT. Si hasta mediados de la década Lula había sido un crítico de la politización de los sindicatos, en 1978 ya se produce la metamorfosis. En el mes de julio, en un encuentro de petroleros realizado en Bahía, Lula anuncia que «había llegado la hora» de que los trabajadores formasen su propio partido. La intuición de Lula no había fallado. El país vivía tiempos de apertura, la campaña por la «amnistía amplia, general e irrestricta» tomaba cuerpo fuera de Brasil y se anunciaba la reforma partidaria. Lula percibió un espacio para la formación de un nuevo partido.

¿Su base? No sólo el liderazgo del «nuevo sindicalismo», sino además una amplia gama de movimientos sociales, en buena medida ligados a sectores de izquierda de la Iglesia y de la teología de la liberación; grupos marxistas, fuertemente presentes en el movimiento estudiantil; intelectuales vinculados a la universidad, ampliamente hegemonizada por la izquierda. Había una «sociedad civil» difusa, organizada en los comités proamnistía, en las «comunidades de base» de la Iglesia, en los movimientos por la vivienda, y obviamente en la estructura sindical cuya hegemonía comenzaba a inclinarse hacia el lado de los grupos de izquierda. Es este abanico difuso de organizaciones y activistas el que servirá de base para la creación del PT.

Aquí cabe una observación: después de una década y media bajo el poder militar era evidente, por contradictorio que parezca, la hegemonía de la izquierda en la universidad, en las organizaciones civiles y, de un modo más amplio, en la cultura brasileña. El régimen militar en Brasil estigmatizaría por mucho tiempo la idea de una «derecha» política. El profesor Antônio Candido, en su *Derecho a la literatura* de 1988, registra el fenómeno observando que era raro en aquellos años encontrar algún político o empresario que se arriesgara a definirse como conservador. Y remata: son todos «invariablemente de centro, hasta de centro izquierda, inclusive los francamente reaccionarios».

La idea de la creación del PT es lanzada oficialmente en el IX Congreso de los metalúrgicos, mecánicos y electricistas del estado de São Paulo a finales de 1978. Se creó una comisión provisoria, se elaboró una «carta de principios» y se funda el partido oficialmente en enero de 1979 en un evento en el colegio Sion, en São Paulo. En la mesa que dirige los trabajos, además de Lula y sus sindicalistas, se ve a intelectuales de la talla de Mário Pedrosa y Sérgio Buarque de Holanda.

Si los años setenta fueron la época del pragmatismo sindical, los años ochenta fueron los años del radicalismo político. Lula percibió que su espacio en el mercado político brasileño era la «izquierda». En su carta de principios original, el PT apela a un vago discurso sobre la «independencia de la clase trabajadora» y «en la perspectiva del socialismo y de la democracia». Retórica difusa, aunque eficaz, destinada a generar la sensación de que todo está permanentemente «en disputa». En este conjunto relativamente fláccido de ideas, donde circulan revolucionarios fuera de tiempo y sinceros socialdemócratas, Lula funciona como bisectriz. Él es el centro, el punto de encuentro, el liderazgo nunca disputado.

El hecho es que el PT fue, desde el comienzo, un tremendo éxito político. En especial en los años ochenta, consolidándose como un inédito experimento de participación política, ordenado bajo estatutos democráticos, alternativos a la normatización burocrática de la LOP (Ley Orgánica de los Partidos). Organizado en células de base, con un amplio abanico de corrientes de opinión, nace como un gran partido de base no parlamentaria, intenso en el debate y en la deliberación colectiva, algo raro en la historia política brasileña. Es evidente que eso se perdería a medida que el partido pasase a ocupar puestos de Estado. Pero no totalmente.

Ya en los años ochenta se evidencia la paradoja: nacido «de la sociedad» y con una estructura moderna, el partido cultiva una visión programática pobre, llena de los clichés tradicionales de la izquierda académica. Revolucionario sin revolución, socialista sin socialismo, el PT aprendió desde sus inicios a no tomar muy en serio lo que afirmaba en sus documentos. Las palabras quedaban allá: la «estatización de los bancos y de la industria farmacéutica», el «rompimiento con el FMI». Nadie sabía bien lo que esto significaba. No tenía importancia. En la Constituyente de 1987-1988, el PT defendió posiciones como el otorgamiento de estabilidad en el empleo en el sector privado para todos hasta los 90 días de trabajo. Hasta hoy, la leyenda partidaria dice que propuestas «progresistas» como ésta fueron impedidas por la mayoría «conservadora» que dominaba la Constituyente.

Los años ochenta ya sacaban a la luz la ambigüedad petista con relación al tema republicano. Aunque el partido fuese estridente en el discurso ético con relación a la esfera pública, consideraba normal colonizar las estructuras sindicales y estudiantiles controladas por sus dirigentes y activistas. Los años ochenta fueron el tiempo del pequeño patrimonialismo, del aparato y de los recursos de los sindicatos, por definición instituciones públicas, utilizados en provecho de un ente privado: el partido. ¿La justificación? Muy fácil. ¿Uno y otro no defendían los mismos «intereses de clase»? La ideología como barniz de la costumbre patrimonialista. Fue un buen ejercicio para lo que vendría después.

La misma paradoja se da con relación a la definición del PT como un partido «socialista». En cuanto a las diferentes organizaciones marxistas, en general de orientación trotskista,[2] insistían en repetir eslóganes revolucionarios y en inscribir la palabra «socialismo» en los documentos petistas; Lula y su grupo mayoritario no les prestaban la menor atención a estas cosas. Todavía recuerdo escuchar a Lula en un acto en los años ochenta en la plaza del Mercado Público en Porto Alegre sugiriendo que para él «el socialismo es el peón que llega a casa y la mujer le tiene preparado un bife para cenar».

En 1980 Lula tiene un sugestivo encuentro con Lech Walesa. El desacuerdo entre los dos parece haber sido inmediato. En las raras imágenes del encuentro ambos aparecen sonriendo y posando. En la práctica, Lula le dice a Walesa que está formando un partido para combatir al capitalismo en Brasil. Walesa transitaba la dirección contraria. Su problema era exactamente derrotar al comunismo y llevar a cabo la transición hacia la economía de mercado. Lula, posteriormente, califica a Walesa de *pelegão*[3] y dice que sólo llegó a la presidencia por el apoyo de la «Iglesia católica conservadora». En el 2011, Lula se dirige a Polonia a recibir el Premio Lech Walesa de manos de él mismo y califica al líder polaco de «auténtico héroe que lideró a los trabajadores de Polonia en su lucha por la democracia».

Los años noventa fueron difíciles para el PT. Fue la década de Fernando Henrique Cardoso y de la reforma del Estado. Ciento veinticinco empresas fueron privatizadas durante los dos mandatos de F. H. C., entre ellas algunos iconos del capitalismo brasileño como la Compañía

Vale do Rio Doce y el sistema Telebrás. La inflación fue finalmente controlada estableciéndose el trípode de la política de estabilización económica basado en las metas de inflación, cambio flotante y responsabilidad fiscal. El sistema financiero fue saneado con la implementación del PROER, y en el año 2000 es aprobada la Ley de Responsabilidad Fiscal que estipula límites para el gasto público de municipios, estados y la Unión.

El PT, por esos años, anduvo a contramano. Se posicionó en contra del Plan Real y del programa de privatizaciones y en contra del proyecto de reforma del Estado y de la Ley de Responsabilidad Fiscal. Incluso, el PT se opuso al lanzamiento de Bolsa Escola, el programa de transferencia de ingresos lanzado por Fernando Henrique en su segundo mandato y convertido en ley en 2001, calificando a la iniciativa como *bolsa esmola* (bolsa limosna). El programa sería la base para el posterior lanzamiento de Bolsa Família, principal iniciativa de la futura gestión petista en el área social.

Lula pierde las elecciones de 1994 y de 1998 con Fernando Henrique en primera vuelta. La retórica es anacrónica, el partido ya presenta signos claros de burocratización, pero consigue crecer en fuerza popular. Fue la época de la denuncia del «modelo neoliberal», del «consenso de Washington» y de la política de «desmantelamiento del Estado». Retórica banal pero eficiente que supo expresar el sentimiento de los insatisfechos con el proceso de modernización del Estado. El PT crece sobre el desgaste de Fernando Henrique al enfrentar el tema de la privatización y de la reducción del tamaño del Estado. Fernando Henrique, en sus ocho años de mandato, redujo un 12 por ciento el número de empleados públicos civiles del gobierno federal (en los ocho años de Lula este número volvería a aumentar en un 22 por ciento). Fernando Henrique hizo efectivamente un gobierno socialdemócrata con un carácter modernizador. La carga tributaria crece un 8 por ciento sobre el PIB con la implementación de programas sociales y la expansión de las redes de salud y educación.

El PT llega a comienzos de la década de 2000 con más del 20 por ciento de la preferencia partidaria nacional, y Lula, una vez más, se reinventa. Bajo la batuta del publicista Duda Mendonça, Lula se presenta a las elecciones del 2002 con su nuevo personaje: el líder brasileño, moderado, aglutinador, capaz de conciliar intereses y mejorar la vida de los más pobres. La estrategia es ampliamente victoriosa. Lula lanza su «carta al pueblo brasileño», comprometiéndose a respetar contratos y a preservar la política de lucha contra la inflación. En noviembre vence a José Serra en las elecciones, en segunda vuelta, con el 61 por ciento de los votos.

Los primeros años de gobierno de Lula sorprenden. Antônio Palocci asume el Ministerio de Hacienda y forma un equipo de alto nivel conformado por economistas y ejecutivos de corte liberal, como Joaquim Levy, Marcos Lisboa y, en especial, Henrique Meirelles, expresidente mundial del BankBoston y parlamentario electo por el PSDB, en la presidencia del Banco Central. Lula enfrenta a la extrema izquierda petista y aprueba una reforma de la previsión social pública. En una entrevista con la revista *Veja* dice haber aprendido en el comienzo de su carrera con el economista Celso Furtado que «los ultraizquierdistas son una alerta para el camino que no debes seguir». Lula busca el «camino del medio». Aprueba la nueva ley de quiebras, enfocada en la recuperación de empresas, y la legislación instituyente de las Sociedades Público-Privadas (PPPs), mecanismo que permite la participación del sector privado en el financiamiento y gestión de infraestructura y servicios públicos.

A partir del 2005 surge la crisis ética. El diputado Roberto Jefferson, líder del PTB e integrante de la base de sustentación del gobierno, denuncia la existencia de un «mensualón» *(mensalão)*. En la práctica, un amplio sistema de corrupción en empresas públicas, contratos de publicidad y licitaciones públicas, con pago de coimas y financiamiento ilegal de campañas de los partidos de base del gobierno. El primer ministro que cayó fue el jefe de la Casa Civil, José Dirceu, en junio de 2005. En su lugar asume Dilma Rousseff. La segunda baja del proceso es Antônio Palocci, en enero de 2006. En su lugar asume el economista Guido Mantega. Lula está debilitado, las elecciones de 2006 se acercan, el equipo económico liderado por Palocci se desintegra. Mantega y Dilma Rousseff acentúan el carácter desarrollista del gobierno.

En el giro del segundo mandato de Lula se configura de un modo más claro el modelo de capitalismo de Estado y el carácter populista que caracterizaría al período petista en el poder. El primer signo de este nuevo momento es la interrupción del proceso de reformas estructurales. La economía global vivía un momento positivo. En los cuatro años del segundo mandato de Lula, el precio por tonelada del mineral de hierro saltaría de 33 a 168 dólares estadounidenses. Fue la época del *boom* de las *commodities*. La época de «Brasil euforia». Los ingresos públicos crecían y el gobierno trató de expandir el gasto público con políticas de crédito y un amplio programa de financiamiento empresarial administrado por el BNDES (Banco Nacional de Desarrollo Brasileiro). Las reformas generan costos políticos. Lula optó por un tipo de «populismo suave». Como observó Alejandro Werner, jefe del departamento del Hemisferio Occidental del FMI, «el *boom* (de las *commodities*) pospuso otras políticas más costosas de implementar: reforma jurídica, reforma tributaria, reforma en educación y en el mercado de trabajo, como así también la apertura al mercado externo».

Fue la época de la consolidación del capitalismo de Estado a la brasileña, del patrocinio oficial a los «campeones nacionales»; el gobierno avocándose la tarea de aglutinar sectores empresariales que, de esta forma, alcanzarían mayor capacidad de competir en el mercado global. Fue la época del descubrimiento del «presal» y del ensayo de una nueva euforia nacionalista en torno del «oro negro». El gobierno cambia la política de concesiones de pozos de petróleo, y obliga a Petrobrás a ingresar como inversor y administrador de todos los contratos de exploración. Se impone también la llamada «política de contenido local», que obliga a los ganadores de contratos de explotación de petróleo y gas natural a contratar un alto porcentaje de insumos a la industria nacional, lo que genera pérdida de competitividad en el sector.

El gobierno echa mano de una vasta política de concesión de subsidios sectoriales, como fue el caso de la prolongada reducción de la carga tributaria para el sector automovilístico, como forma de «estimular el empleo», y posteriormente, recurre al control de precios de la electricidad y de los combustibles como estrategia heterodoxa de control de la inflación. Es en este contexto donde se revela en su plenitud el elemento populista que terminaría por marcar la gestión petista. Sus bases fueron puestas en la gestión de Lula, alcanzando su pináculo en el primer mandato de Dilma Rousseff, cuando el precio de las *commodities* alcanzó su máximo. A partir del 2013, sin embargo, el modelo mostraría sus pies de barro.

Antes de tratar sobre la *debacle* del modelo petista, vale un rápido análisis de su desempeño, en especial del gobierno de Lula en el área social y de lucha contra la pobreza. Efectivamente, hay una profusa mitología acerca de los «milagros sociales de la era Lula», como a veces se llamó al progreso social brasileño de la primera década del siglo XXI. Lula, de hecho, reformuló y amplió programas sociales con fuerte impacto distributivo. Fue también un líder con suerte. A excepción de la crisis del 2008, gobernó en un período de expansión económica global. El índice de desempleo en su gobierno retrocedió del 10.5 por ciento al finalizar 2002 al 5.3 por ciento en diciembre de 2010. El mito Lula no es obra del marketing o el resultado de su carisma personal. Tampoco se trata de un simple error ideológico. Existen razones muy objetivas, de naturaleza económica y social. Lula supo atribuirse a sí mismo y a su gobierno el gran movimiento de ascenso social de los más pobres en el Brasil de la primera década del siglo. Buena parte de esos logros no son resultado directo de la acción del gobierno. Es relativamente fácil demostrar esto. Pero no importa. Lula fue eficiente en la producción de su relato político. Para esto contó, como siempre, con amplios sectores académicos brasileños y, por cierto, con su fiel base en el sindicalismo y en los movimientos sociales. La política es, en muchos sentidos, una guerra de comunicación y Lula siempre supo ser un ganador en este terreno.

Veamos: en los dos mandatos del presidente Lula, la economía brasileña creció a un promedio del 4 por ciento anual: 3.5 por ciento en el primer mandato y 4.5 por ciento en el segundo mandato. En los ocho años de gobierno de Fernando Henrique Cardoso el promedio de crecimiento fue del 2.4 por ciento. Sin embargo, si tomamos el período completo del ciclo de poder del PT, esto es, entre 2003 y 2016, la expansión promedio de la economía fue del 2.3 por ciento, levemente inferior al período de F. H. C.

El profesor Samuel Pessoa, jefe del Centro de Crecimiento Económico del Instituto Brasileño de Economía de la Fundación Getúlio Vargas, desarrolló una interesante y muy profunda evaluación del desempeño económico del período petista en el poder. Él comparó el crecimiento brasileño en ese período con el crecimiento promedio alcanzado por los demás países de América Latina y el Caribe. El análisis demostró que Brasil creció 1.26 puntos por debajo del ritmo de crecimiento de los países latinoamericanos. A efectos comparativos, en el ciclo de gobierno de Fernando Henrique el país creció 0.38 puntos por encima del mismo grupo de control. Si tomamos únicamente los ocho años de Lula, aun así la economía brasileña creció 0.12 puntos por debajo del ritmo de crecimiento de las economías de América Latina y el Caribe.

Un razonamiento similar efectuaron los economistas Sérgio Firpo y João Pinho de Mello, del Insper, con relación a la reducción de la desigualdad medida por el índice de Gini. Entre 1993 y 2002, el índice de Gini retrocedió un 3.3 por ciento en el país *versus* una reducción más intensa, del 8.6 por ciento, entre 2003 y 2013. Nuevamente, la diferencia en el ritmo parece favorecer al período petista, pero esto es sólo aparente. Comparado con las demás economías emergentes, afirman los economistas, «la desigualdad brasileña cayó más fuertemente en los años noventa que en la década de 2000».

Gran parte de la reducción de la desigualdad brasileña en el período Lula se debió al veloz proceso de escolarización básica en Brasil en la década de 1990. El índice de Gini para la educación, medido en los años de educación formal, retrocedió de 0.479 en 1990 a 0.349 en 2009. Esto determinó una reducción relativa de la oferta de la mano de obra menos calificada y no calificada frente a un período de rápida expansión económica. La consecuencia fue la reducción de la brecha de ingresos producida por la desigualdad educativa. Muchos otros factores contribuirían al progreso social registrado en Brasil en la década de 2000. La formalización del empleo, el aumento sostenido del salario mínimo, la expansión del crédito en la economía,[4] el *boom* de las *commodities* y el favorable escenario económico global, así como también el impacto positivo de los programas sociales.

Entre los programas sociales, es ineludible reconocer el acierto estratégico y la exitosa implementación de Bolsa Família. El programa se puso en marcha en el 2003 y ya en junio de 2006 lograba su objetivo llegando a 11.1 millones de familias a un costo equivalente al 0.35 por ciento del PIB y al 0.9 por ciento del gasto público brasileño. El programa llegaría a catorce millones de familias y a cincuenta millones de personas a un costo del 0.5 por ciento del PIB en 2016. Se trata de un programa de transferencia condicional de ingresos. El importe promedio recibido por familia es de 164.00 reales (55 dólares estadounidenses) y obliga a los padres a mantener a sus hijos en la escuela y a vacunarlos. El programa se convirtió en la vitrina global del gobierno de Lula. Aunque de carácter asistencialista, tiene el potencial de reducir la transmisión intergeneracional de la pobreza. Programa prácticamente sin «puerta de salida», sin enfoque en la capacitación laboral ni en el espíritu emprendedor, ni en la emancipación de las personas respecto a la pobreza. Este nunca fue un enfoque sólido de las gestiones petistas.

Tal vez el programa social más revolucionario del gobierno de Lula haya sido, por paradójico que pueda parecer, una iniciativa de carácter liberal. En el 2004, el gobierno federal lanzó el ProUni —Programa Universidad para Todos—, un amplio sistema de oferta de becas para estudiantes de bajos ingresos en instituciones universitarias privadas con o sin fines de lucro. Fueron ofrecidas tres millones de becas durante sus trece años de funcionamiento. Se trata, efectivamente, de un programa de vales para educación. Posiblemente uno de los más grandes y exitosos a nivel mundial. Los alumnos tienen total libertad para elegir su curso y universidad, y el financiamiento del gobierno se produce vía deducciones fiscales para las instituciones.

Este programa contribuyó a romper un viejo mito que históricamente apoya la defensa de la enseñanza pública en Brasil según el cual los alumnos más pobres no aprenden debido a su condición social. Para esta tesis, no sería la mala calidad ni la burocracia pública ni el corporativismo lo que determinaría los malos resultados de la enseñanza pública. Sería la condición social de los alumnos. La pobreza, en síntesis. El ProUni rompió esta lógica. Una extensa investigación demostró que los alumnos becados por el ProUni alcanzan resultados levemente superiores al promedio de los alumnos de universidades federales, a las que en general asisten alumnos con un poder adquisitivo bastante superior. En buena medida, el ProUni expresa la naturaleza paradójica de los gobiernos del PT: hubo aciertos en muchas áreas. Iniciativas que un buen gobierno liberal no dejaría de tomar. Esto también explica el relativo éxito del gobierno de Lula y la afirmación de su figura histórica.

Por cierto, hay razones menos objetivas que explican la larga hegemonía petista en el poder de Brasil. Razones que van más allá de la simple definición de Lula como un líder carismático y un buen comunicador. El PT fue en los últimos treinta años el partido político más grande y eficiente de la izquierda latinoamericana. Una organización formada por cuadros intelectualmente preparados y capaces de traducir a Brasil según una cierta clase de retórica política.

Una vez en el poder, no fue diferente. El partido dirigió el país dosificando hábilmente gramáticas de conciliación (en particular en la política económica) y de confrontación (en la arena política). Efectivamente, el PT hizo algo que no se veía en Brasil desde el período militar: propuso un *relato excluyente* sobre Brasil. En él, Lula surge como divisor de aguas, demiurgo del nuevo país restituido a los «de abajo». Lula, nacido en el sertón, forjado en el ABC paulista, el «hijo de Brasil».[5] ¿Su mantra? El «nunca antes en este país». La idea de que enero del 2003 marca el comienzo de un «nuevo Brasil». Un símbolo de este relato fue siempre el modo duro y radical con el que Lula trató a Fernando Henrique en sus tiempos de poder. Se trató de una guerra cultural más que de una guerra política. Ésta penetró las redacciones de los diarios, las universidades, los libros didácticos, las iglesias. El relato excluyente, obviamente, generó su opuesto. Generó el Brasil fracturado y radicalizado de la década del 2010.

El gobierno de Lula produjo una sutil mutación política en el contexto de la izquierda brasileña. La mutación se llevó a cabo a lo largo del primer mandato petista, y su marca es el nacimiento de lo que el sociólogo y portavoz de Lula durante su presidencia, André Singer, denominó «lulismo». En buena medida, el lulismo surge del impacto de los programas de transferencia de ingresos para los más pobres. Hasta las elecciones de 2002 es difícil asociar el voto a Lula con algún estrato social específico. Su apoyo es difuso, con fuerte presencia en la clase media urbana escolarizada, empleados públicos y en sectores «organizados» del sindicalismo y los movimientos sociales. A partir de las elecciones del 2006 hay una nítida modificación de este escenario. Lula se convierte, con perfecta nitidez, en la expresión política de los más pobres, al mismo tiempo que comienza a perder apoyos sustanciales en la clase media urbana de mayor nivel educativo.

Es válido realizar aquí una rápida comparación del perfil de los votantes de Lula entre las elecciones de 1989 y las del 2006. En la segunda vuelta de las elecciones de 1989, Lula tiene un 12 por ciento más de votos que Collor de Melo entre los votantes con ingresos superiores a diez salarios mínimos y un 10 por ciento menos que su adversario entre los votantes con ingresos de hasta dos salarios mínimos. En las elecciones del 2006 la lógica se invierte. Lula tiene un 26 por ciento más que su adversario, Geraldo Alckmin, entre los votantes de hasta dos salarios mínimos, quienes componen el 47 por ciento del electorado brasileño. Existe consenso en la literatura académica acerca del peso decisivo del programa Bolsa Família sobre esta mutación política. Lula ganó las elecciones en prácticamente todos los municipios brasileños con cobertura significativa del programa de transferencia de ingresos que en el 2006 alcanzaba al 26 por ciento de la población brasileña.

Es incorrecto decir que el éxito electoral de Lula, y posteriormente de Dilma Rousseff, se debe exclusiva o principalmente al programa Bolsa Família. Marcelo Neri, investigador de la Fundación Getúlio Vargas, demostró que al final del primer mandato petista la inclinación a votar por Lula subía del 39 por ciento al 62 por ciento entre los beneficiarios de algún programa federal. Lula produjo, efectivamente, un relato convincente asociando el crecimiento de la economía, la expansión del trabajo formal y el aumento del crédito en la economía a su propio gobierno y, más aún, a su propia identidad como «hombre del pueblo». El Lula que surge en el gobierno no es más el sindicalista y dirigente político radical, es el político popular, el líder nacional, mucho más grande que el PT o que cualquier posible representación de la idea de «izquierda». Lula es elevado, en especial a partir de las elecciones del 2006, según la expresión del sociólogo Francisco de Oliveira, «a la condición de *condottiere* y de mito».

Nueva metamorfosis. No será la última. El lulismo encarna, en la retórica sociológica de André Singer, la representación del «subproletariado», ese vasto estrato de la población brasileña de bajos ingresos, de bajo compromiso político, a veces denominada la «nueva clase C», que ascendió socialmente con el rápido crecimiento de la década del 2000. Lula surge, bajo este prisma, recreando viejas imágenes de la política brasileña que en parte remontan al varguismo democrático de los años cincuenta. La dicotomía «pueblo»/«elite», la idea del Estado providencial. La mística bonapartista del líder por encima de los diferentes estratos sociales. Imagen perfecta para el emigrante del noreste que se hizo la vida en la gran ciudad y que recibió su primer diploma al llegar a la presidencia. Recreación eficiente de la vieja tradición populista de la democracia brasileña.

Si es verdad que Lula ha sido un político pragmático, también es verdad que siempre fue fiel a la izquierda «carnívora» latinoamericana, tal la expresión humorística acuñada por Montaner, Vargas Llosa y Mendoza. Con Hugo Chávez fue solidario de principio a fin. Participó de las campañas electorales chavistas, patrocinó inversiones de empresas brasileñas en Venezuela, en ningún momento censuró al régimen chavista por las violaciones de los derechos humanos, llegando a declarar que la Venezuela chavista «era demasiado democrática». Lo mismo se dio con relación a Evo Morales. Lula determinó que Brasil simplemente no reaccionase a la nacionalización unilateral de la Petrobrás boliviana en el 2006 realizada por el gobierno de Morales, que generó un alto perjuicio para la estatal brasileña. Con Paraguay la relación fue inversa. Lula calificó como «golpe» al *impeachment* del presidente Fernando Lugo y apoyó la suspensión de Paraguay del Mercosur. Incluso cuando murió Fidel, Lula participaría de un curioso homenaje al viejo caudillo, grabando su nombre con un soplete en una plancha de acero. Lula y el PT fueron, desde el inicio, perfectamente fieles al castrismo.

El gobierno brasileño, durante las gestiones de Lula y Dilma, produjo un desvío con relación al tradicional papel de independencia de la política exterior brasileña conducida por Itamaraty. Marco Aurélio García, asesor internacional de Lula desde el comienzo del PT, pasa a ocupar una posición estratégica en la definición de la política exterior brasileña en el Palacio del Planalto, posicionando a Brasil como «socio confiable» y garante «democrático» del período autoritario de la izquierda latinoamericana de la década del 2000.

La caída del modelo petista sería rápida, curiosamente a partir de la apretada victoria en las elecciones del 2014. El día 15 de noviembre de 2014, un domingo de sol, apenas dos semanas después de la reelección de Dilma Rousseff, una pequeña multitud de quizás unas quince mil personas realizó una manifestación en la avenida Paulista, en el corazón de São Paulo. El encuentro había sido convocado a través de las redes sociales, en internet, por grupos todavía poco conocidos por la opinión pública, como Vem pra Rua y el Movimiento Brasil Livre (MBL). La manifestación pedía que se profundizase en las investigaciones sobre el *petrolão*, como pasó a ser llamado el sistema de coimas y corrupción en Petrobrás, y el uso indebido de los Correos, empresa estatal federal, en la campaña electoral de la presidente electa. En los veinte meses siguientes a esta manifestación Brasil pasaría por un trance político, impulsado por un intenso proceso de participación política de la sociedad civil, que llevaría al *impeachment* de la presidente Dilma, por votación final en el Senado, el día 31 de agosto de 2016.

El edificio de poder del PT comenzó a desmoronarse ya con las grandes manifestaciones del 2013 iniciadas en São Paulo, a partir de un movimiento marcadamente de izquierda llamado Passe Livre para reivindicar la suspensión de un aumento de los boletos de colectivo en la capital paulista. Rápidamente, las manifestaciones callejeras se apoderarían del país. Durante todo el mes de junio, centenares de miles de personas marcharon en las capitales brasileñas, de manera espontánea y caótica, pidiendo ética en la política, el fin del uso de los recursos públicos en los estadios de la Copa del Mundo, la mejora de los servicios públicos y un sinnúmero de eslóganes imprecisos. En poco más de un mes, la presidente Dilma perdió más del 30 por ciento de su apoyo popular. Las «jornadas de junio» no tenían un enfoque político claro. Éstas inauguran en Brasil la era del *flash mob* político. Un tipo de participación política típico de la era del «fin del poder», tal la precisa definición de Moisés Naím; la movilización realizada directamente por la sociedad, vía redes sociales, sin la intervención del sistema partidario o sindical.

En septiembre de 2015, Standard and Poor's le retira a Brasil el sello de buen pagador, *investment grade*, medida adoptada en los meses siguientes por las demás agencias calificadoras de riesgo. La situación económica se deteriora. El país había presentado en el 2014 el primer déficit de las cuentas del sector público desde 2001, y llegaría a un resultado primario negativo de 155 billones de reales, o el 2.47 por ciento del PIB, en 2016. El gobierno siguió en el camino de la expansión del gasto público a pesar del escenario recesivo y de la alerta del equipo del Tesoro Nacional, ya en 2013, acerca de que la «trayectoria fiscal era insostenible». El gobierno se inclina por la opción fácil: el maquillaje de las cuentas públicas. Es en este contexto cuando ocurren los llamados «pedaleos fiscales», con la utilización de los bancos oficiales para mantener el financiamiento (no autorizado por el Congreso) de programas públicos. En clara violación a la Ley de Presupuesto y a la Ley de Responsabilidad Fiscal, la presidente Dilma es denunciada por crimen de responsabilidad. Denuncia aceptada por el entonces presidente de la Cámara de los Diputados, Eduardo Cunha, en diciembre de 2015.

En un caluroso domingo del 13 de marzo de 2016, un millón cuatrocientas mil personas llenan completamente la avenida Paulista, en el corazón de São Paulo, en la mayor manifestación popular de la historia de Brasil. En todo el país, entre seis y siete millones de personas salen a las calles de manera pacífica bajo el liderazgo de una red de «movimientos de calle», en general organizados vía redes sociales, en una protesta multifacética y alejada de los partidos y de los políticos de carrera, exigiendo el *impeachment* de la presidente Dilma. Contrariamente a lo que sostenía, y aún sostiene, la retórica del PT, el *impeachment* fue un movimiento con base popular. Un nuevo tipo de movimiento, realizado lejos de las instituciones políticas tradicionales. Realizado en el modo fluido del mundo digital y a partir de la organización espontánea y algo efímera de la sociedad civil. Son los tiempos. A la sociología política le tomará tiempo digerir y comprender la magnitud y la naturaleza exacta de este proceso. En buena medida, representó, al menos en Brasil, una gran rebelión de las clases medias urbanas, de alto nivel educativo e informativo, contra los abusos de la irresponsabilidad fiscal y la corrupción.

Los resultados de la aventura populista brasileña parecen bastante claros. La economía brasileña simplemente no creció en 2014 y presentó un retroceso superior al 7 por ciento del producto interior bruto en el bienio 2015/2016. El índice de desempleo subió de poco más del 5 por ciento en 2010 al 12 por ciento al finalizar el 2016, y el país presenta un significativo aumento de la pobreza del 7.4 por ciento al 10 por ciento de la población entre 2015 y 2017. Como parece ser la norma, son los más pobres los que terminan pagando la cuenta del desequilibrio fiscal.

La expulsión de la presidente Dilma es finalmente aprobada en una tumultuosa sesión de la Cámara de Diputados el día 17 de abril de 2016. En su lugar asume el vicepresidente Michel Temer. Una de sus primeras medidas de ajuste estructural consistió en la aprobación de una enmienda a la Constitución que limita la expansión del gasto público a la evolución de la inflación durante los próximos veinte años. La medida conlleva un simbolismo. El trance político brasileño parece producir, un poco por debajo de la piel nerviosa de la Operación Lava Jato y de la profunda inestabilidad política vivida por el país, alguna racionalidad.

7

La tiranía chavista y la decisión de vencerla

María Corina Machado

El populismo es uno de los grandes males de nuestro tiempo y en Venezuela se ha desplegado a plenitud. Es urgente entender el caso venezolano para contener y apagar un foco de alcance continental desde el que irradia opresión, corrupción y caos, así como para alertar sobre un *modus operandi* que no debe tomar a nadie por sorpresa. Escribo para ello, desde una Caracas convulsionada, estas líneas. Quiero en ellas explicar cómo Hugo Chávez, gracias a su carácter populista, luego de convencer, tomar por sorpresa o hacer cómplices a muchos actores políticos y sociales, es capaz de llegar al poder por la vía electoral. Quiero también destacar que, en este caso, el populismo es tan sólo la práctica inicial. Una que posibilita el despliegue de múltiples prácticas empleadas por el chavismo para secuestrar el Estado y consolidar un horroroso régimen, mucho más nocivo que lo que la denominación «populista» permite imaginar. Quiero así dejar claro que el populismo es un salto hacia lo desconocido que puede conducir a los más nefastos e imprevistos resultados para una sociedad: militarismo, colectivismo, hambruna, violencia, degradación. Y quiero que quien lea estas líneas calibre la lucha y lucidez incesante de los ciudadanos libres venezolanos que no cejan en forjar un camino de vuelta hacia la libertad.

Las palabras que siguen no son las de un observador que se halla, impasible, fuera del ruedo. No. Encuentran su origen en mi enfrentamiento, desde la primera hora, con lo que percibí como la amenaza más formidable y profunda que se haya dado a la libertad en mi país: el liderazgo de Hugo Chávez. Detrás de su innegable carisma y discursos arrolladores de «redención», clásicos del populismo, se dibujaba, nítido, un esquema opresivo y arbitrario.

Alerta: la libertad, el Estado de derecho y las instituciones son las víctimas predilectas del populista. Cuando son vulnerados se abre una caja de Pandora. Con suerte, se trata de una travesura que no impide un retorno a la racionalidad. Sin suerte, de errores fatales que llevan a arreglos autoritarios, dictatoriales, totalitarios, mafiosos. Que estas líneas, escritas desde la lucha, sean útiles para sensibilizar eficazmente a quienes pueden estar expuestos al fenómeno y para dar ánimo a aquellos que lo combaten desde adentro.

La crisis del desarrollo de la democracia venezolana

Para comprender la irrupción de Hugo Chávez es preciso aproximarse a lo que el historiador venezolano Germán Carrera Damas ha denominado «la crisis del desarrollo de la democracia» (2005). Gracias a la estabilidad política alcanzada en 1958 mediante el Pacto de Puntofijo —entre los principales partidos políticos democráticos— y otros acuerdos intersectoriales —de los que formaron parte la Iglesia católica, los empresarios, los sindicatos y las fuerzas armadas— (Suárez, 2006), Venezuela pudo iniciar ese año el período de lo que acertadamente se ha denominado la «República Civil»: 40 años ininterrumpidos de gobiernos civiles y democráticos, electos por votación popular, que impulsaron el mayor crecimiento humano, social y material vivido por la nación hasta el día de hoy. En medio de la Guerra Fría, mientras la mayor parte de las naciones hispanoamericanas se debatía entre dictaduras y subversiones internas, la democracia venezolana atravesaba un período de paz y prosperidad, a pesar de que las dos fuerzas políticas que resultaron excluidas en el Puntofijo —sectores militares golpistas e izquierda revolucionaria subversiva— realizaron diversos intentos por derrocar a los gobiernos democráticos de aquel período (Carrera Damas, 1997, 2005, y Peñalver, 2015).

Venezuela experimentó entonces un acelerado crecimiento demográfico, consecuencia de las mejoras en la calidad de vida de los venezolanos y de su atractivo para emigrantes de otros países, principalmente del sur de Europa y América Latina. La consolidación de un sistema educativo gratuito de amplia cobertura, de una importante red hospitalaria y de una considerable infraestructura nacional permitió que la sociedad venezolana creciera y se desarrollara. No obstante, el hecho de que el motor de este crecimiento fuera una industria petrolera estatizada en 1976 condicionó en cierta medida las posibilidades de desarrollo a la capacidad gerencial —siempre limitada— del Estado. Lamentablemente, la tendencia predominante se orientó hacia su crecimiento exacerbado, en buena parte como consecuencia de la generalización del clientelismo como práctica política.

La tendencia a mantener una moneda fuerte, privilegiando el consumo por encima de la producción, así como la proliferación de empresas públicas y un elevado gasto público terminaron generando, por un lado, un ritmo creciente de las expectativas de una población que también crecía aceleradamente, y por otro, la imposibilidad de la economía nacional para poder responder a ese crecimiento. Luego de experimentarse la crisis de la deuda de los años ochenta, y coincidiendo con el proceso de cambios globales que generó la debacle de la Unión Soviética, se hizo evidente que se requería una reforma del Estado y, en efecto, se dieron pasos importantes y necesarios en esa dirección (Blanco, 1993). Gracias al trabajo de la COPRE —Comisión para la Reforma del Estado— y a las medidas liberalizadoras de los años noventa, muchas empresas dejaron de ser una onerosa carga para el presupuesto nacional, la economía se abrió a la competencia internacional y los venezolanos pudieron elegir por el voto popular a sus gobernadores, alcaldes y concejales.

Sin embargo, el estallido social conocido como el Caracazo (febrero de 1989) fue una importante campanada de alerta ante las dificultades que vivía la nación en esos momentos de cambio. Tres años después, el golpe militar encabezado por Hugo Chávez revivió fantasmas que parecían desterrados en una democracia que muchos consideraban consolidada, y el hecho de que pocos meses después (noviembre de 1992) un segundo golpe también tuviera lugar permitió constatar que la democracia venezolana seguía contando con algunos sectores de las fuerzas armadas entre sus peores enemigos. Hoy resulta obvio que varias décadas de libertades y avances democráticos estaban corriendo serios riesgos de ser revertidos.

Militar golpista, caudillo populista

Aún hoy es difícil explicarse cómo la clase política de los años noventa, junto con importantes sectores sociales, no pudieron tener clara conciencia del riesgo que corría la república y que, lejos de neutralizar dichas amenazas, fueran abriéndoles las puertas a medida que se agravaban. Indicios de la gravedad que Chávez encarnaba no faltaban: formaba parte de una logia militar clandestina, el Movimiento Bolivariano Revolucionario (MBR-200), que tenía vínculos con otras similares y que, al menos desde 1982, planeaba tomar el poder por las armas (Garrido, 2002). Informes de inteligencia de Casa Militar y de otras instancias internas de las fuerzas armadas habían venido alertando de estos riesgos, pero fueron subestimados, no sólo antes, sino después de los dos golpes militares de 1992, al punto que Hugo Chávez, en vez de ser enjuiciado por su responsabilidad principalísima en la primera intentona, resultó indultado y, además, se le permitió luego postularse como candidato presidencial para las elecciones de 1998.

Chávez pasó entonces de militar golpista a demagogo consumado. Su discurso era netamente populista: se afanaba en dividir a la población entre *pueblo* y «cúpulas podridas», mientras amenazaba con barrer a los corruptos y «freír en aceite las cabezas de los adecos».[1] Además, como buen populista, Chávez procuró mantenerse en una cierta indefinición ideológica durante la campaña presidencial de 1998. Si bien su origen castrense y adhesión a lo que Carrera Damas ha llamado «el culto a Bolívar» (2003) y la tradición del «bolivarianismo-militarismo» (2005) eran innegables, más dudas se han planteado acerca de la fecha de su decidido acercamiento al socialismo. Lo cierto es que su hermano Adán fue, desde su primera juventud, miembro muy activo de la izquierda revolucionaria en Venezuela, al igual que es verdad que Chávez y el MBR-200 materializaron las tesis revolucionarias de Douglas Bravo[2] y que, en 1996, luego de ser indultado, Chávez fue recibido con honores de jefe de Estado por Fidel Castro en La Habana.

A pesar de todo lo anterior, durante la campaña presidencial de 1998 Chávez no se pronunció como alguien de izquierda o derecha, ni como socialista ni como partidario del libre mercado, aunque sí como alguien que daba por «podrido» al modelo «liberal» de la democracia instaurada en 1958 (Blanco Muñoz, 1998). En la práctica, esta indefinición se vio reflejada en la heterogénea coalición que agrupó en torno a sí, cuyo rasgo más distintivo fue el hecho de aglutinar a los protagonistas de los dos grandes proyectos nacionales que habían resultado derrotados por el Pacto de Puntofijo y la República Civil: los militantes de la izquierda revolucionaria y los partidarios —civiles y militares— del bolivarianismo-militarismo (Carrera Damas, 2005). A pesar de todo, pocos vieron entonces la posibilidad de que estos sectores representaran todavía un riesgo y estuvieran dispuestos a cobrarse su particular revancha sobre la democracia.

También fuimos más bien pocos quienes nos sorprendimos cuando políticos, periodistas, intelectuales y empresarios de muy diversa factura le brindaron su apoyo a Chávez a lo largo de la campaña presidencial. Muchos de estos personajes quedaron deslumbrados con la única propuesta concreta que, aparte de perseguir a los corruptos, Chávez se dignó ofrecer en su campaña: una Asamblea Constituyente. Lejos de percibir en dicha iniciativa un peligroso intento por desmontar los acuerdos fundacionales de la convivencia democrática en Venezuela, los partidarios del demagogo barinés consideraron que sería la llave para resolver todos los problemas o que, en todo caso, ellos mismos quedarían mejor posicionados que antes. En definitiva, el imaginario nacional que aún asociaba la figura de los militares con la idea de orden y eficacia volvió a emerger en la forma de un apoyo popular que no cesaba de crecer. El desconcierto y la lentitud de reflejos terminaron paralizando a los políticos y partidos tradicionales, muchos de los cuales, hasta último momento, pensaron que Chávez no podría vencerlos. Craso error: les terminaría ganando las elecciones presidenciales el 6 de diciembre de 1998.

Hasta entonces, podemos decir que Hugo Chávez personificaba el prototipo del populista más clásico. Habitualmente se identifica el populismo con la irrupción de un líder personalista que hace gala de una retórica divisionista de la población, estableciendo una profunda separación entre el pueblo y las elites corruptas. También se le suele adjudicar al líder populista el hecho de encabezar una coalición heterogénea y multiclasista, así como la habilidad para enarbolar un discurso demagógico y en buena medida vacío que simplifica en demasía la naturaleza de los problemas y sus soluciones. Igualmente se le atribuye un modo de proceder contrario o ajeno al ordenamiento institucional de la sociedad.[3] Todos estos aspectos los reunía el Chávez de 1998, y, como veremos a continuación, incluso su propósito de convocar y conducir una Asamblea Constituyente denunciaba un modo de proceder no particularmente apegado a las normas, sino todo lo contrario.

Debido al perverso sistema mayoritario que se empleó para elegir a los 131 miembros de la Asamblea Constituyente, con sólo el 65 por ciento de los que participaron en el acto comicial, el cual contó con un 53.8 por ciento de abstención, más del 95 por ciento de los que resultaron electos eran partidarios de Chávez. Aunque el propio presidente hizo algunas concesiones en aspectos menores de su proyecto, las principales y más delicadas propuestas de cara a la arquitectura constitucional de la nación fueron implementadas.[4] Seis meses después de ser instalada la Asamblea Constituyente, la nueva constitución estaba ya lista y aprobada en referéndum. En este sentido, no se puede perder de vista que lo que Chávez verdaderamente buscó y consiguió con la constituyente de 1999 fue desmontar los principales contrapesos que contemplaba la Constitución de 1961 para limitar el poder del ejecutivo nacional. Por ejemplo, el mandato presidencial se extendió de cinco años, sin posibilidad de reelección inmediata, a seis años con posibilidad de una reelección inmediata; la potestad de otorgar los ascensos militares pasó del Congreso (ahora Asamblea Nacional) al presidente de la República; se eliminó el Senado y se conformó un parlamento unicameral; se creó la figura de un vicepresidente de la República nombrado directamente por el presidente y se introdujo la posibilidad de que diversas materias pudieran decidirse mediante referéndum popular, en lo que se presentó como un intento de superar la democracia representativa por otra «participativa y protagónica», pero que en la práctica no era más que un intento de ampliar las facultades de un líder populista para gobernar plebiscitariamente.

Las arbitrariedades revestidas de esa presunta y dudosa legitimidad democrática que el populismo es capaz de generar no terminaron allí. Durante el período de «transitoriedad» en el que las ramas del poder público quedaron prácticamente suspendidas en sus facultades, se instauró el llamado «congresillo», instancia plenipotenciaria que, dirigida por Luis Miquilena —para aquel momento ministro del Interior y principal asesor de Chávez durante su campaña presidencial y el posterior proceso constituyente—, se dedicó, entre otras cosas, a acabar con la independencia del poder judicial y sustituir a los principales magistrados y jueces por funcionarios afines y, en muchos casos, incompetentes. Este proceso, así como sus datos y cifras más relevantes, ha quedado minuciosamente reflejado en el trabajo de Canova, Herrera, Rodríguez y Stefanelli (2014).[5] En el año 2000 tuvieron lugar las llamadas «megaelecciones», a través de las cuales fueron escogidas las autoridades de la nueva estructura del Estado que se contemplaba en la Constitución de 1999. Chávez volvió a ganar la presidencia de la República en julio del año 2000, en unos comicios en los que fue notable la virtual ausencia de candidatos opositores —el principal contendor fue su propio compañero de armas durante el golpe del 4 de febrero de 1992, Francisco Arias Cárdenas—. Fue electa también una mayoría de diputados chavistas para el parlamento unicameral, que luego procedió a designar a los miembros del Tribunal Supremo de Justicia y a las autoridades de las dos nuevas y un tanto singulares ramas del poder público: el poder moral —constituido por el fiscal general, el procurador general y el defensor del pueblo— y el poder electoral —en la práctica, el Consejo Nacional Electoral.

La destrucción de la democracia liberal

Tres meses después de haberse constituido la nueva Asamblea Nacional, en noviembre de 2000, el parlamento de mayoría chavista aprobó una *ley habilitante* que le permitía a Chávez —a pesar de su enorme popularidad y de los amplios poderes con los que ya contaba— gobernar por decreto en una amplia gama de materias durante el lapso de un año. A lo largo de todo ese tiempo hubo gran expectativa y zozobra acerca de lo que haría el nuevo presidente con tanto poder: no daba muchas señales al respecto. Lo que sí estaba a la vista de todos era que su discurso no sólo seguía siendo incendiario, sino que el ámbito de los culpabilizados se iba extendiendo, no ya solamente a las «cúpulas podridas» de la clase dirigente, sino también a sectores más amplios de la población que lo adversaban —especialmente el empresariado, la prensa y cada vez más la clase media, las academias, la universidad, los sindicatos—, así como a presuntos enemigos internacionales. La clásica tramoya del enemigo externo y sus cómplices internos se tejía en beneficio del «líder» que interpreta y defiende al «pueblo».

De este modo, Chávez se fue haciendo una figura cada vez más polémica en la política internacional. En la III Cumbre de las Américas en Quebec, la cancillería venezolana fue la única en hacer constar sus reservas con respecto a un par de cláusulas que incorporaba la declaración, las cuales estipulaban medidas en defensa de los derechos humanos y los estándares democráticos en el hemisferio. El mandatario venezolano fue también el primer jefe de Estado electo democráticamente que visitó a Sadam Husein en Irak luego de su derrota en la guerra del Golfo Pérsico, mientras que los indicios de sus simpatías y vínculos con las guerrillas colombianas de las FARC[6] y el ELN —en medio del proceso de paz en San Vicente del Caguán que dirigía el presidente Andrés Pastrana—, así como con la ETA —que sólo en el 2000 había cercenado la vida de veintitrés personas—, no hacían más que aumentar. También Vladimiro Montesinos, exasesor de Alberto Fujimori y prófugo de la justicia peruana, fue finalmente encontrado en Venezuela en 2001 y deportado al Perú, luego de que varios voceros del gobierno venezolano —como José Vicente Rangel y Pedro Carreño[7]— negaran rotundamente su presencia en el país. Lo más polémico en este sentido fue la posición ambigua adoptada frente al atentado terrorista que cobró más de tres mil vidas en las torres gemelas del World Trade Center en Nueva York, el 11 de septiembre de 2001.

Esas tendencias y ambigüedades caldearon los ánimos de forma creciente, tanto en la sociedad venezolana como por parte de gobiernos extranjeros particularmente sensibilizados por las amenazas terroristas —especialmente los de Washington, Madrid y Bogotá—. No era para menos. Ya desde aquellos primeros años en la presidencia, la voluntad de Chávez de vincularse a toda clase de grupos extremistas, antidemocráticos y antiliberales en el mundo entero iba quedando absolutamente patente. Este rasgo no deja de revestir importancia para el tema que aquí nos ocupa, dado que habitualmente al populismo se le considera como un fenómeno de vocación netamente nacionalista, cuando no aislacionista y, en todo caso, caracterizado por una más bien escasa orientación hacia la política internacional. Chávez, por el contrario, demostraba desde fechas muy tempranas su clara orientación megalómana y su voluntad de relacionarse con todo tipo de actores políticos irregulares, sin importar demasiado su ideología, siempre que se mostraran adversos a la democracia liberal.

Transcurrió así el año de amplios poderes concedidos al presidente mediante la ley habilitante, desde noviembre de 2000 hasta noviembre de 2001, sin que se conocieran las medidas que Chávez preparaba. En el último momento, la noche previa al fin de su período de poderes extendidos, el presidente dio a conocer por radio y televisión los 49 decretos-leyes que tenían por común denominador la voluntad de afectar severamente los derechos inalienables de los ciudadanos venezolanos: el gobierno chavista pretendía violentar los derechos de propiedad, libre asociación, autonomía sindical y universitaria, enseñanza primaria y secundaria libre de adoctrinamientos y tantos otros. Dicha voluntad ya se había manifestado previamente a través de otros episodios, los cuales generaron tanto la resistencia por parte de la Central de Trabajadores de Venezuela (CTV) y otros sindicatos a la intromisión gubernamental en las elecciones sindicales como la lucha del movimiento de padres y representantes bajo el lema «con mis hijos no te metas» ante los riesgos que implicaba la aplicación del decreto 1011, el cual afectaba severamente el propósito y funcionamiento de la educación básica.

Esta resistencia ciudadana, en buena medida huérfana del oportuno y necesario apoyo de los partidos políticos tradicionales —sumamente desacreditados para aquel momento—, se articuló progresivamente en un movimiento ciudadano de enormes proporciones que le plantó cara a las ambiciones ya no solamente populistas, sino también claramente autocráticas y potencialmente totalitarias del gobierno encabezado por Hugo Chávez. A las críticas de la prensa y a la resistencia de sindicatos y padres se unió, en diciembre de 2001, el paro de doce horas convocado por Fedecámaras, la federación de cámaras de empresarios. Chávez afrontó aquellos episodios con una enorme arrogancia. Ese día —día de la Aviación Militar— decidió, ataviado con uniforme militar, increpar en cadena nacional de radio y televisión a los ciudadanos que simultáneamente tocaban cacerolas en Caracas en señal de protesta.

Los primeros meses del año 2002 se caracterizaron por el visible escalamiento de las protestas y de la respuesta gubernamental, todo ello en medio de un ambiente internacional muy crispado por las consecuencias de los atentados terroristas en Nueva York. Mientras las movilizaciones de oposición fueron fundamentalmente encabezadas por la CTV y Fedecámaras, con amplia cobertura de los medios de comunicación, el régimen se fue haciendo cada vez más represivo en las calles. El punto más delicado se alcanzó cuando Chávez decidió despedir a la directiva de PDVSA y buena parte de los trabajadores petroleros resolvió plegarse a un paro que pronto se hizo indefinido. Se llegó así a los acontecimientos del 11 de abril, marcados por una gigantesca marcha ciudadana que se dirigió al palacio de Miraflores para pedir la renuncia a Chávez, la consiguiente represión por parte de fuerzas militares y paramilitares afines al gobierno y el desacato del alto mando militar a las órdenes presidenciales de activar un plan de represión a los manifestantes, todo lo cual condujo al desalojo de Chávez del poder. Después de cuarenta y ocho horas muy confusas, los militares decidieron devolverlo a la presidencia y el país transcurrió el resto del año sumido en una confrontación que ameritó la participación de la Organización de Estados Americanos y del Centro Carter para intentar calmar los ánimos y canalizar institucionalmente el conflicto. Este alcanzaría nuevas cotas a principios de diciembre, con un nuevo paro general de dos meses que fue particularmente intenso en la industria petrolera y que finalmente se saldaría con el despido de la mitad de la nómina de los trabajadores de PDVSA (20.000 trabajadores despedidos de un total de 40.000). Lejos de ceder ante la presión ciudadana, Chávez y su gobierno no hacían más que radicalizarse y hacerse más violentos. A principios del 2003 se instauró además un ominoso control cambiario y se regularizó la injerencia de funcionarios cubanos en los programas de gobierno en Venezuela.

Las negociaciones que la comunidad internacional auspició entre el gobierno de Chávez y la oposición democrática finalmente dieron por resultado unos acuerdos cuyo punto principal era la aceptación del referendo revocatorio del mandato presidencial —figura contemplada en la constitución de 1999— como la vía para la búsqueda de una solución «pacífica, democrática, constitucional y electoral» a la crisis venezolana. Pero, tal como han relatado en detalle Martínez Meucci (2012) y examinado Canova, Rodríguez y Arias (2015), todo el proceso resultó absolutamente adulterado por el oficialismo, que instauró una directiva mayoritariamente sumisa en el Consejo Nacional Electoral y empleó su control fraudulento de la Sala Constitucional del Tribunal Supremo de Justicia para obligar a este organismo a convalidar toda clase de abusos y maniobras inconstitucionales por parte de los demás funcionarios del Estado, los cuales sencillamente obedecían sin chistar los dictámenes del propio Chávez. Este control absoluto de las ramas del poder público, incluyendo a la purgada institución militar, se vio reforzado por la espectacular alza de los precios del petróleo durante la primera mitad del año 2004, la cual permitió la consolidación de un clientelismo estructural a través de los programas llamados «misiones», desarrollados bajo la tutela castrista. A ello hay que unir, para completar la destrucción de la democracia liberal en Venezuela, el fraude cometido en ocasión del referéndum revocatorio presidencial de agosto del 2004.[8]

Fuera la máscara: el populismo abigarrado da paso a la hegemonía socialista

Aún a principios del 2005, ni Hugo Chávez ni sus adláteres se habían declarado abiertamente *socialistas*. Hasta aquel momento el chavismo lucía en esencia como un populismo de esos que de vez en cuando asolan a las naciones hispanoamericanas. Su retórica pasaba por una autoidentificación con el proyecto «bolivariano» y por una voluntad «revolucionaria», sin que ninguna de esas denominaciones remitiese a un contenido ideológico y programático verdaderamente concreto y definido (Martínez Meucci, 2015). Su plan de acción indubitable había girado en torno a una constituyente cuyo único objetivo cierto y resultado práctico fue el desmontaje del sistema de pesos y contrapesos que salvaguardaba las libertades de los venezolanos, así como el sometimiento de todas las ramas del Estado a la voluntad del caudillo y la consiguiente aniquilación de la democracia liberal en Venezuela. De igual modo, hasta principios del 2005 era perfectamente visible que el talante autocrático, más allá de la mera práctica populista y demagógica, iba en ascenso en la figura de un mandatario que se hacía entonces llamar «presidente-comandante».

Pero sería a partir de 2005 cuando este caudillo se declararía sin remilgos como socialista, planteando abiertamente un proyecto político absolutamente centralizador de la economía en el Estado, estipulando la necesidad de conformar un partido único socialista,[9] sometiendo toda decisión estatal a sus designios personales y hostigando mediante multas, expropiaciones y persecución judicial a todo tipo de personalidades y organizaciones de la sociedad civil. En el mismo sentido, asumió su alianza con la Cuba castrista, régimen cuyo ejemplo, padrinazgo y asesoría le permitió, a cambio de muchos cientos de miles de barriles de petróleo, edificar su propio sistema de control autocrático. Cuando ya se había hecho con el control de la presidencia, la vicepresidencia, la Asamblea Nacional, el tribunal supremo de justicia, el poder electoral y el poder moral, cuando había depurado de potenciales desobedientes a las fuerzas armadas y consolidado gobernadores afines en la gran mayoría de los estados del país, cuando toda la institucionalidad de Estado se hallaba en su puño, entonces y sólo entonces Chávez reveló la verdadera naturaleza de lo que tenía en mente implantar: un proyecto totalitario.

El nuevo régimen se fundaba así, tal como ha sido señalado, en la coalición de los dos proyectos autocráticos que fueron desplazados por el proyecto demoliberal: la izquierda revolucionaria y el bolivarianismo-militarismo. Sus modos de proceder se revelaron a partir de entonces como netamente castristas, mientras que sus pilares fundamentales los constituían el liderazgo populista de Chávez y la cuantiosa renta petrolera, que entre 2004 y 2012 experimentó un ciclo expansivo de grandes proporciones.[10] Los «milagros» atribuidos a las políticas «sociales» del chavismo sólo fueron los espejismos generados por lo que en realidad no era más que un gigantesco clientelismo estructural, una política general orientada, por un lado, a la quiebra y sometimiento del empresariado venezolano y de toda organización independiente en el país, y por otro, a la generación de enormes expectativas en los seguidores del movimiento, las cuales se satisfacían con el crecimiento abismal del gasto público, pero que también garantizaban la dependencia cada vez mayor de los ciudadanos con respecto al Estado. Dado que la producción nacional era hostigada sin cesar, la satisfacción de las expectativas de los seguidores del chavismo sólo podía alcanzarse mediante un ritmo creciente de importaciones, las cuales, a su vez, fortalecían los lazos con aliados extranjeros y propiciaban la aquiescencia de sus gobiernos frente a la deriva totalitaria del régimen chavista.

A todo ello hay que agregar el efecto generado por la enorme transferencia de recursos a gobiernos y organizaciones políticas afines,[11] los multimillonarios contratos firmados con compañías extranjeras de países cuyos gobiernos incluso eran adversos al chavismo y el frenético apoyo recibido de parte de organizaciones y medios de comunicación comunistas, socialistas y de otras corrientes de la izquierda mundial. Todo ello sin olvidarnos de los cuantiosos recursos invertidos por el régimen venezolano en compañías privadas de lobby y publicidad para mejorar su imagen internacional. Chávez sabía muy bien que la opinión pública mundial se muestra mucho más resuelta a condenar una tiranía «de derecha» que una «de izquierda» y que las vitolas de «izquierdista», «socialista», «progresista», «antiimperialista», «popular», «indigenista», «tercermundista» e incluso «castrista» le granjeaban automática y acríticamente apoyos importantes, a la par que le permitían maquillar muchas de las prácticas abiertamente autocráticas con las que seguía acumulando poder en Venezuela y fuera de ella.

Es importante señalar también que la corrupción dentro del régimen venezolano no era considerada como un problema, ni como un efecto colateral indeseado de los heterodoxos manejos administrativos del gobierno de Chávez. Por el contrario, desde el principio la corrupción era parte integral del sistema y de su funcionamiento. Ya en el mismo año 2000, Chávez lanzó el llamado «Plan Bolívar 2000», por el cual sacó a la oficialidad militar de sus menesteres privativos y habituales, poniéndola a administrar recursos en una serie de «programas sociales» mal conducidos y peor auditados. Con ello logró corromper a una buena parte de los oficiales desde el principio. El proceso se iría ampliando con la progresiva designación de militares retirados o activos como ministros, viceministros, embajadores, cónsules, directores de aduanas, puertos, aeropuertos y bancos del Estado, administradores públicos y candidatos a todo tipo de cargos de elección popular. Corrompidos los militares y también las policías, las prácticas clientelares y de corrupción se extendieron por todo el Estado, siempre teniendo el cuidado —característico de toda mafia— de que la participación en tramas de corrupción impidiera al implicado su eventual «traición» al «proceso». Por esta vía, PDVSA, la petrolera estatal, cuadruplicó su nómina en cuestión de diez años, se constituyeron hasta treinta ministerios, se duplicó en quince años la nómina de empleados públicos a más de tres millones —en un país de treinta millones de habitantes—, se llegó a contabilizar un número absurdamente elevado de generales en las fuerzas armadas,[12] se multiplicó por siete la deuda externa con respecto a 1998. Por esta vía, además, mediante las oportunidades que dan la discrecionalidad y la carencia absoluta de poderes contralores, surgió una casta de pseudoempresarios adictos al régimen —los «boliburgueses»— financiados por recursos del Estado, quienes devuelven fielmente a sus padrinos los favores recibidos.[13]

Frente a esta máquina bien engrasada de poder y corrupción sin límites, que no necesitaba asumir los costos políticos habituales de una dictadura porque podía continuar planteando elecciones en unos términos que era capaz de imponer, la oposición democrática se vio obligada a afrontar una lucha desigual y extremadamente difícil. Los demócratas debíamos superar obstáculos tales como nuestra propia heterogeneidad ideológica, la multiplicidad de organizaciones políticas, el hostigamiento legal y judicial por parte del Estado-partido-caudillo venezolano a todas las vías de posible financiamiento de los partidos políticos adversos, la inhabilitación política y agresión física a varias de nuestras figuras más importantes y, sobre todo, debíamos afrontar el dilema que imponen las autocracias disfrazadas de democracias: optar entre combatir al régimen a través de las vías institucionales, al costo de tener que acatar los dictámenes de quienes manejan a su antojo una legalidad fraudulenta, o bien asumir la vía del desacato y la desobediencia mediante el ejercicio de la rebelión ciudadana o la desobediencia civil a la que legítimamente tiene derecho una población sometida a un poder despótico y tiránico, al costo de ser tildada de golpista e incomprendida por actores clave, sobre todo en el ámbito internacional.

Consciente de lo anterior, el chavismo impuso un frenético calendario electoral que controlaba en muchos aspectos para obligar a la alternativa democrática a participar de su esquema plebiscitario. La mayor parte de sus integrantes decidió llamar a la abstención en las elecciones parlamentarias de 2005.[14] Para las presidenciales de 2006 se designó como candidato unitario, mediante acuerdos políticos, a Manuel Rosales, para entonces gobernador del Estado Zulia, pero Chávez volvió a erigirse victorioso. Al calor de esa victoria convocó un referéndum en 2007 con el cual pretendía conseguir una profunda reforma de la Constitución de 1999 para ajustarla a la medida de su particular vía al control total. A pesar de que Chávez nunca dejó de apelar al populismo como práctica política, su voluntad de reformar el Estado para convertirlo en un régimen muy parecido al castrista dejaba clara su orientación totalitaria. Su voluntad de controlar todos los aspectos de la vida privada y pública, desde la lengua en todos los ámbitos (Leáñez, 2014) hasta la educación preescolar, pasando por la prensa privada, el manejo absoluto de la economía y la progresiva estatización de las empresas más variadas, así lo atestiguan.

Sin embargo, y para sorpresa de muchos, la propuesta de Chávez fue derrotada en un referéndum para el cual la oposición aún no se había acabado de reorganizar. Mucho se debió, por un lado, a la enorme frustración que generó en la población el cierre, por parte del régimen, de Radio Caracas Televisión (RCTV), la más vista y antigua cadena de televisión en Venezuela —un cierre que hasta última hora muchos simpatizantes del chavismo consideraron imposible y que sin duda los distanció emocionalmente de la «revolución»—, y, por otro lado, a la masiva entrada en política del movimiento estudiantil, un aire fresco que, a pesar de competir con los petrodólares despilfarrados por el régimen, fue capaz de persuadir a la mayor parte de la ciudadanía del desastre que habría implicado una «constitución socialista». Chávez fue obligado por los militares a reconocer la victoria opositora —victoria que llamó «de mierda»—, pero varios meses después propuso aprobar por referéndum una enmienda a la Constitución en la que intentaría garantizarse lo esencial: la posibilidad de la reelección indefinida. Para hacerla más potable y reducir la oposición a la propuesta, ésta extendía dicha posibilidad de reelección a todos los cargos ejecutivos de elección popular, permitiendo así a todos los go bernadores y alcaldes del país optar a reelecciones indefinidas en sus cargos. En esta ocasión —referéndum de febrero del 2009— la propuesta del presidente fue aprobada, y el resto de los aspectos rechazados en el referéndum de 2007 fueron luego inconstitucionalmente implementados mediante leyes y reglamentos o simplemente *de facto*.

El Estado forajido, mafioso y fallido, la crisis humanitaria

Cuando más poder tenía, Chávez enfermó de cáncer. A pesar de la gravedad de su enfermedad, en vez de elegir un sucesor de cara a las elecciones presidenciales de 2012, se postuló nuevamente al cargo, despilfarró ingentes sumas de los fondos del Estado durante su campaña[15] y logró ganar nuevamente los comicios, sólo para morir varias semanas después. En su última alocución pública, cuando ni siquiera había llegado la fecha de su juramentación como presidente, dejó designado a Nicolás Maduro como su eventual sucesor.

Cuando un presidente demócrata fallece en el cargo, por mucha conmoción que genere el hecho, simplemente se siguen los procedimientos constitucionales y legales para resolver su ausencia. Pero cuando muere un autócrata que ejerce despóticamente el poder, la incertidumbre es máxima. Todos en el régimen y fuera de él saben que la única ley con efectos reales es la palabra del líder y que seguir lo que aparece escrito en la Constitución y las leyes no haría más que demoler la estructura de poder vigente. Por ende, a la muerte de un caudillo se desatan o acrecientan las luchas intestinas por la sucesión. Chávez pretendió represar esas luchas con la designación de Maduro —un político que había ascendido gracias a su fidelidad absoluta y a su cercanía con el aparato castrista— como su sucesor. No fue fácil. Había otros aspirantes. Fueron entonces necesarias varias semanas de maniobras inconstitucionales y torcidas interpretaciones jurídicas que el régimen —especialmente el TSJ— tuvo que implementar a principios del 2013 para permitir a Maduro competir y «ganar» las elecciones presidenciales que tendrían lugar al declararse la falta absoluta de Chávez.

Desde finales del 2010 en adelante la oposición democrática había encarrilado su lucha frente al régimen a través de una nueva plataforma unitaria, la Mesa de la Unidad Democrática (MUD). Ella permitió obtener unos resultados importantes en las elecciones parlamentarias de 2010 y seleccionar, mediante primarias abiertas, al candidato unitario que enfrentaría a Chávez en 2012 y a Maduro en 2013. Henrique Capriles, gobernador del estado de Miranda, fue elegido para tal fin. Derrotado en primera instancia por Chávez, obtuvo el triunfo[16] contra Maduro, mas la defensa de la victoria, a pesar de momentos de gran intensidad y firmeza,[17] no fue sostenida con suficiente fuerza, coherencia y constancia: terminó privando en la MUD la posición de ir pasando la página para concentrarse en la elección de alcaldes de finales del 2013.

A partir de 2012 se estabilizan los precios del petróleo y caen abruptamente desde mediados de 2014. El régimen no contaba ya ni con los ingresos necesarios para mantener su descomunal Estado clientelar y forajido,[18] ni con un líder incuestionable que zanjara a la brava cualquier conflicto interno dentro de la coalición. La situación económica y la condición de los servicios básicos de seguridad, agua, luz, salud y educación empeoraban drásticamente y sin cesar. La moneda comenzó a depreciarse a un ritmo vertiginoso, la inflación y la escasez se iban acelerando. Las diversas tramas de corrupción, que habían crecido al abrigo del chavismo, se habían tornado cada vez más complejas y buena parte de ellas estaba controlada por diversos clanes militares que, tal como se ha ido demostrando paulatinamente, se han hecho con el manejo de empresas expropiadas, la distribución clandestina de alimentos, el contrabando, diversas formas de lavado de capitales, la compra-venta masiva de divisas en el mercado negro y el narcotráfico.

En la medida en que las diversas «familias» del chavismo han ido forcejeando en el intento de mantener o mejorar sus posiciones luego de la muerte de Chávez, mientras, paralelamente, los recursos petroleros que manejan han tendido a mermar, el Estado chavista ha profundizado su tendencia a operar como una gran mafia, borrando cada vez más los límites entre el proyecto político totalitario impulsado por su fundador y la más pura dedicación al crimen, amparado por una institucionalidad espuria y corrompida. Las pugnas entre el ala «civil»/procastrista y el ala militar se han venido complicando y, dada la ausencia del líder populista que aglutinaba en torno a sí a todo el movimiento, su manejo ha pasado por atrincherarse todos en la ley del silencio, una suerte de *omertà* chavista. El nivel de expolio y saqueo a la nación ha alcanzado cifras verdaderamente abismales, mientras que la gravedad de la crisis económica ha llevado a la población a padecer una terrible crisis humanitaria de cuya inminencia alertamos, ante oídos incrédulos, desde 2014. Hoy un porcentaje importante de la población se dedica a hurgar la basura en búsqueda de alimentos, tiene vedado el acceso a medicamentos o se ve obligado a abandonar sus estudios, sus puestos de trabajo con salarios miserables o, incluso, el país.[19]

Como no podía ser de otra manera ante semejantes condiciones, el régimen ha experimentado una estrepitosa caída de popularidad y, tal como quedó demostrado en la gran victoria democrática de la oposición en las elecciones parlamentarias del 6 de diciembre de 2015, ya no está en capacidad de ganar elecciones mínimamente libres, abiertas y justas. Por eso la mafia del chavismo se vio obligada a impedir fraudulentamente la realización de un referéndum revocatorio en 2016 con el que Maduro habría sido revocado, dando paso a nuevas elecciones presidenciales en treinta días, según estipula la Constitución. Por eso la mafia impidió la realización de las elecciones de gobernadores en diciembre de 2016, inequívocamente estipuladas en la Constitución, extendiendo así, al margen de toda legalidad, el mandato de los actuales gobernadores —muchos de los cuales son militares chavistas en control de redes criminales— sin que en su lugar se publicara ni siquiera un cronograma electoral. Por eso, mientras escribo estas líneas, la mafia pretende implantar mecanismos de inscripción y reinscripción de partidos que, de hecho, permiten que el régimen decida quiénes, a partir de ahora, son la «oposición leal» y quiénes quedan proscritos. Se pone así nuevamente a la oposición en el dilema señalado en páginas anteriores: cooperar para mantenerse dentro de una institucionalidad fraudulenta o rebelarse al costo de quedar fuera de ella.

Es un craso error atribuir el colapso venezolano primordialmente a la incompetencia de los gobernantes chavistas: la verdad es que el régimen se empeña en mantener políticas empobrecedoras y represivas con el fin de dominar a la población u obligarla al exilio para consolidar su poder totalitario, la continuidad de sus tráficos y evitar un futuro entre rejas. Los negocios sucios y la libertad de quienes manejan el alto gobierno dependen de su capacidad para seguir al frente de un Estado forajido. Para mantenerse allí sacrifican cruelmente a los venezolanos. Lamentablemente, los estabiliza un desinterés por el mantenimiento de los estándares democráticos en todo el planeta que desestima cada vez más los mecanismos de la diplomacia multilateral y genera cooperación entre regímenes de orientaciones ideológicas tan diversas como los de La Habana, Moscú, Teherán, Siria, Pyongyang, Ankara, Managua o La Paz, pero que comparten su animadversión por la democracia liberal. También afianza a los chavistas la simpatía y connivencia que hacia tales regímenes profesan líderes populistas que emergen en las democracias occidentales.

Imperativo vital de luchar por la garantía de libertad: la democracia liberal

Cuando el teniente coronel Chávez era ovacionado por élites y masas en el curso del proceso electoral que lo llevó al poder en 1998, desde un grupo de valientes mujeres —Mujeres con Guáramo— emitimos mensajes muy duros, totalmente a contracorriente, que alertaban claramente sobre lo que nos esperaba. En vano: el país se hallaba entonces hipnotizado, entregado. Más adelante, cuando resultó claro que el chavismo pretendía «plebiscitar» sus pasos decisivos a través de comicios oscilantes entre la opacidad y el fraude, impulsamos la fundación de la asociación civil Súmate en julio de 2002. Desde ella, muchos venezolanos comprometidos y confiados en el poder de la sociedad civil organizada trabajamos para garantizar la transparencia en el ejercicio del voto. Nuestro éxito en movilizar a millones de personas, forzar la realización de comicios y demostrar con rigor prácticas fraudulentas nos convirtió en blanco del régimen: la intimidación y la persecución no han cesado desde entonces. Estimando que se hacía imperativo entrar de lleno en la lucha directamente política, llegué a la Asamblea Nacional con el caudal de votos más alto que haya obtenido parlamentario alguno en Venezuela. Desde esa condición, denuncié ante el propio Chávez cómo eran atropellados la libertad y el Estado de derecho y me negué —como me niego— a aceptar que Maduro sea presidente de la República, dado el abierto fraude cometido en las elecciones de 2013. Mi intransigencia ante lo que ya era una abierta dictadura llevó al chavismo a lesionarme físicamente y a —violando mi inmunidad parlamentaria— apartarme del escaño que me habían confiado los ciudadanos. A ello sumaron una inhabilitación que impidió que me postulase a la Asamblea en 2015 y una prohibición de salida del país, aún vigente. En 2014 participé de manera decidida en una ola nacional de protestas que, tomando en cuenta la naturaleza tiránica del régimen, buscó su salida desde la presión de la calle. Y ya en 2016 forjamos con base firme un partido político, Vente Venezuela, por estimar que sin una fuerza política nacional organizada, comprometida a fondo con la libertad y el Estado de derecho, no será posible la transformación que Venezuela requiere.

No he estado sola. Al contrario. La lucha es y ha sido posible, el régimen no llega al control social total, porque muchísimos ciudadanos se han negado y se niegan a aceptar un régimen de oprobio. Quisiera recordar, en homenaje al coraje cívico de los venezolanos, al margen de las innumerables protestas cotidianas y actos heroicos aislados, un puñado de hitos que han marcado nuestra resistencia y que demuestran las incólumes ansias de libertad de los venezolanos. En primer lugar, la manifestación del 11 de abril de 2002, la más gigantesca que se haya dado en nuestra historia y que acarreó la renuncia de Chávez. En segundo lugar, el paro cívico nacional que tuvo lugar entre diciembre de 2002 y febrero de 2003, el cual paralizó a gran parte de la industria petrolera y conmovió las bases del poder. En tercer lugar, la convocatoria a un referéndum revocatorio en 2004 que desalojó a Chávez: sólo mediante el fraude lograron presentar resultados que lo favorecieron. En cuarto lugar, la victoria de la oposición en las elecciones presidenciales de 2013, que forzó al régimen a un nuevo fraude. En quinto lugar, la rebelión heroica en la calle surgida en 2014, cuya dinámica ascendente sólo pudo ser abortada propiciando un «diálogo» con el régimen, «diálogo» que dividió a las fuerzas opositoras sin resultado positivo alguno. En sexto lugar, la contundente protesta que, a partir de un llamado a rebelión hecho en octubre de 2016 desde la Asamblea Nacional, comenzó a tomar cuerpo hasta que, de nuevo, se logró dividir a la oposición en función de otro «diálogo» que reforzó y mejoró las posiciones del régimen.

La lucha es tenaz y continúa, en Venezuela y el mundo, porque siempre que una clase política sea incapaz de canalizar las inquietudes y demandas de grandes mayorías, y en la medida en que un líder carismático pueda sintetizar esas inquietudes en un mensaje sencillo y convincente, diferenciando entre «pueblo» (sufrido, patriota, decente, autóctono, noble, trabajador, virtuoso) y «elites» (ricas, poderosas, extranjerizantes, corruptas, viles, parásitas, asociadas a intereses foráneos), podrá emerger el fenómeno populista. Ahora bien, subamos nuestros niveles de alerta: el populismo es una práctica política, no un régimen como tal, un modo de ejercer el liderazgo político en momentos de ruptura, no un tipo de ordenamiento político. En este sentido podemos afirmar que Chávez usó el populismo como medio de ruptura para llegar a un fin: la destrucción de la democracia liberal y la instauración de un colectivismo militarista totalitario en absoluta ruptura con toda la tradición republicana venezolana y latinoamericana (con la muy dolorosa excepción del comunismo en Cuba). Los peores totalitarismos, diversas guerras civiles y toda clase de calamidades han, con frecuencia, compartido un origen similar: populistas que adquirieron un extraordinario poder. Por lo tanto, el populismo es peligroso, más que por lo que representa en sí, por las múltiples y catastróficas consecuencias que es capaz de desencadenar cuando termina, por dar paso a regímenes de mucha peor factura.

El único antídoto verdadero contra el populismo es el objeto de nuestra lucha política: la conquista, afianzamiento y expansión de la democracia liberal. No lo es el principio democrático *per se* que, como se comprobó en la Grecia antigua, podía perfectamente dar cabida a demagogos capaces de destruir la comunidad política siempre y cuando pudieran recabar suficiente apoyo popular. La única solución viable es la democracia *liberal* porque fue ésta —la que surgió en la Modernidad— la que contempló un diseño institucional capaz de dividir el poder del Estado en varias ramas, al amparo de una constitución y en el marco de un Estado de derecho, en resguardo siempre de la libertad de cada ciudadano. La democracia liberal es la democracia que diseñaron los Padres Fundadores de los Estados Unidos de América para garantizar la posibilidad de que el principio de la democracia pudiera resurgir y perpetuarse en nuestro tiempo.

Ahora bien, las democracias liberales han de tener clara conciencia de las amenazas que hoy en día vuelven a cernirse masivamente sobre ellas y comprender las desventajas de intentar lidiar con tales amenazas a través de una actitud apaciguadora (Martínez Meucci, 2012). La defensa de sus instituciones pasa por el ejercicio de todos los recursos de la ley para combatir a quienes, disfrazados de demócratas, no buscan más que ampararse en un régimen de libertades para terminar implantando regímenes que las conculcan. Igualmente, en el plano internacional, la defensa de la democracia liberal pasa por la cooperación decidida y oportuna entre regímenes demoliberales, conscientes de que sólo esta cooperación permitirá garantizar que nuestras sociedades abiertas no sucumbirán a los embates de sus enemigos. En definitiva, la defensa de la democracia liberal amerita que quienes la conducen no incurran en la ingenuidad de menospreciar las amenazas y que no vacilen a la hora de proteger el modo de vida más justo y próspero que la Humanidad ha sabido darse hasta nuestros días.

Pero en Venezuela la democracia liberal ya ha sido puesta a un lado y las fuerzas internas susceptibles de restaurarla, aún activas tras dieciocho años heroicos, podrían agotarse. Para evitarlo urge la coherencia entre el diagnóstico —totalitarismo mafioso— y la terapéutica idónea. A fin de lograrla, no se puede un segundo más incurrir en la ingenuidad, reiterada entre propios y extraños, de tratar como demócratas o simples populistas a quienes claramente montan una tiranía forajida, a quienes no retroceden ante la invocación de principio o ley algunos. Por lo tanto, los venezolanos, ayudados por todos los que creen en la democracia liberal en el mundo, estamos orquestando —con coraje, lucidez, honradez y creatividad— las fuerzas que efectivamente han de restaurarla con máxima prontitud. Ésa es nuestra lucha, la lucha por un ideal universal que nos impone la obligación política, moral y existencial de vencer cualquier tiranía.

Sepa, pues, el que lea estas líneas, que el populista escribe, en esencia, el prólogo de la servidumbre. Sepa también que, cuando la servidumbre llega, muy ardua es la lucha para desalojarla. Ardua, pero, como lo demuestra Venezuela, posible e indispensable, porque no hay dignidad sin libertad.

Bibliografía

Blanco, Carlos, *Venezuela, del siglo xx al siglo xxi: Un proyecto para construirla*, serie «Venezuela, la reforma del futuro», Comisión Presidencial para la Reforma del Estado (COPRE), Programa de las Naciones Unidas para el Desarrollo (PNUD), Caracas, 1993.

Blanco Muñoz, Agustín, *Habla el comandante*, Universidad Central de Venezuela, Caracas, 1998.

Canova, Antonio, Luis Herrera, Giuseppe Rodríguez, y Graterol Stefanelli, *El TSJ al servicio de la revolución*, Editorial Galipán, Caracas, 2014.

— Rosa Rodríguez, y Tomás Arias, *¿Elecciones auténticas en Venezuela? Un análisis sobre la imparcialidad, el registro y el sistema automatizado*. Editorial Galipán, Caracas, 2015.

Carrera Damas, Germán, *El culto a Bolívar*, Alfadil, Caracas, 2003 (orig. 1970).

— *Una nación llamada Venezuela*, Monte Ávila Editores, Caracas, 1997.

— *El bolivarianismo-militarismo. Una ideología de reemplazo*, Ediciones Ala de Cuervo, Caracas, 2005.

Garrido, Alberto, *Documentos de la Revolución Bolivariana*, ediciones del autor, Caracas, 2002.

Leáñez Aristimuño, Carlos, «Lengua para la libertad y libertad para la lengua en Venezuela», en *La neolengua del poder en Venezuela*, Editorial Galipán, Caracas, 2015.

Levy, Sary, *La imperiosa necesidad de reglas de juego claras*, Observatorio Económico Legislativo de CEDICE, Caracas, 2013.

Martínez Meucci, Miguel Á., y Rebeca Vaisberg, «La narrativa revolucionaria del chavismo», *POSTData* 19, n.º 2, oct. 2014 / mar. 2015, Buenos Aires.

— *Apaciguamiento. El referéndum revocatorio y la consolidación de la Revolución Bolivariana*, Editorial Alfa, Caracas, 2012.

Peñalver, Thays, *La conspiración de los 12 golpes*, Ediciones Cyngular, Caracas, 2015.

Rangel, Carlos, *Del buen salvaje al buen revolucionario*, Monte Ávila Editores, Caracas, 1976.

Romero, Aníbal, *Obras selectas*, Equinoccio, Caracas, 2010.

Suárez, Naudy, *Puntofijo y otros puntos. Los grandes acuerdos políticos de 1958*, Fundación Betancourt, Caracas, 2006.

8

Argentina, entre la herencia y la esperanza

Gerardo Bongiovanni

Introducción

El kirchnerismo ya no está en el poder y eso es una buena noticia. Es sabido, no obstante, que dejaron un panorama complicadísimo y que llevará muchos años en la senda correcta lograr que el país recupere el terreno perdido. El nuevo gobierno convive a diario con los problemas que les dejaron los doce años de gobierno del matrimonio Kirchner, y que intentaremos describir sintéticamente en estas páginas.

La sociedad argentina, muy poco paciente a la hora de pagar las cuentas —y muy propensa a seguir líderes que prometen que no habrá costos, sino sólo maná del cielo—, mantiene sin embargo expectativas positivas respecto al futuro. Y es que el kirchnerismo nos llevó a un extremo de confrontación inédito en la historia reciente, hasta que la ciudadanía finalmente dijo basta. Venezuela, un espejo que adelantaba nuestro reflejo, nos hizo abrir los ojos. La agónica situación de los venezolanos bajo la dictadura chavista de Nicolás Maduro despertó las conciencias argentinas y el «no queremos ser Venezuela» fue una frase repetida durante el año de campaña presidencial. Ése era, sin más, nuestro destino. Porque si el populismo luce agradable durante la fase inicial, cuando todavía hay recursos para gastar o empresarios a quienes exprimir, es harto conocido que cuando el dinero se acaba el populismo muestra los dientes y la violencia de Estado emerge con todo furor, tal sucede en tierras venezolanas. De ese sino de violencia y escasez quisimos escapar los argentinos. Afortunadamente, las cosas hoy apuntan en un rumbo diferente.

No obstante, nuestro país adolece de errores de larga data y arrastra una cultura autoritaria y cortoplacista que se hizo carne en nuestra versión vernácula del populismo: el peronismo. Argentina, que supo lograr inéditos niveles de desarrollo económico, social y cultural, perdió el rumbo gracias a recetas rancias, vinculadas con el dirigismo, el culto al líder mesiánico y la miopía económica. Década tras década hemos ahogado al desarrollo en pos de seguir proyectos personalistas de corte populista.

Cierta altanería compadrona caracteriza la argentinidad. Nos creemos los «mejores del mundo», o al menos nos jactamos de eso, acaso para cubrir «la vergüenza de haber sido y el dolor de ya no ser», como dice el tango. Pero lo cierto es que, más allá de lo que creamos, Argentina logró ser un país con una proyección económica y comercial que hoy parece increíble; con un desempeño educativo y cultural envidiable; y con un desarrollo urbano que hacía pensar que Argentina sería «el país del futuro». ¿Cómo fue que perdimos el tren del progreso? ¿Por qué tropezamos una y otra vez con gobiernos populistas? Éstas son algunas cuestiones que intentaremos dilucidar a continuación.

El país que fuimos y el país que somos

«Todo hace creer que la República Argentina está llamada a rivalizar en su día con los Estados Unidos de América del Norte, tanto por la riqueza y extensión del suelo como por la actividad de sus habitantes y el desarrollo e importancia de su industria y comercio, cuyo progreso no puede ser más visible», versaba un diccionario enciclopédico español apenas comenzaba el siglo pasado. Por entonces, el desarrollo del país contrastaba con el resto de América Latina, desde donde se nos miraba con admiración.

En nivel de vida, bienestar económico, urbanización, modernización sociocultural y política, Argentina estaba a la vanguardia de la región y se esperaba que aquella increíble *performance* se proyectara por generaciones. Disfrutábamos el producto de mezclar nuestros envidiables recursos naturales con un armazón institucional adecuado para aprovecharlos, gracias a la Constitución Nacional de 1853, basada en la obra de Juan Bautista Alberdi.

La lana, a mediados del siglo xix, luego los cereales y finalmente la carne explotaron comercialmente, empujando las exportaciones hacia volúmenes inéditos. Aluviones de exportaciones que requirieron aluviones de trabajadores inmigrantes, quienes fueron bienvenidos en aquella gran tierra, poco poblada y ansiosa de ser trabajada.

Cifras del granero del mundo

Los números de la Argentina durante el *boom* agroexportador aún hoy sorprenden. En su aplicado trabajo sobre nuestro país, *Argentina: breve historia de un largo fracaso*, el historiador económico Mauricio Rojas consigna cifras fabulosas. Entre 1843 y 1884 las cabezas de ganado vacuno pasaron de 10 a 23 millones. Las tierras dedicadas a los cereales se expandieron de 340.00 hectáreas en 1875 a 20 millones en 1913. Las exportaciones de trigo crecieron de 179.000 toneladas en 1881 al récord de 3.6 millones en 1908. Estos enormes números requirieron una infraestructura acorde, y hacia 1914 unos 33.500 kilómetros de vías férreas unían a los puntos más importantes del país. Las exportaciones crecieron en más del 5 por ciento anual entre 1869 y 1913. La tasa de crecimiento per cápita fue cercana al 3 por ciento anual durante 44 años. Series estadísticas muestran que el PIB argentino se multiplicó 12.3 veces entre 1870 y 1913, mientras que el PIB per cápita casi se triplicó.

La población nacional, que según el censo nacional de 1869 sumaba un poco más de 1.8 millones —en su mayoría analfabetos—, aumentó a casi 8 millones en 1914. Esta población vivía más y mejor, dado que la esperanza de vida al nacer se había extendido de los 32.9 años en 1869 a los 48.5 en 1914. El nivel de vida medido en términos de PIB per cápita de igual poder adquisitivo era uno de los más altos del planeta, aventajando a la mayoría de los países de Europa continental y al resto de América Latina. El ferrocarril, antes mencionado, además de disminuir considerablemente el costo de los fletes, modificó el mapa de urbanizaciones local, dado que, como apunta Mario Rapoport *(Historia económica, política y social de la Argentina. 1880-2003)*, «facilitó la movilización de la mano de obra y difundió a lo largo de las vías el cultivo de cereales, en especial del trigo. A su vera fueron apareciendo pueblos y ciudades y obras de infraestructura que facilitaron la comercialización de granos. El mapa agrícola-ganadero experimentó grandes cambios al incorporarse a la agricultura zonas hasta entonces marginales». Se fue conformando la Argentina tal como la conocemos hoy.

El paisaje también se modificó de manera contundente, dado que gran parte del dinero recibido por el Estado —proveniente fundamentalmente de impuestos a la importación— fue dedicado a infraestructura. Como apunta el historiador Luis Alberto Romero *(Breve historia contemporánea de la Argentina 1916-2010)*, «los gastos públicos se ocuparon en embellecer las ciudades imitando a las metrópolis europeas, pero cuyo efecto multiplicador fue muy importante. El Estado las dotó de los modernos servicios de higiene y transporte, así como de avenidas, plazas y un conjunto de edificios públicos ostentosos y no siempre de buen gusto. Los particulares construyeron residencias igualmente espectaculares, palacios o *petit hôtels*. El ingreso rural se difundió en la ciudad multiplicando el empleo y generando a su vez nuevas necesidades de comercios, servicios y finalmente de industria». Argentina era, a principios del siglo pasado, sinónimo de crecimiento, productividad, cultura y futuro.

¿Qué nos sucedió desde entonces? ¿Cómo pasamos de aquella época dorada a nuestra actual frustración? ¿Cómo fue que aquella Argentina próspera, pujante y promisoria terminó siendo —como recuerda el economista Miguel Kiguel en *Las crisis económicas argentinas*— el país que más crisis macroeconómicas sufrió durante los últimos setenta años en toda América Latina (la última, la crisis de 2000-2001, destruyó el 25 por ciento del producto per cápita en cuatro años)?

¿Cómo transformamos el ambicioso modelo productivo en una constante puja de intereses cada vez más feroz por un pastel cada vez más pequeño? ¿Cuándo dejamos de ser la envidia de la región a ser etiquetados como el ejemplo a no imitar? ¿Cómo logramos que un país rico tenga hoy a más del 30 por ciento de sus ciudadanos bajo la línea de la pobreza? ¿Cómo pasamos de ser pioneros en educación y en la erradicación del analfabetismo a sentarnos atrás en las pruebas PISA? ¿Cuándo nos convertimos en un foco de populismo?

Parafraseando el mítico comienzo de *Conversaciones en la Catedral,* cabe preguntarnos ¿en qué momento se jodió Argentina?

El mismo Vargas Llosa ha dicho en varias oportunidades que nuestro país pagó «el alto precio de la ficción». Podemos asegurar que esta ficción estuvo conformada en Argentina por una variante vernácula y potente del populismo: el peronismo, que en los últimos años tuvo su expresión más pura y cruda en el matrimonio de poder de Néstor y Cristina Kirchner.

Desmesuras y contrastes

Cabe recordar, a la hora de analizar el problema argentino, cierta *excepcionalidad* bien mostrada por Juan José Llach y Martín Lagos *(El país de las desmesuras)* al señalar que ningún otro país en su historia moderna ha tenido un conjunto de rasgos, caracterizados además por asumir valores extremos o muy altos, no sólo en sí mismos, sino también respecto al resto de los países.

Algunos de los rasgos que los autores mencionan como ausentes, al unísono, en otros países son los siguientes: 1) inestabilidad política con alteración del orden constitucional; 2) caudillismo, populismo y tendencia a la hegemonía; 3) un movimiento político con casi setenta años de vigencia, fuerte arraigo popular, gran diversidad ideológica, ganador de nueve elecciones presidenciales y con propensión al populismo; 4) sindicatos muy fuertes y marcada puja por la distribución del ingreso, y fuertes tensiones entre los salarios y la productividad; 5) un movimiento guerrillero amplio y diverso, con respaldo popular en el caso de Montoneros, y que fue luego reprimido dando lugar a la desaparición de muchos miles de personas; 6) haber lidiado una guerra, la de Malvinas, con una gran potencia; 7) episodios muchas veces prolongados de cierre extremo de la economía; 8) aceleración, intensidad y volatilidad de la inflación y de los precios relativos; 9) déficits fiscales elevados y casi crónicos; 10) gran volatilidad de la economía, con ciclos frecuentes y de gran intensidad.

Estas inéditas circunstancias, entre varias otras, han ayudado a formar y consolidar el modelo populista que ha servido de lastre al crecimiento socioeconómico. Y es que estas circunstancias fueron potenciadas por rasgos culturales que alejan todo desarrollo institucional y político.

Mariano Grondona expone en su libro *El desarrollo político* veinte contrastes culturales entre los países que logran crecimiento social y económico y los países subdesarrollados: la *tolerancia política* (en la que los distintos espacios forman normas de convivencia respetuosa) frente a los climas de intolerancia; la *república* frente a las democracias autoritarias; el *bien común en el marco del Derecho* como contraste a la prédica del bien común sin cortapisas institucionales; la *distinción entre Gobierno y Estado* y consecuentemente la existencia de verdaderas políticas de Estado de largo plazo, a diferencia de los borrones y cuenta nueva que generan ciclos de gobierno de patas cortas; la *amplitud cultural* en contraste con las restricciones culturales en las que abreva la demagogia; la *cultura vespertina*, como llama Grondona al amor por la tarea bien hecha, a los resultados anticipados mediante el diseño de objetivos realizables, en contraste con la cultura matutina, entendida ésta por el entusiasmo colectivo por los comienzos, por los cambios bruscos, por las revoluciones; *la justicia y la igualdad frente a la ley*, frente al igualitarismo demagogo; *la legitimidad y la eficacia*, ausentes en países subdesarrollados; el *gobierno de las normas*, imperativos morales, frente al gobierno de las leyes; el *combate de la pobreza*, en lugar del endiosamiento de la pobreza; la *tradición institucional*, frente al caos y la anomia; la *democracia*, frente al autoritarismo; la *transparencia* frente a la corrupción generalizada; el *principio mayoritario con respeto a las minorías* a diferencia de la dictadura de la mayoría; la *intransigencia en materia de principios* frente a la flexibilidad moral; la *cultura de la responsabilidad* frente a la cultura de la excusa; la *democracia real*, en lugar de la democracia formal; el *consenso* en lugar de la coacción; el *carisma intrainstitucional* (dentro de instituciones establecidas) en lugar del líder carismático que se lleva puesto el sistema; el derecho a la *búsqueda de la felicidad con libertad*, en contraste con la falsa promesa de felicidad a través del Estado.

Lamentablemente, Argentina ha estado siempre del lado equivocado en los contrastes mencionados gracias a la cultura autoritaria y caudillista que tan bien representó el peronismo. Esto se ha profundizado de manera grave durante la última década. La historia reciente nos ha mostrado una de las peores caras del populismo criollo, el kirchnerismo, que a poco estuvo de llevarnos hacia el ignominioso presente que los venezolanos padecen hoy. El relieve de esta época y las consecuencias para nuestro país serán tratados a continuación.

Populismo y peronismo

En su ensayo *El populismo*, Loris Zanatta sostiene que sobre el populismo podría decirse lo mismo que san Agustín escribió acerca del tiempo: «Si me preguntan qué es, no lo sé; si no me lo preguntan, lo sé». Y es que, si bien el populismo puede ser un concepto ambiguo tanto para sus críticos como para sus apologistas —Ernesto Laclau insistiría en la necesidad de que el concepto permanezca amplio y ambiguo, de modo que pueda acaparar una mayor cantidad de elementos—, lo cierto es que la presencia de algunos elementos hace más o menos identificable la estampa populista.

Isaiah Berlin indicaba que existen al menos seis pistas para comprender el populismo: 1) la idea de comunidad en el centro, en reemplazo del individuo; 2) el carácter apolítico (o antipolítico), dado que se inspira en valores sociales antes que políticos y considera una mejor democracia a la que cumpla con esos valores sociales, aunque se trate de un autoritarismo despiadado; 3) una aspiración de regeneración basada en la voluntad de devolver al pueblo la centralidad y soberanía que le fueran supuestamente sustraídas; 4) la pretensión de trasplantar valores de un mundo idílico del pasado a la situación actual —idea que puede remontarse hasta Rousseau y que fuera magistralmente expuesta por Carlos Rangel en su *Del buen salvaje al buen revolucionario*—; 5) la vocación de dirigirse a la totalidad o a la mayoría del pueblo, separando al resto como antipueblo; 6) la tendencia a emerger en un *momentum* populista, cuando las sociedades se encuentran en fases convulsionadas de transformación, modernización y disgregación.

Berlin nos acerca mucho al fenómeno, pero aún cabría añadirle un elemento esencial: el líder carismático y providencial. El líder desarrolla una función principalísima, ya que para que se cree una identidad común es necesario que el pueblo se sienta identificado primero con el líder mesiánico, tanto como se sienta desapegado de los «enemigos» del líder y del régimen. Con un líder carismático apelando a las emociones y a la identificación de un pueblo —que se construye asimismo y como tal gracias al llamado del líder, nos explica el apologista del populismo, Laclau— ya nuestro Frankenstein político ha tomado forma. Lo que hace poco resultaba un concepto ambiguo ya se ha logrado definir un tanto más. Ahora sólo resta echarlo a andar para ver que es en la fase de la *pra-*

xis —cuando no nos preguntan qué es el populismo— cuando más podemos encontrarle sentido al término. Y esto es así porque, en términos generales, casi todos los fenómenos tildados como populistas coinciden en algunas actividades, tales como: infringir sistemáticamente la constitución y, de ser posible, reformarla para que se adapte al gusto del líder; mezclar conscientemente los conceptos Estado, gobierno y partido político; violar la división de poderes; cooptar o agredir a la justicia; usar la propaganda como herramienta central; gastar más de lo que puede, despreciando el largo plazo y generando déficits impagables —lo que Dornbusch y Edwards llaman «la macroeconomía del populismo»— a través del abuso de una o varias fuentes de financiación (impuestos, deuda y emisión); promover un alto nivel de corrupción; y vulnerar, en los casos en los que las sociedades no reaccionen, los cimientos mismos de la democracia transformándose en dictaduras o autocracias.

Todos los elementos antedichos estuvieron presentes de manera contundente en nuestro país a través no sólo de los gobiernos peronistas, sino de su aún más extendida influencia: la *cultura peronista*, que no es más que una variante potente y vernácula —y una de las más longevas— del populismo latinoamericano.

Entre los rasgos fundamentales del peronismo encontramos una idea propia de democracia, reñida completamente con la idea liberal de democracia. Si en el centro de la democracia liberal se encuentra el individuo, la democracia populista tiene en su núcleo al cuerpo social, algo que comparte con varias corrientes colectivistas y autoritarias del siglo pasado, como el nazismo, el fascismo, el régimen soviético o los regímenes corporativos católicos de Franco en España y Salazar en Portugal. Es el pueblo —significante vacío por antonomasia— alrededor del cual el partido creado por el general Perón trabaja su mensaje. Mientras que las democracias liberales parten del presupuesto de que la sociedad es plural y esa pluralidad tiene que representarse y cuidarse, las democracias holísticas o colectivistas ven a la pluralidad como un accidente, como algo antinatural, algo que debe ser corregido.

Muy vinculado a esta idea de democracia figura el elemento nacionalista. Pueblo y nación fueron los puntales de un sistema colectivista para el cual el individuo era —o debía ser— sólo un engranaje de una maquinaria superior. En una indispensable compilación de ensayos sobre el peronismo realizada por Marcos Novaro (*Peronismo y democracia. Historia y perspectivas de una relación compleja*) podemos leer en Zanatta que «nación y democracia terminan siendo, por lo tanto, sinónimos dentro de la óptica peronista: si era popular era democrático y encarnaba la identidad eterna de la nación. Calificación que quedaba negada, en cambio, a sus opositores, precisamente porque desde su punto de vista eran extraños al pueblo y la nación». En el peronismo confluyeron el nacionalismo más infantil con el más incurable populismo.

Muchos han sido los acercamientos al concepto de peronismo, y acaso sea una de las tareas más difíciles explicar a una persona que no vivió en Argentina qué es el peronismo. Partido de gobierno, sistema de partidos en sí mismo, fascismo de izquierdas, comunismo de derechas, movimiento, sentimiento o religión política han sido algunos de los muchos motes que recibió este partido que, claro está, muestra sus expresiones de manera cabal cuando está en el gobierno. Por supuesto, el eco del populismo de aquel Perón y aquella Evita reverberó en la historia reciente en uno de los casos más extremos de populismo latinoamericano: los doce años de poder del matrimonio Kirchner.

Bienvenidos al país de los Kirchner

¿Fue el kirchnerismo una dictadura? Lo cierto es que durante años ese debate estuvo presente en nuestro país y, obviamente, estas críticas fueron tildadas por las huestes kirchneristas como viles maniobras de la «derecha destituyente». Sin embargo, otros gobiernos de izquierdas —como el de Michelle Bachelet o Tabaré Vázquez— no fueron mencionados como dictaduras (ni siquiera dictaduras blandas). ¿Es que acaso no hay «derecha destituyente» en Chile o Uruguay? ¿Por qué sólo la democracia de Argentina y Venezuela fue puesta en debate en los últimos años?

El periodista Fernando Iglesias, uno de los más ácidos opositores al peronismo, responde en su más reciente obra (*La década sakeada*) que «si la discusión sobre el carácter dictatorial de gobiernos que se autorreivindicaban "de izquierda" sudamericanos recayó solamente en Argentina y Venezuela es porque los gobiernos chavistas y kirchneristas violaron incontables normas de la democracia y la república, y los demás no lo hicieron».

Claro que el kirchnerismo no encuadra con una dictadura de tipo tradicional, pero, como reclamó la diputada Elisa Carrió —uno de los artífices políticos de la derrota del kirchnerismo—, le cabe el concepto al menos desde el punto de vista etimológico, dado que el gobierno de los Kirchner fue un *diktat*, en el que una sola persona *concentró* todo el poder y mandó (dictó) sin ningún tipo de consenso.

Dos megalómanos frente al «poder destituyente»

El largo mandato kirchnerista fue el de un gobierno puntillosa y astutamente populista; de un matrimonio de poder que emergió luego de la crisis económica, social y política más importante del país y aprovechó ese *momentum* populista para autoerigirse como semidioses que, invocando a las masas oprimidas, llevarían al país hacia un futuro de felicidad y reivindicación.

Es curioso que dos ignotos políticos de Santa Cruz, una provincia poco poblada del sur de nuestro vasto país, hayan logrado semejante acto de prestidigitación colectiva. Al respecto apunta Iglesias: «[Néstor Kirchner] De ser rechazado en un examen para dedicarse a la docencia, a intendente, gobernador, presidente. [Cristina Fernández de Kirchner] De las dificultades para terminar la carrera de abogacía (no está probado que haya terminado), a diputada provincial, diputada nacional, senadora nacional, presidenta de la Nación. Millones de chicos que se asomaban a la vida política y a la vida los adoraban. Un coro de poderosos amanuenses los aplaudía. Los artistas populares escribían canciones y obras de teatro para ellos. Los empresarios hacían cola para rendirse a sus pies. Deben haberse creído dioses, y así se convirtieron en lo que eran antes de ser: dos megalómanos mediocres con delirios de omnipotencia, dos delirantes que creyeron que la política podía torcerle el brazo a la ley de gravedad».

Jorge Lanata, artífice indiscutible de la caída del kirchnerismo, se refiere al período kirchnerista como una década no sólo corrupta y desaprovechada (nunca antes las condiciones objetivas de crecimiento fueron tan buenas), sino también como una década inescrupulosa, en la que el gobierno se arrogó el monopolio moral y el *copyright* de la verdad. Fue Lanata quien acuñó el término «grieta» para referirse al consciente proceso de dividir a los argentinos entre «oficialistas y destituyentes»; reinventar la historia; crear enemigos imaginarios; y divorciar a la realidad del lenguaje. Escribe Lanata en su libro sobre el kirchnerismo *(10K. La década robada)* que «el kirchnerismo se transformó en una secta religiosa sostenida por fanáticos que abolieron la realidad objetiva. Como todo proceso de alienación, fue gradual; por eso se atacó a los medios: eran los únicos que podían funcionar como un espejo. Néstor, un vivillo, un caudillo del interior, se transformó en San Martín. Cristina, en el poder, se creyó su propia mentira».

Quienes no avalaban la forma de gobierno oficial fuimos «paracaidistas húngaros» (a decir de Néstor), «demonios de adentro» (a decir de Cristina), «chantas» (según el jefe de gabinete Jorge Capitanich), «ejércitos de gansos» (según el jefe de gabinete Aníbal Fernández); «zánganos» (según el diputado Mariano Recalde), «adláteres del desánimo» (según el diputado Agustín Rossi), «agoreros», «cipayos», «buitres», «vendepatrias» y «gorilas», según las multitudes kirchneristas. Pero acaso el adjetivo más fuerte y exitoso fue el de «destituyentes», creado por Carta Abierta, una organización de filósofos e intelectuales kirchneristas que cobraban buen dinero por darle un sentido teórico a la *praxis* del matrimonio. Como señala Beatriz Sarlo en su libro *(La audacia y el cálculo)*, «durante el conflicto con el campo, los intelectuales de Carta Abierta propusieron un adjetivo para calificar a los opositores y a sus acciones: destituyentes, clima destituyente. Adoptado de inmediato por el gobierno, tuvo gran éxito. Fue el primer gran aporte de Carta Abierta al discurso kirchnerista y, al señalarlo, no estoy disminuyendo la importancia del grupo, sino, por el contrario, mostrando de qué modo el hecho de caracterizar una situación y un antagonista tiene una importancia política capital».

¿Cómo gobernó en la práctica este matrimonio de poder? ¿Cómo fue el kirchnerismo temprano y el tardío (luego de la muerte de Néstor Kirchner)? ¿Qué medidas pueden caracterizar los doce años de kirchnerismo? Lo cierto es que se han escrito —y aún se escriben— varios volúmenes sobre la historia del kirchnerismo, y las acciones desmesuradas, los desaguisados económicos, los fabulosos casos de corrupción, las groserías políticas y las profundas consecuencias culturales y sociales de la gestión K permitirían cubrir muchísimo más espacio que el que tiene este texto. No obstante, intentaremos sintetizar el kirchnerismo en algunas medidas muy resonantes de su catastrófico mandato, que caracterizan pero de ningún modo agotan este fenómeno político.

Quiebre del termómetro

Acaso la Argentina trocó firmemente en un país del eje bolivariano —Venezuela, Cuba, Nicaragua y Ecuador— el 29 de enero de 2007. ¿Qué sucedió aquel día? Algo tan pequeño como significante, se intervino el INDEC (Instituto Nacional de Estadísticas y Censo) para ocultar la por entonces creciente inflación, que crecería muchísimo más, alterando el índice de precios del consumidor a gusto del poder político. La nueva directora del organismo, una ferviente kirchnerista, inauguró lo que Levy Yeyati y Marcos Novaro *(Vamos por todo)* mencionan en su libro como «la teoría militante de los datos estadísticos» al declarar orgullosa que «la estadística ha vuelto a ser estatizada. No está ni estará en manos de las corporaciones mediáticas y corporativas. La estadística es un bien público de la Nación». Así nos hablaba una funcionaria kirchnerista ocupada en dibujar datos inexistentes para ocultar la inflación y la pobreza galopante. Muy en línea estaría Axel Kicillof, ministro de Economía de Cristina Fernández —que se consideraba marxista— cuando algunos años después diría al ser increpado por la falta de estadísticas sobre pobreza: «Yo no tengo el número de pobres, me parece que es una medida bastante estigmatizante». Hoy sabemos que el kirchnerismo dejó el país con más del 30 por ciento de argentinos bajo la línea de pobreza.

La explicación del ocultamiento estadístico se encuentra tanto en la oportunidad del momento como en la esencia de las prácticas kirchneristas. Al respecto dicen Yeyati y Novaro: «La aceleración inflacionaria de enero de 2007 cuando el alza de precios, sin los cambios en el INDEC, habría superado el 2 por ciento, generó alarma en el gobierno. Había que evitar a toda costa comenzar un año de elecciones presidenciales con una fuerte suba de precios, que se convertiría inmediatamente en capital político de la oposición», y más adelante sentencian: «Ante el primer desafío de la realidad, el kirchnerismo respondía de un modo que replicaría en encrucijadas futuras: negando los hechos o atribuyéndolos a una vaga conspiración».

Los resultados de esta medida fueron no sólo que nuestras estadísticas fueran dejadas de ser tenidas en cuenta (*The Economist* dejó de publicar nuestro índice de precios por falta de credibilidad, y el FMI declaró que podíamos ser censurados por no compartir datos verídicos), sino que además el gobierno pudo mentir durante algún tiempo e intentar debatir algo indubitable: que la inflación acumulada de las presidencias de Cristina Fernández fue de un increíble 476.5 por ciento. Relato *versus* realidad.

Guerra al campo

En marzo de 2008, el kirchnerismo dispuso la resolución 125 que aumentaba nuevamente las retenciones a las exportaciones agrícolas. Si bien el conflicto giró en torno a la legitimidad de las retenciones, las necesidades del creciente gasto público y la rentabilidad y competitividad del sector agroexportador, lo cierto es que de inmediato se conectó con otros temas: el modelo de financiamiento del Estado, la ausencia de federalismo fiscal, el rol de los medios de comunicación y la relación del kirchnerismo con otros partidos políticos. Los productores de todo el país se rebelaron y el liderazgo oficial entró en crisis, y esto se pudo ver en las encuestas.

Como señalan Yeyati y Novaro, «las retenciones a la exportación de cereales pasaban a ser móviles, es decir, sus porcentajes subirían o bajarían según los precios de cada producto. Además, según los precios del momento, subían del 35 por ciento al 44 por ciento para la soja y del 32 por ciento al 39 por ciento para el girasol. La escala fijada para acompañar nuevas subas de precios determinaba que, por encima de los 600 dólares para el caso de la soja, casi todo el ingreso adicional iba a las arcas públicas». Obviamente, este proyecto perjudicaba con más fuerza a los pequeños y medianos productores.

El 24 de marzo, Cristina Fernández organizó uno de los primeros actos multitudinarios contra el campo, acusando a los productores de ser golpistas y destituyentes. La sociedad, sin embargo, le devolvió el golpe, y en varios puntos del país emergieron cacerolazos en contra del mensaje oficial. Allí se da una situación que haría germinar otra de las grandes medidas del kirchnerismo, la Ley de Medios, dado que la pantalla de TN (canal de noticias del Grupo Clarín) se dividió en dos, mostrando de un lado el discurso de Cristina y del otro los cacerolazos de la gente contra dicho discurso. Esto exasperó al kirchnerismo, que le declaró entonces la guerra al grupo mediático.

La cuestión de las retenciones al campo finalmente pasó al Congre-

so donde, en una histórica sesión de madrugada, terminó siendo definida a favor de los productores agropecuarios por el voto «no positivo» del
vicepresidente de la nación y presidente del Senado (perteneciente a la
Unión Cívica Radical), Julio Cobos, quien sería el próximo en la lista
negra del kirchnerismo.

Varios analistas coinciden que luego del conflicto con el campo, el
kirchnerismo se cerró más sobre sí mismo, apelando a los fieles y declarando la guerra permanente y agresiva contra los medios, las corporaciones y todo aquel que no fuera un «propio».

Estafa a los abuelos

En el diario del 21 de noviembre de 2008 podía leerse: «El Senado san-
cionó ayer la reforma del sistema previsional argentino, una ley que im-
plicará la desaparición de la jubilación privada y las AFJP y la extraordinaria transferencia de 74.000 millones de pesos a manos del gobierno de
Cristina Kirchner a partir del 1° de enero de 2009».

Además de la enorme caja en poder de las administradoras privadas
de fondos previsionales, a partir de entonces en poder del gobierno, el
kirchnerismo al hacer desaparecer el sistema de capitalización se engulli-
ría un flujo anual de 15.000 millones de pesos, que eran los aportes que
hasta entonces recibían las AFJP de sus afiliados.

El gobierno había argumentado el clásico eslogan populista de que
las empresas privadas hacían su negocio sin importarle la gente. Ahora
llegaba el kirchnerismo reivindicador para poner las cosas en términos
equitativos. «Estamos sacándoles los fondos a los jubilados para ponerlos
en manos de Néstor Kirchner», dijeron algunos legisladores. No les faltó
razón. El dinero de los jubilados pasó a usarse para financiar planes populistas y cortoplacistas que harían sonrojar a un ciudadano de Macon-
do. «Fútbol para Todos», «Milanesas para Todos», «Ropa Nacional y
Popular», «Televisores para Todos», entre otros, fueron programas clien-

telares que utilizaron los fondos previsionales para ampliar el espectro político y comprar voluntades impunemente.

El dinero quitado a los jubilados fue para el economista Agustín Monteverde «el segundo robo más grande de la historia argentina» luego del corralón, el *default* y la pesificación asimétrica de 2001. Hoy se duda mucho de la viabilidad del sistema provisional heredado y su vulnerabilidad será costeada con el malestar y perjuicio de miles de nuestros abuelos.

Trampa en las elecciones

Dado que la economía internacional golpeaba nuestro país en 2009, los Kirchner decidieron adelantar las elecciones para que la economía no impactase tanto en el resultado electoral del oficialismo. Además de esta medida, el kirchnerismo inventó las «candidaturas testimoniales» que consistieron en candidatear gobernadores, intendentes y hasta el mismísimo expresidente Néstor Kirchner en listas legislativas. La curiosidad del caso era que se sabía que figurar en dichas listas era sólo para arrastrar votos territoriales, pero de algún modo implicaba que los candidatos aceptarían el cargo una vez que hubieran ganado.

Un ejemplo de esta deleznable práctica fueron los kirchneristas Daniel Scioli (gobernador de Buenos Aires) y Sergio Massa (jefe de gabinete de la nación) en las elecciones del 28 de junio de 2009, cuando lograron que la Cámara Nacional Electoral les aceptara su presentación en el segundo y cuarto lugar en la lista kirchnerista de diputados nacionales por la provincia de Buenos Aires para el Frente para la Victoria, pero, una vez pasada la elección, tanto Scioli como Massa renunciaron inmediatamente a las bancas ganadas dejando a los candidatos que los seguían en la lista, para continuar con sus cargos ejecutivos.

Lamentablemente, esta *praxis*, reñida con el sentido de la democracia y la transparencia electoral, se ha extendido aún por fuera del kirchnerismo y todavía hoy vemos casos de candidaturas testimoniales.

Ataque a la prensa

Como dijimos, durante el conflicto con el campo el gobierno no toleró la cobertura mediática que dio el Grupo Clarín e inmediatamente mandó cambiar la señal de TN fuera del grupo privilegiado de canales, juntándolo en el dial con canales menos relevantes. Pero esto no sería más que el comienzo.

Además de las múltiples críticas de Néstor y Cristina a medios y a periodistas puntuales —muchas veces hechas por Cadena Nacional—, el kirchnerismo montó un enorme multimedio generador de noticias favorables al gobierno, pero, sobre todo, crítico con los opositores «destituyentes». Con el dinero de toda la ciudadanía, y el apoyo de algunos pseudoempresarios mediáticos aliados, los Kirchner pagaban a la tropa propia para que repita el mensaje oficial y destile odio contra los enemigos del Estado. No obstante, y a pesar del esfuerzo desplegado, los medios oficiales nunca tuvieron *rating*. La mayoría de las personas siguió votando con el control remoto o el dial de la radio, huyendo de los fanáticos locutores y periodistas amanuenses del kirchnerato.

Pero el más fuerte ataque a la prensa se dio a través de la Ley de Medios, verdadera avanzada contra el Grupo Clarín y otros grupos críticos, que limitaba la propiedad y licencia de medios, controlaba contenidos y pretendía disgregar los medios hasta volverlos tan pequeños en materia económica como insignificantes en materia periodística. Mientras tanto, Cristina se dirigía al «pueblo» como siempre, sin intermediarios, a través de la Cadena Nacional (llegó a 43 cadenas en sólo 42 semanas) que era de obligatoria emisión, *so pena* de multa. Afortunadamente, este embate nunca logró llegar a buen puerto y los medios terminaron sobreviviendo al kirchnerismo.

Cepo al ahorro

Con una inflación galopante, es lógico que la sociedad se vuelque a atesorar moneda extranjera (en Argentina o en cualquier parte del mundo). Ante la negativa del gobierno de adecuar los gastos a los recursos propios y la propensión a avanzar sobre los recursos ajenos, sólo quedaba tomar alguna medida populista y autoritaria para evitar la fuga de capitales.

Así fue como, el 1 de noviembre de 2011, a poco de ganar la reelección, Cristina decretó que los argentinos tuviéramos que pedir permiso a la AFIP (Administración Federal de Ingresos Públicos) antes de comprar divisas extranjeras. En la práctica, un gran porcentaje de la población quedó fuera de poder hacerlo, ya que la AFIP decidía si el ciudadano o la empresa presentaban o no «inconsistencias» que lo vedaban del derecho a atesorar para evitar la erosión inflacionaria.

Sin embargo, sí quedaba una opción para acceder a los dólares: usar las tarjetas de crédito y débito en el exterior. Hacerlo era más que beneficioso, ya que se accedía a un dólar oficial que por entonces cotizaba a poco más de cuatro pesos por dólar y, en el mercado paralelo, también llamado dólar *blue,* cotizaba un 50 por ciento más que ese valor.

Entonces, el gobierno impuso una retención impositiva del 15 por ciento para quienes usaran las tarjetas en el exterior. Este impuesto subió en 2012 al 20 por ciento y, finalmente, al 35 por ciento desde diciembre de 2013. Las medidas restrictivas incluían decenas de otras resoluciones del Banco Central, la secretaría de Comercio, la AFIP y otras entidades públicas. Durante mucho tiempo estuvo prohibido comprar moneda extranjera para atesorar, según disposiciones del Banco Central, mientras que las restricciones afectaron las importaciones, tanto de bienes de consumo como de capital en la industria e incluso en el sector servicios, deteriorando nuestro *stock* de capital y perjudicando la producción.

La liberación del «cepo cambiario» fue una de las primeras medidas del gobierno de Mauricio Macri, que puso al país en una senda mucho más razonable en materia económica.

Disparo a la justicia

El kirchnerismo, como todo gobierno populista, siempre detestó a la justicia y la vio como un aparato incómodo, que debía ser colonizado o subyugado. Hizo un poco de ambas cosas. A través de la reforma de la Corte Suprema y del Consejo de la Magistratura logró adecuar la justicia a sus apetitos. La inefable procuradora general, una ferviente militante kirchnerista, se ha pasado años presionando, hostigando y eligiendo a los fiscales según su conveniencia. Durante mucho tiempo, el fiscal que osaba investigar al poder era removido y sometido al escarnio público.

Pero acaso el más extremo —y trágico— caso de agresión a la justicia sea la muerte del fiscal Alberto Nisman, un verdadero golpe a la democracia y la república. Se trata nada más y nada menos que de un fiscal que denunció a la mismísima presidenta por acordar impunidad con el gobierno de Irán por el atentado a la AMIA, y que horas antes de compartir sus pruebas aparece muerto en su departamento en circunstancias muy oscuras. Las reacciones de la presidenta y sus funcionarios luego de la muerte del fiscal giraron en torno a la burla, el menosprecio y la impostura. Es deseable que este hecho, una de las páginas más oscuras de la historia reciente, y en el que indudablemente —por acción u omisión— está involucrado el gobierno de la señora Kirchner, sea esclarecido lo antes posible.

Robo a un país

A través de un gran trabajo periodístico titulado «La ruta del dinero K», Jorge Lanata demostró el aceitado sistema de corrupción de los Kirchner, a través de testaferros, bolsos de dinero, conventos, bóvedas y varios detalles que harían reír si no fuera porque se robaron un país entero. La justicia está ocupada en desandar esta historia y tanto Cristina como sus exfuncionarios pasean seguido por los tribunales federales.

El valijero Leonardo Fariña, uno de los que movía la plata de los Kirchner, contó que los expresidentes montaron un «plan sistemático de vaciamiento de las arcas públicas» con el cual, según sus cálculos, «se robaron 120.000 millones de dólares». La diputada Elisa Carrió estima que fueron «10.000 millones de euros, aproximadamente, sólo el matrimonio Kirchner» sin contar al resto de los funcionarios. Fabulosas cifras, imposibles de calcular con precisión dada la naturaleza ilegal y oscura del vaciamiento. Lo que sí queda claro es que el kirchnerismo, fuera de la épica y el relato, se trató de una asociación ilícita al servicio del saqueo de un país, durante la afortunada —para ellos— bonanza económica más grande que vivió Argentina.

Como dijimos, éstas fueron algunas de las puntas de iceberg más visibles del kirchnerato, pero de modo alguno se trata de los únicos desaguisados económicos y políticos. Veamos ahora cómo dejaron el país desde la perspectiva de algunos termómetros institucionales de prestigio mundial.

Comparando la Argentina que dejó el kirchnerismo

Siempre se ha subrayado la importancia de observar las políticas públicas en términos comparativos. Para poder hacer una correcta calibración de las medidas adecuadas para lograr crecimiento económico y desarrollo social, no sólo hay que analizar el contexto local, sino además cotejar los movimientos relativos de otros países.

Además de esta idea de analizar al país dentro del marco mundial, uno adhiere a una tradición de larga data que ve al desarrollo como producto de buenas instituciones. Sin descartar el valor que tienen los recursos naturales y humanos, es sabido que, a largo plazo, lo que determina un crecimiento sostenido es la calidad institucional: el respeto a la propiedad, la facilidad del comercio y la contratación, la seguridad jurídica, entre otros aspectos. Esta visión, que puede remontarse hasta Adam

Smith, tuvo como referente al padre de nuestra Constitución, Juan Bautista Alberdi, y fue popularizada en la actualidad por el premio Nobel Douglass North y más recientemente por los trabajos de Acemoglu y Robinson. Pero, sobre todo, se trata de una visión reforzada empíricamente por numerosos casos, tanto de países con aparentes escasas oportunidades naturales que logran un gran desarrollo gracias a buenas instituciones como de países —y Argentina es un caso— con patentes ventajas que no logran salir del subdesarrollo a causa de sus débiles instituciones.

Durante el gobierno de Néstor Kirchner (2003-2007) y Cristina Fernández de Kirchner (2007-2011 y 2011-2015), el país perjudicó su posición relativa en una serie de variables institucionales que explican a su vez el correlativo deterioro económico.

La destrucción de los indicadores propios llevada a cabo por el kirchnerismo hizo aún más necesario seguir indicadores internacionales, para ver cómo nos fue, para poder comparar la avería institucional profunda que nos llevó a una no menos profunda crisis socioeconómica.

Siguiendo el trabajo de la Fundación Libertad, *Argentina en el mundo. La herencia 2003-2015 en indicadores institucionales*, haremos un repaso sobre los resultados en materia de ausencia de libertad, obstáculos al comercio, corrupción, falta de transparencia, ataques a la prensa, democracia imperfecta e inseguridad jurídica que generó la década kirchnerista.

En materia de libertad económica, según un informe de Heritage Foundation, el país cayó 68 puestos durante el gobierno de los Kirchner, obteniendo la peor posición en veintiún años y quedando entre las diez economías más reprimidas del mundo. Datos del Fraser Institute muestran desempeño similar y nos sitúan entre las economías con menos libertad del globo junto con República del Congo, Libia y Venezuela.

El *Doing Business* del Banco Mundial muestra que en Argentina disminuyó también la poca facilidad de hacer negocios que teníamos, cayendo 24 puestos en el ranking mundial durante la gestión de los Kirchner.

No nos fue mejor en el Índice de Competitividad Global del World Economic Forum, en el que caímos 26 puestos y mostramos pobrísimo desempeño en materia de presión impositiva, confianza en los políticos y eficiencia del gasto público.

El mismo WEF mide la facilidad de comercio, en la que caímos 17 puestos empeorando fuertemente el clima de negocios.

Property Rights Alliance, por su parte, elabora el Índice Internacional de Derechos de Propiedad, en el que vimos una espectacular caída de 54 puestos durante el kirchnerismo.

La corrupción, tan arraigada a esta tierra, y medida por Transparency International, nos muestra como uno de los países más corruptos de nuestra región, y la libertad de prensa, medida por Freedom House, también deja ver pobres resultados.

Haber vivido de espaldas al mundo durante más de una década produjo que el Índice de Globalización del Swiss Institute for Business Cycle Research muestre una caída de 46 puestos en los últimos años, y la Universidad Johns Hopkins, con su Índice de Miseria, nos encuadra entre los últimos cinco países.

Estos datos relativos muestran el enorme deterioro institucional, económico y social producido por el kirchnerismo. Lo que no se ve, pero es igualmente patente, es la fabulosa oportunidad perdida de la Argentina, habida cuenta de que el colosal viento de cola que significó la explosión de las *commodities,* en lugar de haber sido aprovechado para mejorar nuestra competitividad, poner a punto nuestra menguada infraestructura y actualizar los servicios públicos, fue en cambio dilapidado en latrocinio sistematizado y demagogia clientelar. Asimismo, muestran cómo Argentina se salvó de seguir el sendero chavista de Venezuela, de quien estábamos cada vez más cerca en todos los indicadores institucionales.

La cuenta la paga otro

Cristina Fernández de Kirchner se negó a entregarle el bastón de mando y los atributos presidenciales a Mauricio Macri. Fiel a su estilo autoritario, se negó a aceptar que la sociedad no votó por el candidato que prometía la continuidad de un modelo nefasto para la economía y la realidad social argentina.

Lo que sí le entregó a finales de 2015 fue una herencia pesada, producto del populismo llevado a cabo. Una herencia que Macri no pudo aceptar bajo beneficio de inventario y que constó de, por ejemplo; a) el gasto público y la presión fiscal más altos de la historia; b) un déficit fiscal arrastrado y aumentado durante los últimos cuatro años; c) que mientras que los países de la región duplicaron su nivel de activos en los últimos ocho años anteriores al cambio de gobierno, Argentina perdió casi el 40 por ciento de sus reservas; d) una inflación acumulada en la «Era Cristina» del 476.5 por ciento; e) una economía estancada desde 2011; f) y el hecho de que, para sostener los niveles de actividad, Cristina haya apelado al consumo de reservas del BCRA y a un gran endeudamiento. La deuda pública, que alcanzaba los USD 173.585 millones en diciembre de 2007 (52.7 por ciento del PIB oficial), llegó en 2014 al monto máximo histórico de USD 233.381 millones (43 por ciento del PIB). En ambos casos, se contabilizan los títulos en poder de los *holdouts*.

Pero acaso más gráfico respecto a la herencia recibida haya sido el informe «El estado del Estado» que el gobierno de Mauricio Macri publicó poco después de asumir y que puede resumirse en 15 puntos fundamentales, a saber:

1. «El modelo de inclusión y crecimiento que tanto promovía el gobierno anterior nos llevó a la exclusión: según el último informe del Observatorio de la UCA, el 29 por ciento de los argentinos está en la pobreza y el 6 por ciento vive en la indigen-

cia. Además, el 42 por ciento no tiene cloacas y el 13 por ciento no cuenta con agua corriente.»

2. «Hace una década que la Argentina es uno de los países con mayor inflación del mundo: registra con un promedio del 20 por ciento anual y casi un 700 por ciento acumulado en los últimos 10 años. Se la utilizó como política económica.»

3. «La causa principal de la inflación fue la utilización del Banco Central (BCRA) para financiar el gasto público y las deudas. Esto sometió a la población a una suba de precios constante que daña principalmente a los hogares que menos tienen.»

4. «Entre 2006 y 2015 pagamos 694.000 millones de dólares más de impuestos que en la década dc 1990. Pese a eso encontramos un Estado con dificultades para resolver sus principales responsabilidades, que tiene uno de los mayores déficits de la historia del país: un 7 por ciento del PIB.»

5. «El Estado gastó más de lo que podía, emitió de manera irresponsable. Nos encontramos con un país lleno de deudas: en estos años de vacas gordas no ahorramos, nos comimos nuestro capital.»

6. «El conflicto con los *holdouts* favoreció a los tenedores de bonos: la deuda pasó de 3.000 millones a 11.000 millones de dólares. Mientras tanto se le pagó al Club de París sin negociar y lo peor es que aun así tenemos la peor calificación en ese instituto de crédito.»

7. «En los últimos cuatro años no creció el empleo en la Argentina; por trabas a la importación y cepo cambiario (entre otras cosas), el Estado fue obstáculo en vez de ser estímulo y sostén: hay alrededor de 1.200.000 desempleados y 3.800.000 personas que trabajan en negro.»

8. «Nos mintieron camuflando el desempleo con empleo público, que creció un 64 por ciento: entre 2003 y 2014 pasó de 2.200.000 estatales a 3.600.000. Encontramos un Estado plagado de clientelismo, de despilfarro y corrupción.»

9. «La corrupción mata, como lo demostraron Cromañón, la Tragedia de Once y las rutas de la muerte; en cada área encontramos falta de transparencia, ineficiencia y en muchos casos corrupción.»

10. «Nos encontramos con un Estado débil, con poca o nula capacidad de investigar y prevenir. Entre la incompetencia y los traumas ideológicos, cada política de seguridad ha sido un fracaso: estamos en 3.400 homicidios por año, un aumento del 40 por ciento respecto del 2008.»

11. «A pesar de los ingresos, encontramos escuelas con problemas de infraestructura, maestros con poca capacitación, alumnos que aprueban sin aprender y padres que no se comprometen. Se han abierto muchas universidades y eso es muy positivo, pero muchas son espacios de militancia política más que de educación.»

12. «Donde más decadencia encontramos es en la infraestructura. Lo lamentable es que no faltaron recursos, pero casi todas las rutas, puertos, trenes y comunicaciones están deteriorados o saturados».

13. «En energía tenemos déficit, debemos importar parte de las necesidades. Esto pone una enorme presión sobre los recursos fiscales y eso nos genera dependencia del exterior: hubo ausencia de incentivos a la inversión, tanto en la generación como en la distribución. Ésa es la causa de los cortes de luz que de 2003 a 2014 casi se cuadruplicaron.»

14. «Hoy somos un país próspero para los narcotraficantes: recibimos droga, la transformamos, la vendemos y la exportamos a otros continentes y a países vecinos: somos el tercer país proveedor de cocaína y el consumo creció exponencialmente, empujado por un narcotráfico que se siente libre para expandirse.»

15. «Nuestras fronteras están indefensas, sólo el 17 por ciento está radarizado; tenemos aviones que no vuelan, pocos barcos

que funcionan y escasez de equipamiento en todas las fuerzas armadas. Será una tarea de la justicia investigar si esto que recibimos es producto de la desidia, la incompetencia o la complicidad.»

La herencia recibida por el nuevo gobierno muestra a las claras que fuera del relato y la propaganda, el kirchnerismo fue un gobierno que sólo dejó a su paso miseria socioeconómica, depreciación de capital físico y humano, y un clima político autoritario y violento. Roberto Ampuero ha acuñado el término «retrogresismo» para definir a estos gobiernos populistas que, embanderados bajo ideas de progreso y justicia social, sólo terminan robándose hasta los floreros y dejando todo saqueado. Argentina necesitará mucho tiempo de hacer las cosas bien si quiere recuperar los años perdidos en proyectos populistas que siempre terminaron igual.

Conclusión

En estas páginas hemos intentado modestamente mostrar el relieve del problema argentino: falta de desarrollo sostenible, ausencia de un marco institucional estable, puja distributiva feroz, gobiernos autoritarios y corrupción generalizada. Asimismo, quisimos delinear las causas políticas que profundizaron estos problemas, negándolos y atribuyendo los malos desempeños económicos y sociales siempre a causas exógenas (FMI, Estados Unidos, enemigos del pueblo, corporaciones, confabulaciones internacionales, etcétera).

También tratamos de describir un somero análisis de lo que fue el kirchnerismo —junto con las presidencias de Perón, el período de más puro y esencial populismo en estas tierras— yendo y viniendo hacia el lábil concepto que es el peronismo, fenómeno de protagonismo sin igual en la vida política de nuestro país.

Esperamos haber acercado al lector nuestra opinión respecto de la senda equivocada por la que transitó nuestra querida Argentina, que por momentos se acercó demasiado hacia las rutas que llevaban a la «chavización» del país.

Un aire completamente diferente se respira hoy en estas tierras, y es de esperar que Argentina recupere la cordura y el sentido común, realizando un aprendizaje intrageneracional que nos permita dejar atrás tantas décadas de autoritarismo político y ceguera económica. Que Argentina pueda volver a ser lo que alguna vez fue —y que nunca pudimos resignarnos a ya no ser— es un objetivo muy deseado. Aprovechar nuestros recursos naturales con una dosis de sensatez institucional y una cuota de modernidad ausente es esencial para crear el empleo que hace falta para salir de la pobreza. Lograr niveles prudentes de gasto público dejando de asfixiar al sector privado es vital para lograr el crecimiento genuino y sostenido. Volver a tener una sociedad educada y bien insertada en la cultura cosmopolita, en lugar de la ignorancia que promueve el nacionalismo barato, es deseable para que seamos un país abierto al mundo y no cerrado sobre sí mismo.

Es esperable que Argentina haya dado el primer paso en un largo y difícil camino para salir del atraso en que nos sumió el populismo. El futuro de nuestros hijos depende de ello.

9

Ecuador: la revolución, el buen vivir y la tiranía de ingenieros sociales

Gabriela Calderón

El fenómeno de la llamada «Revolución Ciudadana» irrumpió en el escenario de la política ecuatoriana luego de que el sistema de partidos políticos tradicionales se hallaba sumido en una profunda crisis. Durante los años noventa y principios de la década del 2000, Ecuador se volvió notorio por su inestabilidad política. Incluso hubo una semana a principios de 1997 en que el país cambió de presidente tres veces.[1] Pero la inestabilidad política atraviesa toda la historia del país, que registra desde 1830 al menos una veintena de golpes de Estado y diecinueve constituciones.[2]

En el 2005, cuando el joven y relativamente desconocido economista Rafael Correa ingresa al panorama de la política nacional como ministro de Economía del presidente Alfredo Palacios, el país atravesaba un período de notable estabilidad económica luego de la crisis financiera de 1998. La estabilidad en gran medida se debía a la que es probablemente la reforma económica más profunda e importante que se ha realizado en Ecuador durante el último siglo: la dolarización.

Así pues, en medio del caos político, del hartazgo con la clase política tradicional y de la nueva estabilidad económica que aportaba el haberles quitado a los políticos el poder sobre la moneda que utilizan los ecuatorianos, empezó la Revolución Ciudadana o la última ola de populismo en Ecuador. Éste sería un caso peculiar entre los populismos, dado que no tendría moneda propia para poder devaluar con abandono.

El populismo de la llamada Revolución Ciudadana llegó al poder ufanándose de estar liderado por «mentes lúcidas, corazones ardientes y manos limpias».[3] Se jactaban de ser un grupo de jóvenes expertos, sin pasado en la tan desprestigiada política del país.

Los expertos al poder

> *... que el ignorante obedezca*
> *y que el sabio gobierne y mande.*
>
> PLATÓN[4]

El filósofo austríaco Karl Popper consideraba a los colectivismos de todo tipo, donde estaría incluido el populismo actual, como herederos de Platón y su idea del gobierno de los «filósofos reyes». La Revolución Ciudadana encaja perfecto en esta concepción platónica de la organización de la sociedad. Sus principales promotores proponían una sociedad regida por académicos o expertos, que, ostentando poderes ilimitados (léase dictatoriales), harían un uso benévolo de éstos.

Los partidarios de esta dictadura supuestamente benévola creen en lo que hace décadas el influyente economista de desarrollo Gunnar Myrdal denominó «la ingeniería social». Esta visión contrasta con la confianza que tenía el economista liberal F. A. Hayek en «los esfuerzos independientes y competitivos de muchos» y con su respeto por el derecho de las personas a planificar sus propias vidas y la humildad de reconocer que los conocimientos que alguien pueda tener siempre son limitados, sin importar cuántos doctorados se hayan obtenido.[5]

Leí acerca de las pretensiones de ingeniería social de Myrdal alrededor del mismo tiempo en que el gobierno de Alianza PAÍS, el partido de la Revolución Ciudadana, creó los Centros Infantiles del Buen Vivir

(CIBV) en Ecuador[6] e impuso textos escolares con una interpretación sumamente sesgada de la historia contemporánea del país a los colegios públicos.[7] Aquí un funcionario del gobierno incluso llegó a promover la felicidad como objetivo nacional,[8] por supuesto que éste era nada más y nada menos que el secretario del nuevo Ministerio del Buen Vivir. Además, otro miembro del gobierno sostuvo en una publicación del Estado que es posible calcular la felicidad de todos los habitantes del país —excepto los indígenas, para quienes el autor la calcula «por separado»— en torno a una fórmula matemática.[9]

Pero, detrás de fórmulas, propuestas y programas como los anteriormente mencionados, se encontraba un desprecio por el derecho que tiene cada individuo a elegir sobre la mayoría de los aspectos de su vida, acompañado de una arrogancia de poseer un conocimiento superior al resto de los mortales.

Así llegaron Rafael Correa y sus partidarios al poder, jactándose de tener un inmenso acervo de conocimiento acerca de los problemas del país y declarando ser los únicos que podían resolverlos.

La utopía de la refundación

> *Creo que debemos enfrentar el hecho de que detrás de la soberanía del rey filósofo yace la búsqueda del poder.*
>
> KARL POPPER[10]

El Ecuador del 2007 no es que fuera una democracia ejemplar. Había venido resistiendo múltiples golpes de Estado y violaciones al Estado de derecho desde el retorno a la democracia en el año 1979. El estatismo que había crecido significativamente durante las llamadas «dictablandas» de las décadas de 1960 y 1970 seguía, como decimos los ecuatorianos, «vivito y coleando». Esto había dejado un Estado ecuatoriano de gran envergadura que proveía amplias oportunidades para cometer abusos de poder y actos de corrupción por parte de los actores políticos. Como el abogado peruano Alfredo Bullard explica: «Así como la ocasión hace al ladrón, el poder hace al corrupto».[11] Y cada vez más la sociedad ecuatoriana se iba uniendo alrededor del clamor «¡Que se vayan todos!».

En ese clima de opinión llegó al poder Correa y lo aprovechó durante sus primeros meses de gobierno para destruir lo que quedaba de las instituciones. La consigna era patear el tablero y volver a empezar desde cero: «refundar la nación». Su desprecio por las instituciones se volvió evidente desde el primer día en la presidencia y continuó de forma sistemática en los primeros meses de gobierno:[12]

— *No juró respetar la Constitución en el acto de inauguración presidencial.* Aunque esto no constituye una violación constitucional, sí es un acto simbólico de suma importancia, porque demuestra que él consideraba que su poder estaba en las encuestas y no en la Constitución.

— *Violó el artículo 283 en el cual se especifica que la consulta popular legalmente convocada deberá poner «en consideración del electorado textos concretos de reforma constitucional que, de ser aprobados, se incorporarán inmediatamente a la Constitución».* Es decir, no se contemplaba la formación de una asamblea constituyente para hacer una nueva constitución o reformarla.

— *Sometió una ley sin debate a una consulta popular.* Las leyes, según la Constitución de 1998 que estaba vigente cuando Correa llegó al poder, debían ser debatidas y decididas por el Congreso. El «Estatuto» que fue anexado a la consulta popular no era un «asunto», sino más bien una ley que sin ser debatida fue sometida inconstitucionalmente a una consulta popular.

— *Violó el derecho al debido proceso (numeral 27 del artículo 23) con la destitución de los 57 diputados de oposición* (aunque en esto, sin restarle importancia a la violación por parte del Tribunal Supremo Electoral —TSE—, lo precedieron los diputados

al destituir al principal del TSE sin seguir el debido proceso).
Este incidente fue conocido popularmente como «los diputados de los manteles», quienes al ser sorprendidos por las cámaras en una reunión secreta en una hostería en Puembo intentaron, sin éxito, esconderse bajo unos manteles. Este grave hecho
nunca fue esclarecido. Años después, Fabricio Correa, hermano del presidente, confesaría que él organizó la reunión y les
ofreció un soborno a cambio de su cooperación asumiendo los
curules de los diputados destituidos y votando a favor de la
consulta popular que daba paso a la Asamblea Constituyente.[13]

— *Apoyó que el TSE viole la Constitución al atribuirse funciones que
no le corresponden* (artículo 119) como juzgar a diputados del
Congreso, quienes deberían ser juzgados solamente por la Corte Suprema según lo indicado en la Ley Orgánica de Elecciones
(con lo cual se violó el numeral 11 del artículo 24).

— *El Congreso violó, con el respaldo del presidente, el artículo 95 de
la Constitución al desconocer el fallo del Tribunal Constitucional
(TC) que concedía amparo a los diputados destituidos y los resti-
tuía.* En ese artículo se establece el cumplimiento inmediato de
las resoluciones sobre amparo.

— *Respaldó la destitución de los 57 diputados* —evidenciado con la
presencia de la policía nacional en las afueras del Congreso—,
constató una violación de la independencia de los poderes (artículo 119).

Varias figuras que colaboraron decisivamente en darle el golpe de
gracia a lo que quedaba de institucionalidad en el país en 2007 suelen
decir que no había Estado de derecho. Agregan que los golpes asestados
contra el orden constitucional vigente a principios de ese año —especialmente la destitución violenta de la oposición en el Congreso y del
Tribunal Constitucional, ambos con la venia del poder ejecutivo[14]—
eran un mal necesario para «refundar la patria». Pero hay que recordar

que, cuando Correa llegó a la presidencia en enero de 2007, sí había algo de institucionalidad, a pesar de las múltiples violaciones a la Carta Política, la evidente corrupción de la clase política y la politización de las instituciones de control.

Un elemento esencial en un Estado de derecho es la separación de poderes y no se puede negar que existía, al menos con relación al ejecutivo. El Congreso, el Tribunal Supremo Electoral y el Tribunal Constitucional existían como instituciones independientes del poder ejecutivo o cuyo sometimiento, cuando se daba, tenía que resultar de una negociación con otros partidos.

Las instituciones existían, maltrechas y politizadas, pero existían, y fue una estrategia de Alianza PAÍS terminar de destruirlas. Roberto López, entonces asesor del candidato Correa, dijo: «La estrategia política era deslegitimar al Congreso y por eso le sugerí a Correa no presentar candidatos para diputados», estrategia que tuvo muchos réditos puesto que ya una gran mayoría del electorado ecuatoriano se había desencantado con una institución esencial en una democracia: el legislativo.[15]

Otra muestra de que algo de institucionalidad sobrevivía es que tanto el Congreso como el Tribunal Constitucional intentaron hacer respetar los límites al poder ejecutivo presentes en la Constitución de 1998. No se trata de presentar como ilustres a los sujetos en cuestión, simplemente de reconocer que estaban —en este caso específico y por cualesquiera que hayan sido sus motivos—, exigiendo que se respetara el orden constitucional vigente. Unas turbas enardecidas agredieron físicamente a los diputados y a los vocales del Tribunal Constitucional, ambos destituidos inconstitucionalmente, impidiéndoles cumplir su deber. Que el presidente se haya rebelado públicamente en contra de lo decidido por la máxima autoridad en una república constitucional[16] tampoco ayudó.

Esa competencia entre los distintos partidos políticos, aunque bien podría catalogarse como la repartición del país entre los distintos capos de las mafias políticas, sin duda era mejor que lo que tenemos hoy: instituciones politizadas como antes, aunque ahora sometidas todas a un solo amo. En cuanto al organismo electoral, incluso una de las principales promotoras de la «refundación» con «plenos poderes», María Paula Romo, declaró años después: «Hemos llegado a añorar al Tribunal Supremo Electoral (TSE) anterior, que era el ejemplo del reparto: los partidos controlándose a ellos, los partidos controlando las elecciones, los partidos controlando firmas. Siete partidos eran mejor que uno».[17]

Nada de esto trata de justificar los abusos de poder que cometían los partidos bajo la anterior Constitución, simplemente de ilustrar cómo pasamos de una situación mala a una que es peor. Si el problema era «el reparto del país» entre los políticos, pues la respuesta era clara: había que reducir el botín, mediante la reducción del tamaño y la envergadura del Estado.

Pero la Revolución Ciudadana optó por todo lo contrario, y habiendo capturado el control de las instituciones procedió a expandir el poder y tamaño del Estado ecuatoriano. Se ha vuelto evidente que la fiscalía envía a un limbo aquellos casos que involucran a funcionarios del gobierno, mientras que actúa con la velocidad de un rayo cuando las denuncias involucran a quienes incomodan al gobierno.[18] Se ha vuelto normal que quien dirige el Consejo Nacional Electoral (CNE) sea evidentemente cercano al partido oficialista[19] y que la Corte Constitucional, otrora Tribunal Constitucional, sancione según la conveniencia del gobierno.[20]

A la Revolución Ciudadana le tomó dos años acabar con lo que quedaba del Estado de derecho en Ecuador e implantar un modelo de gobierno autoritario, con prácticamente todos los poderes concentrados en el poder ejecutivo. La captura de las instituciones estaba delineada en el régimen de transición que constaba en la Constitución de Montecristi, aprobada en las urnas por una mayoría abrumadora de los electores ecuatorianos.

Este régimen permitió que días después de la aprobación de la Constitución en consulta popular se instalase el llamado «congresillo», reflejando la proporcionalidad política de la Asamblea Constituyente (AC); sus miembros serían escogidos de entre los exasambleístas constituyentes. Al igual que lo sucedido en la AC, éste resultó ser un títere del ejecutivo. Se negó a fiscalizar la administración pública y legisló hasta 2009 a pesar de que sus integrantes no fueron electos para ese propósito.

Adicionalmente, el congresillo designó a los integrantes del Consejo Nacional Electoral (CNE) y del Tribunal Contencioso Electoral (TCE), órganos que supervisaron y organizaron las elecciones de 2009, mostrando un evidente ojo ciego frente al uso de recursos públicos para realizar campaña por parte del oficialismo.

El régimen de transición también declaró por «terminados» los períodos de los treinta y un jueces de la Corte Suprema de Justicia (CSJ) en 2008. Este régimen disponía (en su artículo 21) que luego el CNE —que ya había sido cooptado por el oficialismo desde 2007— seleccione por sorteo a veintiuno de los treinta y un jueces de la vieja CSJ para que conformen temporalmente la Corte Nacional de Justicia (CNJ), hasta que se conforme la nueva una vez que se haya promulgado la ley que regule el funcionamiento del poder judicial (artículo 22).[21] Dado que treinta de los treinta y un magistrados decidieron no aceptar que mediante el sorteo impuesto en dicho régimen de transición se los encargue provisoriamente de la Corte Nacional de Justicia (CNJ), ésta quedó vacía temporalmente.[22] Ese entuerto se resolvió cuando la Corte Constitucional,[23] que también ya había sido cooptada por el oficialismo, decidió corregir el error de los asambleístas constituyentes —aquel de haber dado por terminados los períodos de los jueces sin lugar a la prorrogación y sin prever que se negarían a someterse a un sorteo— estableciendo como viable el sorteo del CNE para escoger a veintiuno de los treinta y un jueces titulares y suplentes que finalmente lograron convencer para que se sometan a dicho sorteo.

El doctor Jorge Alvear, exmiembro del Tribunal Constitucional del Ecuador, explicó que no le correspondía a la Corte Constitucional enmendar errores de los asambleístas plasmados en la Constitución, sino más bien prorrogar el período de los treinta y un jueces hasta que exista la legislación para conformar la nueva CNJ.[24] El expresidente de la vieja CSJ, Roberto Gómez Mera, uno de los jueces que se negó a someterse al sorteo, consideró más adecuado que el ejecutivo envíe una ley breve y urgente para disponer dicha prórroga.[25] El doctor Alvear agrega: «El régimen de transición de la Constitución curiosamente sí previó la prórroga de funciones de los vocales del entonces Tribunal Constitucional que luego se transmutó en Corte Constitucional de Transición (facultad que no se autorizó en ninguna parte del régimen de transición), prórroga que no se dio en el caso de los jueces máximos del poder judicial».[26] El principio rector parecía ser: se quedan los que son nuestros, se van los que no lo son.

El congresillo designó a las autoridades de control temporales: contralor, procurador, fiscal general, defensor del pueblo, superintendente de telecomunicaciones, compañías, bancos y seguros. Además, designó por concurso público de oposición y méritos a los siete integrantes del Consejo de Participación Ciudadana y Control Social (CPCCS). Este ente resultó, vaya sorpresa, ser constituido por personas cercanas al partido del gobierno, así como también acabaron siendo aquellos que luego seleccionaría para ocupar los cargos de control.[27]

Finalmente, el régimen de transición estipuló que la Corte Constitucional sería conformada durante el período de transición y designada por el ejecutivo, su congresillo y su CPCCS. Así quedó blindado el ejecutivo, y para efectos prácticos su poder no tuvo más límites que una prensa independiente.[28]

La mordaza sutil

Como todo experimento populista, al inicio suele haber una luna de miel durante la cual el líder parece lograr cumplir todas las increíbles promesas que hizo y continúa haciendo en una campaña incesante. Mientras la economía crecía de forma boyante, a una mayoría abrumadora de electores ecuatorianos no les importó la destrucción de las instituciones de una democracia liberal ni la construcción del marco legal de un gobierno autoritario. Incluso muchas medidas tomadas para generar una mayor concentración de poder y que violaron libertades fundamentales fueron celebradas.

Por ejemplo, se fue limitando cada vez más la libertad de expresión y se hizo de manera más sutil y sofisticada que en otros países con gobiernos populistas de ese entonces. En Ecuador no se quitaron concesiones como en Venezuela, pero sí se sacó del aire a un canal por tres días y se estableció su venta obligatoria con fecha límite.[29] Tampoco se expropiaron canales, pero sí fueron incautados por decreto presidencial en una madrugada de julio de 2008 y se esgrimieron todo tipo de excusas para demorar la venta de éstos, que ya llevan ocho años en manos del Estado ecuatoriano.[30] Esta incautación permitió al gobierno construir el grupo mediático más importante del país. Además de medios de comunicación, el gobierno incautó centenares de empresas. Esto lo hizo violando el debido proceso de los propietarios, algunos de los cuales pidieron recurso de amparo constitucional y les fue negado. Por esto, el Comité de Derechos Humanos de la ONU resolvió en junio de 2016 que el Estado ecuatoriano «debe dar plena reparación» de los derechos de los afectados y asegurarse de que se cumplan las garantías civiles.[31]

El presidente y otras autoridades del gobierno demandaron a varios escritores de opinión, periodistas, políticos de oposición e incluso a un caricaturista por expresiones inconvenientes al gobierno, y lo hicieron valiéndose de provisiones en el Código Penal. Los perseguidos por manifestar expresiones inconvenientes al gobierno, aunque no fueron encarcelados en la mayoría de los casos, sí fueron con frecuencia amenazados y, como regla, su reputación fue denigrada en cadenas nacionales. Para mencionar sólo un par de casos, el presidente Correa demandó al periodista Emilio Palacio y al diario *El Universo* en 2011 por un artículo de opinión, pidiendo 50 millones de dólares de los dueños del diario y del periodista y 30 millones de la empresa;[32] a los periodistas Juan Carlos

Calderón y Christian Zurita en 2011 por haber publicado investigaciones que revelaban cuantiosos contratos del Estado con su hermano (Fabricio Correa) los demandó por 10 millones de dólares.[33] Vale la pena recordar que en el caso contra Palacio y *El Universo* se filtró un video en abril de 2012 que demostró que el juez Paredes había recibido del abogado del presidente la sentencia escrita en un *pen drive*.[34] Meses después, fue recompensado al ser nombrado juez penal de la Corte de la provincia del Guayas.[35]

La situación sólo empeoró luego de aprobarse la Ley de Comunicación en junio de 2013.[36] Francisco Barbosa analizó los procesos sancionados durante los dos primeros años de vigencia de dicha ley.[37] De los 582 casos analizados, 425 contaban con una resolución final y ésta había sido una sanción. Barbosa indica que «el 66 por ciento de quienes inician los procesos son funcionarios públicos o la misma entidad de control —Superintendencia de Comunicaciones—», y agrega:

> En cuanto a los medios sancionados, el informe preliminar nos dice que el 98 por ciento de los medios sancionados son privados, y el 2 por ciento públicos. De estos últimos, la sanción se limita a una mera disculpa, mientras que los privados han sido sancionados en su gran mayoría a través de multas.

Barbosa explica que las multas se han convertido en un «mecanismo de autocensura de los medios, al tiempo que se ha impulsado la censura indirecta a través del otorgamiento o supresión de la pauta». La Superintendencia de Comunicaciones, además, ha tenido una peculiar forma de exigir las rectificaciones: «realiza, ordena y redacta las rectificaciones contra los medios. Ha llegado al extremo de titular, diagramar y enviar artículos de opinión sobre la rectificación».

Otros medios también han sido sancionados por la figura de «censura previa por omisión». Barbosa explica:

Esta exótica y estrafalaria figura tiene que ver con que el medio tiene la obligación de publicar información relevante. Entonces, surgen las preguntas: ¿cuál es la información relevante? y ¿cuáles los criterios para publicarla? La respuesta es simple para el órgano de control: aquella que le interese al gobierno que se publique. Esto ha hecho que varios medios deban incluir algún tipo de información porque alguna persona, normalmente un funcionario público, considera que debe ser así. Un ejemplo de lo anterior se presentó cuando el alcalde de la ciudad de Loja presentó una rendición de cuentas. Al no cubrir ese evento, el diario *La Hora* fue sancionado.

César Ricaurte concluye que la Ley de Comunicación en la práctica no ha sido otra cosa que «el Estado castigando a los periodistas [...] es una herramienta no de los ciudadanos para defenderse de los "criminales periodistas", sino del Estado para castigar a los periodistas».[38]

En estos años de «revolución», la norma ha llegado a ser que los denunciantes de actos de corrupción presumiblemente cometidos por altos funcionarios de la administración pública pagan con celeridad con alguna represalia por parte del Estado. Mientras tanto, sus denuncias se añejan en algún escritorio de otro alto funcionario público que, al igual que los acusados, también es cercano al presidente.

Ese show de los setenta

El experimento autoritario y estatista de la Revolución Ciudadana, que conduce a abusos como los anteriormente mencionados, no es tan revolucionario como se presenta, y más bien continúa una vieja tradición de las élites políticas ecuatorianas.

Leonardo Vicuña Izquierdo en una publicación de 1987 del Banco Central del Ecuador[39] realiza un recuento de la evolución de los planes de desarrollo que se han elaborado e implementado en Ecuador desde

1933. En la introducción, Vicuña dice que en todos los casos se han diagnosticado «los problemas del desarrollo ecuatoriano, las potencialidades económicas del país» y que en torno a las evaluaciones y estudios realizados posteriormente «hemos podido apreciar que siempre los resultados han sido desalentadores», en muchos casos, empeorándose los problemas que los planes pretendían resolver.

Vicuña lamentaba la falta de poder en los organismos planificadores, la resistencia del sector privado a las directrices de los planificadores y los débiles mecanismos de control y evaluación, entre otras cosas. Así que la obsesión planificadora de nuestra clase política no es novedosa.

El auge de la planificación estatal se suele dar cada vez que tenemos una bonanza petrolera. Así fue que durante la primera bonanza petrolera, según lo relata el economista Wilson Pérez,[40] el gobierno «nacionalista», «antifeudal», «revolucionario» y «popular» del general Guillermo Rodríguez Lara consideró que la economía manifestaba «una gran concentración del poder y la riqueza en sectores reducidos incapaces de crear las motivaciones para el desarrollo». Su respuesta ante este diagnóstico era «sacudir al país de la dependencia de los centros oligárquicos del poder».

Con eso en mente, la dictadura militar publica en 1972 su «Filosofía y plan de acción del gobierno revolucionario y nacionalista del Ecuador». El régimen se definía, además de lo anteriormente notado, como «social humanista» y su plan hacía recurrentes llamados a combatir la eficiencia y corrupción en la administración pública. Adicionalmente, hace frecuentes alusiones a combatir la «explotación» y la desigualdad de riqueza. También promete diversificar la producción, distribuir más equitativamente el desarrollo entre las distintas regiones del país, y habla de «sustitución de importaciones en forma selectiva». ¿Le suena familiar? Casi todo el plan podría ser copiado y adoptado por el gobierno de la Revolución Ciudadana y costaría encontrar las diferencias.

¿En qué terminó ese experimento? Durante los primeros años los tecnócratas a cargo de la «revolución» podían jactarse de niveles de pobreza en declive y de un crecimiento económico impresionante. Pero luego empezaron a asomar los estragos. El sector industrial estaba altamente concentrado entre grupos privilegiados por la política industrial y comercial del régimen. Estos grupos se beneficiaban de un mercado casi cautivo, permitiéndoles elevar los precios al consumidor. El gobierno revolucionario luego trató de imponer controles de precios, lo cual dio lugar a una red de corrupción alrededor de las oficinas estatales encargadas de hacer cumplirlos. Se acentuó la dependencia de la economía en el petróleo.

Según los economistas Pedro Romero y Fabián Chang, el Estado ecuatoriano llegó a tener 99 organizaciones del ejecutivo y ministerios (para 1950 había tenido tan sólo 36). Entre 1971 y 1990 se crearon 61 empresas estatales. Entre ellas la flota petrolera estatal (FLOPEC), Petroecuador (CEPE en ese entonces) y TAME (Transporte Aéreo Militar Ecuatoriano). Además se crearon organizaciones como el Banco del Estado (BEDE), la Dirección de Industrias del Ejército (luego Holding DINE), la Empresa Nacional de Almacenamiento y Comercialización de Productos Agropecuarios y Agroindustriales (ENAC), entre otras.[41] Casi todo lo creado durante la dictadura revolucionaria militar sigue vivo o ha sido revivido por el gobierno actual (ENAC, por ejemplo). De acuerdo a Romero y Chang, entre 1965 y 1980 el gasto del Estado como porcentaje del PIB pasó del 9.5 por ciento al 22.5 por ciento.[42] Pérez señala que la deuda pública pasó del 16 por ciento en 1971 al 42 por ciento del PIB. El legado de las «dictablandas» fue la década perdida de los ochenta.

De ese experimento setentero con una dictadura estatista podríamos haber aprendido que un Estado obeso y controlador no conduce ni a la democracia liberal ni a la prosperidad. Pero aparentemente nos tocó repetir la experiencia y ya estamos viendo resultados similares, con una diferencia importante.

Populismo petrolero

Los populistas reniegan de la realidad tanto que llegan a creerse su propia propaganda. Así asistimos al espectáculo de un gobierno que, en medio de una recesión, luego de un año de estancamiento económico (2015, crecimiento del PIB del 0.2 por ciento) y uno de contracción económica (2016, crecimiento del PIB del -2.2 por ciento), y con proyecciones de cuatro años más de crecimiento negativo (2017-2020),[43] no encontró mejor cosa que hacer campaña para permanecer en el poder con el eslogan de la «década ganada».

Hace tan sólo unos años, el presidente y sus funcionarios hablaban dentro y fuera del país del «milagro ecuatoriano»,[44] del «jaguar sudamericano»[45] y del «sueño ecuatoriano».[46] Académicos y políticos extranjeros se prestaron para certificar el juicio del supuesto milagro.[47] Los supuestos ilustrados que nos gobernaban se atribuyeron todo el crédito de la bonanza. Esgrimían que el éxito se debía a sus políticas públicas y al modelo económico adoptado por el gobierno. Resulta contradictorio que, cuando la fortuna se reversó con la caída del precio del petróleo hacia fines de 2014, estas mismas personas se lavaron las manos de toda responsabilidad. Desde ese entonces, repiten hasta el cansancio que todo se debe a factores externos ante los cuales ellos se encontraban de manos atadas y que este declive afecta a toda la región y especialmente a países como el nuestro por estar dolarizados. No importa que las otras economías dolarizadas de la región —El Salvador y Panamá— hayan continuado creciendo durante estos años y hayan tenido un crecimiento superior al de Ecuador durante la última década.[48]

Pongamos en perspectiva el *boom* petrolero que acabamos de atravesar. Según estimaciones de Pablo Arosemena y Pablo Lucio Paredes, desde que se inició la explotación petrolera en el país (1972) hasta el 2006 «los ecuatorianos recibimos por petróleo (en dólares de hoy) 434 por año y por habitante, desde el 2007 llegamos a 955 dólares [en 2016] [...]. Este gobierno ha administrado el 22 por ciento del tiempo en que hemos tenido petróleo, pero en este período el país ha recibido el 49 por ciento del total de esos ingresos».[49]

Ahora comparemos los datos de la primera bonanza petrolera que experimentó Ecuador entre 1973 y 1982 con aquellos de la segunda entre 2007 y 2014. Con cifras oficiales vemos que, ajustando por inflación y por población, los ecuatorianos recibimos en promedio por petróleo 203 dólares por año y por habitante, mientras que entre 2007 y 2014 recibimos un promedio de 353.[50] Esto implica que la segunda bonanza petrolera de nuestro país, que coincidió con el gobierno de Rafael Correa, fue un ¡73 por ciento! superior a la primera en términos reales, siendo así la mayor en la historia del país.

El crecimiento económico promedio, sin tanta parafernalia estatista, fue superior entre 2000 y 2006 (4.2 por ciento) que durante la supuesta «década ganada» de 2007 a 2016 (3.3 por ciento).[51] Incluso si consideramos los años de fines de los noventa para comparar la década prerrevolución con esta que acabamos de vivir (1997-2006, período que incluye la crisis de 1999, *vs.* 2007-2016), vemos que el crecimiento económico ha sido prácticamente el mismo (3.2 por ciento *vs.* 3.3 por ciento).[52] Antes de la bonanza, la pobreza caía, incluso a un ritmo mayor que durante ésta.[53] Entre 2000 y 2006 cayó en 26.8 puntos porcentuales (del 64.4 al 37.6 por ciento), mientras que entre 2007 y 2013 cayó en 11.1 puntos (del 37.7 al 25.6 por ciento).[54]

Aquí cabe resaltar algunas diferencias importantes. En el período pre-Revolución Ciudadana la economía andaba bien mientras se reducía el endeudamiento público y con un gobierno mucho más austero que el de hoy. Entre diciembre de 2006 y enero de 2017 la deuda pública pasó de 13.493 millones (28.8 por ciento del PIB) a cerca de 39.382 millones (39.1 por ciento del PIB).[55] En cambio, entre 2000 y 2006 la deuda pública se había venido reduciendo, del 76.7 por ciento del PIB al 28.8 por ciento.[56] Esto ha llevado a que el gobierno, contradiciendo su discurso político, desde 2014 gaste más en honrar la deuda pública que en educación y salud.[57]

En el período inmediatamente previo a la bonanza, tampoco crecía el Estado de manera vertiginosa. Para que tengan una idea de cómo ha crecido el gasto público, el Presupuesto General del Estado pasó de 9.618 millones de dólares en 2006 a 34.067 millones en 2016.[58] En 2016 la brecha de financiamiento fue de 13.376 millones de dólares, o el 13.9 por ciento del PIB.[59] Imagínense con esa necesidad de financiamiento las diabluras que hubiera hecho el Banco Central del Ecuador con moneda propia...

El gasto público llegó a la cima de 44.346 millones de dólares en 2014, o el 43.4 por ciento del PIB.[60] El gasto público constituyó en promedio un 23.7 por ciento del PIB entre 2000-2006, promedio que casi se duplicó durante la revolución de la última década, ubicándose en el 40.4 por ciento (2007-2016).[61] Según cifras del INEC analizadas por CORDES, el empleo público ha pasado de 460.128 a 717.125 personas (un incremento del ¡56 por ciento!) y el salario promedio aumentó en un 78 por ciento durante los años de la llamada «Revolución Ciudadana»,[62] que más bien debería recordarse como la «Revolución Burocrática».

Sin bonanza petrolera, con una deuda pública en declive y un gasto público mucho más bajo que el actual, la economía ecuatoriana crecía a un ritmo saludable mientras que se reducía la pobreza. En esta última década, hemos presenciado cómo, aun teniendo la suerte de gozar de una bonanza petrolera, el gobierno ha logrado la increíble proeza de llevarnos a una recesión de por lo menos media década, mientras que la deuda pública se dispara y el gasto público se mantiene en niveles históricamente altos e insostenibles.[63]

Un matrimonio frágil

El populismo, que bien puede ser de izquierda o de derecha, gobierna socavando el Estado de derecho y las instituciones propias de una democracia liberal. En la dimensión económica, Rudiger Dornbusch y Sebastián Edwards definen el populismo como «un conjunto de políticas económicas con el propósito de redistribuir el ingreso mediante la acumulación de déficits fiscales altos e insostenibles y vía políticas monetarias expansivas». A esto le podemos agregar el nacionalismo económico reflejado en el proteccionismo comercial.[64]

Sobre el matrimonio frágil que es el populismo dolarizado de Ecuador, Edwards dice lo siguiente en su libro publicado en 2010: «Lo que hace del caso de Ecuador particularmente interesante es que, porque usa el dólar estadounidense como su moneda, no puede recurrir al financiamiento inflacionario para lidiar con las obligaciones constitucionales. Esto sugiere que el actual régimen monetario de dolarización podría ser abandonado en el futuro».

No es para menos la advertencia de Edwards, considerando que en la Constitución vigente se consagró el poder del Banco Central del Ecuador (BCE) —ahora una institución dependiente del Ejecutivo— de emitir moneda de curso forzoso.[65]

De entre las economías latinoamericanas que se han embarcado en esta nueva ola de populismo, Edwards cita a Ecuador como una de las más vulnerables por su dependencia del petróleo. Aunque reconoce que en Ecuador el camino hacia la inflación está de cierta manera impedido por la dolarización, y por lo tanto el gobierno no puede usar el Banco Central para financiar el déficit, «habrá una gran tentación para que el gobierno de Rafael Correa remueva esta limitación y reintroduzca una moneda doméstica. Si esto ocurre, el camino hacia una inflación a gran escala y una crisis populista estará abierto».[66]

Pero tener un banco central en dolarización no sólo no es necesario sino que es peligroso. A lo largo de la última década, el BCE ha ido adquiriendo poderes que no le corresponden en dolarización, ni contribuyen a la estabilidad del sistema financiero.

Primero, el directorio del BCE dictó resoluciones que lograron concentrar porciones cada vez mayores de la liquidez del sistema financiero en el Banco Central. A mediados de 2009 el directorio del BCE obligó a los bancos privados a repatriar la liquidez que mantenían en el extranjero, de tal manera que se llegue a tener un mínimo del 45 por ciento de su liquidez en el sistema financiero nacional.[67] En 2012, se incrementó ese requisito al 60 por ciento.[68]

Luego, un proyecto de ley mal concebido —el Código Orgánico Monetario y Financiero (COMF)[69]— fue aprobado en septiembre de 2014, y le concedía amplios poderes a la Junta de Regulación Monetaria y Financiera (la «Súper Junta»), que es, por su conformación, una dependencia del ejecutivo.

Gracias a este código —que contiene múltiples provisiones que sólo son aplicables en una economía con moneda nacional— el BCE tiene el poder de invertir la Reserva Internacional en activos que solamente el mismo gobierno considera líquidos. Los fondos que conforman la Reserva Internacional no le pertenecen ni al BCE ni al gobierno, sino en gran medida a las instituciones del sistema financiero y de la seguridad social, gobiernos seccionales y otras entidades públicas.

Desde octubre de 2014 hasta la actualidad, la Súper Junta ha venido ordenando que el BCE preste crecientes cantidades de dinero al gobierno central. Hasta fines de febrero de 2017, los préstamos del BCE al gobierno realizados por orden de la Súper Junta ascendían en enero de 2017 a 5.289 millones de dólares, o el 5.2 por ciento del PIB.[70] Esto ha sido como que hayamos puesto a los ratones a cuidar el queso.

Cuando se pidieron estos nuevos poderes para el BCE se nos dijo que era para velar mejor por la liquidez del sistema financiero. Ahora vemos que el BCE parece estar más preocupado por atender las necesidades de liquidez del gobierno, incluso al costo de arriesgar la estabilidad del sistema financiero.

El gobierno ha intensificado su campaña para que la gente deposite sus dólares en el BCE y utilice el «dinero electrónico». La campaña ha tenido poco éxito por la justificada desconfianza que se ha ganado el gobierno y el BCE en cuanto a su habilidad de cuidar fondos ajenos.

Es tremendamente irresponsable que el BCE se comporte como un banco comercial de encaje fraccional y que lo haga arriesgando fondos que no le pertenecen. Las travesuras del BCE amenazan con crear problemas financieros y monetarios en un sistema dolarizado que no es proclive a éstos ni tiene por qué tener un banco central.

Nunca les alcanza el dinero

El gobierno insiste en que tenemos un problema de ingreso fiscal por factores que escapan de su control: la caída del precio del petróleo y la apreciación del dólar. Pero una observación a la evolución del gasto e ingresos del Estado ecuatoriano entre 2007 y 2015 nos lleva fácilmente a la conclusión de que al gobierno de la Revolución Ciudadana el dinero nunca le alcanza, ni siquiera durante los años de la bonanza petrolera.

El ingreso fiscal ha experimentado una bonanza entre 2007-2015 que parece estar relacionada con aquella del petróleo,[71] pasando del 26.7 por ciento del PIB en 2007 hasta llegar al alto nivel del 39.3 por ciento en 2011, nivel que se mantuvo en 2012 y 2013. Es cierto que cayó ligeramente en 2014 al 38.6 por ciento, marcadamente al 33.9 por ciento en 2015, y que se proyecta que continúe disminuyendo hasta llegar al 31.7 por ciento en 2016. Pero nótese que un ingreso fiscal de más del 30 por ciento del PIB todavía sigue estando muy por encima del promedio del ingreso del 22.1 por ciento que obtuvo el Estado en el período anterior a la bonanza petrolera (2000-2006), cuando, como señalé anteriormente, la economía igual creció a un sano promedio, que es muy similar al promedio de crecimiento durante los primeros siete años de la «revolución».

Ahora veamos la otra cara de la moneda, el gasto público. Antes de la Revolución, entre 2000 y 2006, la proporción del gasto con relación al PIB era casi siempre menor a aquella de la recaudación (la excepción es el año 2000). El gobierno de la Revolución recibió una administración pública que en 2006 registró un superávit global en el presupuesto del 2.9 por ciento del PIB. En pleno inicio de la bonanza petrolera, el gobierno empezó a disminuir ese superávit y le tomó tan sólo dos años en convertirlo en un déficit persistente y creciente: déficit global del -3,57 por ciento en 2009, que luego disminuyó para sólo volver a subir en 2014 y 2015, dos años consecutivos de déficit superior al 5 por ciento del PIB.[72]

¿Y si hubiéramos tenido moneda nacional?

Distintos funcionarios del gobierno se felicitan por haber gestionado de excelente forma la actual recesión económica.[73] Lo hacen argumentando que lo hicieron incluso maniatados por no tener moneda propia. Pero, pensemos, ¿qué hubiera podido suceder si, a partir de que se iniciaran los problemas en 2014, en lugar de haber estado dolarizados hubiéramos contado con una moneda nacional?

Los políticos que estuvieron en el poder durante la última década probablemente hubieran gastado más de haber existido la maquinita impresora y podido monetizar el gasto, conduciendo a una depreciación de la moneda.

Los ecuatorianos hubiéramos reaccionado rechazando una moneda que pierde valor en busca de otra que lo retiene y hubiéramos empezado a retirar sucres de los bancos para comprar dólares. Así sucedió a fines de los años noventa, cuando el Banco Central del Ecuador (BCE), viendo la caída del sucre frente al dólar, intervino en el mercado cambiario para intentar detener su declive, gastando en el intento la Reserva Monetaria.

Viendo que la reserva caía, la gente se puso más nerviosa y continuaron los retiros de depósitos. Cuando eso sucedió, el BCE pretendió frenar las corridas y la fuga de capitales elevando la tasa de interés. Tampoco fue suficiente.

¿Qué tanto emitían? En 1996 la emisión monetaria registró un incremento anual del 51.2 por ciento, en 1997, 28.2 por ciento, en 1998,

38.6 por ciento y en 1999, 149 por ciento. De la mano de esta orgía de creación de dinero vino la galopante inflación, que pasó del 24 por ciento en 1996 hasta alcanzar el 52 por ciento en 1999, llegando en el 2000 al 96 por ciento.[74]

Cabe señalar que la emisión monetaria descomunal de esos años tenía en gran parte la finalidad de rescatar a los bancos, pero el fondo del asunto es la depreciación de la moneda, que detonó una corrida bancaria y la fuga de capitales. El BCE prestó a los bancos para que pudiesen pagar a sus clientes, quienes de forma desesperada querían convertir sus sucres en dólares. La crisis cambiaria y financiera se detuvo en enero de 2000 cuando se adoptó la dolarización.

A partir de 2014, cuando el presupuesto del gobierno llegó a su punto máximo y se inició la caída del precio del petróleo, vemos que la brecha de financiamiento se elevó considerablemente y el gobierno, si bien ha reducido el gasto presionado por la fuerza del *shock* externo, no lo ha hecho suficientemente, negándose a realizar los ajustes inevitables.

En su terquedad, el gobierno ha reemplazado los altos ingresos petroleros con un endeudamiento público agresivo. Hemos visto que no han tenido el menor reparo en disponer de gran parte de los fondos del Instituto Ecuatoriano de Seguridad Social (IESS), y hasta enero de 2017 de más de 4.800 millones de dólares de la Reserva Internacional (depositada en el Banco Central del Ecuador),[75] lo cual pone en riesgo la estabilidad del sistema financiero. Nunca les alcanza el dinero y eso hace fácil suponer que si, por ejemplo, en 2015-2017 hubiesen tenido moneda propia, gran parte de la brecha de financiamiento se hubiera cubierto con un incremento significativo en la emisión monetaria y se hubiera desatado una espiral de fenómenos agravantes similares o peores que en 1999.

Lejos de quejarse de la dolarización, deberían reconocer que ésta ha sido la mejor reforma económica introducida en el país.

Las mentes lúcidas y sus elefantes blancos

Los supuestamente ilustrados que llegaron al poder en 2007 proponían un «cambio de matriz productiva» a través de un gran plan nacional de desarrollo a largo plazo. Se creían capaces de realizar esta importante transformación económica de manera deliberada[76] y para ello se embarcaron en megaproyectos de infraestructura que resultaron ser «elefantes blancos» y/o grandes oportunidades para cometer actos de corrupción.

La expresión «elefante blanco» usualmente se utiliza para referirse a una cosa que es inútil o problemática, y tiene un origen interesante: los elefantes blancos eran considerados sagrados en el reino de Siam (la actual Tailandia) y no se permitía ponerlos a trabajar. Mantener a un elefante blanco, por lo tanto, era muy costoso. El dueño tenía que darle alimentos especiales y permitirles el acceso a las personas que deseaban venerarlo. Cuentan que cuando al rey de Siam le fastidiaba alguien, le regalaba un elefante blanco, el cual casi siempre arruinaba al «beneficiario».[77]

Durante los últimos años se han construido algunos. Consideremos la colección de aeropuertos innecesarios, para muestra un par: con datos hasta 2013, en el aeropuerto de Santa Rosa donde el gobierno invirtió 53 millones de dólares sólo operaba una aerolínea,[78] la estatal Tame, que acumula actualmente pérdidas millonarias;[79] en el de Tena, donde el gobierno invirtió 45 millones de dólares[80] para hacer la tercera pista de aterrizaje más grande del país, sólo salían vuelos con un promedio de cinco pasajeros[81] de la misma aerolínea estatal, y hoy ha sido convertido en una base de la Fuerza Aérea Ecuatoriana (FAE).[82]

«Manos limpias»

El gobierno de la Revolución Ciudadana llegó hace diez años al poder jactándose de ser un grupo de personas con «mentes lúcidas, corazones ardientes y manos limpias». Ahora quisiera concentrarme en esta última afirmación. El argumento era que un grupo de supuestos iluminados, con voluntad de servicio y sin ambición de beneficiarse personalmente del poder, llegaban a salvarnos de un pasado mítico en el que supuestamente habíamos estado sometidos a los arbitrios de los privados. Eran los privados los malos, los culpables de la corrupción, y por eso se requería expandir la envergadura y tamaño del Estado para controlarlos. Por supuesto que quienes administrarían el Estado serían ellos, los buenos, quienes debíamos suponer que tenían una aureola y eran incapaces de ser tentados por los manjares del poder.

El economista austriaco Ludwig von Mises decía acerca del intervencionismo y la corrupción:

> Por desgracia, los funcionarios y sus dependientes no son angelicales. Pronto advierten que sus decisiones implican para los empresarios considerables pérdidas o, a veces, considerables ganancias. Desde luego, también hay empleados públicos que no aceptan sobornos; pero hay otros que están ansiosos de aprovecharse de cualquier oportunidad «segura» de «compartir» con aquellos que sus decisiones favorecen [...]. El intervencionismo engendra siempre corrupción.[83]

Ahora que estamos inundados de denuncias de casos de corrupción en el seno de la administración pública, la reacción del gobierno ha sido la de lavarse las manos y pretender endilgarles toda la responsabilidad a individuos aislados, muchos de ellos del sector privado. Detrás de cada soborno hay dos partes: el que soborna para obtener un privilegio del Estado y el funcionario sobornado que concede dicho privilegio.

Consideremos algunos casos. En todos se cumple la norma. Siempre hay un funcionario con poder de otorgar contratos públicos, o de realizar compras o ventas de una empresa pública. Aquí una breve lista: la refinería de Esmeraldas cuyo costo se duplicó;[84] el oleoducto de 93 kilómetros para la refinería del Pacífico que no existe todavía y en la cual se van gastando 1.500 millones de dólares;[85] la planta de gas en tierra, Monteverde, que terminó costando más del doble;[86] los medicamentos genéricos vendidos por la estatal ENFAR-MA a un costo cinco veces superior a los precios internacionales de referencia y el misterioso contrato confidencial por 290 millones de dólares;[87] y la red de corrupción en Petroecuador revelada hace tres años por un periodista y un legislador que fueron perseguidos y confirmada con información de los Panama Papers.[88]

No olvidemos cosas de menos importancia por causar un perjuicio menor al erario público, aunque quizás sí un mayor ridículo al país. El satélite Pegaso le costó al fisco 700.000 dólares, y cuatro meses después de su lanzamiento —televisado en la cadena nacional en un centro que parecía ser la sala de control espacial de Houston— la Agencia Espacial del Ecuador[89] lo dio por perdido.[90] Tampoco hay que olvidar la beca del exvicepresidente, luego candidato a la presidencia, para vivir con sueldo millonario del Estado en Ginebra sin ser funcionario público, ni tampoco el derroche de más de un millón de dólares en su «Circo Social», producción audiovisual que involucró la contratación de Cirque du Soleil y que nunca salió al aire, según lo denunció Visión 360 en Ecuavisa.[91]

Son muchos los casos que muestran al menos descuido en la administración de la cosa pública, y en el peor de los casos, complicidad por parte de quienes ejercían altos y medios cargos en empresas y ministerios del Estado. No es que no hubiera corruptos antes, ni que los privados sean santos. Es que nunca antes en nuestra historia hubo tanta plata y poder concentrados en un solo gobierno por tanto tiempo. ¿Qué esperábamos? ¿Que los controladores se controlen a sí mismos?

La revolución sirvió al poder

> *Las revoluciones abundan en gritos contra los tiranos. Pero lo*
> *cierto es que no los encuentran en sus comienzos y sí, en cambio,*
> *los suscitan al final.*
>
> BERTRAND DE JOUVENEL[92]

Escribiendo sobre la Revolución francesa el filósofo francés Bertrand de Jouvenel concluyó que «la revolución sirvió al poder, no a la libertad».[93] Siendo el fiel reflejo de los revolucionarios franceses, los partidarios de la Revolución Ciudadana liquidaron el Congreso, anularon la independencia del poder judicial y crearon en su lugar una asamblea y una justicia al servicio del poder. Lo que De Jouvenel dice de los jóvenes revolucionarios franceses de ese entonces se aplica a nuestra experiencia reciente en Ecuador:

> ... el Poder que nace de la Revolución es joven y ardiente; aspira a modelar la sociedad a su manera, impaciente ante toda resistencia que no dudará en calificar de crimen. Muy pronto las garantías que él mismo ha concedido le parecerán un estorbo. Pretende que los jueces se inspiren, no en leyes dignas de este nombre previamente formuladas por la Asamblea Constituyente y basadas en principios generales, sino en medidas circunstanciales dirigidas contra tales o cuales categorías de ciudadanos bautizadas con el nombre de leyes.[94]

Sobre el poder judicial, un estudio de la Fundación para el Debido Proceso elaborado por Luis Pásara concluyó en 2014 que, luego de la reforma judicial emprendida por el presidente Correa:

> Las manifestaciones públicas de las autoridades políticas respecto al desempeño de los jueces sugieren que el problema que enfrenta la independencia judicial en Ecuador no es un asunto jurídico sino político. Se origina en que el gobierno de la «revolución ciudadana», primero, ha

desenvuelto una manifiesta línea de acción encaminada a controlar las decisiones judiciales en asuntos que son de interés o preocupación gubernamental; y, segundo, en esa dirección ha debilitado severamente la división de poderes del Estado y el juego de pesos y contrapesos que caracteriza a un régimen democrático.[95]

También es evidente que la Asamblea pasó a ser un apéndice del ejecutivo. Durante los primeros cuatro años en el poder, el ejecutivo se convirtió en el principal legislador del país, no sólo a través de la Asamblea Nacional, sino anteriormente a través de la Asamblea Constituyente y del llamado «congresillo».[96] Entre 2007 y 2011, del ejecutivo provinieron 44 de las 65 leyes aprobadas por el Congreso, la Asamblea Constituyente, el congresillo o la Asamblea Nacional.[97] Esta tendencia continuó durante el resto del gobierno de Correa.[98] También ha brillado por su ausencia la función fiscalizadora de la Asamblea, tarea que ha sido constantemente bloqueada por asambleístas oficialistas que controlaban las principales posiciones dentro del legislativo.[99]

En nombre de la democracia

La democracia sin adjetivos no pasa de ser un mecanismo para transferir el poder de manera pacífica. Puede servir para recuperar libertades individuales como también para perderlas. La dictadura de la «Revolución Ciudadana» se erigió desde las urnas. Al momento de escribir estas líneas —una semana después de las elecciones presidenciales de 2017—, ha llegado al punto de quiebre habiendo perdido su principal y única fuente de legitimidad —una mayoría del electorado.

Las elecciones no bastan para garantizar una sociedad de personas libres. Ojalá hayamos aprendido eso. En las dictaduras, las elecciones suelen servir para vender a nacionales inadvertidos y a los extranjeros la ficción de que en la jurisdicción en cuestión todavía rige alguna forma de democracia. Pero como explica Giovanni Sartori: «Para que el pueblo "tenga" poder (en serio) la condición irrenunciable es que el pueblo impida cualquier poder ilimitado».[100] De lo contrario, sucede con la democracia lo que señalaba Bertrand de Jouvenel: «Mientras que proclama la soberanía del pueblo, la limita exclusivamente a la elección de los delegados, que son los que tienen el pleno ejercicio de la misma. Los miembros de la sociedad son ciudadanos un día y súbditos cuatro años».[101]

La democracia adolece de muchos defectos y virtudes. Hace décadas Anthony Downs demostró que la decisión de un elector poco o nada influye en el resultado final.[102] Además, y sobre todo en sociedades con un débil o nulo Estado de derecho, instintivamente cada elector percibe que su decisión poco influirá en el curso de la cosa pública. Los electores suelen tomar decisiones sesgadas a su conveniencia personal, lo cual no necesariamente deriva en resultados que le convienen a la sociedad en general. Kenneth Arrow, recientemente fallecido, demostró que la regla de la mayoría puede derivar en resultados insatisfactorios y arbitrarios.[103]

Considerando estos defectos, lo lógico sería limitar la democracia con un Estado de derecho que contenga el poder de quienes nos gobiernan. Eso nos hubiera protegido durante esta última década de los abusos que se han cometido contra los derechos individuales en nombre de una supuesta soberanía del pueblo.

En nombre de la democracia, se pueden perder las libertades de las personas o recuperarlas. Los ecuatorianos tuvimos la singular oportunidad de salir del régimen autoritario de Correa con las elecciones del 2 de abril de 2017. En el momento de escribir estas líneas, un Consejo Nacional Electoral que carece de credibilidad ya proclamó a Lenin Moreno, el delfín de Correa, presidente-electo, a pesar de serios indicios de que se cometió un fraude electoral. De esta manera, Correa permanecerá en el poder a través del señor Moreno, quien iniciará su gobierno con una legitimidad sumamente mermada y que los correístas intentan ganar mediante una cacería de brujas contra aquellas personas u organizaciones que no se alineen al resultado oficial.

10

Colombia: el engaño juega sus cartas

Plinio Apuleyo Mendoza

Ciertamente, el populismo ha sido el mal endémico de América Latina. Ahora reaparece en Europa con el mismo perfil conocido en nuestro continente. Las cinco desviaciones que alimentan este fenómeno, según el analista chileno Axel Kaiser y la politóloga guatemalteca Gloria Álvarez, son, en primer término, un desprecio por la libertad individual y una correspondiente idolatría por el Estado. La segunda desviación es el complejo de víctima, según el cual los males que nos aquejan provienen de voraces oligarquías locales y de potencias extranjeras; la tercera es la paranoia antiliberal; la cuarta, el disfraz democrático que visten los regímenes populistas, y la quinta, la falsa obsesión igualitaria que sólo consigue —una vez se hacen dueños del poder— extender la pobreza a todos los niveles de la sociedad con la sola excepción de ellos.

En suma, el populismo busca ante todo eliminar la libertad económica anulando el derecho de cada individuo a gozar del fruto de su trabajo. Impone un Estado que todo lo controla y que pretende realizar una redistribución de la riqueza mediante altísimos impuestos, generando altas tasas de inflación, una creciente deuda externa, la caída de la inversión extranjera, el aumento desmesurado de la burocracia —que no impide un incremento del desempleo— y, fatalmente, la inevitable corrupción.

Hubo un tiempo en que Colombia pareció ajena a este desastroso mal en tanto que la Venezuela de Chávez, la Argentina de los Kirchner, la Bolivia de Evo Morales, el Ecuador de Correa, el Chile de Michelle Bachelet y la Nicaragua de Ortega se convertían en el emblemático modelo del engaño populista.

Varios factores propiciaron la aparición de este fenómeno en Colombia. El primero de ellos fue el masivo desplazamiento de la población rural a las ciudades creando en torno a ellas grandes cordones de miseria. Este éxodo se debió principalmente a las amenazas de los grupos armados, la extorsión, los secuestros, el reclutamiento forzado de menores, el robo de tierras, el riesgo de ser asesinados si no atendían las órdenes tanto de las guerrillas comunistas como de los grupos paramilitares. Abandonados a su suerte y convertidos en el lumpen de la sociedad, nunca fueron tomados en cuenta por el Estado y mucho menos por la clase política tradicional. Fue entonces cuando el populismo encontró un prometedor nicho electoral y la izquierda resultó ser su principal beneficiaria.

Bogotá, en manos del populismo

La senda la abrió el exdirigente sindical Luis Eduardo Garzón. Fue la primera vez que el Polo Democrático Alternativo —un partido unido a todos los matices de la izquierda colombiana— logró ganar la Alcaldía Mayor de Bogotá. Su campaña recogía temas populistas que habían hecho ya carrera en el continente, temas que hablaban de igualdad social y beneficios para los más pobres. Pero, sin duda, quien mejor auspició la entrada del populismo al país fue Gustavo Petro. Economista egresado de la Universidad Externado de Colombia, fue en su juventud miembro activo del grupo guerrillero M-19. Posteriormente, su adhesión al movimiento de izquierda llamado Polo Democrático Alternativo le permitió llegar al Congreso de la República, primero a la Cámara de Representantes y luego al Senado. Sus frecuentes y encendidas intervenciones, que recogían en un tono a veces histriónico críticas a los detentores del poder y propuestas de cambio de estirpe típicamente populista, fueron calando en el elector raso hasta el punto de que Petro renunció a su curul en el Senado para lanzarse en el 2010 como candidato presidencial en las elecciones que ganó Juan Manuel Santos.

Esta derrota no lo amilanó. Luego de retirarse del Polo Democrático, fundó con sus más fieles partidarios el Movimiento Progresista y con este soporte se presentó como candidato a la Alcaldía de Bogotá en las elecciones locales del 2011. Su victoria sorprendió a todo el país. Por primera vez un real populista, sin tapujos, puso bajo su entero control la administración de la capital para aplicar una política inspirada en los principios y seductoras promesas de atracción popular impuestas en Venezuela por su amigo Hugo Chávez.

Siguiendo su ejemplo, tomó como sustento de su gestión a la llamada clase marginal que ocupa cerros y barriadas en Bogotá, Caracas, Lima, Río de Janeiro y muchas otras ciudades de América Latina. Con escasas posibilidades de empleo y de quedar al amparo de organizaciones sindicales, para este segmento poblacional su único medio de vida, como vendedores ambulantes, se acerca a la mendicidad. Engañosamente, las estadísticas oficiales clasifican esta actividad como empleo informal. Más allá de estos sectores marginales, el discurso populista de Petro logró cautivar a otra franja de la población que se encuadra en una clase media baja expuesta a los apremios de sus reducidos ingresos económicos.

Las tendencias y prejuicios populistas de Petro se hicieron visibles poco tiempo después de haber asumido la Alcaldía Mayor de Bogotá, cuando decidió arbitrariamente que el servicio de recolección de basuras debía quedar en manos de entidades oficiales. Hasta entonces, dichos servicios venían siendo operados con rapidez y eficiencia por empresas privadas que disponían tanto de equipos como de una tecnología apropiada para tal función. El resultado de este cambio fue catastrófico. Las basuras se acumularon en las calles de Bogotá causando una emergencia sanitaria nunca antes vista.

La Procuraduría General de la Nación, después de una detenida investigación en torno a este problema, probó que las decisiones del alcalde Petro vulneraban el principio de la libertad de empresa y habían puesto en peligro el medio ambiente y la salud de los habitantes.

Siempre fiel a su propósito de aparecer como el redentor de la clase popular, no dudó en garantizarles a los sectores más pobres de la ciudad un mínimo vital de agua. Es decir, suministrarles mensualmente a tres millones de personas de bajos ingresos seis metros cúbicos de agua sin costo alguno. La medida tuvo para la Empresa de Acueducto de Bogotá un costo de 60.000 millones de pesos al año, o sea, veinte millones de dólares.

También al transporte público Petro le metió la mano. Con una rebaja de las tarifas que le restó recursos para mejorar la calidad en la prestación del servicio, buscó acreditar su imagen como la de un alcalde protector de los desfavorecidos. Esta medida, adoptada sin previos estudios, acabó lesionando la estabilidad fiscal de la administración distrital sin mejorar la calidad del servicio de transporte.

Una extravagante medida populista de Petro, encaminada a imponer la presencia del estrato popular en las zonas urbanas donde la clase alta, perteneciente al estrato seis, tiene sus residencias, fue la de construir allí, en valiosos lotes bajo su control, las llamadas Viviendas de Interés Prioritario. Era, según él, una manera de romper la brecha entre pobres y ricos, confrontando en el mismo espacio urbano sus opuestos niveles de vida, a fin de dar un nuevo sustento a su lucha política cuya suprema aspiración es la de imponer un modelo identificado con el «socialismo del siglo XXI» que ha creado una peligrosa hermandad entre los gobiernos de Venezuela, Ecuador, Bolivia y Nicaragua.

Juzgada con severidad por la opinión pública más lúcida y consciente de Bogotá, la gestión de Petro fue vista como un fracaso. Hubo desvarío en el gasto público, crecieron la burocracia, la inseguridad, el tráfico de drogas acompañado de criminalidad, la indigencia y la prostitución en zonas céntricas de la capital como en el «Bronx», al tiempo que los problemas de movilidad y transporte la hicieron una de las ciudades más caóticas del continente.

Tales desaciertos movieron a una gran mayoría de electores a buscar otro rumbo para la capital a la hora de elegir un nuevo burgomaestre. Tal propósito se cumplió en las elecciones municipales de octubre de 2015. El nuevo alcalde resultó ser Enrique Peñalosa, un abierto opositor de Petro, cuyo programa, contrario a las tesis populistas de su antecesor, se basó en el rigor administrativo y la recuperación de la ciudad en los frentes más deteriorados, como la seguridad, la salud, la educación, el transporte público y programas de integración social.

Las FARC y el populismo

¿Podría considerarse, entonces, que la amenaza populista ha desaparecido en el panorama político colombiano? Infortunadamente, no. Las elecciones presidenciales del 2018 dan campo, según las encuestas, a opciones que no son ajenas a esta tendencia. El propio Gustavo Petro aparece en ellas muy bien ubicado, nada menos que entre los dos candidatos con mayores opciones. Juegan en ello dos factores: los vastos sectores marginales que en Bogotá recibieron de su lado demagógicas prebendas lograron que en el resto del país sus pares hicieran de él un símbolo de redención de los más pobres. Es, por cierto, lo que consigue siempre el populismo dondequiera que haga su aparición.

El segundo factor que puede producir en el 2018 inquietantes sorpresas es el descontento que suscita hoy en Colombia la clase política. Muchas de sus figuras que ocupan de tiempo atrás curules en el Congreso pertenecen a los viejos partidos, y a cambio de su apoyo al gobierno esperan cuotas burocráticas y toda suerte de prebendas. Clientelismo, compra de votos, escándalos de corrupción estallan en el entorno de este mundo político y producen en el ciudadano del común la imperiosa necesidad de encontrar una opción muy distinta. Además de movimientos independientes, la izquierda ve esta necesidad de cambio como el escenario propicio para mostrarse como una opción redentora y llegar al poder. No olvidemos cuál es su perfil. Lejos de identificarse con lo que se podría denominar una izquierda de cariz socialdemócrata, la que se mueve en el paraje político colombiano se identifica ideológicamente con el legado de Chávez y su nueva versión de un marxismo tropical conocido como «socialismo del siglo XXI». El populismo es su mejor instrumento de lucha al conferir al Estado un supremo poder para redistribuir la riqueza e imponer límites a la libertad económica al señalarla como responsable de la inequidad social. En suma, si esta izquierda y los independientes logran unirse alrededor de un candidato, no es descartable que Colombia siga el engañoso camino que llevó a Venezuela a la terrible realidad que vive hoy.

Este riesgo no es ajeno a la posición asumida por el gobierno del presidente Juan Manuel Santos y los comandantes de las FARC tras la firma del último acuerdo de paz. Como es bien sabido, el aumento desmesurado del gasto público y la burocracia, el despilfarro de la renta petrolera cuando estaba en su auge, el descenso de la inversión extranjera, el crecimiento de los cultivos ilícitos de coca, el reparto de recursos financieros del Estado para obtener el apoyo de la clase política, una nueva reforma tributaria que castiga sin misericordia alguna a la clase media, y algunos sonados casos de corrupción que comprometieron a entidades públicas y funcionarios, fueron maquillados con una aparatosa propaganda oficial de altísimo costo bajo el pomposo lema de «Todos por un nuevo país». La entrega de cientos de viviendas gratis a los sectores menos favorecidos de la población colombiana fue un típico recurso populista para disfrazar la cruda realidad que atraviesa el país.

Pero el mayor aporte al populismo que campea en la izquierda colombiana será por cuenta de las FARC en cuanto entreguen las armas y se conviertan en partido político. Dueñas de los inmensos recursos que desde hace muchos años han obtenido del narcotráfico, dominan vastas regiones del país donde es débil la presencia del Estado. Desde hace unos diez años, obedeciendo a una nueva estrategia puesta en marcha por su líder de entonces Alfonso Cano, dejaron de servirse de las armas para lograr en esas zonas, por medios intimidatorios, el control de la población campesina. En vez de ello, compraron fincas y dispusieron de esas tierras para extender los cultivos de coca. Miles de campesinos asumieron esta tarea recibiendo por las hojas cultivadas, sin necesidad de desplazarse a zonas de mercado, cuantiosas sumas que ningún otro producto agrícola les había generado. Por ese medio ganaron también el apoyo de comunidades indígenas o de los llamados «afrodescendientes».

No debemos pasar por alto lo que el gobierno colombiano les ha otorgado a las FARC para facilitar su desmovilización y su conversión en partido político. El acuerdo final suscrito con ellas el 24 de noviembre de 2016 contiene puntos que les aseguran una presencia sobresaliente no sólo en zonas de nuestra geografía donde operaban como organización armada, sino en el escenario político del país. Son exigencias que la guerrilla supo imponer en La Habana.

La más inquietante de ellas fue la Reforma Rural Integral, que cubre diez millones de hectáreas de tierra dentro de las cuales no hay un real espacio para empresas agrícolas privadas, sino para comunidades campesinas controladas de tiempo atrás por las FARC. Una vez convertidas en movimiento político, éstas dispondrán de excepcionales medios para adelantar sus campañas. En primer término, un acceso a canales de televisión y estaciones de radio para dar a conocer sus propuestas y programas, y al mismo tiempo, para tal efecto dispondrán de recursos oficiales y de Centros de Pensamiento y de formación política.

Tras la dejación de sus armas, todos los milicianos de las FARC recibirán una asignación mensual de dos millones de pesos (cerca de 700 dólares). A la hora de participar en las elecciones del Congreso, se asegura a sus candidatos —cualquiera que sea el número de votos que obtengan— cinco curules en el Senado y cinco en la Cámara de Representantes.

Con estas y otras ventajas que han quedado registradas en el Acuerdo de Paz, y con los millonarios recursos obtenidos de tiempo atrás con el narcotráfico (no en vano, se constituyeron en el tercer cartel de la droga en el mundo), las FARC pueden convertirse en una influyente fuerza política colombiana. Secretos y bien calificados agentes suyos, ajenos a la lucha armada, pertenecen al Partido Comunista Colombiano Clandestino (PC3), fundado por Alfonso Cano, que ha infiltrado con éxito órganos de la justicia, organizaciones sindicales, centros universitarios, comunidades rurales y medios de comunicación. Teniendo en cuenta estas piezas secretas de su organización, con figuras relevantes en el mundo intelectual y académico, las FARC no van a cometer el error de postular como candidato en las elecciones presidenciales del 2018 a uno de sus comandantes. El elector raso en las zonas rurales y urbanas no podría pasar por alto su larga y sangrienta trayectoria en la que el terrorismo fue su arma de lucha.

Es probable, en cambio, que las FARC propicien una alianza con los diversos grupos y movimientos independientes y de izquierda para presentar en dichos comicios a una figura que no inspire recelos y que, en cambio, recoja el creciente descontento producido por la clase política y sus partidos. No es ésta, por cierto, una hipótesis descarriada. En Colombia podrán darse hoy sorpresas electorales como se han visto en América Latina y se están pronosticando en Europa.

La izquierda en Colombia no es en nada ajena a las desviaciones marxistas. Bastaría recordar su apoyo al chavismo y al régimen cubano para entender que cuando las FARC se transformen en un movimiento político hay grandes posibilidades de un acuerdo con ellas. Su mejor instrumento de lucha es el populismo. Ofrecerán combatir las desigualdades y la pobreza haciendo responsables de ellas a minorías privilegiadas y dándole al Estado todo el poder para decretar expropiaciones y repartir bienes y prebendas en los sectores donde se concentra la población más pobre. El modelo político y económico imperante de perfil neoliberal podrá eliminarse por medio de una Asamblea Constituyente, propuesta que las FARC no consiguieron imponer en La Habana, pero que sigue vigente para ellas.

En síntesis, en el confuso panorama político que hoy se advierte en Colombia, el engaño populista vuelve a jugar sus cartas.

11

Evo Morales, monarquía plebeya o monarquía lumpen[1]

Juan Claudio Lechín

El triunfador

La coronación

Sábado, 21 de enero, 2006. Sonó el celular. Era Bernardo Álvarez, el embajador de Venezuela en Washington, y amigo de adolescencia. En familia estábamos viendo, por televisión, la coronación de Evo Morales en las milenarias ruinas de Tiwanacu. La puesta en escena mostraba la inusitada metamorfosis del líder del sindicato de cocaleros en monarca. La prensa internacional y el Occidente biempensante quedaron convencidos de que el hombre de batón colorido y tocado de mandarín era un auténtico jefe indígena en contacto telúrico con su cultura ancestral. Un pope aimara lo proclamó Apu Mallku (líder supremo). Era el nuevo Túpac Amaru[2] y la reencarnación del Incarri, el mito del inca Atahuallpa regresando para vengarse.[3]

Pese a la apariencia de sainete, la ritualidad tenía más relación con la «unción a la manera de los Reyes del Antiguo Testamento, confiriéndole al soberano franco el beneficio de una sacralidad divina legitimada por la Iglesia»;[4] en los hechos estaba adquiriendo la doble condición carolingia de *rex et sacerdos*,[5] una jerarquía que debe garantizar el equilibrio entre el pueblo y la Iglesia (hoy el partido-ideológico).

El coronador tenía un inalterable gesto de gravedad, aunque en su gorro vernacular llevara bordado un sol sonriente. Cinco años más tarde fue detenido en posesión de 240 kilos de cocaína.

—Juan, acabo de leer en *El Nacional* de Venezuela tu artículo contra Evo —me dijo Bernardo Álvarez—. Por favor, te lo pido, no te metas. Esto es muy grande. Ni tu imaginación de escritor lo puede dimensionar.

Le expliqué mis razones. Él hizo silencio.

La investidura presidencial

Al día siguiente, en acto oficial, el Congreso nombró a Morales presidente de Bolivia. Fue la estrella hasta recibir la banda presidencial, luego Hugo Chávez se robó el show. El venezolano rompió el desfile militar, llegó tarde a Palacio Quemado, asomó su cabeza entre los hombros de los flamantes presidente y vicepresidente que se presentaban por primera vez ante el pueblo, se acuñó entre ambos, se metió y terminó en posesión del centro del balcón. Quedó claro el escalafón. Morales y García Linera eran alfiles. El modelo político-militar del «socialismo del siglo XXI» se había instalado en Bolivia.

La chompa de Evo

Unas semanas antes, Chávez le prestó un avión para que Morales visitara a aliados y a acreedores. Fue a China, Cuba, Venezuela, Brasil, a la España de Zapatero y a un par de países europeos.

En cada encuentro protocolar, vistió con calculada austeridad proletaria, era «el presidente indígena», un auténtico pobre, una víctima que se sobreponía desde el fondo de la historia. Al palacio de la Zarzuela se presentó con un suéter a rayas coloridas de lana acrílica que los medios de comunicación rebotaron por doquier, acrecentando su fama. Mimético, se comportó en todos los casos con huidiza humildad y habló en parábolas: «queremos socios, no patrones»,[6] dijo. Los analistas internacionales —sin analizar mucho— hicieron la automática equivalencia de Bolivia con el apartheid surafricano y Morales fue el Mandela indio.

El monumental apoyo, a partir de su indianidad y su suéter, lo elevó al sitial de estadista global. Sin este apoyo, tan irresponsable como arrollador, su proyecto absolutista no hubiera sido tan devastador. Intelectuales del primer mundo acudieron a Bolivia a vivir el ensueño indigenista, teñido con el idilio cinematográfico del indio sabio y natural. Intelectuales bolivianos en calidad de conocedores vivenciales de la buena nueva del «presidente indígena» dieron clases y dictaron conferencias en universidades extranjeras.

La polarización, la sangre blanca

No bien ganó la elección, Morales polarizó la sociedad entre indios y *k'aras* (blancos) y alzó su bitácora populista con el nombre de «proceso de cambio»: nueva constitución, nacionalizaciones, bonos, expulsión de la DEA y USAID, elecciones y referéndums y otros. En apariencia era un *estilo político*,[7] en lo real estaba declarando una guerra (y lo dijo para quien quiso entenderlo).

Primer año

La reingeniería institucional

Morales hizo un baluarte «liberado» del macizo andino, donde había ganado ampliamente. Reprimiría con exagerada violencia cualquier asomo de oposición y, desde allí, comenzaría su guerra de baja intensidad. El segundo año avanzaría contra el *hinterland* del país, contra la tropical Media Luna.

Copamiento del ejército

Martes, 24 de enero, 2006. Aún no estaban fríos los platos del banquete de entronización (parafraseando a Hamlet) cuando acudió el alto mando militar a presentar sus saludos protocolares al nuevo presidente, en el Palacio Quemado. Los generales estaban con uniformes de gala, las esposas e hijas de peluquería. Esperaron horas. El presidente no bajó. Las sonrisas se fueron secando y las posturas se arquearon. Al cabo, entró un edecán. Inexpresivo les informó que por el decreto presidencial n.º 28604 eran removidos pues había en curso una investigación criminosa contra ellos sobre unos misiles desaparecidos. La coartada mediática haría titulares, sumergiría a la sociedad en discusiones enconadas y luego se evanescería. Método que se repetiría sin cesar.

Las protestas e insultos no ofendieron al emisario. Éste les señaló las escaleras. Mientras los generales y sus familiares bajaban en medio de un caos interior de incredulidad y enojo vieron, en el *hall* central de palacio —por donde pasarían en unos peldaños más—, la juramentación del nuevo Estado Mayor militar. La presidía Morales, estaba el gabinete en pleno, la prensa nacional y extranjera y los juramentados: generales de tres generaciones más bajas; le debían a Morales y al «proceso de cambio» su repentina promoción.

El general Marco Antonio Vásquez, del bando de los despedidos, vociferó que Morales no estaba respetando la línea de ascensos. El servicio secreto lo rodeó y lo sacó, esta vez a empujones. Desde las sombras, el director del montaje estaría, sin duda, satisfecho pues había logrado provocar reacciones genuinas y el mensaje que la prensa transmitiría sería contundente: o se sometían o serían barridos.

En dos periquetes controlaron el ejército. Indudablemente fue un plan bien preparado y mejor ejecutado. En adelante, el Alto Mando militar sería cambiado cada año, luego de que los promocionados hicieran cursos de oficialidad en Caracas y La Habana. El mismo ejército que derrotó al Che Guevara gritaría, cada mañana, a la usanza cubana: «Patria o muerte. Venceremos».[8]

Morales diría en el 2013: «Las Fuerzas Armadas de la Alianza Bolivariana para los Pueblos de Nuestra América (ALBA-TCP) deben estar integradas en un bloque estratégico que contribuya a la paz regional, deberán defender la soberanía regional de cualquier intervención imperial».[9] Se refería a un proyecto militar regional que está supeditado al mando supranacional de Cuba y no para enfrentar a los Estados Unidos sino a la oposición interna. En el 2015, UNASUR[10] crearía la escuela militar de adoctrinamiento en Ecuador.

«Todo militar nacionalista es antiimperialista y anticapitalista», diría Morales en el 2016 durante la inauguración de la Escuela Militar Antiimperialista confirmando la ruptura militar con Occidente. Ideológicamente migraba, como Stalin, del «internacionalismo proletario» al nacionalismo-socialista del fascismo europeo.

Nacionalización de Petrobras

Martes, 2 de mayo, 2006. Morales nacionalizó Petrobras.[11] La sola palabra «nacionalización» enciende en Bolivia un sentimiento patriótico que viene de la nacionalización del petróleo (1937), de la Gulf Oil (1967), y, claro, de la nacionalización de minas de 1952. No eran iguales, sin embargo. Las nacionalizaciones de Morales forjaron una revolución ultra-conservadora, las de 1952 hicieron una revolución modernizadora. La academia descuida hacer esta distinción.[12]

Morales, en persona, presidió la marcha para tomar la refinería de San Alberto de Petrobras. Iba tocado, esta vez, con un alusivo casco de la empresa boliviana de hidrocarburos (YPFB). Lula da Silva, presidente del Brasil, no hizo clamorosas protestas. Más bien premió al travieso indígena con un incremento considerable del precio del gas que Brasil le compra a Bolivia. Fue un apoyo formidable de liquidez al proyecto de Morales. Y por si fuera un gesto magro, el Banco Nacional de Desarrollo brasilero (BNDES) dio créditos para la construcción de carreteras. Las ejecutó OAS, la constructora luego involucrada en escándalos internacionales de corrupción. Las agencias de cooperación venezolana y brasilera activarían mucho[13] para la sujeción de Bolivia.

Copamiento electoral

Martes, 7 de febrero, 2006. El Banco de Desarrollo de Venezuela donó seis millones de dólares para el Plan Nacional de Identidad (PNI) en zonas rurales.[14] Era el equivalente a la «carnetización express» venezolana destinada a multiplicar el voto de su militancia. Tomaron las oficinas de Identificación Nacional y fraguaron un nuevo padrón electoral. Jimena Costa y Ninoska Lazarte, diputada nacional, denunciarían «este fraude con abundantes pruebas pues votaron muertos y nonatos y existieron diversos nombres para el mismo registro».[15] Meses más tarde se hicieron de la Corte Nacional Electoral.

En las zonas indígeno-campesinas crearon la novedad del «voto comunitario» donde un dirigente del MAS,[16] recurriendo a gráficos en una pizarra frente al ánfora, le indicaba al votante cómo marcar su voto. Fue avalado por Eduardo Stein, el observador de la OEA. Las comunidades indígenas no protestaron por el escamoteo del voto. Estaban más atentas a los cheques venezolanos que el presidente Morales repartía apoyando el programa «Bolivia cambia, Evo cumple». En un par de años aprisionaron los engranajes del voto: la ley, la corte electoral, el padrón, carnetización, compra de medios de comunicación, etcétera.

Copamiento de la prensa

Rafael Ramírez, periodista de *La Prensa*, tenía el desamparo de un penitente ante el Santo Oficio. Desde una tarima de ocasión, el presidente indígena le indicó pararse a su lado y lo acusó de fraguar un titular de prensa en su contra. Mezcló humillaciones con miradas de togado[17] y cuando el periodista se quiso defender lo silenció con un dedo apocalíptico y le indicó marcharse. Nunca más ingresaría a palacio a cubrir la noticia.

Según la Sociedad Interamericana de Prensa, en tres meses hubieron «46 agresiones físicas verbales a los periodistas». [18] En el 2008 se registraron 117 agresiones contra periodistas.[19] Entre el 2010 y el 2016,[20] en promedio, 60 por año. Morales, envalentonado por el estilo Chávez, llamó «gusano cubano» a Ismael Cala y «delincuente confeso» a Fernando del Rincón, ambos de una CNN parcializada a su favor cuando comenzó su gobierno.

El agravio verbal sería un lado terso. Fernando Vidal, director de Radio Popular de Yacuiba (frontera con Argentina), estaba denunciando, en vivo, el contrabando millonario, sobre todo de harina, que realizan grandes empresas del oriente boliviano en sociedad con el gobierno, cuando un grupo de encapuchados entró al cuarto de transmisión, lo rociaron con gasolina y lo quemaron.

Para el copamiento mediático le quitaron publicidad gubernamental a los medios neutrales, fortalecieron los oficiales, no renovaron licencias de transmisión, compraron medios con apoderados vinculados a Chávez, como el venezolano Carlos Gil, y abrieron un sinfín de radios: Patria Nueva con treinta emisoras en el campo, Redes de Pueblos Originarios (RPO), Jallalla Coca, Orinoca, Kabudari y muchas otras. Promulgaron una ley contra el racismo y la discriminación. Sirvió para camuflar «un gravísimo atentado contra la libertad de expresión de los bolivianos».[21]

Narcotráfico

El primer año de gobierno se registraron setecientos vuelos desde aeropuertos secundarios bolivianos hacia Venezuela. Era inusual. El Informe Mundial sobre Drogas 2010 de Naciones Unidas dio la información (luego adormecida): «Entre 2006 y 2008, más de la mitad de los envíos de cocaína por vía marítima con destino a Europa que fueron detectados procedía de la República Bolivariana de Venezuela».[22] La frecuencia de vuelos con destino a Venezuela, ¿sugería un negocio ilegal entre gobiernos amigos? Según *Insight Crime*, Bolivia es el nuevo epicentro del narcotráfico en Suramérica.[23] Al parecer, la caída de los precios de las materias primas no impactará al sector del narcotráfico pues la renta de una hectárea de coca es de cuarenta mil dólares mientras la hectárea promedio del resto de los cultivos es de mil dólares.[24]

Resultados del primer año

El régimen polarizó el país y mostró simultaneidad, velocidad y precisión cirujana en las acciones emprendidas. Morales y su gente no mostraban capacidad para, en un año, controlar las fuerzas armadas, la prensa y las relaciones internacionales; transmitir una propaganda impecable; crear una potente narrativa indigenista; desplegar movimientos sociales en todo el país; tomar identificación nacional; carnetizar; controlar el padrón electoral; someter sindicatos; ganar las elecciones de la Constituyente; nacionalizar el petróleo; y sembrar, con maestría, focos territoriales para, a partir del siguiente 2007, ocupar el resto del país.

Eran más bien *pajpakus*.[25] La mediocridad y la indisciplina habían gobernado sus vidas. Aunque audaz y feroz, Morales era un experimentado bloqueador de rutas. Juan Ramón Quintana, su más desalmado ministro, fue echado del ejército, cuando capitán, acusado de contrabando y de robar una pistola. El «intelectual» vicepresidente, García Linera, asaltó un vehículo de remesas y fue atrapado a las pocas semanas. La súbita eficacia, más bien, coincidió con la llegada de militares venezolanos y miles de asesores cubanos: cocineros de palacio, guardaespaldas, personal de inteligencia, educadores, médicos y deportólogos.

No es una metáfora la mención de *rex et sacerdos*. El caudillo populista, una vez caudillo-rey, concentra en su cuerpo simbólico a numerosas instituciones y significados, como muestra la siguiente formulación de igualdades:[26] caudillo-rey = Estado = patria = leyes = pueblo = historia épica = porvenir (futuro) = ideología = revolución = redención = padre simbólico = justicia = héroes patrios. No se trata de dictadores comunes. Encarnan las mentalidades que perviven en el inconsciente colectivo y hacen modelos retrógrados.

Años previos (1985-2005)

Año 1985. Vi por primera vez a Morales en la masiva huelga de hambre convocada por la Central Obrera Boliviana (COB) contra el paquete económico estabilizador del gobierno de Paz Estensoro de 1985. Los huelguistas fuimos apresados y confinados a la Amazonía boliviana. No vi más a Morales. Tal vez se escabulló.

Paz Estensoro cerró las minas del Estado y «relocalizó» a los trabajadores mineros, dándoles dinero para que pudieran reciclarse en actividades privadas urbanas. Sesenta mil mineros se derramaron en el país. Unos compraron taxis, otros prestaron plata y fueron estafados, y muchos se volcaron hacia el trópico de Cochabamba, a sembrar piña y banana que promovían las agencias internacionales. Pronto supieron que la hoja de coca era más rentable. Es consumo tradicional indígena, pero también insumo de la cocaína. La ley 1008 establecía una cuota para el «consumo tradicional», el resto debía ser erradicado. Los cocaleros se organizaron para proteger sus cultivos lindantes en lo ilegal. A las federaciones cocaleras, siendo carteles, la despistada politología les llamó «sindicatos», heredándoles inmerecidamente la gloria sindical del reciente pasado.

Año 1998. Evo Morales se presentó en el departamento de Juan Lechín Oquendo, el líder histórico de la COB y de los trabajadores mineros. Acababa de retirarse después de medio siglo de lucha, prisiones y exilios.

—Te noto muy guerrillerista... —le dijo el viejo líder luego de escucharlo un rato.

Le aconsejó escuchar «a las bases» y luchar por sus derechos. Rememoró su propia historia, de cuando con Rolando Requena tomó el Estado Mayor coronando la revolución de 1952 que acabó con la servidumbre del indio...

—Aváleme, compañero Lechín —le pidió Morales—. Con su apoyo ganaré las elecciones de las federaciones cocaleras, son exmineros y lo recuerdan con respeto.

—Pero ¿esa coca no será para el narcotráfico?

—Los mineros somos gente pobre pero correcta, usted sabe. Es coca para consumo tradicional —levantó un dedo premonitor.

Lechín aceptó. Creyó o quiso creer que el minero, con quien hizo pasajes épicos de la historia boliviana, tenía virtudes morales intrínsecas. Gracias al espaldarazo de Lechín, Morales ganó la elección de las Federaciones del Trópico de Cochabamba. A la semana, hizo declarar a Lechín Oquendo «enemigo de la clase campesina».

Como guía alternativo, Morales buscó a Filemón Escóbar,[27] otro renombrado exdirigente minero que sería el organizador e ideólogo de las federaciones y del MAS.

La coca del Chapare es, sobre todo, para el narcotráfico. Los cocaleros enfrentaron a la policía antinarcóticos y a la DEA con bombas cazabobo, bloqueando carreteras y articulando un discurso antiimperialista, letanía social que varias ONG europeas creyeron y financiaron.

El Partido Comunista de Cuba y el Partido de los Trabajadores (Brasil) organizaron el Foro de San Pablo (1989) destinado a reorganizar un proyecto continental, ya no guerrillero, sino de apariencia democrática. Detectaron a Chávez cuando dio su golpe. Apenas salió de prisión, en 1994, Fidel Castro lo recibió con pompa en La Habana. Morales también fue detectado e invitado discretamente ese mismo año. Volvió cambiado. Donde había sido guerrillerista se postuló como diputado de la Izquierda Unida, un frente del partido comunista.[28] Fue elegido diputado en 1997. Quiso continuar con un proyecto político propio y compró un partido de la falange boliviana, heredera de la rancia falange española, pero debidamente inscrito en la corte electoral: el Movimiento al Socialismo (MAS). Fue una operación costosa.

Año 2000. Un día, el teniente de policía David Andrade y su esposa desaparecieron en el Chapare. La principal testigo, Nancy Fernández Caero, declaró haber presenciado los asesinatos[29] y aseguró que Evo Morales ordenó la ejecución. Estando muy desprestigiado, el Congreso inició su desafuero. Morales hizo una mimética victimización que resonó con fuerza a nivel internacional y el desafuero no prosperó. Tiempo después, Filemón Escóbar, su mentor, diría: «Morales participó en una reunión de 200 personas, en Villa Tunari, donde se habría resuelto el asesinato de los esposos Andrade».[30] Hay otros desaparecidos: los oficiales Lazarte, Veramendi y Arroyo; y fueron muertos, por disparo, el sargento Chambi y los soldados Antacagua y Mercado.

Año 2002. En las elecciones generales, Morales sacó un insospechado segundo lugar, a escaso medio punto del ganador. ¿Cómo pudo un partido del confín del Chapare selvático casi ganar las elecciones sin tener una organización nacional ni siquiera solamente urbana? Con un mayor bloque parlamentario, aumentó el hostigamiento a la agonizante institucionalidad «neoliberal».

La antena del caudillo

El caudillo populista es generalmente un ser vacío de convicciones. Su patológica ambición de poder está movilizada por una gran voluntad (*Triumph des Willens*)[31] y orientada por una antena intuitiva (un pragmatismo natural). Su antena capta lo obvio, la inequidad, la injusticia, el antisemitismo, pero fundamentalmente los traumas del inconsciente colectivo. Y, cuando lo hace, el caudillo mesiánico se vuelve espejo del alma colectiva y la colectividad se mira en él, reconociéndose y encantándose. Este narcisismo popular genera una devoción masiva. En el año 2003, detectó el creciente indigenismo y se declaró indigenista. En ese momento se transformó de político en mesías.

Las luchas populares de la Bolivia del siglo xx habían sido «obreristas», sindicales, por los derechos ciudadanos, no por una raza. Al languidecer el sindicato, en los años noventa, el espacio ideológico fue ocupado por el indigenismo, un pensamiento (o sentimiento) reflotado y replanteado desde el virreinato.

En el Censo Nacional de Población (2001), el 62 por ciento de los bolivianos declararon considerarse indígenas. La encuesta había sido truculenta. El antropólogo jesuita Xavier Albó influyó para que se excluyera la «autodefinición racial» de «mestizo», de tal manera que quedaron sólo blancos e indígenas. En esta disyuntiva, la gente se pronunció indígena y empezó a revelarse este nudo del inconsciente colectivo. Morales lo captó y se proclamó indigenista sin haber tenido inquietudes indigenistas previas ni hablar ninguna lengua nativa. Al encarnar este maniqueísmo social que latía en las hondas mentalidades, cosechó una adhesión cada vez más creciente y emotiva.

La infantilización del indio

El indigenismo creado por el pensamiento escolástico del siglo xvi fue un pensamiento revolucionario. Protegió al indio de la esclavitud y del exterminio que posteriormente harían los ingleses en Norteamérica y antes hicieron los españoles en Canarias y el Caribe. El otro efecto del indigenismo es que infantilizó al indígena, lo consideró «en estado de ingenuidad». La corona española concibió una importante legislación indiana para proteger a los indígenas e hizo una autocrítica sobre la conquista, única en la historia de los imperios. Inglaterra y Francia, en su lucha interimperial contra España, convirtieron esa autocrítica española en la Leyenda Negra que aumentaría la sensación de oprobio a una conquista del final de la Edad Media.

En el siglo XIX, el indigenismo ya era, sin embargo, un pensamiento reaccionario debido al surgimiento de la categoría de pueblo ciudadano, una categoría universal y no reducida a la raza.

Al fundarse Bolivia fue dos repúblicas, una ideal y otra real. En la república ideal, el indio era un ícono de la nueva identidad. En la república real, las élites criollas le bloquearon al indígena el proceso de ciudadanía (que harían los sindicatos en el siglo XX). Además, abolieron sus élites, le quitaron las tierras que los españoles habían respetado y lo mantuvieron en condición de siervo tributario, llamado *pongo*. Recién la revolución de 1952 les devolvió la tierra y los liberó de la servidumbre.

Debido a esa larga historia de fingimientos (y traumas), la cosecha de Morales al declararse indigenista fue abundante. Más aún, colectó los estereotipos de explotado de la lucha de clases, campesino, antiimperialista, anticapitalista y revolucionario. Aunque estas categorías no tienen mucha relación entre sí, el todavía fuerte pensamiento de raigambre marxista —usado por este populismo, a su favor— los embolsó en el mismo saco ideológico y fueron aceptados sin titubeo. Con estas validaciones, Morales quedó autorizado a vengarse. No se difundió que era mediano propietario de un cultivo ilegal.

Año 2003. En octubre dimite el presidente Sánchez de Lozada, pero la agitación social continúa hasta que el segundo sucesor constitucional convoca a elecciones anticipadas. ¿Una experimentada sala situacional extranjera aconsejó y administró la conmoción? Filemón Escóbar asegura: «Mi error fue entregar el MAS a agentes cubanos».[32]

En el 2005 Morales ganaría las elecciones y comenzaría una revolución, sin embargo, ultraconservadora, antiliberal y antimoderna. Enarbolar un trauma del pasado y presentarlo como alternativa futura ha creado, en la reciente historia, monarquías decrépitas con rótulos ideológicos. Como cada populismo tiene raíz en su propia historia, en su propia cultura y en sus propios traumas, sus monarquías parecen diferentes. Por su distinta apariencia, la academia les ha dado distintos nombres.

Segundo año

Hacia la conquista territorial

«Media Luna» se le llamó a la zona tropical que agrupaba seis de los nueve departamentos y dos tercios del territorio boliviano. Luego de décadas de luchas regionales, conquistaron las autonomías regionales: descentralización administrativa y el derecho a elegir prefectos departamentales. Cuando Morales subió, lo desafiaron. La Media Luna era el nuevo polo económico del país y un fuerte rival. Morales la demonizó: «racista», «separatista», la llamó. Desde lo invisible, preparó movimientos sociales para agredirla.

El movimiento social tiene la inigualable capacidad de crear legitimidad por encima de la ley. Por ejemplo, al invadir una propiedad o agredir a un contrarrevolucionario. Como parece pueblo desamparado y movilizado por un dolor reivindicativo, la academia del primer mundo tipifica elogiosamente al régimen de Morales por representarlos. Morales y sus asesores hicieron de ellos una tropa dirigida por una militancia entrenada. El movimiento social, en Bolivia, fue alegórico y le cortó corbatas a transeúntes, alegando ser un símbolo colonial, o generó terror degollando perros ante la televisión o golpeó a opositores, pero su mayor utilidad sería de ejército asimétrico.

Para administrarlos, se creó el Viceministerio de Coordinación de los Movimientos Sociales, algo parecido al Ministerio de las Corporaciones del fascismo italiano.

Cochabamba. Jueves, 4 de enero, 2007. Puntual, apenas comenzó el año, un contingente de veinte mil cocaleros del Chapare ocuparon la ciudad. Los había formado,[33] entre otros, Marcos Calarcá de las FARC. Decididos a sacar al alcalde electo, Manfred Reyes Villa, integrante de la Junta de Gobernadores de la Media Luna, los cocaleros hicieron desmanes por calles y plazas. Varios ministros acudieron a instigar la polarización. Entonces la ciudadanía decidió realizar una marcha de protesta. Personalmente les advertí a varios marchistas que los cocaleros estaban respaldados por una organización militar. Pero los cochabambinos tenían la paciencia colmada y ningún razonamiento era disuasivo.

Jueves, 11 de enero, 2007. La marcha ciudadana (donde había niños y ancianos) llegó a la plaza de Las Banderas. Nadie se percató de que allí ya había el cuerpo de un indígena muerto. Los cocaleros evitaron el choque inicial y huyeron casi sin ofrecer resistencia. La vanguardia joven de la marcha corrió hacia la plaza principal, a tomarla. Con un movimiento envolvente, los cocaleros aparecieron por las calles laterales y cortaron la marcha en dos. La vanguardia fue arrinconada y golpeada. La retaguardia huyó desordenadamente. Los cocaleros (¿o militares profesionales?) realizaron una persecución selectiva. Amenazaron con quemar la casa donde se escondió Cristian Urresti, un menor de dieciséis años y sobrino del secretario de la alcaldía. Cuando salió, lo mataron a machetazos. En un árbol colgaron del cuello su cadáver. La siniestra obra creó terror, como el tiro en la cara que los francotiradores disparan a los manifestantes venezolanos. Pero fue otra muerte la que hizo titulares: el cocalero pacífico, asesinado a balazos en la plaza de Las Banderas. Bajo este manto mediático, los cocaleros quemaron la alcaldía y el burgomaestre terminó asilado. Luego se supo que el cocalero de la plaza de Las Banderas ya estaba muerto cuando lo plantaron. Su orificio de bala no tenía sangre.

Pando. Domingo, 9 de septiembre, 2007. Dos federaciones de campesinos (recientemente relocalizados en la zona) y un grupo de choque se dirigían a Cobija, capital de Pando, a ocuparla «pacíficamente». El prefecto electo envió al ingeniero Pedro Oshiro hacia Porvenir, un poblado cercano, con la instrucción de cavar una zanja en la carretera para impedir el paso de los atacantes y evitar la confrontación. Asesinaron al ingeniero Oshiro en el sitio. Los pobladores de Porvenir salieron a repeler la agresión con escopetas de caza. El resultado fue quince muertos y cuarenta heridos, en ambos bandos. La noticia reverberó internacionalmente[34, 35] llevando la versión del gobierno: un grupo de campesinos de camino a un congreso sindical fueron muertos por orden del prefecto Fernández. El ejército lo apresó inmediatamente y sin trámite judicial. En su lugar, Morales nombró a un militar.

La red continental del «socialismo del siglo XXI» se activó y UNASUR nombró a Rodolfo Mattarolo, exguerrillero[36] y funcionario de derechos humanos, para dirigir una investigación que confirmó la versión del gobierno. Al finalizar su tarea, lo enviaron a Haití con el sueldo multiplicado.

Los dos primeros años fueron cruciales para instalar su estrategia. En adelante, Morales avanzaría sobre terreno preparado.

Septiembre, 2008. Santa Cruz fue invadida, masiva y «pacíficamente», por campesinos y cocaleros afines al MAS. Venían, sobre todo, de los focos cercanos: San Julián, El Trono, Yapacaní. Los cruceños no reaccionaron y no hubo violencia. Ésta llegaría después.

En Sucre, movimientos sociales de los valles aledaños hostigaron durante dos años a Sabina Cuéllar, la indígena prefecto. Consiguieron destituirla. Fue condenada a prisión. Morales nombró al sucesor. También logró destituir a Mario Cossío, prefecto elegido de Tarija.

Abril, 2009. Finalmente, el régimen ensambló la operación para desmontar al bastión de la Media Luna. Un mercenario húngaro-boliviano de nombre Eduardo Rózsa-Flores y su grupo se infiltraron en un sector políticamente ingenuo de la oposición empresarial de Santa Cruz. Insufló actitudes guerreras y se fotografió portando fusiles con jóvenes de la localidad. Un día, la policía «detectó» a un grupo terrorista que había perpetrado un atentado contra la casa del cardenal. Se produjo un tiroteo y murieron tres irregulares: Rózsa-Flores y sus dos asociados.

El fiscal encargado, Marcelo Sosa, encontró las fotos con armamento en el celular del húngaro-boliviano muerto, simuló sorpresa y desató una caza de brujas contra la oposición autonómica regional, acusándola de urdir un plan para separarse de Bolivia por vía de la violencia.[37] La noticia se volvió internacional[38, 39] y, bajo este manto mediático, el fiscal ordenó la captura, sin el debido proceso, de decenas de opositores. Desarticulada la oposición cruceña, salió la denuncia de que Rózsa-Flores era un agente contratado por el gobierno para armar la celada contra los autonomistas. En su cuarto de hotel, a él y a sus asociados los ejecutaron.

Asimismo, los acreedores castristas instigaron un interminable juicio al cruceño Gary Prado, el militar que apresó al Che Guevara.

En general, la criminalidad, los cortes de luz y de agua aumentaron constantemente. La oposición, como en Venezuela, no percibe que son políticas de Estado destinadas a golpear el ánimo social.

El asesinato como desarmador político

Hubo otros casos de muertos (producidos o casuales) que generaron un escándalo mediático, bajo cuyo paraguas el régimen apresó extrajudicialmente a importantes enemigos.

— Santos Ramírez. Unos «asaltantes» mataron al joven empresario Jorge O'Connor, en enero del 2009, y le robaron medio millón de dólares. Inmediatamente detonó la noticia internacional[40, 41] y la nunca tan diligente policía descubrió que el crimen era por un entuerto de corrupción que involucraba a Santos Ramírez, el sólido rival de Morales dentro de su partido y presidente de la estatal petrolera (YPFB). Ramírez fue apresado sin el debido proceso.

— Cooperativistas mineros. Esta revolución ultraconservadora se devoraría a otro de sus hijos en agosto del 2016. Durante el período de alza de precios de los minerales, Morales le entregó importantes concesiones a ciento cincuenta mil cooperativistas a cambio de apoyo militante. Cuando los precios bajaron, los cooperativistas pidieron ayuda al presidente-líder. Morales no respondió. Los cooperativistas bloquearon carreteras. Se pensó que, siendo un enemigo tan numeroso y combativo, podía derrocar al gobierno. El viceministro Rodolfo Illanes acudió al punto del bloqueo con el fin de negociar y fue retenido. Por celular, llamó varias veces a sus superiores pidiendo ayuda (ver video).[42] Horas después fue asesinado. La noticia hizo titulares internacionales.[43, 44] Con tres decretos presidenciales y ninguna protesta, Morales revirtió las concesiones mineras de los cooperativistas. Sus dirigentes fueron apresados sin el debido proceso. Se acabó la amenaza. Hubo un solo detenido por la muerte del viceministro.

La constituyente y la nueva Constitución

Desde el principio de su gobierno y siguiendo la ruta chavista, Morales anunció que cambiaría la Constitución. Su objetivo central era reelegirse y colocar dispositivos constitucionales para concentrar el poder. En las elecciones de constituyentes (2006) no obtuvo los dos tercios necesarios para legalizar su nueva constitución. Tuvo que amañar una interpretación jurídica y la hizo aprobar con el 51 por ciento de los constituyentes, al interior de un cuartel, luego de producir tres muertos y numerosos heridos en la represión de la zona La Calancha. En repudio a estos atropellos, un grupo de ciudadanos hicimos una huelga de hambre que se volvió masiva. El gobierno envió a un movimiento social a dinamitar la puerta lateral de la iglesia de San Francisco, donde realizábamos la protesta. Como no pudieron atraparnos, se conformaron con quemar festivamente nuestras frazadas y colchones ante las cámaras de televisión.

La nueva Constitución fue promocionada como indigenista y plurinacional. Dijeron que la redactó un *jamboree* participativo de movimientos sociales, ONG y jóvenes letrados. En realidad fue hecha por el Centro de Estudios Políticos y Sociales (CEPS) de Valencia (España) de Rubén Martínez Dalmau y Roberto Viciano Pastor, expertos en constitucionalismo cubano. Anteriormente hicieron la Constitución bolivariana de Chávez. Al terminarla se quedaron en el palacio de Miraflores los *juniors* de esa organización: Pablo Iglesias, Íñigo Errejón y Juan Carlos Monedero. Años más tarde, fogueados y financiados, harían su ingreso rutilante en la política española.

Martínez Dalmau y Viciano Pastor también pergeñarían la Constitución ecuatoriana de Rafael Correa. Las tres cartas magnas —la de Venezuela, Bolivia y Ecuador— se divulgaron como autóctonas. En lo medular buscaban legalizar dictaduras democráticas con reelección del caudillo y concentración del poder. Eran «proyectos incompatibles con el Estado de Derecho».[45]

7 de febrero, 2009. Entró en vigencia la nueva Constitución de una Bolivia ya no republicana, sino rebautizada como Estado Plurinacional.

Populismo, fascismo y comunismo

La etimología de la palabra «populismo» (*populus*-pueblo e *ismo*-doctrina), doctrina del pueblo, tiene su componente de inexactitud pues culpa al pueblo por los regímenes autoritarios que consiguen seducir su apoyo. La Constitución norteamericana también es una doctrina del pueblo y no es autoritaria. Dice «We the people...». Hay académicos que aumentan la confusión al usar la palabra «populismo» para hacer microteoría[46, 47] política. La mayor virtud de la palabra «populismo» es que engloba al fenómeno de los autoritarismos que nacen con apoyo popular, sin provocar prejuicios como cuando se usan las palabras «fascismo» o «comunismo».

Estabilización del modelo

Tiempos de abundancia

2010. Con la subida del precio de las materias primas, el ingreso nacional llegó a triplicarse. La burguesía mercantilista que solía combatir a Morales empezó a apoyarlo y las resistencias regionales disminuyeron. El manejo macroeconómico del gobierno fue riguroso, incluso fondomonetarista, y los bolivianos tuvieron la sensación de bienestar, a pesar de la enorme corrupción, la bajísima ejecución presupuestaria (entre 2011-2015, osciló entre el 25 y el 51 por ciento)[48] y una inversión pública desastrosa: «El gobierno gastó tres veces más en césped sintético, coliseos y estadios que en mejorar la salud y la educación».[49]

Octubre, 2011. A Morales se le dificultó el nombramiento de los altos jueces. Organizó la treta de hacerlos elegir por voto popular. Ganó las elecciones e impuso magistrados. Nunca más se volvió a repetir este procedimiento. Había hecho la reingeniería que necesitaba.

Las innumerables protestas, a lo largo de su gobierno, han sido sofocadas, muchas veces violentamente, como la masiva marcha de indígenas del TIPNIS.[50, 51]

La propaganda, la fe populista

Al subir al gobierno Morales empezó a perorar durante horas. Reflexiones y consejos acerca de todo, siempre adobado con la fe social redentora del caudillo populista, resabio del formato medieval de *rex et sacerdos* que era «predicador y garante de la ortodoxia».[52]

Pero Morales dice demasiados dislates y es mofa internacional. Para validarlo le tramitaron muchos doctorados *honoris causa* de universidades ideológicamente afines.[53] Estos títulos lo enaltecieron ante su público objetivo, el campesinado, y burla no hizo mella. La sociedad opositora, entre tanto, agota fuerzas burlándose de Morales. En cambio, el régimen demuele al opositor con insultos, amenazas y el control de redes sociales.

Son tareas de la propaganda populista precautelar la imagen del caudillo, desmoralizar al enemigo y proclamar la fe social. En Bolivia ha sido muy efectiva, tanto que incluso los instruidos creen en las exageradas virtudes de Morales y van olvidando sus patologías como el rodillazo que le propinó en los testículos a un jugador del equipo contrario (ver video).[54] Esta propaganda polariza, sin descanso. A tiempo de estresar, señala la conversación del país. Bien con *divertimentos* —reclamos en La Haya sobre la reivindicación marítima, escándalos amorosos, chismes, juicios y alarmas—, o bien con discusiones ideológicas: el indigenismo, izquierda/derecha, el imperialismo. La oposición (política y social) sube a esa rueda de hámster, validando al régimen y haciendo esfuerzos por no darse cuenta de los reiterados embustes mientras combate empeñosamente contra celadas previamente urdidas en las cuales volverá a perder.

La excepción fue el referéndum del año 2016, donde Morales perdió. El pueblo no quiso que postulara por cuarta vez y el fraude no pudo ocultar el masivo rechazo. Tesonero y feroz, el cocalero busca habilitarse con una reinterpretación constitucional o renunciar unos meses antes.

***

Bernardo Álvarez tuvo razón. El socialismo del siglo XXI es más grande de lo que pude imaginar. Entre la transnacional político-militar, que es la Cuba de los Castro, el dinamismo carismático de Chávez, la apariencia moderada de Lula y Rousseff, los incalculables fondos del petróleo venezolano, del brasilero, de las constructoras brasileras, las inversiones chinas y rusas, el apoyo iraní y el dinero de los países que capturaron, pudieron corromper, asesinar y destruir tanto que el pasado más abyecto parece honrado.

Con el manual castrista de reclutamiento: «dinero, ideología, chantaje o el ego»,[55] alinearon y pervirtieron intelectuales, escritores, artistas, funcionarios internacionales, periodistas, empresarios y políticos, y con su ayuda secaron países mientras los depredaban. Condujeron a «sus hombres a la victoria militar y al saqueo»[56] y viven «la confusión de la cosa pública con las posesiones privadas del soberano»,[57] dice el historiador refiriéndose a la monarquía carolingia y aplica también al socialismo del siglo XXI. Sólo que las monarquías medievales avanzaban entonces hacia el futuro. En cambio, el populismo es un residuo histórico de aquellas mentalidades feudales y se dirige invariablemente hacia el pasado. Más aún, careciendo de mecanismos legítimos de alternabilidad y sucesión no tiene mañana.

El futuro, elecciones del 2019

El populismo boliviano difícilmente continuará sin Morales. Ahora bien, si postula, ¿podría ganar? Es posible que el prestigio de Morales caiga hasta el 2019, no sólo por los abusos y la corrupción, sino por la contracción económica cada vez mayor. Es alentador saber que ya no tendrá el mismo apoyo internacional.

Sin embargo, una buena campaña publicitaria y el esperado desgaste de Morales no parece ser suficiente para reconquistar la democracia boliviana. Es preciso entender las debilidades de un régimen que ha copado la institucionalidad legal y armada del país, y buscar acciones y aliados que puedan garantizar la libertad.

La libertad sigue siendo la vanguardia de la historia, el terreno que el futuro transitará, de todas maneras. Es costosa y tardará, en unos casos más y en otros menos, pero llegará, llegará sin duda.

12

Chile: ¿populismo no nato?

Roberto Ampuero

¿Somos inmunes en Chile al populismo? Hasta hace poco los chilenos creíamos que lo éramos. Ya no pensamos lo mismo. Y en una fase en que la clase política nacional en su conjunto se halla desprestigiada ante los ojos de la ciudadanía, comienzan a aparecer políticos que afirman no pertenecer a ella ni al *establishment*, que dicen interpretar como nadie el sufrimiento popular y que aseguran que las soluciones a los problemas son supuestamente sencillas y dependen de la buena voluntad.

Incluso la prestigiosa revista *The Economist* afirmó recientemente que nuestro país no está libre de caer en manos de un populista, y comparó con Donald Trump al presidenciable chileno hoy con mayor respaldo en el oficialismo. Para el semanario, Chile no está inmune: «Alejandro Guiller, un exconductor de televisión que se jacta de gozar de un lazo especial con "la gente", tiene posibilidades en la elección de noviembre» de 2017. En rigor, crece el número de quienes temen que el germen populista ya se haya incrustado en la sociedad chilena y represente un peligro real debido a la inquietante desconfianza ciudadana frente a la clase política y muchas de las instituciones. Cuando el río suena es porque piedras trae, dice el refrán.

Creo que el populismo es como el amor: no resulta fácil definirlo, pero cuando se está enamorado o sufriendo un auténtico régimen populista, uno lo siente y sabe bien qué está experimentando. Para muchos, las características populistas básicas consisten en la existencia de un liderazgo carismático y paternalista (o «maternalista»), una relación sin intermediarios entre caudillo y «pueblo», y un discurso anti-*establishment* o antiempresariado. Puede agregarse una dosis de nacionalismo o xenofobia, en el caso de los populismos de derecha, y una visión mítica de un pasado idealizado y una proyección inspiradora de una utopía mesiánica que comienza siendo fata morgana y deviene pesadilla.

En su libro *La esperanza y el delirio* (Taurus, Buenos Aires, 2015), Ugo Pipitone traza de forma más precisa las características del populismo. Serían las siguientes: «Jefe carismático, clientelismo partidario, demagogia popular-patriótica, charlatanería mesiánica, desinterés en las reglas, concentración personal de los poderes del Estado, corrupción cortesana, atención a los más pobres como benevolencia del líder y reparto clientelar».

El tema en Chile a estas alturas (el tercero de los cuatro años de la administración de Michelle Bachelet, que finaliza en marzo del 2018) no es si vivimos bajo un gobierno populista, sino si él, de indudables rasgos populistas en parte de su retórica y acción, ha venido estableciendo las condiciones para que, en caso de fracasar la izquierda en la búsqueda de un candidato «institucionalista» a La Moneda, pueda postular con comodidad uno populista. No toda esa responsabilidad puede ser atribuida desde luego a Bachelet, pródiga en repartir bonos y subrayar derechos, mas no deberes. Justo es reconocer que el desprestigio de los políticos chilenos (el Congreso y los partidos políticos son hoy las instituciones con mayor desaprobación en el país) contribuye en forma decisiva a preparar el caldo de cultivo para el populismo.

El interrogante entonces viene a ser el siguiente: ¿es posible que, mientras el populismo se bate en retirada en el resto de la región, Chile esté navegando contra la corriente e ingresando en una fase en la cual su próximo gobernante pueda parecerse a Rafael Correa, Nicolás Maduro o Cristina Fernández? Históricamente Chile ha venido más bien anticipándose a ciertos desarrollos políticos en nuestro continente: la primera república socialista fue proclamada aquí en 1932; la primera «revolución en libertad» como respuesta a la revolución cubana se inició en 1964 bajo Eduardo Frei Montalba; el primer intento por instaurar el socialismo por la vía electoral empezó en 1970; el primer proceso de liberalización económica profundo arranca en la década de 1970; y la primera transición pacífica a la democracia impulsando a la vez con éxito la economía y el crecimiento parte aquí en 1990.

No menciono estos datos por chovinismo, nada más lejos de mi intención, sino para proyectar la dimensión del lamentable giro que puede sufrir Chile en un futuro próximo. Suena bizarro, pero como ha quedado de manifiesto bajo el gobierno de Bachelet que —para azoro de legos y expertos— se propuso como meta desmontar los fundamentos del «modelo» chileno que más prosperidad y desarrollo ha traído a Chile en su historia, todo es posible ahora en esta angosta franja de tierra. Como sostuvo acertadamente Bachelet refiriéndose a las vicisitudes de su administración, «cada día puede ser peor». ¿Puede haber caído Chile, entonces, en la «trampa» del PIB per cápita de 20.000 dólares (nivel en que países han fracasado en su empeño por acceder al desarrollo), y estar entrando en un proceso que se asemeja al estoico y nietzscheano «eterno retorno» al estatismo, la polarización política y los destellos populistas, cuando no al mismo populismo?

Con respecto al «eterno retorno», Pipitone se pregunta en su lúcido libro «si el populismo es un fenómeno fuera del tiempo, que se repite a sí mismo en forma de rebeldía antisistema y con escasas variaciones alrededor de algunos temas centrales: carisma providencial, moralismo maniqueo y lectura conspirativa del mundo». La respuesta parece encerrarla el título de ese capítulo: «Populismo: la ilusión cíclica».

En rigor, cada vez que la clase política de una república —no importa cuán próspera, moderna o igualitaria ésta sea— se desacredita y desprestigia ante los ciudadanos, crece el peligro de que éstos caigan en las garras del populismo. Éste constituye un peligro latente, una amenaza que requiere, eso sí, ciertas condiciones sociales, económicas y valóricas para surgir y prosperar, para encarnarse en un caudillo, encender pasiones, conquistar adeptos, volverse hegemónico y llegar al poder en gloria y majestad, aplaudido por mayorías reales, circunstanciales o bien aparentes.

Como pocas veces antes en su historia, en Chile las condiciones para el populismo parecen estar hoy dadas: ciudadanía escéptica y desencantada, partidos y clase política desacreditados, indiferencia y abstención política entre muchos jóvenes, y falta de liderazgo y de un sueño nacional transversal. Con este delicado cuadro puede emerger un candidato que pase del anonimato a una contagiosa popularidad gracias a alguna acción espectacular o un rasgo seductor de su personalidad. Sospecho que hoy no son las circunstancias las que dificultan la aparición de un auténtico y decidido populista, sino la ausencia de un líder hecho de ese material. Las condiciones están, lo que falta es la persona indicada. La historia a menudo enseña que, cuando el escenario está instalado, alguien sube a las tablas.

En una columna, Marcelo Arnold, decano de la Facultad de Ciencias Sociales de la Universidad de Chile, nos remitió ya en 2011 a otro factor que puede facilitar el surgimiento del populismo: «... el conocimiento público de las desigualdades, en cuanto la mayoría de la población no se percibe beneficiada por el crecimiento económico y observa sus precarias inserciones laborales». El académico enfatiza que «cunde una sensación de abuso e inequidades y la persistencia de privilegios, propios de un orden familístico o estratificado, que ya no se consideran legítimos». Las condiciones ideales para el surgimiento del populismo no son sólo de carácter político, sino también social y económico, sugiere Arnold. Y lo cierto es que el rápido desarrollo de Chile en las últimas décadas, sus logros en la reducción acelerada de la pobreza y la emergencia de una vasta clase media aspiracional han generado nuevas exigencias y demandas de esos sectores, una mayor participación en los frutos del desarrollo y un nuevo trato de los políticos y empresarios.

La pista hacia La Moneda

Hasta el momento, el candidato que encabeza las preferencias en las encuestas (debe subrayarse que el panorama es fluido y lo será durante gran parte del año) es el expresidente Sebastián Piñera (2010-2014), cuya aprobación va en alza desde que dejó La Moneda. Esto se debe tanto a su acertada gestión económica y administrativa como también, corresponde admitirlo, a los decepcionantes resultados de Bachelet. Le sigue de cerca, luego de un sorpresivo y macizo repunte inicial, el senador independiente Guillier. El sociólogo, locutor de noticias, alcanzó primero notoriedad como participante en un programa de comentaristas de la televisión.

En casi todos los aspectos es lo opuesto a Piñera. El exmandatario, liberal de fe cristiana, cuenta con un destacado historial académico (doctorado en Harvard), empresarial y político (expresidente y exsenador), y manifiesta con claridad sus opiniones ante temas del país y el mundo. No es el caso de Guillier. Para él su campaña consiste en escuchar a la gente y decir poco, puesto que, como sostiene no sin razón, esa estrategia le ha deparado excelentes resultados. Quien va ganando no tiene por qué cambiar de estrategia, afirma el senador, que sorpresivamente superó y jibarizó la campaña del expresidente Ricardo Lagos.

En la actualidad, Guillier actúa como senador independiente, pero bajo el alero del pequeño Partido Radical, tienda de inspiración socialdemócrata. La gran sorpresa entre los presidenciables aspira a conseguir el apoyo de los partidos de centro e izquierda, desde la democracia cristiana al partido comunista, sin que descarte la inclusión de partidos y grupos anarquistas y autónomos, que si bien le sumarían votos en una segunda vuelta, también le impondrían demandas programáticas radicales, complejas de gestionar bajo un gobierno realista y responsable.

Masón perteneciente a la logia parlamentaria de Valparaíso, donde está la sede del Congreso chileno, Guillier sigue al pie de la letra hasta ahora el libreto que le permitió a Bachelet retornar a La Moneda. Se muestra distante de los partidos y cúpulas políticas, elude pronunciarse de forma tajante sobre temas controvertidos, se define ajeno a la elite, y enfatiza que es una persona honesta y sencilla a la cual no se le puede imputar ninguna irregularidad. Gusta señalar que pertenece a la clase media chilena, y que carece de antepasados ilustres o acaudalados.

Su fortaleza hasta ahora parece residir principalmente en la voz que lo hizo locutor, la simpatía y el atractivo que lo llevó a la televisión, el estilo no antagónico que empleaba ante los invitados a sus programas (aplicaba el *fair play*) y el hecho de que gozó como periodista de reconocimiento por su credibilidad. Pero Guillier tampoco se caracteriza por expresar ideas propias o innovadoras, ni esbozar de modo fundado un Chile mejor y viable para el futuro. Hasta el momento lo suyo consiste más bien en soltar frases de buena crianza, generalidades con las que es difícil no estar de acuerdo y navegar por el sosegado océano que la política le ha deparado.

Rasgos de sus declaraciones y campaña permiten suponer que es un populista que aún no despliega en forma plena su artillería porque las condiciones no se lo han exigido. Por ello hasta el momento opta a ratos por el silencio, ejecutar fintas que no comprometen, expresar generalidades que no atan (como en el reciente caso en que se negó a criticar la prohibición de ingreso al país, por parte de la dictadura cubana, para el secretario general de la OEA, el expresidente mexicano Felipe Calderón y la exministra chilena Mariana Aylwin, invitados a la entrega del Premio por los derechos humanos Oswaldo Payá), y esbozar la sonrisa condescendiente.

Pero Guillier tendrá que desplazarse este año en un equilibrio precario: entre el continuismo de las reformas de Bachelet, que han sido perjudiciales para Chile y la popularidad de la propia mandataria, y la ruptura con ese legado. Se trata de trazar la cuadratura del círculo: conservar a la izquierda que aún sigue fiel a Bachelet; convencer a la izquierda jacobina de que no será un reformista más, y convocar a su vez a parte de la mayoría desencantada de la política que, de acudir a las urnas en noviembre, definirá la presidencial. La tensión entre ruptura y continuidad obligará a Guillier a mostrarse de cuerpo entero y a definirse sin tapujos ante la ciudadanía.

Auge y caída de Bachelet II

El populismo tiene en Chile una historia difícil de digerir, una que no ha cosechado los mismos éxitos que en otros países de la región. Comprende una historia que contiene más sombras que luces, y esto desanima a los políticos hasta el día de hoy a la hora de abrazarlo. En sentido estricto, no existe una tradición populista nacional prestigiosa a la que apetezca conectarse de buenas a primeras. Sin embargo, desde el regreso del país a la democracia, en 1990, Bachelet (me refiero a la de la segunda administración, 2014-2018) es la/el presidenta/e que exhibe más rasgos populistas, y esto desde el inicio de su campaña.

En términos simbólicos, Bachelet inicia su segunda campaña en el aeropuerto de Santiago de Chile (en un bien montado retorno de Nueva York, donde conducía ONU Mujeres) en marzo de 2013. Allí y en actos posteriores, rodeada de personas de distintas generaciones, profesiones y niveles socioeconómicos, pero casi sin presencia de dirigentes políticos, anunció ejes de su futuro gobierno. El énfasis lo ponía en la necesidad de combatir la desigualdad y fomentar la inclusión social, reformar profundamente el modelo (desmantelarlo, más bien), gobernar no ya con la Concertación (la exitosa alianza entre partidos de corte socialdemócrata y los centroizquierdistas democratacristianos), sino con la Nueva Mayoría (en esencia, la antigua Concertación debilitada en su dimensión moderada, pero reforzada por el partido comunista y otros partidos jacobinos), en su deseo de priorizar el diálogo con los ciudadanos y con la decisión de elaborar un programa que no surgiese «entre cuatro paredes», sino consultando a la ciudadanía. En esas actividades enfatizó siempre que ya no era la misma de 2005, rompiendo así con su pasada gestión como ministra y presidenta (2006-2010) y anunciando profundas reformas en lo tributario, laboral, educacional y constitucional.

Bachelet se encarama de este modo, en 2013, sobre la cresta de la ola de las protestas de los movimientos sociales que desbordaban, desde 2011, bajo la presidencia de Sebastián Piñera, las calles con demandas variopintas, que exigían desde educación gratuita hasta la nacionalización del cobre, y margina a los ya de por sí criticados políticos con su aspiración de redactar un programa consensuado. Es así como la candidata se lanza a algo que debía convertirse en una prolongada luna de miel con la ciudadanía, que le brindaba apoyo abrumador e incombustible. La entonces candidata era de nuevo «la novia de Chile», lograba una comunión con las masas, se veía blindada por la simpatía que irradiaba; en suma, se trataba de una líder sólida que no requería la intermediación de los partidos políticos para llegar al poder.

Ésa fue la fase de esplendor de Bachelet, una líder que hacía suyas las demandas populares, aspiraba a conducir el país hacia su realización y felicidad, y no se veía afectada por el descrédito de los demás políticos. Era tal su popularidad que no requería ni siquiera de presentar un programa de gobierno. En rigor, lo da a conocer al país sólo tres semanas antes de la elección presidencial. Dirigentes democratacristianos admitieron en 2016 que ni siquiera habían leído el programa cuando le entregaron su respaldo a la candidata. En esas condiciones bastaban las buenas intenciones, el deslumbramiento y entusiasmo que causaba su persona, su decisión de abandonar las mieles de un cargo internacional en Nueva York para regresar a Chile a iniciar una nueva etapa en el país. La desigualdad social y el resto de los problemas del país se resolverían con voluntad, prontitud y decisión.

Sin embargo, y a pesar de las cómodas mayorías alcanzadas por su coalición en la Cámara de Diputados y el Senado, el planteamiento refundacional de Bachelet comenzó a hacer agua un año más tarde debido a turbios negocios de su hijo y nuera, al desatinado manejo de la situación por parte de la presidenta, y a los nocivos efectos que la gestión desató en la economía (caída del crecimiento), los inversionistas y la política (polarización). Aprovechando la favorable correlación de fuerzas en el Congreso, líderes de la Nueva Mayoría comienzan a emplear conceptos desquiciados e inquietantes: se debe pasar la «retroexcavadora» al modelo, arrancar de cuajo sus fundamentos, desmantelar el neoliberalismo. El discurso refundacional acompañado del escándalo en que se vio envuelto su hijo y nuera, así como los magros resultados económicos, la polarización política y la lamentable gestión administrativa le significó una radical pérdida de aprobación al gobierno. Bachelet y la Nueva Mayoría habían equivocado el diagnóstico: los chilenos no querían terminar con «el modelo» sino mejorarlo, perfeccionarlo, hacerlo más inclusivo y justo, disfrutar una tajada más grande de la prosperidad creada, no arrojarlo por la borda.

Vicisitudes del populismo en Chile

Existe una tradición populista en Chile que nunca cuajó y que tal vez empuja a los políticos nacionales actuales a la cautela y a ser menos propensos a abrazar el populismo, y a la población a desconfiar de éste. El lúcido ensayo *Populismo en Chile: Las vías no tomadas y la incidencia de la cultura política del país*, de Nicolás Bravo Reyes, presenta de modo acertado los tres principales casos de una tradición que no cuajó:

El primero: Arturo Alessandri, quien fue presidente de la República en los períodos 1920-1925 y 1932-1938. Si bien desplegó una retórica de fuertes rasgos populistas durante su campaña, cambió ya en el poder. Sin embargo, definía a la elite como «casta», ensalzaba épicamente los sufrimientos del pueblo, y se autoproclamaba como el líder idóneo para interpretarlos y eliminarlos, formulando así la tradicional ecuación líder carismático-masas-salvador-reformas. Las características discursivas de Alessandri tuvieron claros componentes populistas tanto en su campaña para llegar a La Moneda como en parte de su presidencia, lo cual queda de manifiesto en discursos como uno de 1923: «Bajé hasta el pueblo, sentí sus dolores, sufrí y me impresioné con ello, me juré a mí mismo la resolución inquebrantable de servir a las aspiraciones y derechos del pueblo». En el discurso, recuerda Bravo Reyes, Alessandri afirmaba que su gobierno democrático sería «por el pueblo y para el pueblo». Se evidencian en ese discurso tres claros elementos populistas: el de la relación líder-pueblo, en donde el primero se yergue como salvador del segundo; el de la oposición pueblo-«casta»; y el del líder excepcional capaz de sentir e interpretar adecuadamente el dolor popular.

Sin embargo, al no poder establecer desde el gobierno una relación funcional con los sindicatos, Alessandri opta por institucionalizar su mandato. También difiere de los modelos populistas en boga, pues no consigue el apoyo político de los militares. Su tránsito del populismo discursivo a la política institucional tampoco le trajo el éxito buscado. Bravo Reyes afirma que también la división entre las fuerzas institucionales que lo apoyaban debilitó a Alessandri en su primer gobierno.

Agrega que en el segundo, iniciado en 1932, Alessandri tuvo como rasgo esencial «reestablecer el orden por medio de un gobierno civil ante el caos imperante y la inusual participación de las Fuerzas Armadas en política desde 1924». Es decir, el mismo líder que ingresó en 1920 a La Moneda con un discurso populista y la promesa de iniciar reformas sociales terminó apartándose de «las masas» y recurriendo a las instituciones y a la interacción con «la casta». Es probable que Alessandri percibiera los límites y riesgos de su concepción populista, lo que lo llevó a recular en ese sentido y, paradójicamente, a abrir las compuertas para el avance de otro caudillo, un militar de corte populista: Carlos Ibáñez del Campo.

Cabe entonces preguntarse si el primer gobierno de Ibáñez fue populista. Bravo Reyes precisa que «las reformas sociales impulsadas por Arturo Alessandri sólo pudieron lograrse una vez que los militares irrumpieron en política, ya sea presionando al Congreso durante el "Ruido de Sables" en 1924, como también una vez que Carlos Ibáñez asume de manera total el poder en 1927». Sin embargo, tampoco Ibáñez (presidente en los períodos 1927-1931 y 1952-1958) logró conectar a fondo con los sindicatos y «las masas», esenciales para el populismo. Ibáñez optó por conservar el orden establecido y no tensar en exceso las relaciones con el *establishment*. Se dio de este modo una similitud entre el potencial populista de Alessandri e Ibáñez y la respectiva implementación posterior de sus gestiones, orientadas hacia una búsqueda del pragmatismo y la *realpolitik*.

Para algunos, el germen del populismo en el marco del ideario socialista chileno surge con otro caudillo militar: Marmaduque Grove. Éste coincidía con el ansia de reformas sociales de Alessandri y de Ibáñez. Grove, una figura legendaria del socialismo chileno y emparentado con el presidente Salvador Allende, se hizo socialista curiosamente la noche anterior a la rebelión armada que comandó. El carácter ecléctico, diverso, apasionado y de escasa profundidad ideológica del socialismo chileno (lo que también se expresaría en la feble formación ideológica de Allende decenios más tarde) arrancará desde su fundación en 1933. «Grove fue presentado por sus seguidores como una figura mesiánica redentora comparable con Cristo», capaz de dar soluciones a los sectores populares, afirma el ensayo, y añade que Grove alcanzó notoriedad pública durante la República Socialista (que sólo duró del 4 al 16 de junio de 1932), lo que «lo perfiló como la cara visible del naciente socialismo en Chile y de su partido, y es por ello que fue candidato en la elección presidencial de octubre de 1932», en la que, por estar desterrado, no logró articular una campaña sólida ni cosechar éxito.

El ala populista del socialismo chileno se debilitó con la fundación del partido socialista que, definiéndose como marxista, optó por la vía institucional para proyectarse como defensor de los intereses obreros y populares, diferente al partido comunista, que fue fundado en 1922, año en que se somete a la dirección de la Internacional Comunista, con sede en Moscú. Fue así como opciones personalistas, como la de Grove, fueron eclipsadas en la izquierda por tiendas de inspiración ideológica y programática.

Pero Ibáñez regresa al poder en 1952 (primera elección presidencial en que votan las mujeres), después de peripecias y giros políticos. Para la campaña, Ibáñez muestra rasgos populistas evidentes y cosechó un apoyo heterogéneo, tanto del Partido Agrario Laborista como del Partido Socialista Popular. Sin embargo, fracasó como populista por su escaso carisma, su pobre retórica y el débil vínculo con «las masas». En cierta forma, también se «institucionaliza» en este período.

¿Fue Salvador Allende un populista?

Ni el gobierno de derecha de Jorge Alessandri (1958-64) ni el democratacristiano de Eduardo Frei Montalva (1964-70) pueden ser considerados populistas. Sin embargo, el controvertido gobierno de Salvador Allende (1970-73) merece un análisis más detallado al respecto: ¿fue el marxista Allende un populista? Y si lo fue, ¿lo fue por convicción propia o por efecto de la división que carcomió a la alianza que lo respaldó en la campaña y contribuyó a su triunfo electoral?

Hay que examinar este tema con detalle por las consecuencias para la política y el populismo actual en Chile, donde tanto el partido socialista como el comunista se disputan el legado allendista. Para esto debe considerarse la división que sufrió la Unidad Popular. Mientras unos (comunistas y sectores «moderados») lo respaldaban en su «revolución a la chilena», otros (socialistas, miristas y mapucistas) lo consideraban un reformista incapaz de entender que sólo utilizando todas las formas de lucha (incluida la vía armada) podría conquistar el poder. En opinión de la ultraizquierda, «la burguesía y el imperialismo» lo derrocarían y le asestarían un duro golpe a la aspiración de la clase obrera para imponer el socialismo. Esta división y polarización, que deja a Allende en la orfandad de un poder ejecutivo al que al final no respetaban ni los partidos de izquierda ni los de derecha, permite dos lecturas de su gobierno: una populista y otra socialista «institucional», apegada a los partidos.

En rigor, la configuración de la campaña de Allende no fue populista. Su gobierno se basó en un programa aprobado por el conjunto de los partidos de la Unidad Popular. En este sentido, de compararla con Allende la actual Bachelet aparece más bien como una improvisadora en términos programáticos. Además, ella muestra menos lealtad a los partidos y políticos aliados que aquél. El presidente marxista no buscó inicialmente distanciarse de los partidos ni instalar una relación excluyente entre su persona y «el pueblo». Desde esta perspectiva, Allende exhibe menos rasgos populistas que Bachelet y, a pesar de ser más rupturista que la mandataria, resulta más «institucionalista» que ella y muere, como Gabriel García Márquez lo describe en entrevista, defendiendo la institucionalidad (que él mismo contribuyó a desestabilizar) ante fuerzas que optan por desmantelarla.

La izquierda chilena de los años sesenta y comienzos de los setenta, si bien estructurada históricamente en torno a los partidos comunista y socialista, consiguió el máximo de votos posible gracias a la figura carismática de Allende, que llega al poder en su cuarta postulación presidencial. Las alternativas que planteaba su gobierno para Chile se inscribían en una dimensión utópica inspirada en parte en el socialismo teórico y el real de países como Cuba, Vietnam, Alemania Oriental y la URSS. Además, el programa allendista de 1970 se proponía conquistar el poder empleando la vía institucional, lo que para los sectores castristas constituía una vía reformista, no marxista, condenada al fracaso.

En este sentido, Allende es un líder que porta tanto la veta institucional, que hereda de su larga experiencia electoral, como el germen populista, que intenta desarrollar cuando se ve huérfano del apoyo de la izquierda castrista, que lo considera ingenuo en materia de lucha por el poder. Esta izquierda se basaba fundamentalmente en la visión marxista-leninista-castrista del poder, mientras que Allende, que no estudió el marxismo a fondo, fue un caudillo socialista ecléctico (masón, socialista, marxista de salón, con visos populistas), apegado a la vía electoral dentro de la democracia liberal, y convencido de que a través de ésta podía alcanzar el poder para transformar radicalmente a Chile y convertirlo en socialista. En este sentido respetaba el papel de los partidos, la institucionalidad existente, las elecciones pluralistas y el programa de gobierno prometido a la población. Sin embargo, como contradiciendo al mismo tiempo su respeto por la democracia liberal, se enorgullecía de la dedicatoria que el Che Guevara escribió en su ejemplar de *Guerra de guerrillas*: «A Salvador Allende que por otros medios busca lo mismo. Afectuosamente, Che».

En la fase de su campaña presidencial de 1970, Allende fue un caudillo respaldado por partidos tradicionales de izquierda y otros de reciente creación (MAPU, IC, en parte el MIR), y que al comienzo se mantuvieron dentro de la dinámica institucional. Sin embargo, a partir de 1972, cuando se agudiza la oposición de centro derecha y se profundiza la división entre los partidos que lo apoyaban, Allende recurre a sus dotes de líder para reactivar la relación directa con «las masas». Espera así neutralizar en alguna medida a los jacobinos, que se articulan dentro y fuera de la Unidad Popular. Es el intento dramático de un hombre abandonado por sus aliados, un esfuerzo personal o personalista por recuperar la conducción del proceso que se volvió anárquico, no en última instancia por el «fuego amigo», sino por la irresponsabilidad de muchos de sus compañeros de ruta.

A mi juicio, la fase final de su gobierno adquiere claros rasgos populistas (Allende intensifica la relación líder-caudillo, promueve la fidelidad hacia el conductor mesiánico, pierde el nexo con el programa político, subraya la trascendencia de la utopía redentora, etcétera), pues intenta enfrentarse a la oposición de sectores de la propia izquierda, de la democracia cristiana y la derecha. Su fin en La Moneda lo ilustra de forma simbólica: se suicida en una soledad política pasmosa, huérfano de los partidos y líderes de la Unidad Popular, tras dirigir al «pueblo», a través de una radioemisora, un discurso en que ratifica que sus sueños sobrevivirán a su muerte.

Es probable que todas estas experiencias políticas no plenamente desplegadas, así como los fracasos que ellas arrojaron en términos políticos y/o económicos, hayan sembrado en el inconsciente popular y el de la elite política chilena la sospecha y/o convicción de la escasa viabilidad del populismo en el país. Estas experiencias frustradas, pero no olvidadas en nuestra historia política, han segado tal vez el florecimiento pleno del populismo en los últimos cuarenta y cinco años, y explican quizás también por qué el gobierno de Bachelet II contiene rasgos populistas, sin ser un gobierno populista, y sectores de izquierda respaldan a regímenes declaradamente populistas de la región, pero se muestran cautelosos a la hora de promover y asumir el populismo de forma clara y decidida. ¿O el populismo no florece hoy en la izquierda chilena simplemente porque aún no hace su entrada en escena el líder idóneo?

La relativa solidez de las instituciones chilenas viene dada, según algunos historiadores, por la gestión de Diego Portales (1793-1837), quien, desde su cargo de ministro de Interior y de Guerra en la década de 1830, sentó las bases del orden institucional, la seguridad y el funcionamiento del Estado, alterados durante la lucha por la independencia y el afianzamiento del nuevo poder político. Para algunos, Portales fue un dictador pues ordenó exilios y ajusticiamientos, pero para sus admiradores fue el que salvó al país de la anarquía y las luchas intestinas que enlutaron a muchas de las jóvenes repúblicas latinoamericanas.

No viene al caso detenerse ahora en este debate, pero es probable que la gestión organizadora de Portales haya sido decisiva para la relativa estabilidad que conoció Chile en etapas de su historia. Es un tema, en todo caso, no dirimido. El hecho de que la tensión entre populismo e institucionalismo en los caudillos de izquierda y derecha derivase en Chile usualmente hacia lo segundo podría deberse tal vez en alguna medida al legado de Portales.

El destape político de Bachelet: ¿socialista o populista?

Como vimos, cuando Bachelet lanzó en 2009 su campaña, lo hizo desde la prescindencia de los partidos que la respaldaban. Su regreso a Chile desde Nueva York (donde ejercía como directora de ONU Mujeres) fue proyectado y puesto en escena con una carga simbólica ajena a la tradición izquierdista chilena desde el regreso a la democracia (1990): aterrizaje en el aeropuerto de Santiago, recepción multitudinaria de personas que reflejaban diversidad, mas donde los grandes ausentes son los líderes de los partidos de su nueva coalición, la Nueva Mayoría.

En los actos siguientes de la candidata, los políticos —salvo excepciones— tampoco son bienvenidos. El programa aparecerá a última hora, improvisado y vago (lo que acarreará división y desorientación al gobierno en ejercicio). Es así como se dan algunos ingredientes básicos del populismo desde un inicio: la líder carismática (en ese momento lo era) y salvadora, la relación directa con «el pueblo», la marginación de partidos, el discurso rupturista (incluso con su propia gestión anterior entre 2006 y 2010), refundacional, redentor y anti-*establishment*. La líder llega desde Nueva York, libre de la contaminación del debate político interno, con el aura de haber trabajado en Naciones Unidas, decidida a aplicar las reformas que no había implementado en su primera administración (nunca se elaboran a fondo las razones para esa inhibición personal que cuatro años más tarde desembocará en un «destape» político) y que solucionarán los principales problemas del país.

Aquella magistral puesta en escena, tolerada por los políticos marginados, pues estaban más interesados en recuperar el poder y curules en el Congreso gracias a la popularidad de Bachelet, resultó imposible de debilitar para la centroderecha, que gobernaba bajo el mandato de Piñera. Pero esta derrota anunciada no sólo fue mérito de Bachelet y su equipo de confianza (que se desbandará por errores de conducción política y económica). También la centroderecha se hallaba entonces en una crisis de unidad, identidad, dirección y candidatos, y la sintonía entre partidos y gobierno se había ido al tacho. Fue así como Bachelet arrasó en las presidenciales de 2013 con el programa revelado tres semanas antes de la votación, que incluía prácticamente todas las demandas que los movimientos sociales, con los estudiantes a la cabeza, exigían desde la calle.

Las exigencias eran numerosas, disímiles y a menudo contradictorias, y comprendían desde la defensa de los derechos de los animales hasta la eliminación del modelo y la sustitución por un salto, si no al vacío, a la experimentación.

Estimo que el gobierno de Bachelet II debe someterse a un riguroso análisis a la luz del populismo. Tengo la impresión de que estamos, por fortuna, ante un populismo no nato por razones vinculadas tanto con el carácter de la líder (síndrome Ibáñez en la dimensión retórica) como con la caída del precio del cobre (que abortó una política expansiva en materia de bonos), la desarticulación de la Nueva Mayoría y la repentina y traumática pérdida de popularidad de la presidenta a causa de los negocios de sus familiares.

Como vimos, en Chile tanto la izquierda como la derecha tienen noción de que el populismo ha sido y es una apuesta arriesgada, de resultado incierto. Lo experimentó el país bajo los intentos protopopulistas de Alessandri e Ibáñez, que dejaron lecciones duraderas y hasta hoy vigentes al menos en el imaginario de la clase política ilustrada. En Chile tampoco hizo escuela el populismo clásico de Juan Domingo Perón, Lázaro Cárdenas o Getúlio Vargas, lo que no significa que no hayan existido aquí fuerzas dispuestas a probarlo.

A diferencia de la izquierda de Venezuela, Ecuador o Nicaragua, donde apostó por Chávez y Maduro, Correa y Ortega, en el Chile post-Pinochet se consolidó una izquierda esencialmente no populista, de corte socialdemócrata, inspirada en las lecciones extraídas de la derrota política de Allende, la lucha contra la dictadura de Pinochet y la experiencia de los exiliados en los países occidentales desarrollados y comunistas. Fue una buena alternativa. Es innegable la robustez de una alianza mesurada y razonable entre democratacristianos y socialdemócratas entre 1990 y 2010. Este proceso se desdibujó desde Bachelet II, pero aún mantienen presencia los líderes de la extinta Concertación, que representan hoy, desde posiciones minoritarias en la izquierda, la mesura, el pragmatismo y la superación del pasado inspirado en el socialismo real.

Ricardo Lagos, Camilo Escalona, Jorge Tarud o Michelle Bachelet (en su primera administración) encarnan esta sensibilidad. Y entre los iconos por el sector democratacristiano que recogen la prudencia, la cordura y el realismo figuran, entre otros, Patricio Aylwin, Edgardo Boeninger, Eduardo Frei Ruiz-Tagle, los parlamentarios Ignacio, Patricio y Matías Walker y la exministra y diputada Mariana Aylwin.

Fue gracias a esta convergencia de figuras que propugnaban políticas viables, responsables y en sintonía con amplios sectores nacionales, desde los sindicales hasta los empresariales, así como a la oposición constructiva de la centroderecha que Chile en democracia pudo cosechar durante casi un cuarto de siglo resultados esperanzadores: consolidación de la joven democracia, crecimiento económico alto y sostenido, modernización de la infraestructura, acceso a la educación superior de 1.2 millones de estudiantes e impactante reducción de la pobreza.

Chile logra entre 1990 y 2010, bajo los gobiernos de la extinta Concertación, resultados políticos, económicos, comerciales y sociales que le cambiaron el rostro al país y lo convirtieron en modelo para algunos vecinos y países de Europa oriental. Fue la época de oro de una izquierda socialdemócrata aliada con un partido centrista, el PDC (que se fue izquierdizando hasta volverse hoy a ratos irreconocible en su identidad valórica e ideológica), una época que marcó grandes diferencias con respecto a los logros transitorios del populismo de Chávez-Maduro, Evo Morales, Correa, Ortega, o los Kirchner, el socialismo cubano o los populismos de derecha.

Sobre esta etapa, Pipitone subraya en *La esperanza y el delirio* lo siguiente: «Con el nuevo siglo, América Latina ve la llegada al gobierno de fuerzas de izquierda que corresponden a culturas políticas distintas. Por un lado, una izquierda liberal que, con cierta licencia sociológica, podría decirse socialdemócrata y cuyos mayores ejemplos son Lula y Rousseff en Brasil, Lagos y Bachelet en Chile y Mujica en Uruguay».

Este lúcido libro se equivoca en relación con la segunda administración de Bachelet, la que estaba comenzando cuando el autor concluía su ensayo. En rigor, Bachelet II se apartó de la tradicional línea de centroizquierda que caracterizó a los anteriores gobiernos de la Concertación, e intentó imponer su drástico, y a la postre impopular, proyecto refundacional. Queda abierto para el análisis establecer las causas de este giro. ¿Refleja efectivamente el segundo (y deficiente e impopular) gobierno de la mandataria sus auténticas convicciones políticas más profundas, y lo que ha hecho en esta etapa fue *aggiornar* su ideología al quehacer político? ¿O al montarse sobre la cresta de la ola de las protestas estudiantiles bajo el gobierno del presidente Piñera y acoger las demandas de éstas, Bachelet simplemente actuó de modo oportunista, populista, para llegar a La Moneda?

En todo caso, tanto si Bachelet fue honesta al imprimir a su segundo gobierno un profundo énfasis izquierdista, irrenunciable para ella pero ajeno a la mesurada tradición de la Concertación, más aún, rechazando de plano su vínculo con ésta y promoviendo tanto la ruptura con ese pasado como una refundación del país, como si intentó vanamente un populismo oportunista, una apuesta por las demandas más bulliciosas de la calle aunque fuesen de difícil implementación, lo cierto es que cosechó un resultado deplorable (su aprobación ciudadana alcanza hoy el 18 por ciento), ralentizó la economía, detuvo el flujo de inversiones, polarizó al país y dividió a la izquierda, y terminó por situar a Chile en lo que el FMI definió como «la nueva mediocridad».

Escarbando en Bachelet

En este marco corresponde tal vez una digresión en torno a las razones que llevaron a Bachelet a este «destape» político al frisar los sesenta años. ¿Mantuvo entonces antes reprimida y oculta su alma nostálgica de la RDA y admiradora de Fidel Castro, que ve en el socialismo el futuro de la humanidad y la lleva a menudo a mayores coincidencias con el PC chileno que con otros partidos? ¿Sufrió entonces durante su gestión como ministra de Salud o Defensa y como presidenta en su primer gobierno por no poder expresar su verdadero yo y *Weltanschauung*? ¿O no actuó en su primera administración del modo en que hubiese querido porque se sintió constreñida por la correlación de fuerzas en la Concertación? ¿Consideró entonces que una cosa son los sueños utópicos de una presidenta y otra distinta las políticas viables y responsables que una mandataria debe adoptar en beneficio de la nación? ¿Y qué le hizo cambiar de forma tan drástica durante sus años en Nueva York, en el seno de la elite de NN. UU., su visión de las cosas de su país y el mundo?

No se ha indagado en esto lo suficiente y creo que debiera hacerse por las consecuencias de su actuar en el Chile de hoy. Creo que tampoco se ha examinado cuáles son sus iconos políticos, lo que puede atribuirse a la reticencia de muchos analistas a entrar en el territorio de la psicología para explicar desarrollos políticos. Sin embargo, creo que hay iconos en la experiencia de vida de la mandataria que lanzan luz sobre su gestión y actitud política actual. Hay varias, a mi juicio, personalidades que han marcado su carácter, que oscila entre socialista, comunista y populista.

Tengo la convicción de que el ideario y legado de su padre, el general Alberto Bachelet, la marcó intensamente. El militar, que fue leal a Allende y simpatizaba con su visión política socialista, murió mientras era prisionero de la dictadura militar. El mensaje que transmite una experiencia tan amarga y trágica como ésa a una hija, me atrevo a suponer, es la de que se debe mantener la fidelidad a los ideales por encima de todo. Para nadie resulta fácil apartarse de las convicciones por las cuales falleció el propio progenitor. Emanciparse de ellas significa una suerte de acto de traición a la memoria del ser querido.

Existe otra figura que, supongo, juega un rol crucial en la galería de iconos políticos de la mandataria: Allende. Su solitaria muerte en palacio, huérfano de la compañía de los partidos políticos y sus líderes, resistiendo solo (lo acompañaban escoltas y amigos) el bombardeo por aire y tierra de las fuerzas armadas, sin convocar a sus adherentes a una resistencia masiva que hubiese resultado suicida, debe haber dejado también impronta profunda en Bachelet. A veces se advierte cierta similitud entre ella y Allende en lo relativo a la preocupación con respecto a su lugar personal en la historia. Comparten una convicción: una cosa es la evaluación que hacen la política contingente y sus agentes, otra la que hacen la historia y «el pueblo». Una cosa es la política, otra la historia. Sospecho que en esta dimensión histórica coinciden el populismo no nato de Bachelet con la fase populista de Allende.

Una tercera figura emerge, a mi juicio, en la *Biografía no oficial de Michelle Bachelet*, escrita por los periodistas Andrea Insunza y Javier Ortega, que relata, entre otros asuntos, las labores que cumplió Bachelet para una facción del Partido Socialista, a mediados de los años ochenta, los nexos que mantuvo con el brazo armado del Partido Comunista y la relación romántica que la unió a un dirigente del Frente Patriótico Manuel Rodríguez (FPMR).

También narra la biografía la relación de pareja que tuvo Bachelet, en 1975, con un militante socialista que devino delator. Ella y su madre sufrieron la detención política a comienzos de 1974 por parte de las fuerzas armadas. Una vez liberadas, salieron del país con rumbo a Australia. Fue en 1975 que Bachelet se reúne de nuevo con su pareja, en Berlín Oriental. Cuando éste le dice que preferiría no volver a Chile por miedo a las torturas en caso de ser descubierto, ella, según el libro, lo conmina a regresar a Chile y ser leal a la causa. López, ése era su apellido, delató al parecer a camaradas después de ser torturado y obligado a colaborar con la policía política. Hoy integra la lista de detenidos desaparecidos. Esta experiencia, señala el texto, dejó huella en la visión de Bachelet con respecto al compromiso político profundo.

En último término, al apoyo que la presidenta entregó inicialmente a su hijo y nuera, involucrados en operaciones comerciales que se realizaban usando la cercanía que mantenían con la mandataria, permite concluir que, cuando la presidenta opta por una alternativa, lo hace con resolución y no deja espacio a la duda. El escándalo, conocido en Chile como Caval, le significó una inmensa pérdida de popularidad, de la cual no ha vuelto a recuperarse.

Al examinar estas experiencias que deben haber marcado la visión de mundo de Bachelet, uno puede concluir que ella optó en su segundo mandato por materializar sus convicciones políticas más auténticas, y que, por ello, y a pesar del feble apoyo popular que suscitan sus reformas, continuará impulsándolas sin dudar y hasta el final. Aunque sin una formación marxista sólida, pero con nociones aprendidas en la RDA y la actividad partidaria, Bachelet parece creer en el determinismo histórico, en la visión de que la historia tiene una dirección establecida, que conduce al triunfo final del socialismo, y que al político consciente le corresponde acelerar la marcha en esa dirección, y que al final, pese a los costos transitorios y colaterales que arroje el esfuerzo, el pueblo se verá beneficiado y lo reconocerá.

Como en el caso de Allende, Bachelet debe estimar que el presente puede resultar ingrato, pero que la historia emitirá otro veredicto a mediano o largo plazo. Sólo quien es capaz de escudriñar, más allá de la superficie, en la dirección superior que lleva la historia cosechará al final el reconocimiento popular. Es difícil entender de otro modo la fe con que ella sigue conservando el rumbo de su gobierno pese al enorme rechazo popular y las ácidas críticas de los partidos que la apoyan.

Si definimos el populismo, más allá de las precisiones académicas, como un estilo individualista, caudillista, paternalista (o bien «maternalista») de conducción, que prescinde de la mediación de los partidos políticos y busca la relación directa entre líder y pueblo, entre caudillo y masa, entre ungido y nación, y un discurso antielitista en lo intelectual, antiempresarial en lo económico, antiprivilegiados en lo social y anti-*establishment* en lo político, podemos afirmar que en Chile nos encontramos hoy bajo un gobierno que no es populista, pero exhibe rasgos populistas y, lo que es delicado, en una rampa de eventual desarrollo populista porque muchas de las condiciones para la aparición de líderes populistas están dadas.

Las características, debilitadas sin duda por la experiencia histórica de Chile, están hoy presentes: el gobierno de Bachelet no es populista, pero Bachelet sí actuó como populista en el inicio de su segundo mandato, lo que no prosperó.

Varios factores explican el debilitamiento de su proyección populista: la frustrada experiencia nacional previa de regímenes populistas, y la crítica evaluación de los chilenos de las administraciones de Alberto Fujimori y Carlos Saúl Menem, así como de Hugo Chávez, Evo Morales y Daniel Ortega. A esto se agrega la repentina caída de la popularidad de Bachelet debido a negocios en su entorno familiar y la magra siembra y cosecha de su primer ministro de Hacienda, Alberto Arenas, así como la improvisación, falta de coordinación y prolijidad administrativa y la incapacidad para ordenar a la amplia mayoría con que cuenta en el Congreso. Detrás de estas insuficiencias se halla, desde luego, la ausencia de liderazgo presidencial.

Todos estos factores, añadidos a la caída del precio del cobre y la incertidumbre que creó el gobierno entre inversionistas nacionales y extranjeros, erosionaron el gran capital político con que la mandataria llegó a La Moneda, liquidaron la seducción que ejercía sobre el pueblo, desordenaron a los líderes de los partidos de gobierno (marginados e ignorados en el lanzamiento de la campaña), alejaron al movimiento social (que brindó la ola sobre cuya cresta se montó Bachelet) y permitieron que la popularidad de la mandataria entrara en una sorprendente caída libre.

Probablemente el de Bachelet pase a la historia como un gobierno populista no nato, y quede como un eterno período de cuatro años perdidos para el país. Quedará también como la etapa en que la presidenta dilapidó su popularidad, impulsó malas reformas con buenas intenciones, logró una pésima gestión y peor evaluación y dejó al desnudo la improvisada arquitectura de su administración. Fue también el período en que Bachelet salió del closet político.

La verdadera Bachelet no fue la de su gestión 2006-2010 (que en resultados económicos fue la peor desde la recuperación de la democracia, sólo superada ahora por su actual administración), sino la del período

2014-2018, la Bachelet actual que, sin importarle la pérdida de apoyo popular, lleva adelante su programa a mata caballo con la convicción de quien se siente protagonista de la historia y considera que en el futuro el pueblo reconocerá y agradecerá su gestión. La auténtica Michelle Bachelet es la que admira al dictador Fidel Castro, recuerda con nostalgia el régimen comunista de Alemania Oriental, donde vivió un par de años, y sigue simpatizando con la causa socialista estatista en su versión retro y siglo XXI.

El interrogante que surge en la etapa final de su gobierno es si su mala gestión conjura el peligro del populismo en Chile, y si su administración populista no nata quedará efectivamente inscrita en nuestra historia como otro fracaso más del populismo de izquierda en América Latina o pasará inadvertida en ese sentido.

A modo de conclusión

Para concluir: las posibilidades para que el populismo de izquierda se despliegue de forma plena en Chile tienen que ver hoy, a mi juicio, con los siguientes factores.

1. El agotamiento histórico de las alternativas de izquierda: la izquierda chilena se vincula en sus inicios de modo esencial con el triunfo de la Revolución rusa en 1917. Ella la inspira en su vertiente comunista y, detalle importante, es la crítica a ella lo que generará nuevos partidos y movimientos que se distancian de la experiencia rusa, el leninismo y la coordinación comunista internacional.

En rigor, nada ha quedado de esa revolución a no ser algunos conceptos como estalinismo, koljós, KGB, Sputnik, gulag y la tragedia de millones de muertos. De 1989 no sobrevivió ningún país socialista integrante del Pacto de Varsovia, ni tampoco Yugoslavia ni Albania. Nada puede rescatar la izquierda chilena de esta veta de su tradición cultural, como tampoco de las guerrillas rurales y urbanas que, a partir de los años sesenta, financió y adiestró La Habana a través del Departamento América del Partido Comunista de Cuba.

Nada puede celebrar tampoco esta izquierda del desarrollo actual del comunismo en China o Vietnam, países regidos dictatorialmente por partidos comunistas pero que cuentan hoy con economías de mercado y defienden la globalización. Y de la Cuba castrista, que exhibe un modelo económico quebrado y una tímida transición raulista, así como un condenable sistema dictatorial de partido único, poco es rescatable, imitable y aplicable en Chile.

Lo mismo puede afirmarse sobre la vertiente «socialismo del siglo XXI», en retirada en el continente. Los dirigentes de ese movimiento —Maduro, Ortega, Morales y Correa— no exhiben una trayectoria seductora para los electores chilenos.

2. También enfrentan un panorama nada halagüeño en Chile los socialdemócratas y los democratacristianos. Tras el fracaso de la denominada «Tercera Vía», la adecuación de la socialdemocracia europea a la globalización y la liberalización de mercados, así como después de la desorientación ideológica y valórica que sufren los democratacristianos, ambos sectores —considerados «blandos» por la izquierda jacobina, autónoma o anarquista— están surcando aguas inciertas y tormentosas. Éstas los obligarán a replantearse aspectos de su identidad, objetivos, contenidos programáticos, política de alianzas y el Chile con que sueñan en términos concretos.

3. La incorporación a la campaña de Bachelet del 2013 de las demandas de los grupos sociales, a menudo contradictorias entre ellas, el debilitamiento económico nacional y la reducción de recursos fiscales condujeron a una tensión letal entre los sectores de alma concertacionista, los identificados con la Nueva Mayoría y las expectativas de grupos sociales y movimientos radicales surgidos de la protesta callejera. La izquierda

fracasó también en el intento por hacer armonizar bajo un mismo techo a socialdemócratas, democratacristianos, jacobinos, autónomos, anarquistas e integrantes de los movimientos sociales. Al no prosperar una fuerza tan ecléctica, la Nueva Mayoría perdió la posibilidad de construir una alianza más amplia y dejó espacio para el surgimiento y la articulación de fuerzas a su izquierda.

4. La falta de alternativas reales para la centroizquierda hoy se agudiza debido a la «quema de naves» que practicó ese sector a partir de 2013 bajo la etiqueta de la Nueva Mayoría. Entonces comenzó a desconocer su exitoso y decisivo aporte a la consolidación de la democracia, la lucha contra la pobreza y el crecimiento nacional entre 1990 y 2010. Renegó de sí misma por un cálculo oportunista y populista, se desmarcó de lo aportado a lo largo de veinte años de historia para tratar de incorporar a su caudal al partido comunista y a los integrantes de otros partidos y miembros de las activas agrupaciones sociales, en especial al mundo estudiantil.

Este intento, que permitió a la Nueva Mayoría reconquistar La Moneda, implicó, sin embargo, renunciar a defender la responsabilidad que tuvo la Concertación en el país que se contribuyó a construir durante veinte años, es decir, desde el retorno a la democracia. De pronto el exitoso modelo chileno de los últimos decenios se encontró huérfano de algunos de sus padres. La coalición de centroizquierda que lo había conducido, administrado y perfeccionado bajo condiciones democráticas, de pronto lo desconoce. De pronto, la Concertación desconoció a su hijo, se lo endilgó a la derecha y al pinochetismo, y se instaló, como Nueva Mayoría, en el alto estrado de jueces y acusadores. Esta operación política de borrón y cuenta nueva es en parte responsable del descrédito en que cayeron los políticos chilenos. No se puede dirigir a un país durante veinte años y desconocer después olímpicamente su rol en ello y criticar con fervor todo lo construido. El daño cultural y político fue extremo, y sus consecuencias aún del todo imprevisibles.

5. La experiencia de la izquierda chilena con respecto al desplome del socialismo real —experiencia decisiva en 1989 para sectores izquierdistas en el mundo entero— es particular. Por los avatares de la historia, la debacle final del socialismo real se traslapa en Chile con el fin de la dictadura militar y el inicio de la transición a la democracia. En el imaginario de la izquierda chilena, y a diferencia de lo que ocurrió en el resto del mundo, el año 1989 no quedó identificado con el fracaso final de los procesos que impulsó la Revolución rusa y que influyeron hasta en la vía chilena al socialismo, sino con el fin de la dictadura de Pinochet. La lectura que hace la izquierda chilena de 1989 no es la del fin de las dictaduras comunistas, sino la del fin de una dictadura militar de derecha. Esto tiene dos efectos: por un lado, subrayará la importancia histórica de la alianza de centroizquierda (que inspirará a quienes propugnaron acuerdos y consensos con la oposición durante los veinte años de la Concertación) y, por otro, incapacitará a la izquierda chilena para captar el significado profundo que tuvo el fracaso del comunismo a escala mundial con respecto a los derechos humanos, las libertades individuales, la economía social de mercado y la democracia liberal. Celebrando el fin de la dictadura de Pinochet y el triunfo de la libertad en Chile, gran parte de la izquierda chilena pasó de noche frente al fin de las dictaduras comunistas y el triunfo de la libertad en Europa del Este y la Unión Soviética.

Ante esta frustrante experiencia histórica de la izquierda nacional y su incapacidad actual para proponer alternativas al capitalismo y la globalización (a menos que se identifiquen con la postura al respecto de Donald Trump), los socialdemócratas y democratacristianos chilenos serán proclives a escuchar los cantos de sirena del populismo si una figura carismática, nueva, ajena a los partidos políticos, aparece como la mejor carta para mantener el poder, los curules en el congreso y la silla presidencial en el palacio de La Moneda.

No, Chile ya no es inmune al populismo. Tal vez este año tendrá que escoger entre un candidato que proponga volver al diálogo, los consensos, la justicia social, el crecimiento económico, la inclusión, la gestión administrativa idónea y la política responsable, y uno cuyo objetivo principal sea evitar la pérdida del poder, garantizar el continuismo y probar un peligroso salto al vacío. Como sostuvo recientemente un líder socialista con aspiraciones presidenciales, los socialistas no tenemos una alternativa al capitalismo, pero sabemos en qué dirección movernos.

El populismo es una de las direcciones en la que un país puede moverse para desmantelar la economía de mercado y la democracia liberal.

13

¿Se aleja el fantasma?*

Cristián Larroulet V.

Introducción

El populismo es un fenómeno que no conoce fronteras geográficas, temporales ni ideológicas. Podemos encontrar sus huellas tanto en regímenes democráticos como autoritarios, del pasado como del presente, en todos los continentes, destacando en Europa y Latinoamérica, y en políticos de izquierda y derecha. Si el populismo se identificara con una determinada corriente de pensamiento o doctrina política facilitaría la tarea de quienes desde las ciencias sociales se han abocado a su estudio y descripción. Sin embargo, es su presencia casi universal el rasgo que dificulta definirlo con precisión.

No obstante lo anterior, el populismo presenta ciertas características generales identificables en diferentes latitudes y épocas.

El primer elemento es que el populismo surge generalmente como una consecuencia de una crisis originada por causas económicas o políticas o por el debilitamiento de las instituciones fundamentales de una nación. Estos fenómenos generalmente van acompañados del descontento de la ciudadanía con los poderes públicos y especialmente con sus representantes: gobierno, partidos políticos, Congreso y otros actores pertenecientes al *establishment*. Este descontento obedece a una percepción por parte de un amplio sector social sobre una real o presunta ineficacia o desinterés del *establishment* para resolver o dar respuesta a una serie de problemas o demandas insatisfechas.

Este cuadro es un caldo de cultivo que facilita el nacimiento del fenómeno populista. Aquí nos encontramos con el segundo elemento: un líder carismático portador de un diagnóstico generalmente crítico de la situación del país y cuyo programa de acción consiste esencialmente en una refundación del sistema político y/o económico a través de profundas reformas estructurales que se presentan como verdaderas panaceas.

Una tercera característica es que estas reformas o medidas refundacionales son enunciadas en términos vagos y ambiguos, dificultando así su análisis crítico y eventual cuestionamiento. La «promesa populista» se formula como un mensaje equívoco, con diferentes lecturas y que cada quien interpreta según su criterio.

Un cuarto rasgo del populismo es la estigmatización de un grupo de la sociedad, generalmente integrante de la elite, a quienes se les imputa expresa o tácitamente la responsabilidad de los problemas que se promete resolver. Este sector es el antagonista natural del rol protagónico que encarna el líder populista.

Un quinto elemento es el desprecio por el realismo que casi siempre se expresa en un ciego voluntarismo económico que desconoce las restricciones naturales en la disponibilidad de recursos que existen en toda sociedad.

Populismo latinoamericano

En América Latina el populismo ha estado presente durante gran parte de su historia a través de diferentes líderes y corrientes políticas que, aun pudiendo tener distinto signo ideológico, comparten elementos comunes propios de este fenómeno. Rasgos como el discurso nacionalista y antiimperialista tan característico de nuestra región, el caudillismo y la reticencia a respetar las instituciones que forman parte del Estado de derecho y cuyos mecanismos de control, mediación y contrapeso al poder político son vistos por el caudillo populista como obstáculos que entorpecen la acción de su gobierno. Por ello, tal como lo describen Mudde y Kaltwasser en su libro,[1] el caudillo no trepidará en calificar a estas instituciones como enemigas del pueblo y, por tanto, aliadas del bando adversario, que puede ser «la oligarquía», «la elite», «la burguesía» o «los poderosos de siempre», dentro de los cuales incluye a «los políticos» y «los empresarios».

Otro elemento político del populismo latinoamericano es la estigmatización de las obras o políticas realizadas por gobiernos pasados, identificándolas como la antítesis de lo que deben ser el presente y el futuro del país. Por ello, no merecen ser ni mantenidas ni recordadas. Para el populismo su arribo al poder no representa una nueva etapa en la historia del país, sino una suerte de refundación o renacimiento a partir del cual comienza su historia.

En el ámbito económico los gobiernos populistas latinoamericanos se han caracterizado por la implementación de políticas de sustitución de importaciones, industrialización forzosa, irresponsabilidad fiscal y monetaria, nacionalización de empresas y una fuerte intervención y presencia del Estado en la economía.[2]

Los líderes populistas comparten características comunes como «la relación directa, carismática, personalista y paternalista entre líder-seguidor, que no reconoce mediaciones organizativas o institucionales, que habla en nombre del pueblo, potencia la oposición de éste a "los otros", busca cambiar y refundar el *statu quo* dominante; donde los seguidores están convencidos de las cualidades extraordinarias del líder y creen que gracias a ellas, a los métodos redistributivos y/o al intercambio clientelar que tienen con el líder (tanto material como simbólico), conseguirán mejorar su situación personal o la de su entorno».[3] El ejemplo histórico latinoamericano ha sido Juan Domingo Perón y recientemente el de Hugo Chávez.

El populismo histórico en Chile

Después de la Independencia, salvo los primeros años, Chile logró alejarse del populismo latinoamericano. Ello gracias a la influencia de Diego Portales, Andrés Bello y Manuel Rengifo, entre otros, cuyas ideas y liderazgo se tradujeron en la construcción de instituciones que impusieron el orden republicano y combatieron el caudillismo populista latinoamericano.[4,5]

Cabe señalar que Chile fue líder en materia de desarrollo económico en ese siglo, pasando de ser la colonia más pobre de España a uno de los tres países de mayor ingreso per cápita de América Latina. Al respecto, el historiador Simon Collier señala: «En un banquete en Valparaíso en 1852 el autor argentino Juan Bautista Alberdi propuso un brindis a la "honorable excepción en Sudamérica". En un aspecto muy importante, la historia de Chile en el siglo XIX fue, verdaderamente, una impresionante excepción al patrón hispanoamericano. A quince años de su independencia los políticos chilenos estaban construyendo un sistema de gobierno constitucional que probaría ser destacable (tanto para los estándares europeos como para los latinoamericanos) por su durabilidad y adaptabilidad. Esta consolidación exitosa de un Estado Nacional despertó la admiración de las repúblicas hispanoamericanas menos afortunadas, que se veían divididas y plagadas de conflictos y dominadas por caudillos».[6]

Esta realidad comenzó a cambiar hacia fines del siglo y se acentuó en el siglo XX. Hubo una creciente crítica a la capacidad de gobernar de las elites, existió una crisis internacional como la de 1929 en la cual fuimos el país más dañado de Latinoamérica y comenzaron las propuestas populistas. Son dos los liderazgos populistas que podríamos destacar: Carlos Ibáñez y Salvador Allende.

Carlos Ibáñez del Campo fue presidente de Chile en dos ocasiones. El primer período abarca desde 1927 hasta 1931 y el segundo va de 1952 a 1958. Es su primer mandato el que es mayoritariamente calificado como populista por diferentes historiadores y cientistas políticos.

Flavia Freidenberg describe con claridad las características populistas que tuvo su primer gobierno: «Su gobierno puede ser considerado como la "mejor corriente" populista, nacionalista y antipartidista de Chile durante el siglo XX».[7] «Ibáñez del Campo gobernó Chile con un estilo autoritario y personalista. Su fortaleza estaba en la variedad de seguidores reunidos por la adhesión que provocaba este líder carismático, ya que contaba con el respaldo de grupos provenientes de todos los partidos políticos, el ejército y las clases bajas. Muchas de sus decisiones gubernamentales se hicieron a golpe de decreto, lo que supuso imprimir una rapidez sin precedentes a la acción del gobierno, tensionando la relación con el Legislativo y dando imagen de una fuerte efectividad en su gestión.»[8] Su gobierno «marcó el inicio de la intervención del Estado en la economía como un agente de desarrollo del país. Favoreció la política económica expansionista...».[9] Más adelante agrega: «El ibañismo inició la política de protección industrial a través de aranceles y la expansión de créditos públicos».[10] «Su discurso era fuertemente antiliberal y corporativista más que antidemocrático.»[11]

El historiador chileno Joaquín Fermandois describe así el segundo período de Ibáñez: «Nadie esperaba la sorpresa del 47 por ciento de los votos. Sus partidarios venían de izquierda y derecha, del nacionalismo, del socialismo y del anticomunismo. Ibáñez se había transformado en un caudillo con arraigo popular, "el General de la esperanza", que ofrecía un cambio político con una vaga combinación de nacionalismo, autoritarismo, populismo y regeneración moral. Se ha hablado de su analogía con Perón y el peronismo. Un grupo influyente de ibañistas, encabezado por la primera senadora mujer, María de la Cruz (1912-1995), admiraba incondicionalmente al caudillo trasandino».[12]

«Existía el parecido y la relación directa; ambos se habían elevado a la política por medio del ejército, cuando sucede que la clase militar se convierte en clase política; habían desarrollado, según se afirma sin pruebas, cierto conocimiento mutuo durante el exilio de Ibáñez en Argentina en los años treinta. Cuando Ibáñez fue electo senador en 1949, visitó un par de veces a Perón. Éste, después de las elecciones presidenciales, estaba consciente del significado de Ibáñez y miró su triunfo como una especie de proyección suya en el cono sur, de lo que el aparato peronista haría uso en los años siguientes.»[13]

A propósito de la relación entre ambos líderes populistas, en una carta fechada el 16 de marzo de 1953 dirigida a Ibáñez, entonces presidente de Chile, Juan Domingo Perón le entrega varios consejos de evidente inspiración populista. Uno de sus párrafos dice: «No debe tener la menor duda que la oligarquía, los políticos vendepatria y el imperialismo serán sus enemigos. Para vencerlos Usted necesita al pueblo y al pueblo se lo gana de una sola manera: luchando lealmente por él. Dé al pueblo, especialmente a los trabajadores, todo lo que pueda. Cuando a Usted le parezca que les da mucho, dele más. Verá el efecto. Todos tratarán de asustarlo con el fantasma de la economía. Es todo mentira. Nada hay más elástico que esa economía que todos temen tanto porque no la conocen».[14]

El populismo de Salvador Allende entre 1970 y 1973 se puede ver en su programa de gobierno. Él realiza un diagnóstico de la situación del país que refleja la visión apocalíptica y dicotómica propia del populismo latinoamericano: «El problema principal no es la eficiencia sino el poder, esto es, ¿quién controla la economía y para quién? [...] Lo que está en juego es la propiedad de los medios de producción por una pequeña minoría; entonces, las cuestiones económicas reales son: quién tiene el poder de fijar los precios y por lo tanto las utilidades, y quién captura el excedente económico y decide cómo reinvertirlo [...] Centrar la discusión en la eficiencia elude discutir quién detenta realmente el poder económico y por qué una pequeña minoría que posee los medios de producción es capaz de subyugar a la mayoría». En palabras del ministro de Economía Pedro Vuskovic, poco después de que Allende asumiera la presidencia, «el control estatal está proyectado para destruir la base económica del imperialismo y la clase dominante al poner fin a la propiedad privada de los medios de producción».

En el documento programático «Las primeras 40 medidas»[15] del gobierno de la Unidad Popular encontramos propuestas de indudable corte populista, como las siguientes:

— «Jubilaciones justas, no millonarias. Terminaremos con las jubilaciones millonarias, sean parlamentarias o de cualquier sector público, o privado, y utilizaremos esos recursos en mejorar las pensiones más bajas.»[16]

— «Descanso justo y oportuno: Daremos derecho a jubilación a todas las personas mayores de 60 años, que no han podido jubilar, debido a que no se les han hecho imposiciones.»[17]

— «Arriendos a precios fijos: Fijaremos el 10 por ciento de la renta familiar como máximo para el pago de arriendo y dividendos.»[18]

— «Contribuciones sólo a las mansiones: Liberaremos del pago de contribuciones a la casa habitación hasta un máximo de 80 metros cuadrados donde vive permanentemente el propietario y no sea de lujo o de balneario.»[19]

— «Medicina gratuita en los hospitales: Suprimiremos el pago de todos los medicamentos y exámenes en los hospitales.»[20]

— «Una nueva economía, para poner fin a la inflación: Aumentaremos la producción de artículos de consumo popular, controlaremos los precios y detendremos la inflación a través de la aplicación inmediata de la nueva economía.»[21]

— «No más amarras con el Fondo Monetario Internacional: Desahuciaremos los compromisos con el Fondo Monetario Internacional y terminaremos con las escandalosas devaluaciones del escudo.»[22]

— «Fin a la cesantía: Aseguraremos el derecho de trabajo a todos los chilenos e impediremos los despidos.»[23]

En su libro *Un siglo de economía política chilena (1890-1990)*, el destacado economista Patricio Meller es muy claro en calificar como populista al gobierno de Salvador Allende, señalando cómo funcionó la economía bajo su mandato: «Se ha argumentado que el gobierno de la U. P. aplicó un conjunto de políticas macroeconómicas de corte netamente populista cuyo propósito habría sido conseguir una rápida reactivación con una acelerada redistribución. De acuerdo a este paradigma populista, las políticas expansivas generan inicialmente un elevado crecimiento con aumento de remuneraciones reales en el que los controles de precios reprimen las presiones inflacionarias; la primera etapa de un programa populista exhibe resultados muy exitosos, en los que se observa simultáneamente un gran crecimiento con menor inflación y un mayor poder adquisitivo por parte de los trabajadores».[24]

«Pero, en la segunda etapa, la fuerte expansión de la demanda genera desequilibrios crecientes: los inventarios se agotan, el sector externo actúa como válvula de escape pero las divisas comienzan a escasear; todo esto estimula el proceso inflacionario, la fuga de capitales y la desmonetización de la economía. El sector público experimenta elevados déficits al utilizar subsidios para los bienes de consumo masivo y para el tipo de cambio; al mismo tiempo cae (en términos reales) la recaudación, y el déficit público aumenta considerablemente.»[25]

«La tercera etapa finaliza con los intentos del gobierno de aplicar una política de ajuste antiinflacionario, reduciendo los subsidios y disminuyendo los salarios reales. Posteriormente, otro gobierno con mayor credibilidad aplicará un duro programa estatizador ortodoxo cuyas consecuencias son el desempleo y la pérdida de poder adquisitivo de los grupos de bajos ingresos. En síntesis, este paradigma populista inflige "un costo terrible a aquellos mismos grupos a quienes se intentaba favorecer".»[26]

El gobierno de la Unidad Popular utiliza el aparato público para crear al Estado empresario que se convierte en el principal agente económico, ya sea en su capacidad de normar y orientar el desarrollo, como también en la de emprender las actividades conducentes a producir los bienes y servicios que el país requiriera, de acuerdo a los objetivos del plan. Es así como algunos instrumentos jurídicos elaborados en administraciones anteriores se utilizaron para transformar la estructura económica del país y así alcanzar el socialismo. El Estado empresario abarcó los principales sectores económicos estatizando no sólo las grandes o medianas empresas, sino que también interviene en la adquisición, gestión y comercialización de pequeñas actividades. El proceso de transformación fue rapidísimo y en sólo tres años el Estado obtuvo el control mayoritario de los procesos productivos. En sólo los primeros diecisiete meses de gestión del gobierno socialista, el Estado pasó de controlar algo menos del 25.1 por ciento de las ventas industriales a un 39.5 por ciento de ellas, porcentaje que a su vez fue aumentado considerablemente a septiembre de 1973.[27]

Las principales consecuencias económicas del populismo de Allende fueron un aumento del gasto del sector público no financiero consolidado del 30.9 por ciento del PGE en 1970, 39.5 por ciento en 1971 y 46.4 por ciento en 1972. Déficit del sector público creciente y desproporcionado; el déficit del 6.6 por ciento de 1970 se eleva secuencialmente al 15.3 por ciento (1971), 24.5 por ciento (1972) y 305 por ciento (1973). Y durante el segundo semestre de 1972, una aceleración de la ya elevada inflación (de tres dígitos en base anual) coexistió con la escasez generalizada y la proliferación del mercado negro.[28]

Chile libre de populismos: 1990-2014

Hacia el término del gobierno militar que introdujo profundas reformas económicas y sociales, Chile vive un período extraordinariamente fecundo en materia política, económica e institucional. Así en la presidencia de Patricio Aylwin (1990-1994) se lleva adelante una ejemplar conducción política caracterizada por la búsqueda y materialización de consensos para llevar adelante las políticas públicas responsables de la transformación de Chile como país líder en América Latina en materia social y económica.

Creo que uno de los factores fundamentales que permitieron el despegue de Chile durante estos años fue la búsqueda de acuerdos entre los sucesivos gobiernos de la Concertación y la oposición. Una práctica que nace del espíritu republicano que motivó a todos los actores a respetar a las minorías, a cultivar el diálogo y la amistad cívica, y a aplicar un sano criterio pragmático alejado de dogmatismos y sectarismos que pudieran poner en riesgo la gobernabilidad y estabilidad del país.

Edgardo Boeninger, exministro del presidente Aylwin, fue uno de los artífices de ese proceso por el que después transitaron los siguientes gobiernos de la Concertación encabezados por los presidentes Frei (1994-2000), Lagos (2000-2006) y Bachelet (2006-2010). Esos gobernantes eran miembros de partidos de centroizquierda y de izquierda. Además fue la característica del primer gobierno de centroderecha encabezado por el expresidente Piñera (2010-2014).

Bajo el título «El rechazo de la tentación populista», Boeninger señala las razones que explican el mantenimiento en democracia de las políticas económicas implementadas durante el gobierno militar: «El duro aprendizaje propio y las lecciones de la inestabilidad económica crónica de América Latina generaron en Chile el descrédito del populismo que llegó a su máxima expresión en la gestión Vuskovic. Entre la inmensa mayoría de los economistas se había producido hacia fines de los ochenta pleno consenso acerca de la importancia de los equilibrios macroeconómicos y el efecto negativo de la inflación tanto sobre el crecimiento como la equidad social».[29]

Más adelante agrega: «Sin embargo, al asumir la Concertación, el país miraba con desconfianza su futura gestión económica, dado que eran justamente los partidos integrantes de la nueva coalición gobernante los que en mayor grado representaban la tradición populista de la política nacional».

«El año 1990 despejó las dudas. Al condicionar la puesta en marcha de los programas sociales del gobierno a la generación de nuevos ingresos fiscales a través de una reforma tributaria y, luego, al descartar los subsidios de precio en el momento de enfrentar el alza del petróleo producido por la guerra del Golfo Pérsico, Foxley[30] dio contundentes e inequívocas señales de que en este gobierno no había espacio para políticas populistas. Ambas decisiones contribuyeron a generar la confianza empresarial que tanto necesitaba el nuevo gobierno, al paso que se notificaba a todos los sectores que no habría acogida a presiones y demandas que amenazaran la estabilidad de la economía.»[31]

La explícita voluntad antipopulista de la Concertación en 1990 también se refleja en las palabras de Alejandro Foxley, exministro de Hacienda de Aylwin: «Nuestra política de gasto social es responsable y ajena al populismo. El esfuerzo de gasto es también esencialmente gradual, y no pretende corregir de inmediato problemas que vienen de muy atrás. Chile tiene una situación fiscal sana que se mantendrá en los años venideros. Esto significa que cualquier suplemento al gasto social sólo puede tener efecto cuando los recursos para financiarlo hayan sido recolectados de manera no inflacionaria».[32] Ésta fue la actitud de todos los gobernantes de la coalición de centroizquierda que continuaron a Aylwin.

Después de gobernar por dos décadas, la Concertación pierde en 2010 la elección presidencial ante Sebastián Piñera. Cuando ese año asume el primer gobierno de centroderecha desde la vuelta a la democracia, existían una serie de condiciones que propiciaban hacer un gobierno populista: el país había sido recién azotado por el terremoto y maremoto que causaron el mayor daño de su historia, venía de sufrir los efectos de la crisis económica del período 2008-2009, existía también un ambiente social crispado por movilizaciones y demandas estudiantiles, y además la confianza de la ciudadanía en los partidos políticos había caído significativamente.

No obstante lo anterior, una vez más la conducción del gobierno se caracterizó por alejarse del populismo, llamando a la unidad del país para reconstruirlo durante los cuatro años del mandato del expresidente Piñera, conjugando la tradicional austeridad fiscal con reformas políticas, económicas y sociales que permitieron a Chile volver a crecer fuertemente (5.3 por ciento de promedio), reducir la pobreza que en promedio cayó desde el 11.4 por ciento al 7.8; la desigualdad de ingresos, que pasó de un coeficiente de Gini del 0.53 al 0.52, y abordar responsablemente las demandas ciudadanas más relevantes que describo con detalle en el libro *Chile camino al desarrollo: avanzando en tiempos difíciles*.[33]

Esta posición contraria al populismo fue sostenida invariablemente por los gobiernos de Chile hasta 2014, año en que asume su segundo mandato presidencial Michelle Bachelet.

La tentación populista del segundo gobierno de Bachelet

Lamentablemente, este casi cuarto de siglo que Chile avanzó por el camino hacia el desarrollo fue interrumpido por la llegada al gobierno de la Nueva Mayoría, coalición que agrupa a los mismos partidos de la Concertación, pero incluyendo ahora al Partido Comunista. Históricamente, ello significa la misma coalición de izquierda del período del presidente Allende más el partido democratacristiano.

Comunicacionalmente, el retorno de Michelle Bachelet a la arena política fue presentado por sus partidarios de acuerdo al tradicional relato populista según el cual el líder que tiene relación directa con el pueblo aparece para «rescatarlo» de las injusticias de un país que sufre por la desigualdad «insostenible» y los abusos cometidos por la elite.

Lo mismo sucede con su diagnóstico de la realidad chilena. En efecto, la visión de la situación del país la encontramos en su programa de gobierno donde señala: «Este programa encara decididamente estas desigualdades que persisten en el país, pues se funda en la convicción de que la desigualdad es insostenible no sólo desde un punto de vista económico y social, sino que también para una sana convivencia entre los chilenos y chilenas y para asegurar la paz social que requerimos para crecer y desarrollarnos de forma inclusiva. La gobernabilidad se funda en un destino compartido. La desigualdad es la negación de ese sentido común».[34]

Más adelante el texto se refiere vagamente a los medios que se propone utilizar para sus propósitos: «La necesidad de resolver las brechas de desigualdad que hoy tenemos nos exige realizar cambios profundos y estructurales».

Como vemos, el documento programático efectúa una descripción de la realidad de Chile teñida por la perspectiva populista: una nación dividida, en crisis por las diferencias sociales y ansiosa de ser rescatada por la acción de un líder que corrija las desigualdades.

Al respecto es conveniente recordar lo señalado por Sebastián Edwards, uno de los más destacados expertos en el fenómeno populista en Latinoamérica: «Contrario a lo que los neopopulistas han señalado, la desigualdad en América Latina no es el resultado del Consenso de Washington, las fuerzas del mercado o las reformas incompletas de los noventa o la década de 2000. La desigualdad es un problema que se remonta a la época colonial y a los bienes producidos en esos años».[35] Es por ello que avanzar en materia de justicia económica y social no se logra con medidas de corto plazo que frenan el crecimiento de los países.

Con todo, cabe preguntarse: ¿es correcto el cuadro que describe la Nueva Mayoría respecto de lo que realmente sienten y necesitan los chilenos? No, es un diagnóstico equivocado que no coincide con las aspiraciones más profundas de la mayoría nacional. En efecto, la afirmación de que en Chile existe un profundo malestar social y que ello está relacionado con «el modelo» de desarrollo corresponde más a una interpretación interesada y motivada ideológicamente que a una constatación fundada en hechos de la realidad. Así lo demuestran, entre otros, los informes del PNUD, que muestran a un 77 por ciento[36] que se declara feliz.

Asimismo, de acuerdo a un estudio[37] publicado recientemente, un 56 por ciento está de acuerdo con que el modelo le permitirá a las próximas generaciones de chilenos tener más oportunidades de las que tuvo la actual generación. Un 68 por ciento piensa que el principal rol del Estado debe ser apoyar y fomentar a las personas y a las empresas privadas para que puedan desarrollar con libertad sus proyectos y un 71 por ciento cree que mientras más competencia hay en el mercado, más se benefician los consumidores.

La debilidad de la teoría del malestar social radica en que su principal argumento son las protestas estudiantiles que se inician en 2006 durante el primer gobierno de Bachelet y que luego reaparecen y alcanzan su *peak* en 2011, en el gobierno de Sebastián Piñera. Protestas cuyas demandas a pesar de ser muy diversas estaban circunscritas al sector de la educación. No obstante, algunos académicos de izquierda como Alberto Mayol y Fernando Atria teorizaron sobre este hecho interpretándolo como un rechazo ciudadano al modelo de desarrollo chileno. El error de la Nueva Mayoría fue construir su propuesta programática sobre la base de esta interpretación ideológica cuya falta de asidero quedó demostrada en el masivo rechazo ciudadano a las reformas impulsadas por Bachelet en su segundo gobierno, tal como lo demuestran todos los estudios de opinión.

Los chilenos están conscientes de que hemos transitado de un país que a comienzos de la década de 1990 tenía un ingreso por habitante de 5.000 dólares a otro donde tenemos un ingreso per cápita de más de 20.000 dólares, según cifras del FMI; de alrededor de 200.000 estudiantes en la educación superior a más de un millón; de calles con 1.969.000 automóviles a otras congestionadas por más de 4.100.000 vehículos. Con una penetración de redes sociales y acceso a interconexión enorme caracterizada por el hecho de que hace trece años, según cifras de la Subtel,[38] el 22 por ciento de los chilenos tenía acceso a un celular y hoy son un 134 por ciento.

Asimismo, según los datos del estudio «Una mirada al alma de Chile»,[39] sobre el 60 por ciento de los chilenos piensa que su vida familiar, nivel de ingresos, cantidad de tiempo libre y casa son mejores en comparación con la que tuvieron sus padres. Es decir, es mayoritaria la percepción de movilidad social intergeneracional.

Podríamos seguir, pero lo que está claro es que vivimos en otro país y que éste sí se caracteriza por aspirar a más y que es muy crítico ante cualquier hecho que limite la oportunidad de acceder a una mejor calidad de vida, sea que provenga de abusos o de equivocadas políticas públicas de cualquier gobierno. Hoy los chilenos exigen más y poseen una mayor confianza en sus propias capacidades. Es el Chile del éxito que ha sido descrito lúcidamente por el historiador Mauricio Rojas, especialmente en su libro *La historia se escribe hacia adelante*.[40]

Lo anterior ha sido ratificado por los estudios de opinión del Centro de Estudios Públicos (CEP) en cuyas encuestas ha preguntado a los chilenos cuáles son las dos razones más importantes en el éxito económico de las personas, presentándoles una lista de once alternativas posibles. En las encuestas de los años 1990, 1995, 2001, 2007, 2008, 2010, 2012, 2013 y 2014, la mayoría de los chilenos ha elegido como las tres primeras opciones el «nivel educacional alcanzado», la «iniciativa personal» y el «trabajo responsable». Y, desde el año 2001, han coincidido en señalar como la razón más importante el «nivel educacional alcanzado».

Reformas populistas

No resulta posible en este espacio analizar cada una de las reformas impulsadas, ya que son muchas y en diferentes sectores. Sin embargo, existen cuatro principales: una nueva constitución, elevar los impuestos en un 3 por ciento del PIB y cambiar el sistema tributario, realizar una reforma laboral para dar más poder a sindicatos y una reforma educacional que reduce la libertad de elección de las familias, limita el rol de la sociedad civil en la educación escolar e introduce la gratuidad universal en la educación superior.

Gran parte del rotundo fracaso del gobierno de la Nueva Mayoría se explica por su garrafal error de diagnóstico que ya vimos y por el sesgo y visión dogmática de sus reformas. El carácter populista de estas reformas quedó manifestado en las palabras del senador Jaime Quintana, destacado integrante de la Nueva Mayoría, quien hace tres años anticipó lo que vendría para Chile: «Nosotros no vamos a pasar una aplanadora, vamos a poner aquí una retroexcavadora, porque hay que destruir los cimientos anquilosados del modelo neoliberal de la dictadura».[41] Palabras que parecían más en sintonía con los objetivos populistas del gobierno de Allende que con la gestión realizada por los gobiernos de Aylwin, Frei, Lagos y el primer período[42] de Bachelet.

Las reformas a la educación, tributaria y laboral no fueron construidas siguiendo el espíritu de los acuerdos con visión de Estado y largo plazo, escuchando la voz de los expertos, sino de acuerdo a la «doctrina de la retroexcavadora».

La reforma educacional escolar afectó a casi dos millones de estudiantes matriculados en los colegios particulares subvencionados donde se educa la mayoría de los niños y jóvenes de Chile, sin abordar los verdaderos problemas asociados a la calidad educativa.[43]

Otro aspecto de la reforma educacional es la gratuidad universal en la educación superior prometida por Bachelet durante su campaña electoral. Se trata de una medida evidentemente regresiva pues significa otorgar más recursos a los más ricos. Hoy la cobertura universitaria del quintil más rico es del 61.6 por ciento y en el más pobre es del 21.2 por ciento. Por lo tanto la gratuidad significa entregar alrededor de tres veces más recursos a los sectores de más altos ingresos con relación a los más necesitados. Pero no sólo eso, ya que nos va a impedir destinar más recursos a la educación prebásica y escolar para aumentar las posibilidades de acceso futuro de los más vulnerables a la educación superior. Expertos calculan que el costo de gratuidad en la educación terciaria para el 20 por ciento más rico es de alrededor de 1.500 millones de dólares. Con esos recursos se podrían hacer más programas que benefician a los más necesitados mejorando la distribución del ingreso.

En el caso de la reforma tributaria, su impacto negativo no sólo proviene de su magnitud sino también de su concepción. En efecto, ella descansa principalmente en un tributo mayor a las empresas y a la vez elimina las bases que Chile había creado para gravar con el impuesto a la renta el gasto y no el ahorro. En suma, la reforma carga mayoritariamente los mayores gravámenes al ahorro y la inversión privada. El resultado ha sido una caída de la tasa de inversión como porcentaje del PIB desde el 24.4 por ciento (2013) al 22.3 por ciento (2015).

En materia laboral, como es reconocido por la OCDE, el principal problema del país son las faltas de oportunidades de trabajo para las mujeres y los jóvenes. Sin embargo, dado el carácter populista de esta reforma, en lugar de enfocarse en los problemas mencionados se concentró en cambiar el equilibrio del proceso de negociación colectiva, elevando de diversas formas el poder de las directivas sindicales en desmedro de los propios trabajadores.

Los principales efectos de las reformas tributaria y laboral han impactado negativamente en la economía chilena. Es así como durante los últimos tres años el país ha crecido al 1.9 por ciento promedio, mientras el mundo lo hizo al 3.2 por ciento. En que a fines de 2013 éramos el tercer país de la OCDE con mayor crecimiento, sin embargo hoy estamos en el lugar número veintiuno, según la última medición. En la decisión de la agencia calificadora Fitch Ratings de bajar la perspectiva crediticia de Chile de «estable» a «negativa», dada la «prolongada debilidad de la economía». Y en el deterioro por tercer año consecutivo de la posición de nuestro país en el ranking de Libertad Económica 2017 de la Heritage Foundation, dejando a Chile con un índice global del 76.5 por ciento en 2017, su peor calificación desde el año 2002, y mostrando un serio retroceso respecto a su mejor posición en el ranking el año 2013, donde mostraba un índice del 79 por ciento.

Otra medida impulsada por el gobierno de Bachelet es el reemplazo de la actual Carta Fundamental por una nueva constitución. En el programa de gobierno presentado en 2013 señala: «La Nueva Constitución junto con reconocer el derecho a la propiedad privada, debiera contemplar la idea de que la propiedad obliga y que su uso debe servir al mismo tiempo al bien común. En esa línea, se requiere reconocer que la función social del derecho a la propiedad privada y a la herencia delimitará su contenido, de conformidad a la ley».[44]

Con el fin de cumplir su propósito el gobierno anunció la puesta en marcha de un «proceso constituyente» cuya principal consecuencia fue colaborar a la instalación de un clima de incertidumbre económica. Así lo reflejan las encuestas.[45] Éstas muestran que para los inversionistas el mayor riesgo para la economía local son los «ruidos» político-sociales internos (63 por ciento), seguido del mayor deterioro en la economía (22 por ciento). Acerca de la reforma constitucional, un categórico 63 por ciento aseveró que ella tendrá efectos negativos en el crecimiento y la estabilidad del país. Respecto de la principal medida para retomar el crecimiento, un 65 por ciento de los inversionistas señaló que ella consiste en «frenar las reformas que impulsa el Ejecutivo». En suma, un diagnóstico acompañado de reformas que prometían cambios radicales y que han producido lo contrario a la promesa original: hoy Chile es una sociedad más dividida política y socialmente.

El freno ciudadano e institucional

Pero la acción y efectos de la «retroexcavadora» de la Nueva Mayoría no sólo han dañado al país: también afectaron al propio gobierno. En efecto, el fracaso de las reformas populistas se refleja en la estrepitosa caída en el respaldo a la presidenta, que según Cadem[46] ha bajado al 20 por ciento, mientras el rechazo a su figura se eleva al 70 por ciento. También la percepción del progreso ha decaído, ya que el 81 por ciento piensa que la economía se encuentra estancada o retrocediendo, cifra que al inicio de su gobierno llegaba al 44 por ciento.

En tanto, según el mismo estudio, un 61 por ciento de la ciudadanía rechaza la reforma tributaria ya aprobada por el Congreso; el 60 por ciento desaprueba la reforma educacional y el 58 por ciento de los chilenos no apoya la reforma laboral.

Advertida de esta realidad, la presidenta Bachelet llevó a cabo en la mitad de su gobierno un profundo cambio de gabinete que significó reemplazar a sus principales colaboradores políticos y económicos, los mismos que habían participado en la elaboración de parte importante de su programa de gobierno y reformas. De esta manera la reacción ciudadana a las reformas puso un freno parcial al avance del proceso descrito, demostrando una vez más que la democracia es el mejor antídoto contra el populismo.

Al rechazo social a las reformas se suma el efecto de contención de las sólidas instituciones republicanas que distinguen a Chile en el mundo. Ejemplos de esto son el rol de las reglas constitucionales y legales de responsabilidad fiscal que han permitido no agravar más las cuentas presupuestarias; la autonomía del Banco Central y la flexibilidad cambiaria, que han facilitado los ajustes; las garantías constitucionales y el rol del Tribunal Constitucional, que han hecho posible proteger las libertades fundamentales en el ámbito del trabajo y el acceso a la educación.

Conclusión

En definitiva, gracias al mayoritario rechazo ciudadano a las reformas, Chile ha logrado, una vez más, alejarse por el momento de la amenaza populista, volviendo al eje que mantuvo durante gran parte del siglo XIX y fines del siglo XX. Período este último cuyos resultados en términos de progreso económico y social son reconocidos internacionalmente.

Sin embargo, Chile no ha conjurado definitivamente el fantasma del populismo. Aún persisten condiciones como el sentimiento de desconfianza generalizada hacia las instituciones públicas y privadas y la amplia desaprobación a los partidos políticos, entre otros, que abonan el escenario para un rebrote populista. De acuerdo al semanario *The Economist*, los rasgos populistas y nacionalistas del presidente Donald

Trump pueden favorecer la reaparición de este fenómeno en América Latina, particularmente en México y Chile, a través de las opciones presidenciales que tienen Andrés Manuel López Obrador en México y Alejandro Guillier en Chile, señalando: «Incluso Chile no está inmune (al populismo): Alejandro Guillier, un exconductor de televisión que hace alarde de un lazo especial con "la gente", tiene una chance en las elecciones de noviembre».[47]

Efectivamente, Chile no es inmune al populismo, pero el creciente respaldo a la eventual candidatura del expresidente Piñera representa un sentir ciudadano contrario al populismo. Este hecho, sumado a la solidez de nuestras instituciones, nos hace abrigar esperanzas de que Chile recupere en un futuro próximo el camino de crecimiento, equidad y políticas públicas responsables por el que venía avanzando, el cual estamos seguros lo llevará hacia el tan anhelado y hasta ahora esquivo pleno desarrollo humano.

Bibliografía

Abara, J. F., *El Ibañismo (1937-1952): un caso de populismo en la política chilena,* Instituto de Historia Pontificia, Universidad Católica de Chile, 2007.

Boeninger, E., *Democracia en Chile: lecciones para la gobernabilidad,* Editorial Andrés Bello, Santiago de Chile, p. 474.

Büchi, H., *La transformación económica de Chile: del estatismo a la libertad económica,* Norma, Bogotá (Colombia), 1993.

Coatsworth, J. H., y J. G. Williamson, «Always protectionist? Latin American tariffs from independence to Great Depression», Journal of Latin American Studies, 36(02), 2004, pp. 205-232.

Collier, S., «Chile from Independence to the War of the Pacific», The Cambridge History of Latin America, 3, 1985, pp. 583-613.

De Ramón, A., J. R. Couyoumdjian, y S. Vial, *Historia de América: la gestación del mundo hispanoamericano,* vol. 1, Editorial Andrés Bello, Santiago de Chile, 1992.

Dornbusch, R., y S. Edwards, «The macroeconomics of populism», en *The macroeconomics of populism in Latin America,* University of Chicago Press, 1991, pp. 7-13.

Edwards, S., *Left behind: Latin America and the false promise of populism,* University of Chicago Press, Chicago, 2012.

— P. Botero, y M. M. Correa, *Populismo o mercados: el dilema de América Latina,* Norma, Bogotá (Colombia), 2009.

Fermandois, J., *Mundo y fin de mundo: Chile en la política mundial,* 1900-2004, vol. 54, Ediciones Universidad Católica de Chile, 2005. Flisfisch, A., «La ilusión poscapitalista», columna de opinión publicada por El Mercurio, 21 de enero de 2017.

Fontaine, J. A., «Transición económica y política en Chile: 1970-1990», *Estudios Públicos,* 50, 1993, pp. 229-279.

Freidenberg, F., *La tentación populista: una vía al poder en América Latina,* Síntesis, Madrid, 2007.

— *¿Qué es el populismo? Enfoques de estudio y una nueva propuesta de definición como un estilo de liderazgo,* en E. Dubesset, y L. Majlátová (coords.), *El populismo en Latinoamérica: teorías, historia y valores,* 2012, pp. 23-41.

Ibáñez, A., *Historia de Chile (1860 –1973),* Centro de Estudios Bicentenario, Santiago de Chile, 2013.

Jaksic, I., *Andrés Bello: la pasión por el orden,* Editorial Universitaria, Santiago de Chile, 2001.

— y S. Serrano, «El gobierno y las libertades: la ruta del liberalismo chileno en el siglo xix», *Estudios públicos* (118), 2010, pp. 69-105.

Kaiser, A. K., y G. Álvarez, *El engaño populista: por qué se arruinan nuestros países y cómo rescatarlos,* Deusto, Barcelona, 2016.

Larraín, F., y P. Meller, «La experiencia socialista-populista chilena: la Unidad Popular, 1970-73», *Cuadernos de economía,* 1990, pp. 317-355.

Larroulet, C., *Reflexiones en torno al Estado empresario en Chile*, n.º 22, Centro de Estudios Públicos, 1984.

— «Políticas públicas para el desarrollo», Estudios Públicos, 91(153), 79, 2003.

— *La lucha contra el populismo: el caso de Chile*, Serie Informe Económico LyD, (172), 2006, pp. 1-22.

— *Chile camino al desarrollo: avanzando en tiempos difíciles*, Aguilar, Santiago de Chile, 2013.

— y J. Gorosabel, *La educación en la encrucijada: ¿sociedad docente o Estado docente?*, RIL Editores, Santiago de Chile, 2015.

Malamud, C., *Populismos latinoamericanos: los tópicos de ayer, de hoy y de siempre*, Nobel, Oviedo, 2010.

Meller, P., *Un siglo de economía política chilena (1890-1990)*, Editorial Andrés Bello, Santiago de Chile, 1996, p. 117.

Mendoza, P. A., C. A. Montaner, A. V. Llosa, y M. V. Llosa, *Manual del perfecto idiota latinoamericano*, Plaza & Janés, Barcelona, 2001.

Mudde, C., y C. R. Kaltwasser, *Populism: A Very Short Introduction*, Oxford University Press, 2017.

Rojas, M., *La historia se escribe hacia adelante. 13 protagonistas de un gobierno*, Uqbar Editores, Santiago de Chile, 2016.

Villalobos, S., *Historia del pueblo chileno*, vol. 4., Editorial Universitaria, Santiago de Chile, 1980.

PARTE TERCERA

EUROPA

14

Ellos y nosotros: el populismo en España

Cayetana Álvarez de Toledo

Ellos

En la primavera de 1930 Raymond Aron llegó a Alemania. Tenía veinticinco años, un buen puesto en la universidad de Colonia y la mirada limpia y liberal. Lo que vio le horrorizó. Fue testigo de cómo el nacionalismo adquiría una fuerza arrolladora, violenta, incluso entre los círculos académicos más cultos y escépticos. De cómo el populismo triunfaba en la calle con un discurso reduccionista, mesiánico, histérico. De cómo la irracionalidad desplegaba toda su potencia destructiva sobre una sociedad moderna. Vio lo que la política puede y no debe ser.

Aron tomó entonces dos decisiones. La primera fue dedicarse a la política desde el ámbito de la reflexión, renunciando a los mítines, a los votos y a la búsqueda del poder. Lo cuenta en *Le Spectateur Engagé*: «Al ver que Hitler, un bárbaro, llegaba al poder aupado por el pueblo comprendí la fundamental irracionalidad de los movimientos de masas. Entendí que, para pensar sobre la política, hay que ser lo más racional posible. Pero para hacerla hay que jugar con las pasiones de otros hombres. La actividad política es, por tanto, impura. Y por eso yo he preferido dedicarme a la reflexión». A partir de ese momento se convirtió en un parapolítico. En un espectador comprometido.

La segunda decisión que adoptó fue complementaria con la primera: combatir la irracionalidad en la política. Lo hizo de forma metódica y obstinada, como el que defiende su cuota de oxígeno en una cápsula submarina. Lo explica en el mismo libro: «La Humanidad sólo tiene una posibilidad de supervivencia. Y es que sigamos confiando en la única forma de pensar que da una oportunidad a la verdad».

En nombre de la razón, Aron fue uno de los primeros europeos en denunciar el nazismo y advertir contra la catástrofe del apaciguamiento. Y en defensa de la razón, fue también el intelectual que con más claridad se enfrentó a la tiranía del consenso marxista en Francia. «No basta con no ser comunistas», decía, incluso antes de que *Archipiélago Gulag* impactara sobre las buenas conciencias occidentales. «Hay que ser anticomunistas.» Aron trazó la analogía totalitaria entre nazismo y comunismo, y exigió a su generación un compromiso inequívoco con la libertad. La izquierda sectaria nunca se lo perdonó. Lo tacharon de reaccionario: «Inteligente, pero de derechas». Los hechos le dieron la razón. Cuando el siglo XXI se empeña en reeditar los errores del XX, su figura vuelve a emerger como un referente intelectual y moral. Es nuestro aliado necesario en defensa de la razón.

El orden democrático liberal está gravemente amenazado. La culpa no es de la globalización ni de la burocracia bruselense ni de la crisis económica ni de la inmigración masiva ni de la corrupción de los viejos partidos políticos ni de ninguna de las causas que invoca el populismo. El problema es mucho más profundo y engarza directamente con la batalla librada por Aron. Una vez más, la irracionalidad galopa desbocada. El culto a la identidad y la destrucción de los mediadores tradicionales han convertido a las vísceras en rey. «La gente está harta de los expertos», dijo el pro-*brexiter* Michael Gove. Ahora mandan los sentimientos. Han vuelto el nacionalismo, la xenofobia y el culto a las fronteras. Con una diferencia sustancial respecto al siglo pasado. Entonces, Estados Unidos e Inglaterra se unieron para combatir y derrotar a la irracionalidad. Hoy son sus principales portavoces ante una Europa inerme y contaminada.

Francia, Holanda, Alemania, Hungría, Italia... La Unión Europea —un proyecto imperfecto y vacilante, pero conmovedor y necesario— se tambalea. Sus enemigos están dentro. También en España.

Los anglosajones, tan fértiles con las palabras, han acuñado el sintagma *post-rational democracy* para explicar fenómenos deplorables como el *brexit* o el ascenso de Trump a la presidencia de la primera democracia mundial. Hay que agradecerles la aportación, porque facilita la conversación y porque demuestra que España sigue sin ser diferente. Los problemas españoles son hoy menos excepcionales que nunca. Algunas mañanas soleadas, y en este suave sur son muchas, incluso parece que España se ha defendido mejor del populismo que otros países con tradiciones democráticas más largas y fuertes. España no ha dado un portazo a la Unión Europea y ningún partido político con representación parlamentaria lo propone. Su presidente no es un iracundo agitador de vísceras ni un constructor de muros ni un propagandista de la mentira. España sufrió una de las mayores masacres islamistas de Europa —191 muertos en Atocha— sin una sola reacción xenófoba. La extrema derecha es residual: la fantasía de cuatro nostálgicos del franquismo y de los nacionalistas catalanes y vascos, ellos sí xenófobos y siempre aficionados al «y tú más». Y las instituciones del Estado, mal que bien, funcionan. Ahí está el cuñado del rey, condenado a seis años de cárcel. España, remanso de racionalidad...

O no. Lo cierto es que el suelo español no es firme. El populismo arrecia en la política, en los medios de comunicación, en un sector no mayoritario pero sí muy importante de la sociedad, y hasta en las propias instituciones. La democracia española también está en riesgo. Y lo está de una forma distinta a otras democracias del mundo. España tiene, sí, un hecho diferencial.

El populismo no es una ideología. Puede surgir por la derecha o por la izquierda. En Cuba y Venezuela surgió por la izquierda. En Francia, por la derecha. En Grecia, por la izquierda. En el Reino Unido, por la derecha. En España, en cambio, ha brotado por los dos extremos a la vez. La democracia española es un animalito atrapado en una pinza. De un lado, los nacionalismos catalán y vasco. De otro, el partido Podemos.

A simple vista, los nacionalismos y Podemos parecen fenómenos distintos. Los primeros están liderados por los viejos partidos que históricamente han representado a la burguesía tradicionalista: la antigua Convergencia y el Partido Nacionalista Vasco. Podemos, en cambio, es una amalgama de marxismo, chavismo y guerracivilismo. Y, en sentido estricto —como partido político—, es un bebé: su madre es la crisis económica de 2007, y su padre putativo, el socialismo fracasado de José Luis Rodríguez Zapatero. Sin embargo, esta distinción ideológica es doblemente equívoca. En España, el nacionalismo no ha sido nunca el monopolio de la derecha. En el País Vasco coinciden el PNV de sotana y misa diaria con el terrorismo marxista de ETA, ahora proyectado políticamente en el partido Bildu. Lo mismo ha ocurrido históricamente en Cataluña, donde la bandera nacionalista la han compartido Esquerra Republicana y Convergencia. De hecho, el fenómeno político más relevante de la última década es la desaparición del catalanismo colaborador y pragmático, y su sustitución por un movimiento típicamente revolucionario, en el que confluyen elementos burgueses y antisistema: las corbatas del expresidente Mas y las chanclas del antisistema Fernández.

A la transversalidad del viejo nacionalismo independentista se añade la propia naturaleza híbrida del populismo. Basta escarbar con la yema de un dedo para descubrir entre los separatistas y Podemos un entramado de similitudes. Las más evidentes se refieren a los medios. Ambos atizan la irracionalidad. Apelan a los sentimientos. Promueven el victimismo. Desprecian la realidad pasada y presente. Atropellan la verdad. Monopolizan la voluntad ciudadana en nombre del pueblo. Enarbolan la democracia directa contra la democracia representativa. Demonizan al discrepante. Provocan la división social. Cultivan un impúdico clientelismo. Proponen utopías mesiánicas. Y atacan la legalidad democrática y a sus guardianes, los jueces y los tribunales. Lo resumió la alcaldesa de Barcelona, Ada Colau, en junio de 2015: «Si hay que desobedecer leyes injustas, se desobedecen». Populismo en estado puro.

Pero la coincidencia más importante entre ambos fenómenos afecta a los fines. El nacionalismo busca la independencia, y Podemos, el asalto al poder. Son objetivos distintos pero convergentes. Su consecución depende de la destrucción del sistema democrático vigente desde 1978 mediante la puesta en acto de un fantasmagórico y disolvente derecho de autodeterminación.

Éste es el otro gran hecho diferencial español. Desde lo alto del Capitolio, Trump grita: «America First!». En su vídeo de campaña, Marine Le Pen proclama: «J'aime la France. J'aime du plus profond de mon coeur, du plus profond de mon âme, ce pays millénaire qui no se soumet pas». En España, en cambio, el populismo es antiespañol. Busca la deconstrucción de España y la limitación de la libertad, la igualdad y la soberanía de los ciudadanos. En esto los populistas se revelan como lo que son: una regresión no ya respecto del régimen constitucional, sino del último franquismo. Son el nuevo búnker. Una feroz reacción.

La Transición española fue como la construcción de Europa: un ejercicio de racionalidad, realismo y responsabilidad. Hay que leer el debate parlamentario que culminó en la aprobación, hace cuarenta años, de la Ley para la Reforma Política, por la que la dictadura se hizo el haraquiri. Es la prueba de que la Transición no fue una estafa continuista ni la libertad un destino inevitable. Nada estaba atado y mucho menos bien atado. Tampoco para la democracia. Las intervenciones de algunos procuradores fueron desafiantes. Encendidas. Histriónicas. ¡Populistas! Los defensores del régimen franquista desconfiaban de las intenciones de Adolfo Suárez. No aceptaban la reforma. Indignados, preguntaban: «Si el antifranquismo ha sido derrotado militar y políticamente, ¿qué sentido tiene concederle ahora una victoria póstuma?».

Fuera del Congreso de los Diputados, la actitud de la oposición tampoco facilitaba el proceso. El diario El País, referente de la apertura, arremetía de forma despiadada contra el presidente Suárez. Lo reconoció hace poco su entonces director, Juan Luis Cebrián: «No creíamos que el representante de un partido fascista pudiera traer la democracia. Fuimos muy críticos con Suárez. Durísimos». Por su parte, el Partido Comunista, principal fuerza de izquierdas, coincidía con la ultraderecha en su desprecio hacia la otra figura clave de la Transición, el entonces joven rey Juan Carlos. Santiago Carrillo, con característica sorna, lo llamó Jeannot Le Bref.

Sin embargo, la transición a la democracia se hizo. Y fue un éxito incontestable: un modelo para muchos países de Europa del Este y América Latina. Cedieron los recalcitrantes y los rupturistas. Los centralistas y los nacionalistas. Los monárquicos y los republicanos. Los creyentes y los ateos. Los vencedores y los vencidos. Se impuso una emocionante voluntad de vivir juntos los distintos: la llamada «concordia española». Pero sobre todo triunfó una visión adulta de la política. Pocas frases expresan mejor el esfuerzo de racionalidad que hizo posible la Transición que el consejo de uno de sus artífices, Torcuato Fernández-Miranda: «De la olla hirviente del corazón vivo pueden surgir nieblas que turben la cabeza. Por eso hay que tener embridado el corazón, sujeto y en su sitio».

Hace cuarenta años, España dio una lección al mundo que hoy el mundo y España parecen haber olvidado. Entonces unos pocos hombres buenos dominaron los instintos propios y ajenos para restaurar la democracia. Ahora una generación de histéricos pretende embridar la democracia para restaurar el instinto. Su ataque a la Transición es un ataque a la razón.

Los nacionalistas y Podemos necesitan presentar a la democracia española como una democracia tarada, tutelada desde sus orígenes por oscuras fuerzas reaccionarias. Por eso impugnan los tres pilares de la Transición: la amnistía, la monarquía y la Constitución.

Podemos y sus arrabales intentan presentar la amnistía como una burda operación de autoblanqueo. Los franquistas, dicen, se perdonaron a sí mismos sus crímenes para homologarse fraudulentamente con los demócratas. Es una de sus grandes mentiras retrospectivas. Lo explicó con detalle el periodista Arcadi Espada en una conferencia en Valladolid sobre «Los valores de la Transición». La amnistía fue una bandera de la izquierda. La oposición la enarboló frente al concepto de indulto —preferido por el régimen— para subrayar la inexistencia del delito. Un crimen cometido bajo una dictadura no es un crimen y por tanto no se puede perdonar. Así lo entendieron la riada de catalanes que el 1 de febrero de 1976 participaron en la histórica marcha convocada bajo el lema «Libertad, Amnistía y Estatuto de Autonomía». Y así lo entendieron también los millones de españoles que celebraron la consagración legal de la amnistía como una victoria decisiva para la democracia.

La amnistía fue un pacto de reconciliación profundo y radical. No se pactó el olvido —algo que nadie puede pactar porque la memoria es personal—, sino la ausencia de responsabilidad. Cuando los ayuntamientos de Podemos arrastran sus deditos por el callejero en busca de rescoldos del franquismo. Cuando Iglesias y sus camaradas utilizan políticamente a los muertos de la guerra civil para reavivar viejos fantasmas de odio y división. Cuando exigen la retirada del cadáver de Franco del Valle de los Caídos como si media España fuera a sentirse ofendida... Lo único que demuestran son dos cosas: su desprecio por la verdad histórica y su incapacidad para construir un relato de futuro. *Let alone* una revolución. El populismo español es distópico, regresivo. Se ha quedado pegado a la guerra civil como las moscas a los bigotes de Dalí. Su asalto al cielo es una vuelta al abismo de la irracionalidad.

El segundo pretexto populista para la impugnación de la Transición es la monarquía. Y en Cataluña ya se ha convertido en rutina. Durante las celebraciones de la Diada. En *happenings* callejeros. En municipios grandes y pequeños. En el pleno del ayuntamiento de Barcelona. En sesiones del Parlamento catalán. Contra el Código Penal, las advertencias judiciales y hasta una sentencia del Tribunal Constitucional... La imagen del rey es el objetivo fetiche del separatismo. Jóvenes encapuchados o a cara descubierta la colocan boca abajo, le prenden fuego y ya. La

turba aplaude y los medios de comunicación cubren —e involuntaria-
mente multiplican— la agresión a la institución.

Los ataques a la corona suelen estar protagonizados por elementos
radicales de izquierda. Sin embargo, su más peligrosa legitimación procede de un sector que hasta hace poco formaba parte del sistema. De
aquella relación privilegiada entre el rey Juan Carlos y Jordi Pujol ya no
queda nada. El 24 de diciembre de 2012, en su segunda toma de posesión, Artur Mas ocultó el retrato de don Juan Carlos bajo un telón de
terciopelo funerario. El actual presidente de la Generalidad, Carles Puig-
demont, relegó el último discurso navideño de Felipe VI al clandestino
canal 3/24. Imitando, por cierto, lo que durante años habían hecho los
gobiernos nacionalistas del PNV en el País Vasco.

Es verdad que la monarquía casa mal con la racionalidad. Y también que los últimos años del rey Juan Carlos —y sobre todo los de su
yerno— no fueron precisamente ejemplares. Sin embargo, los nuevos
reaccionarios no atacan a la monarquía como tal. Y desde luego no les
interesan nada ni el perfil del nuevo rey ni sus esfuerzos por desvincular-
se de su cuñado y de la corrupción. Lo que atacan es el suelo democrático de la institución: la voluntad soberana de los españoles, que en 1978
aceptaron la monarquía parlamentaria como forma política del Estado.
La monarquía se ha convertido en un símbolo de la España democrática.
En un objetivo a batir.

Se dijo en el acto de Libres e Iguales «Por el pacto español». La Constitución de 1978 contiene dos anacronismos: los derechos históricos de
las comunidades autónomas y la monarquía. La diferencia es que uno se
ha convertido en causa y síntoma de la enfermedad segregacionista, y el
otro en metáfora y garante del acuerdo civil. A la monarquía se le reconoce su papel clave en la salida de la dictadura y en la noche del 23 de febrero de 1981. Mucho menos frecuente, sin embargo, es el reconocimiento a su actitud política durante los últimos treinta años. La corona
nunca ha buscado desbordar la función simbólica que le otorga la Constitución. Nunca ha traicionado la letra y el espíritu de la Transición. Los

nacionalistas, sí. De forma aviesa y sistemática, han convertido los derechos históricos que la Constitución reconoce a sus comunidades autónomas en un instrumento para la discriminación y el levantamiento de fronteras interiores. Y lo han hecho con el aval de la izquierda.

Los populistas de izquierdas se proclaman republicanos. No lo son. Claman contra la institución monárquica. Denuncian la discriminación de la mujer frente al varón en la sucesión a la corona. Pero al mismo tiempo justifican, apoyan e incluso proponen la ampliación de las desigualdades entre comunidades autónomas. Celebran los privilegios fiscales. Promueven la división de los españoles en clases: una nobleza catalana y un vulgo manchego; una casta vasca y una plebe extremeña. Aceptan la premisa antidemocrática de que unos ciudadanos valen más que otros. El populismo español es antimonárquico porque es radicalmente antirrepublicano.

En el centro de la diana de la impugnación populista está la Constitución. El líder de Podemos, Pablo Iglesias, la describió una vez como «un candado». Otra falsedad. Entre otras cosas, la Constitución ha permitido que fuerzas rupturistas como la suya ocupen setenta escaños en el Congreso de los Diputados y gobiernen en las principales ciudades de España, incluida Madrid. La Constitución puede reformarse por los procedimientos que ella misma establece, como cualquier otra constitución del mundo. Los ataques a su rigidez son pura demagogia. Y los argumentos en su contra, un tributo a la puerilidad. Los populistas dicen que no la votaron los jóvenes. Tampoco votaron la americana (1787) ni la francesa (1958) ni la alemana (1949). Y hace poco rechazaron la oportunidad de reformar la italiana (1947).

El ataque populista a la Constitución no tiene relación alguna con los derechos de los jóvenes ni con los derechos ciudadanos a secas. Es exactamente al revés. El populismo carga contra la Constitución porque es la garantía de la libertad, la igualdad y la soberanía de los españoles. La Constitución asegura el derecho de cada español a pensar, creer y sentir de forma idéntica o radicalmente diferente a la de cualquier compatriota. Garantiza la convivencia de los distintos: la paz civil. Funda un modelo —el autonómico— altamente descentralizado y sin embargo compatible con la unidad y la eficacia del Estado. Y, a diferencia de las constituciones fallidas del siglo XIX, fue fruto de un abrumador consenso parlamentario y ciudadano. Fue aprobada con 325 votos a favor, 6 en contra y 14 abstenciones. En Cataluña obtuvo un respaldo del 91 por ciento. Cinco puntos más que en Madrid.

La Constitución es todo lo que el populismo detesta. Es lo que hizo de España un régimen de derechos y libertades. Lo que otorgó a una vieja nación con claroscuros un profundo valor moral. La Constitución sólo exigía una condición: lealtad. No la tuvo.

Podría debatirse largamente si el nacionalismo alguna vez fue leal a la España democrática. En el País Vasco, ETA siguió matando hasta 2011 y su brazo político mantiene su sórdido pulso al Estado. El PNV ha combinado etapas de aparente pragmatismo con otras de abierto desafío. Avanza a su ritmo, siempre en la misma dirección. En Cataluña, la construcción nacional se puso en marcha muy pronto. Para comprobarlo basta leer *Lo que queda de España*, de Federico Jiménez Losantos (1979). O el artículo de Félix de Azúa «Barcelona es el Titanic» (1982). O las declaraciones del expresidente de la Generalidad, Josep Tarradellas, en el verano del mismo año: «Lo que hay ahora en Cataluña es una especie de dictadura blanca. Las dictaduras blancas son más peligrosas que las rojas. La blanca no asesina, ni mata, ni mete a la gente en campos de concentración, pero se apodera del país, de este país».

La democracia española dio al nacionalismo la oportunidad de integrarse. Pero el nacionalismo es populismo: irracionalidad en movimiento. Empezó lentamente, cogió fuerza y ha desembocado en una apuesta desquiciada por la secesión unilateral. La responsabilidad no es del Estado por no aceptar demandas incompatibles con la soberanía nacional. No es del Tribunal Constitucional por declarar nulos algunos de los artículos del Estatuto de 2006. Tampoco de los gobiernos que se negaron a conceder a Cataluña un sistema de financiación como el vasco, lo que habría quebrado la cohesión social. La responsabilidad es de los que, durante décadas, a izquierda y derecha, construyeron un relato identitario basado en mitos, mentiras y promesas de imposible cumplimiento.

En España hubo lepenismo y trumpismo antes que en Francia y en Estados Unidos. La apelación al victimismo, al miedo y al sentimiento de pertenencia a un colectivo homogéneo. La xenofobia y el discurso del odio. El ataque a los discrepantes como enemigos de la patria. El adoctrinamiento. El encuadramiento de las masas en la calle. La apelación al pueblo frente a la legalidad constituida. Son los elementos de un largo proceso con un desenlace inevitable: la confrontación entre nacionalismo y Constitución. Entre populismo y democracia liberal.

Y en España arraigó la posverdad mucho antes de que el concepto se hiciera *mainstream*. Hace ya décadas que los medios de comunicación públicos catalanes abandonaron cualquier pretensión de objetividad. Están impúdicamente al servicio del proyecto nacionalista. Difunden mentiras, ocultan la corrupción, niegan a los ciudadanos su derecho a conocer los hechos. Lo mismo hacen buena parte de los medios privados, con un añadido: en muchos casos sus posiciones editoriales responden a un puro cálculo financiero. Son un guiño a la subvención.

La Transición no fue un fracaso. La amnistía no fue una estafa. La monarquía no es un lastre antidemocrático. La Constitución no ha fallado a los españoles. Los que han fallado a la democracia, porque sólo podían fallar, son el nacionalismo y el sector de la izquierda que lo acompaña en su marcha hacia la destrucción del Estado. Aunque tal vez falló algo más... El avance del populismo en España es también el resultado de una abdicación.

Nosotros

Hace unos meses, en uno de mis paseos por ese deslumbrante y paradójico escaparate posmoderno en que se ha convertido Barcelona, me detuve ante la estatua de Cristóbal Colón. El gobierno populista de la ciudad, híbrido de identitarismo y comunismo gagá, había decidido abrir un pueril debate sobre su retirada. Sobre la figura de Colón andaban arrojando toda la vieja basura reciclada de la izquierda retroindigenista que yo había conocido en mi adolescencia argentina: genocida, eurocentrista, imperialista, bla, bla. La miré un rato. Envuelta en gaviotas, turistas y mástiles, me pareció el símbolo de una España olvidada: la de la libertad, la apertura y la civilización. La que fundó ciudades y bibliotecas en la selva. La que todavía en tiempos de carabelas impulsó un debate pionero sobre los derechos de los indios. La que asediada en Cádiz —y bajo un presidente de las Cortes de origen catalán, Lázaro Dou— convirtió a los «españoles de ambos hemisferios» en ciudadanos de una nación libre. Y, sí, la que en 1978 abrazó la modernidad democrática desde el realismo y la razón.

España siempre ha tenido mala prensa. Lo aprendimos de John H. Elliott y Raymond Carr, las dos personas que más han contribuido a la desmitificación del excepcionalismo español. A su obra se añade ahora *Imperiofobia*, el poderoso libro de Elvira Roca, que demuestra que la Leyenda Negra fue siempre eso: una leyenda. Una construcción de los adversarios de España que los españoles, más complejo que orgullo, asumieron como propia. Con un agravante en el caso de los españoles de hoy.

España es hoy un país democrático, libre, próspero y moderno, lleno de personas que lo consideran un país represivo, decadente, injusto y arcaico. Esta visión deformada sobre el pasado ha contagiado al presente. Y sobre todo ha contagiado a sectores de la sociedad que deberían tener una mirada informada y justa de la realidad. Ahí, en este fatal malentendido, en esta absurda ausencia de autoestima democrática, ha cuajado el nuevo populismo español.

Apatía, autoflagelación, egoísmo, catastrofismo, narcisismo, desconfianza... Salvo notables excepciones, las elites españolas han interiorizado el discurso del fracaso español. Son incapaces de articular un relato nacional coherente e integrador para contraponer a las delirantes utopías populistas. El caso más sorprendente es el de Ciudadanos, partido joven, limpio y creado precisamente para la defensa de los principios constitucionales. Por una parte, ha intentado galvanizar un cierto sentido cívico español. Por otra, se apuntó a un frívolo adanismo. Ha promovido una nueva «Transición ciudadana», como si la primera se hubiese fraguado a espaldas de los ciudadanos. Y ha dado por amortizada la Constitución, como si en las presentes circunstancias fuese posible un acuerdo más amplio y mejor.

En conjunto, las elites españolas tienen una visión funcionarial de la democracia. Como si la democracia fuera una oposición, el visado a una vida vegetativa. Como si su continuidad dependiera exclusivamente de una rutina interna, el voto, y de una tutela externa, Bruselas. Unos no han entendido que la democracia ha de defenderse y que esa defensa exige asumir un riesgo moral, social y económico. Otros han ido incluso más lejos. Por acción y omisión, han favorecido la construcción de un Estado basado en concesiones de orden político al nacionalismo. Muchas de ellas, además, basadas en corruptos negocios personales. Lo ha confirmado el juicio del caso Palau: una de las más importantes empresas españolas, Ferrovial, pagó comisiones a Convergencia a cambio de adjudicaciones. Es decir, hizo negocio con el fracaso español.

La responsabilidad principal, sin embargo, recae sobre los dos grandes partidos de gobierno, el Partido Socialista y el Partido Popular. Ambos cometieron abusos y excesos que favorecieron el relato populista. Ampararon y practicaron la corrupción. Se repartieron el Poder Judicial. Generaron expectativas de bienestar infinito a sabiendas de que no las podrían cumplir. Antepusieron sus prejuicios ideológicos a una educación de calidad, y el blindaje de sus cúpulas al interés general. Ninguno de los dos se reformó a tiempo.

Pero estos errores, siendo graves, no explican el auge del populismo en España. El verdadero error del PSOE y el PP es otro: es no haber comprendido a tiempo que el nacionalismo es una forma de populismo. La más letal. No sólo no interiorizaron su superioridad moral radical

frente al nacionalismo, sino que se empeñaron en otorgar a los nacionalistas un plus de legitimidad. Confundieron la parte con el todo. Convirtieron al nacionalismo en único interlocutor legítimo de Cataluña y el
País Vasco, y a los no nacionalistas en huérfanos políticos. Cedieron el
concepto de «diversidad» a los que publican editoriales únicos y encuadran a las masas en la calle. Entregaron a los nacionalistas las aulas y los
platós de televisión a costa del pluralismo y la libertad. Concedieron legitimidad a su discurso del agravio fiscal: ese burdo «España nos roba».
Ampararon y promovieron a Jordi Pujol, un nacionalista corrupto y desleal. Se resignaron a la vulneración sistemática de la ley sobre la lengua y
los símbolos comunes. Y permitieron el inexorable retroceso del Estado.

Ésta es la gran abdicación española: los centristas se creyeron las
mentiras de los extremistas, los modernos dejaron que los reaccionarios
les llamaran viejos, y los demócratas cedieron a los fanáticos la bandera
de la libertad. Es un error moral y político de primer orden. Y los españoles lo pagarán durante décadas.

Aunque se comparten, las responsabilidades no se reparten por
igual. Cuando los historiadores estudien estos años españoles tendrán
que reservar uno o varios capítulos para el Partido Socialista. El avance
del populismo tiene una vinculación directa con la crisis del PSOE.

Pedro Sánchez es el perfecto *post-rational man*. Un político primario con un discurso primario. Desprecia todo precedente, autoridad o
consideración de orden pragmático. Apela a las bases contra las elites,
como hacen los podémicos contra la casta y los separatistas contra la ley.
Agita un visceral rechazo al contrario: su obsesivo «no es no» al Partido
Popular y a Mariano Rajoy. Plebiscita la discrepancia y la petrifica en
bandos. Su objetivo es el poder personal. Y está dispuesto a alcanzarlo
como sea. No tiene un proyecto para España. Si acaso, contra España.
Sánchez quiere pactar con Podemos y los separatistas a costa del sistema.
Sería la culminación de un proceso devastador para la democracia: la
conversión del viejo Partido Socialista Obrero Español en una fuerza populista más.

Pero Pedro Sánchez no es un producto sólo de su tiempo. Sánchez encarna dos corrientes de irracionalidad que anidan desde hace años en el PSOE: la exaltación atávica de la identidad y el odio atávico a la derecha. La primera forma parte de un fenómeno extendido en Occidente. Tony Judt lo advirtió con desasosiego y lucidez hace ya muchos años: en los años setenta la izquierda inició una deriva autodestructiva que consistió en sustituir la defensa de la igualdad por la defensa de la identidad. El feminismo, el movimiento LGTB, el *black power*, el multiculturalismo, el ecologismo, el animalismo, lo étnico, lo local, lo rural... El tradicional universalismo de la izquierda ha quedado sepultado bajo una montaña de reclamaciones identitarias. Y junto a él, cualquier vinculación entre socialdemocracia y ciudadanía.

Tampoco en esto España ha sido *different*. Si acaso, el trasfondo histórico español ha agravado la deriva identitaria de la izquierda española. Antes que Podemos, el PSOE ya invocaba presuntos derechos históricos, sentimientos y singularidades frente a la igualdad y la libertad de los españoles. Se mostraba condescendiente, incluso sumiso, con el nacionalismo. Cuatro ejemplos lo demuestran: en 1984, el Partido Socialista de Cataluña agachó la cabeza ante la hegemonía de Pujol. Lo hizo físicamente el líder socialista Raimon Obiols, cuando fue increpado por los seguidores de Jordi Pujol. En 1986, el Partido Socialista de Euskadi, primera fuerza política en las urnas, le entregó el gobierno vasco al PNV. En 2001, Felipe González se desmarcó del único experimento sincero de reagrupación constitucionalista desde 1978: el pacto de Nicolás Redondo Terreros y Jaime Mayor Oreja. Y en 2003, Pasqual Maragall pactó con Esquerra Republicana la exclusión del Partido Popular del sistema y el impulso a una reforma del Estatuto catalán intervencionista y manifiestamente inconstitucional.

Tampoco es nueva la agitación política del odio a la derecha. Emergió con fuerza tras la victoria del Partido Popular por mayoría absoluta en marzo de 2000. Al año siguiente, Felipe González publicó junto a Juan Luis Cebrián un libro titulado *El futuro no es lo que era*, que incluye una insólita deslegitimación de la derecha democrática. Cebrián habla y González asiente: «La sensación que percibo es que los del Partido Popular están felices porque son la derecha de siempre, la que colaboró con la dictadura decididamente porque la engendró, pero, encima, legitimada democráticamente. De algún modo es como si Franco se hubiera presentado a las elecciones y las hubiera ganado. Podemos ponerle todos los matices que queramos a esto, pero me parece que está claro lo que quiero decir. También votarían, a lo mejor, a Fidel Castro en Cuba».

La legitimación del odio al PP abonó el terreno para la destrucción de los consensos constitucionales en épocas de José Luis Rodríguez Zapatero. El populismo español tiene muchos tíos y abuelos, pero su padre es Zapatero. Frívolo y sectario, apadrinó la centrifugación del Estado. Aquella famosa frase: «Pascual, aceptaré el Estatuto que venga de Cataluña...» Legalizó al brazo político de ETA, sin exigir a cambio ni la entrega de las armas ni la condena de los asesinatos. Impulsó una interpretación revanchista de la Memoria Histórica y la plasmó en una ley innecesaria... Su objetivo era el arrinconamiento de la derecha detrás de lo que uno de sus seguidores calificó como «un cordón sanitario». Las políticas de Zapatero dieron alas al discurso nacionalista y sentaron las bases ideológicas para la irrupción de Podemos. La cercanía que hoy demuestra con el dictador venezolano Nicolás Maduro no es una casualidad.

Si la responsabilidad de la izquierda es por acción, la de la derecha ha sido por omisión. Durante los años de José María Aznar, el Partido Popular plantó cara al nacionalismo en el País Vasco. Las víctimas del terrorismo fueron amparadas, y el brazo político de ETA, ilegalizado. Fue una de las grandes decisiones de la historia democrática, la prueba de que la acción del Estado es imprescindible para el ejercicio de la libertad. En Cataluña, sin embargo, el nacionalismo mantuvo y extendió su hegemonía. Pujol jugaba con dos barajas y las elites madrileñas siguieron cultivándole. La ingenuidad de la derecha política se tornó en grave irresponsabilidad bajo Mariano Rajoy.

Cuando Mariano Rajoy llegó al gobierno, el nacionalismo catalán había emprendido ya abiertamente el camino de la secesión. No había equívocos y por tanto no debió haber cálculos. El gobierno del PP creyó que el inmovilismo propio garantizaba la desmovilización ajena. Rehuyó la batalla política y se escudó en la tecnocracia y en los tribunales. El resultado fue el referéndum ilegal del 9 de noviembre de 2014, un ataque directo a la democracia. Y el mayor ejemplo de la abdicación del Estado en la lucha contra el populismo en España. El gobierno permitió que el nacionalismo se apuntase una contundente victoria política. Y dejó a millones de ciudadanos gravemente desamparados. Tampoco hubo sentido de Estado frente a la irrupción de Podemos. La derecha se aprovechó de la división de la izquierda y permitió que los populistas ganasen cuota, primero, de pantalla y, luego, de poder. A costa del sistema.

Vienen tiempos críticos en España. El separatismo ha anunciado la convocatoria de un nuevo referéndum de secesión para este año. Con toda probabilidad contará con el respaldo táctico de Podemos, defensor a ultranza del «derecho a decidir». Eufemismo del derecho de autodeterminación, ningún sintagma resume mejor la esencia del populismo: «mis derechos son infinitos y el futuro lo decido yo al margen de cualquier consideración técnica o moral».

La respuesta del gobierno definirá el futuro de España tanto o más que la resolución de la crisis socialista. La defensa de la razón exige contraponer al desafío populista el benéfico muro de la realidad. Pero eso sólo es el primer paso. Hay tarea al menos para una generación. No sólo hará falta un liderazgo político firme y lúcido, sino también la implicación de buena parte de la sociedad. Los primeros y últimos responsables son —somos— los ciudadanos. Sin esa asunción fundamental de responsabilidad por parte del votante la democracia no puede sobrevivir.

Tendremos que revertir la dinámica de los últimos cuarenta años. Tendremos que pasar de una actitud pasiva, autoflagelante o estérilmente protestona a una acción militante en defensa del sistema democrático liberal. Tendremos que entender y explicar que la democracia con adjetivos no es democracia y que democracia es mucho más que votar. Tendremos que desenmascarar a los caballos de Troya de la democracia: a los profetas del Nirvana social, a los arquitectos de la patria nueva y a los hombres de paz con pistola. Tendremos que abandonar el apaciguamiento del nacionalismo y buscar su derrota política, ideológica y moral. Tendremos que reafirmar el concepto de ciudadanía frente al de identidad. Tendremos que apelar al sentido de la responsabilidad de la gente en lugar de a su victimismo o a su vanidad. Tendremos que desterrar del discurso público las mentiras, la palabrería hueca y las consignas de manual. Tendremos que reclamar a los medios de comunicación un compromiso firme con la verdad, porque el populismo no sólo ha germinado en Twitter y en las televisiones; también lo ha hecho en las portadas de la prensa de calidad. Tendremos que combatir el sectarismo y el odio, y avanzar fórmulas para la reagrupación constitucional: consensos, pactos de Estado, incluso grandes coaliciones de gobierno a nivel nacional. Tendremos que intentar que la política sea lo menos impura posible y convertirla en un eficaz antídoto contra la irracionalidad. Y tendremos, también, que ofrecer a los españoles una alternativa a la utopía y a la destrucción: un proyecto concreto para una España moderna, adulta y de calidad.

La democracia española no está condenada al fracaso, digan lo que digan los nuevos portavoces de la Leyenda Negra. Tampoco lo están Europa ni el orden liberal occidental. Nuestros desafíos son importantes, pero menos dramáticos que los que afrontaron nuestros padres y abuelos a las orillas del Ebro y en las playas de Normandía. Y tenemos una ventaja: la Historia nos ha dejado su lección. Lo único que garantiza la convivencia de los seres humanos en paz y libertad es la confianza en la razón. Y un coraje aroniano en su defensa.

15

Causas y consecuencias del *brexit*

Lorenzo Bernaldo de Quirós

El 23 de junio de 2016, los ciudadanos británicos decidieron en referéndum la salida de la Unión Europea, fallo ratificado por el Parlamento.
De este modo, Britania ha dado por terminada su participación en las
instituciones económicas continentales para buscar de nuevo su destino.
Desde que, un 19 de septiembre de 1946, Winston Churchill lanzó la
idea de unos Estados Unidos de Europa en un célebre discurso en la
Universidad de Zúrich hasta la creación del euro a finales de 1997, bajo
una UE presidida por Blair, las relaciones entre el Reino Unido y Europa han sido uno de los elementos centrales de la agenda política a ambos
lados del canal de la Mancha, *this blessed plot,* como escribió Hugo
Young.[1] Recordar esos hechos es fundamental para rechazar el manido
tópico de una Britania hostil al proyecto de construcción europea, letanía repetida de manera constante y difícil de encajar con el liderazgo
ejercido por Margaret Thatcher en el lanzamiento del mayor programa
de liberalización económica acometido hasta la fecha en Europa, el Mercado Único; con el impulso proporcionado por Blair al proyecto de reformas estructurales, la Agenda de Lisboa, con el objetivo de convertir a
la economía europea en la más competitiva del mundo, o con el permanente apoyo y presión de los gobiernos laboristas y conservadores a favor
de las sucesivas ampliaciones de la UE.

Sentados esos principios, es claro y manifiesto el escepticismo del Reino Unido hacia la evolución del vigente proyecto europeo-continental. Ese recelo no es táctico ni superficial. Hunde sus raíces en los factores históricos, culturales, políticos y económicos que han marcado la trayectoria de Britania y del continente. La excepcionalidad isleña, entendida como el orgullo de ser o considerarse la cuna de la democracia liberal, la resonancia de un imperio en donde no se ponía el sol, junto a las circunstancias en las cuales la nueva Europa nació después de dos cruentas guerras mundiales, en las que sólo uno de los pueblos europeos había sido ganador sin ambigüedades, reforzó en la mayoría de la sociedad británica y de sus capas dirigentes el sentimiento de su singularidad histórica. Todos esos factores ayudan a entender la estrategia europea del Reino Unido desde el final de la Segunda Guerra Mundial y su continuidad durante las últimas décadas. Por eso, la entrada en la Comunidad Económica Europea, en 1973, no fue algo deseado, sino una necesidad. Habiendo dejado de ser un «gran poder», la CEE era o parecía ser para Britania la última opción disponible para evitar o frenar su decadencia. Ese despertar a la amarga realidad de mantener vivo el sueño imperial introdujo en la psique nacional británica una cierta sensación de derrota.

Ese panorama cambió de manera radical con la victoria de Margaret Thatcher en las elecciones de 1979 y de la puesta en marcha de lo que se denominó la «revolución conservadora». Britania pasó de ser el enfermo de Europa a protagonizar un vigoroso resurgimiento económico y político que la volvió a situar en el centro de la escena mundial. La inversión de lo que parecía un inevitable declive reafirmó la confianza del Reino Unido en sí mismo y lo transformó en un agente activo del proceso de construcción europea. Desde la Dama de Hierro hasta Blair y Cameron, Britania ha sostenido una visión de Europa no antieuropea, sino diferente a la defendida por la eurocracia y por el eje franco-alemán; esto es, la oposición a transformar la UE en un súper-Estado federal y tecnocrático con un elevado nivel de intervención y de centralización.

Frente a ese esquema, los gobiernos post-tatcherianos apostaron por un modelo de cooperación política entre los Estados miembros de la UE y de integración económica a través de las fuerzas del mercado. Este enfoque ha chocado de manera frontal con la trayectoria emprendida por la UE a lo largo de la última década y media.

En el fondo y en la superficie existe una profunda discrepancia entre la actitud hacia el capitalismo de lo que podría definirse, de modo simplificado, el enfoque clásico anglosajón, de corte liberal,[2] y el continental, de naturaleza corporativo-estatista. El primero exhibe una propensión a favorecer la libertad frente a la intervención estatal en los mercados; el segundo tiene una marcada tendencia dirigista. En este contexto, una «unión más estrecha», similar a la patrocinada por la Comisión y un buen número de los Estados integrados en ella, ha sido interpretada por Gran Bretaña como un reforzamiento de esa tendencia intervencionista. Esta tesis aparece respaldada por la problemática creada alrededor de la armonización normativa y regulatoria en la UE. Muchos de sus miembros no están dispuestos a aceptar estándares «menos exigentes» de los que ya aplican en sus mercados nacionales y pretenden que quienes los tienen «menos exigentes» los sitúen a su nivel. Este planteamiento maximalista es un obstáculo para liberalizar los mercados y para introducir unas reglas del juego que conduzcan a elevados y eficientes niveles de integración.

Por otra parte, la tradición democrática británica estrechamente ligada a un sentido de la independencia nacional ha contemplado siempre el cosmopolitismo europeo como una dilución de los Estados-nación en una estructura posmoderna ajena a la realidad. Una cosa es la cesión relativa de soberanía producida por la apertura exterior de las economías y otra muy diferente la transferencia de aquélla no a las fuerzas impersonales del mercado y, en última instancia, a las decisiones individuales, sino a un entramado burocrático sin *accountability*. En consecuencia, no se está ante un conflicto entre el nacionalismo británico y el cosmopolitismo europeo, sino ante una concepción diferente de quienes son los legítimos y últimos titulares del poder: los ciudadanos o una eurocracia sólo responsable ante ella misma.

El *brexit* ha sido también la consecuencia de la incapacidad del Reino Unido y de la Unión Europea de encontrar un acuerdo que permitiese anclar a aquél en las instituciones comunitarias. Al margen de la oportunidad del referéndum, de su deseabilidad y de otros extremos, lo cierto es que la decisión británica se produce en un momento de crisis existencial del proyecto europeo. El Viejo Continente se encuentra inmerso en una situación de estancamiento económico. Aún convalece de las secuelas de la Gran Recesión y tiene serias posibilidades de recaída. La emergencia de fuertes partidos populistas de izquierdas y de derechas con un marcado sesgo antieuropeísta amenaza la estabilidad de las democracias continentales y, por ende, la viabilidad del proyecto europeo. Por añadidura, los problemas estructurales de Europa restan dinamismo a sus economías. Los ejemplos podrían extenderse hasta casi el infinito. Jean Monnet consideraba que la construcción europea siempre avanza a golpe de crisis, pero las circunstancias actuales no resultan muy esperanzadoras ni favorables para la materialización de esa tesis.

Aunque pueda considerarse una afirmación exagerada, la coyuntura del Viejo Continente en 2017 guarda un extraordinario paralelismo con la existente en el período de entreguerras (1918-1939). La puesta en cuestión de las instituciones democráticas por partidos antisistema, el anémico crecimiento de la economía, la explotación xenófoba y partidista de la inmigración, de las minorías étnicas y religiosas asentadas en el continente, junto a la muy posible pérdida de interés estratégico de Europa para la nueva Administración norteamericana en un mundo en el que resurgen y se afirman viejos y nuevos poderes nacionales, como sucedió en aquel período, configuran un panorama inquietante. En este entorno, el abandono de la UE por parte de la quinta economía del mundo, de su primer poder militar y del Estado con la red de *soft power* más potente de Europa tiene implicaciones sustanciales y adversas para la economía, para la política y para la seguridad del Viejo Continente. Si bien existen interpretaciones y versiones divergentes sobre las repercusiones del *brexit* para el Reino Unido, resulta evidente que éstas son de inmediato negativas para la Europa continental.

Quizá sea cierto que la sociedad británica no ha percibido los beneficios que le ha generado su participación en el mercado europeo desde 1973; tal vez se exageren o se minusvaloren los riesgos-costes a los que Gran Bretaña se enfrenta cuando lo abandone; pero también resulta evidente que la perspectiva de una Europa incapaz de adoptar las medidas necesarias para competir en un mundo abierto y globalizado le ha hecho perder atractivo para los ciudadanos isleños. Esto cabe interpretarse como una muestra de la «tradicional insolidaridad británica», pero es irrelevante. Los incentivos para pertenecer a un club que ofrece expectativas de retorno dudosas para sus miembros, la convicción de la imposibilidad de reformarlo desde dentro y la atribución de una alta probabilidad de materialización a la hipótesis de que el camino adoptado por la UE termine por erosionar sus ventajas competitivas no son elementos nada desdeñables para entender por qué el Reino Unido ha abandonado la UE.

Ese estado de ánimo se potencia si se incorpora al análisis la crisis económico-financiera que se desató en el bienio 2007-2008. ¿Cuál hubiese sido la suerte de la economía británica ante ese choque demoledor dentro del euro? Sin soberanía monetaria y con un enorme peso del sistema financiero en el PIB, el Reino Unido hubiese entrado sin sombra alguna de duda en una depresión de alcance y duración imprevisibles. Por el contrario, fue la capacidad de responder con rapidez a esa situación crítica lo que permitió a Gran Bretaña afrontar el Armagedón sin excesivos costes, salir de la Gran Recesión mucho antes que el resto de los Estados de la UE y permanecer relativamente incontaminada ante la tormenta desestabilizadora desatada por la crisis de deuda griega en 2010 y en 2015. Este apunte, obviado con demasiada frecuencia, tiene una relevancia capital para entender algunos de los porqués del referéndum, del triunfo de la causa abandonista.

Dicho esto, el planteamiento racional-optimista, defendido por los paladines liberales del *brexit*,[3] merece algunas importantes matizaciones. Por un lado, no está nada claro que una parte sustancial del rechazo a la UE proceda de quienes son firmes partidarios de una Britania abierta al mundo, dispuestos a apostar por un modelo de capitalismo competitivo. Al contrario, el voto antieuropeo en el referéndum se concentra en aquellos sectores de la población para quienes la libre circulación de bienes, servicios, capitales y, sobre todo, de personas es percibida como una fuente de inseguridad y de amenaza para su nivel de vida y, también, para su concepción de una sociedad estable y equilibrada. Por tanto, el «No» a Europa no parece reposar en un apoyo a la conversión del Reino Unido en un islote liberal en el mundo.

Por otro lado, resulta muy preocupante el discurso adoptado por el Partido Conservador que constituye una ruptura con el que ha sido dominante durante los últimos cuarenta años y cuya traducción práctica es un patente abandono de los principios del liberalismo. Esta revisión doctrinal supone un retroceso hacia una especie de tercera vía *comunitarista*, similar a la sostenida por los tories desde Macmillan hasta Thatcher, adobado por un aroma corporativista, cuya plasmación en políticas públicas se traduciría en la pérdida de los beneficios potenciales que podría entrañar para el Reino Unido la marcha de la UE. La búsqueda de un nuevo centro equidistante de la izquierda socialista y del liberalismo, como ha planteado la actual líder *tory*, haría inviable su sueño de construir una Britania global, próspera y competitiva. Sería una recreación dentro de Gran Bretaña y con los matices que se desee del modelo socioeconómico europeo que es precisamente del que los conservadores pretenden huir al abandonar la UE.

El *brexit* constituye el mayor movimiento sísmico experimentado por Europa desde la caída del Muro de Berlín. Sus implicaciones para el Viejo Continente son indudablemente negativas y para el Reino Unido inciertas. Además, como se ha señalado, se produce en un momento de elevada inestabilidad e incertidumbre en el mundo y en el continente.

La magnitud de sus consecuencias no puede ser predicha y dependerá no sólo de cuál sea la relación que se establezca entre la Unión Europea y Gran Bretaña en el horizonte del corto, del medio y del largo plazo, sino de las políticas que la una y el otro adopten. Ello implica la asunción de un escenario abierto, en el que nada está escrito. En última instancia, la evolución de los acontecimientos no depende nunca de unas supuestas y quiméricas fuerzas incontrolables que rigen la historia y el destino de los pueblos, sino de las decisiones de los individuos y de quienes los representan.

¿Quiénes y por qué han votado a favor del *brexit*?

Un 51.9 por ciento de los ciudadanos británicos que acudieron a las urnas el 23 de junio de 2016 votaron a favor de salir de la Unión Europea, y fue en Inglaterra en donde se decidió la consulta. Las regiones en las que obtuvo la victoria la permanencia fueron aquellas que más han prosperado en las últimas décadas, Londres y el sureste inglés, mientras prefirieron la salida las zonas norteñas cuyos tiempos de esplendor se remontan a los años centrales de la Revolución Industrial para después iniciar una trayectoria declinante a lo largo de todo el siglo XX. La excepción es Escocia, que ha respaldado con una gran mayoría la permanencia a pesar del intenso declive experimentado por su industria desde los años ochenta de la centuria pasada. En este sentido, una posible conclusión a priori es la consideración del *brexit* como una protesta del resto del Reino Unido, o mejor de Inglaterra, ante la globalización que ha beneficiado a la metrópoli londinense y a su área de influencia con mayor intensidad que al resto del país. Tampoco esto es una novedad...

Algo similar sucedió a finales del siglo XIX y a comienzos del XX. En el primer período, la elevación de las importaciones de productos agrícolas impulsada por la derogación de las *Corn Laws* y por la expansión de la industria afectó de manera negativa al sector agrario y redujo el precio de la tierra mientras las ciudades crecían. En el segundo, el incremento de las importaciones de bienes industriales deprimió el sector manufacturero en las urbes del norte de Inglaterra a la vez que el sector servicios se expandía en Londres y en el sur inglés. Ambos episodios determinan los cambios en los diferenciales de renta que se han producido entre las regiones británicas en los últimos dos siglos, la aparición de perdedores y ganadores relativos en ese proceso y, por tanto, la formación de sus preferencias ideológicas y electorales.

El comportamiento del voto por regiones en el reciente referéndum muestra pues una influencia sustancial de los factores económicos y demográficos en las posturas favorables y contrarias a permanecer en la Unión Europea. El rechazo hacia los inmigrantes como competidores reales o potenciales de los puestos de trabajo deseados por ciudadanos británicos; el temor a que la inmigración diluya o debilite la cultura y la identidad nacional; la creencia de que la contribución de Gran Bretaña al presupuesto de la UE es superior a las transferencias que obtiene de éste; el temor a que la globalización reduzca el empleo y los salarios de los trabajadores han sido cuestiones relevantes para el triunfo del *brexit*. Las áreas del territorio con un PIB per cápita bajo, con un elevado porcentaje de personas con menor formación y con una proporción de individuos mayores de sesenta y cinco años superior a la media son aquellas en las cuales han predominado los sufragios para abandonar la UE, salvo en Escocia e Irlanda del Norte. Ahora bien, ese elenco de motivaciones pro-*brexit* no es una excepcionalidad británica, sino el substrato social y económico que también alimenta la ola antieuropea y antiglobalización que también se extiende y crece en otros Estados del Viejo Continente.

En un reciente trabajo[4] se ha construido un modelo econométrico en el que se intenta explicar la correlación entre los factores demográficos, las variables económicas, las actitudes hacia los inmigrantes y hacia Europa, por un lado, y el patrón de voto seguido por los ciudadanos británicos en el referéndum del pasado 23 de junio, por otro. Los resultados son concluyentes: cuanto mayor es la presencia de inmigrantes en un territorio determinado y menor el PIB per cápita disfrutado por éste, más alto es el número de ciudadanos que han dicho «No» a Europa. La concreción geográfica de esa conclusión general resulta muy ilustrativa y es interesante ofrecer algunos ejemplos.

El diferencial entre el PIB per cápita promedio (5.000 libras esterlinas) de las West Middlands y de Surrey explicaría en un 55 por ciento la votación favorable al *brexit* en ese segundo territorio. La presencia de un volumen de población con más de sesenta y cinco años en Yorkshire *versus* la existente en Herefordshire o en Worcestershire *versus* la que vive en Warwickshire se tradujo en un aumento del voto en pro de abandonar la UE del 5 por ciento. Un incremento del 5 por ciento de ciudadanos con un bajo nivel de formación, Dorset *versus* Inner Londres, arroja una elevación media del sufragio pro-*brexit* del 4.8. Los datos expuestos se simbolizan con bastante claridad en los dos lugares en los que el apoyo a la salida de la UE ha sido más bajo, Inner Londres, en donde esa posición obtuvo el 28.9 por ciento de los sufragios, y Lincolnshire, en donde fue el más alto, el 65.1 por ciento. Esas dos áreas urbanas son las que tienen unos diferenciales mayores entre las variables incorporadas al modelo.

Si bien la inmigración parece ser uno de los factores explicativos del éxito del *brexit*, la evidencia empírica acerca de su supuesto efecto adverso sobre el mercado laboral es muy débil. Aunque hay una percepción generalizada de que los flujos migratorios recibidos por el Reino Unido han tenido un impacto negativo sobre los salarios y sobre las condiciones laborales de los trabajadores con menor cualificación, éste ha sido limitado, en ningún caso dramático y se ha visto compensado en buena parte por las ganancias de renta disponible derivadas del descenso de los precios de los bienes y servicios consumidos por ese segmento de la población. De acuerdo con un estudio del Banco de Inglaterra,[5] un incremento de la oferta laboral del 1 por ciento de los inmigrantes poco cualificados, ocupados en el sector servicios, reduce el salario de los nativos sin cualificación o semicualificados en un 0.6 por ciento.

Sin embargo, los inmigrantes han desempeñado un papel significativo en la recuperación económica que siguió a la recesión provocada por la crisis financiera de 2008. Si se considera que el crecimiento post-Gran Recesión en Gran Bretaña se ha concentrado sobre todo en Londres y en el sur de Inglaterra,[6] principales receptores de los flujos migratorios, resulta contraintuitivo que sea precisamente en las zonas con una menor presencia relativa de la inmigración en las que el *brexit* ha obtenido una resonante victoria. Por añadidura, la tasa de empleo y de participación en el mercado de trabajo de los individuos nacidos en el Reino Unido no ha declinado, sino aumentado, lo que indica que los nativos no se han visto perjudicados, en términos de empleo, por la inmigración. Por último, ésta ha realizado una contribución neta positiva al presupuesto británico. Entre 2001 y 2011, la aportación neta a las arcas públicas de los llegados del extranjero después de 1999 fue de 22.100 millones de libras.

A la vista del escaso «daño real» causado por los inmigrantes a los estándares de vida de los trabajadores británicos, todo indica que la reacción negativa ante ellos, como causa de su inexistente depauperación, obedece bien a consideraciones de naturaleza metaeconómica, bien a la eficacia propagandística de quienes desinformaron a la opinión pública sobre el alcance y las consecuencias reales de los flujos migratorios absorbidos por Gran Bretaña. Esta hipótesis se ve respaldada por el sondeo de Mori, publicado el 9 de junio de 2016, dos semanas antes del referéndum. En él, el promedio de los encuestados afirmaba o, mejor, decía saber que el porcentaje de inmigrantes europeos supone el 15 por ciento de la población total del Reino Unido, cuando es sólo el 5 por ciento.

Las consecuencias económicas del *brexit*: imprevisibles

La salida de la UE ha producido y producirá una ingente literatura sobre las repercusiones de esa decisión para la economía británica en el corto, en el medio y en el largo plazo. Los análisis oscilan entre la predicción de un auténtico apocalipsis para Britania tras el *brexit*, la profecía de un futuro brillante y esplendoroso para las Islas Británicas cuando se liberen de los corsés y ataduras de la UE y, como es inevitable, la proyección de resultados mixtos y equilibrados entre los costes y los beneficios del adiós a Europa. Si en condiciones normales las previsiones macroeconómicas gozan siempre de un elevado nivel de imprecisión, en coyunturas aquejadas de altas dosis de incertidumbre, ligadas a la evolución de fenómenos internos y externos imprevisibles, cualquier proyección ha de realizarse con una considerable prudencia y humildad intelectual.

No es discutible que la participación del Reino Unido en la Comunidad Económica Europea primero y en el Mercado Único después ha reducido los costes de transacción de los intercambios comerciales entre la economía británica y la europea. Éste es el resultado no sólo de la caída de las barreras arancelarias inducida por esa integración, sino también de las no arancelarias que constituyen una variable fundamental en el moderno comercio interindustrial e intersectorial. Esta afirmación está respaldada por el sustancial incremento de los flujos comerciales Gran Bretaña-Europa desde la entrada de la primera en la entonces CEE. En 1973, las exportaciones británicas al espacio económico continental suponían un tercio del total. En la actualidad equivalen al 45 por ciento de las ventas totales del Reino Unido al exterior y suponen el 13 por ciento del PIB.

En casi todos los escenarios adversos al *brexit* se plantean dos situaciones posibles, ligadas al tipo de acuerdo comercial que Britania logre cerrar con la UE. Todos los estudios en esta línea aventuran un saldo neto negativo para la economía británica. Para quienes enfatizan los costes de la salida existe un primer escenario central: la configuración de una relación similar a la de la UE con Noruega. El segundo sería un *brexit duro* en el que Gran Bretaña optaría por un desarme arancelario unilateral a las importaciones procedentes del resto del mundo, enmarcado dentro de las reglas de la Organización Mundial del Comercio (OMC). En ambos casos se plantea un escenario optimista y otro pesimista.[7] Sin duda caben otras alternativas, que se comentarán con posterioridad, pero la planteada constituye un buen punto de partida para abordar el debate.

Los supuestos base del plan *noruego* serían los siguientes: primero, el Reino Unido reduciría su contribución al presupuesto de la UE, en la actualidad el 0.5 del PIB, pero no absorbería ese ahorro en su totalidad ya que un arreglo a la noruega impondría la exigencia de realizar una aportación a las arcas comunitarias; segundo, Gran Bretaña se beneficiaría de la reducción de las barreras no arancelarias (BNA) existentes en la actualidad pero no de las futuras; tercero, Britania conservaría el *statu quo* arancelario propio de un Estado miembro del Mercado Único. Bajo esos parámetros, el impacto macroeconómico del *brexit* sería el siguiente:

	Escenario optimista	Escenario pesimista
Déficit comercial (1)	-1.37	-2.92
Beneficios fiscales (2)	0.09	0.31
Cambio PIB per cápita	-1.28	-2.61

(1) Aportación adicional del *brexit* al déficit comercial en % del PIB.
(2) Aportación adicional del *brexit* a los ingresos del sector público en % sobre los actuales.

La otra simulación planteada por los anti-*brexit* son los efectos derivados de una remoción unilateral por parte del Reino Unido de todas las barreras a las compras de bienes y servicios procedentes del exterior. Su planteamiento básico es que esta iniciativa reduciría los costes de abandonar la UE en 0.3 puntos, pero apuntan un hecho, a su juicio, relevante: los aranceles existentes en el conjunto de los países integrados en la OMC son ya muy bajos, por lo que el *shock* de oferta positivo producido por la eliminación total de aquéllos tendría un efecto despreciable.

Conforme a esta tesis, lo relevante en estos momentos es la reducción de las BNA, lo que no se consigue con una eliminación unilateral de aranceles, sino con tratados multilaterales o bilaterales, lo que exige una compleja negociación con terceros. Por tanto, la unilateralidad no es una alternativa eficiente a la UE. En este marco analítico, los efectos del binomio *brexit*-Unilateralismo serían los siguientes:

	Escenario optimista	Escenario pesimista
Déficit comercial (1)	-1.37	-2.92
Beneficio fiscal (2)	0.09	0.31
Liberalización unilateral (3)	0.30	0.32
Cambio en el PIB per cápita	0.98	-2.92

(1) Aportación adicional del *brexit* al déficit comercial en % del PIB.
(2) Aportación adicional del *brexit* a los ingresos del sector público en %.
(3) Aportación de la liberalización al crecimiento del PIB en %.

Por el contrario, los economistas favorables al *brexit* dibujan un panorama radicalmente distinto. Para ellos un desarme arancelario unilateral del Reino Unido tendría unos efectos mucho más favorables que los expuestos con anterioridad.[8] Su razonamiento responde a la siguiente lógica. La UE es una unión aduanera que establece barreras arancelarias y no arancelarias alrededor del Mercado Único en agricultura y productos manufacturados y hacia el interior en los servicios. Esto eleva artificialmente los precios agrícolas, industriales y del sector terciario dentro del espacio económico europeo, que son aproximadamente un 20 por ciento superiores a los existentes en el mercado mundial. Por otra parte, el 70 por ciento de las exportaciones británicas de bienes y servicios tienen por destino áreas ajenas a la UE y, en cualquier caso, todas las importaciones y exportaciones se comercian en el mercado mundial conforme a las reglas de la OMC.

Desde esta perspectiva, la mejor opción para Britania es abandonar el Mercado Único, no negociar tratado comercial alguno con la UE y eliminar todas las barreras levantadas frente a las importaciones. Las ganancias económicas asociadas a la caída de los precios y al aumento de la competencia producido por ese movimiento equivaldrían a las derivadas de una bajada impositiva. En una previsión a cinco años, los cálculos realizados por los *brexiters* avanzan que esa estrategia produciría un incremento del PIB del 4 por ciento, un descenso de los precios del 8 por ciento y una expansión del sector servicios que compensaría la pérdida de peso de las industrias incapaces de competir con el exterior. Si se considera oportuno por razones X su mantenimiento, las subvenciones a la agricultura serían financiadas por el Tesoro y el coste sería asumible debido a su escasa participación en el PIB, el 1 por ciento. Por lo que se refiere al sector exterior, el ahorro de las contribuciones al presupuesto de la UE y la mejora en términos de intercambio constituirían aportaciones directas positivas que contribuirían a mejorar el saldo de la balanza de pagos por cuenta corriente.

Los dos estudios comentados ofrecen una imagen muy diferente de las perspectivas económicas del *brexit*. Los supuestos sobre los que ambos construyen sus hipótesis, con sus virtudes y defectos, son teóricamente consistentes y sólo el tiempo podrá ratificar o refutar sus conjeturas. Este apunte refleja las enormes dificultades de evaluar las consecuencias de un fenómeno inesperado e inédito cuya evolución, por definición, depende de variables a priori controlables —la política diseñada y ejecutada por el gobierno británico— y de otras que son incontrolables y resultan difíciles de prever (la evolución del entorno económico y político de Europa y del resto del mundo, en especial, de los EE UU).

Dicho esto, los críticos del unilateralismo realizan sus proyecciones desde una concepción estática y desprecian o minusvaloran las potenciales ganancias de eficiencia dinámica ligadas no sólo a una supresión unilateral de los aranceles, sino también al marco de instituciones y de políticas económicas que acompañan o pueden acompañar esa estrategia. Britania cuenta con un entorno regulatorio mucho más favorable al libre funcionamiento de los mercados que la mayoría de las economías desarrolladas. Es un país dotado de un sistema jurídico que ofrece un elevado nivel de protección y de seguridad a todos aquellos que quieren emprender iniciativas productivas. Tiene un sistema tributario menos oneroso que sus socios-competidores de la OCDE y que resulta mejorable. Esas evidentes ventajas competitivas no sólo no tienen por qué perderse o debilitarse a raíz del *brexit*, sino que por el contrario pueden reforzarse aún más. En este supuesto, el Reino Unido no tiene por qué perder atractivo como lugar para atraer inversiones externas y estimular la actividad empresarial doméstica. Por último, la apertura total de Britania al exterior se traduciría en un aumento de la presión competitiva en su economía, lo que tendría un considerable impacto sobre su productividad y, por tanto, sobre el potencial de crecimiento del PIB y del nivel de vida de sus habitantes en el horizonte del medio y del largo plazo.

¿Cuál será la opción británica?

La salida de la UE se instrumenta a través del artículo 50 del Tratado de Lisboa. En él se establece cuál es el procedimiento legal. En principio, el gobierno británico no tiene un plazo perentorio para invocar esa disposición normativa. Pero, hecho esto, comienza un proceso de dos años para negociar el acuerdo de salida. Ese plazo no es prorrogable salvo que así lo decida el Consejo Europeo por unanimidad. Esto concede una ventaja negociadora a la UE y, además, ese bienio de transición puede constituir una fuente de incertidumbre capaz de generar una elevada inestabilidad en Europa y en Britania. A ninguna de las dos partes le conviene un pacto o un no pacto que se dilate demasiado en el tiempo. Dicho esto, hasta que se complete el abandono de la UE, el Reino Unido sigue siendo un Estado miembro de pleno derecho.

Si, *ceteris paribus*, el futuro económico de Gran Bretaña está en gran medida ligado a cuál será la relación comercial que establezca con la UE una vez activado el *brexit*, la pregunta es cuál sería el *modus vivendi* deseable para Britania y aceptable para sus antiguos-nuevos socios europeos. Dentro del abanico de opciones existentes y sin descartar la confección de un hipotético y poco probable traje a medida para los británicos, existen tres: primera, convertirse en miembro del Espacio Económico Europeo (EEE); segunda, negociar un acuerdo bilateral al estilo del existente entre la UE y Suiza; y tercera, ya esbozada, abordar una política de liberalización unilateral de sus intercambios comerciales con el resto del mundo dentro de las reglas establecidas por la OMC.

El ingreso en el EEE combinaría el acceso de Britania al Mercado Único con la preservación de su derecho a fijar sus propios aranceles respecto a los Estados situados fuera de esa área comercial, y la libertad de realizar acuerdos de esa naturaleza con terceros países. Esta opción no tiene cabida en la UE, que constituye una unión aduanera completa y, en consecuencia, tiene una política comercial común para todos los Estados integrados en su seno. Por otra parte, la EEE no exige a sus socios la aplicación directa de sus resoluciones en la misma medida en la que lo hace la UE con los suyos. Si bien un país miembro de la EEE está obligado a implementar las medidas armonizadoras vigentes en la UE con anterioridad a su incorporación a aquélla, no lo está a admitir las directivas comunitarias que entren en vigor con posterioridad. Ahora bien, en este supuesto, los beneficios del acuerdo con la UE pueden dejar de aplicarse al sector afectado por esas disposiciones normativas. Los Estados de la EEE se encuentran en la tesitura de aceptar normas en cuya elaboración y aprobación no tienen capacidad de influencia alguna y además aportar recursos al presupuesto comunitario. A priori, esta fórmula no parece muy atractiva para el Reino Unido.

Suiza es un miembro de la Asociación Europea de Libre Comercio

(AELC). Tomó parte en la negociación del acuerdo del EEE con la Unión Europea y planteó su adhesión a éste, iniciativa rechazada en referéndum. A partir de ese momento, las autoridades helvéticas y las comunitarias iniciaron conversaciones con el objetivo de establecer una relación bilateral al margen del EEE. El resultado fue la firma de diez tratados y la asunción por parte de Suiza de una gran parte de la legislación comunitaria. Este enfoque bilateral ha permitido a los suizos mantener una cierta soberanía. Sólo tienen vigor en su territorio los cambios legislativos de la UE cuando una comisión bilateral lo decida por consenso. Eso sí, Suiza no influye sobre el contenido de la normativa que potencialmente se le aplicará. En teoría, este esquema le faculta para rechazar la trasposición de las nuevas normativas de la UE; en la práctica, esa potestad de exclusión está severamente restringida por la llamada «Cláusula de guillotina», que da a las partes la posibilidad de cancelar todo el cuerpo de tratados cuando un nuevo tratado o estipulación no quiera aplicarse en las tierras helvéticas.

Desde la óptica de la Unión Europea, los tratados concertados con Suiza son muy parecidos a los suscritos con el EEE, lo que hace de aquélla un miembro virtual de esa organización. La mayoría de la legislación comunitaria se aplica universalmente en la Confederación Helvética, que a su vez contribuye financieramente al presupuesto comunitario. Como en el caso del EEE, el gobierno suizo tiene la potestad de suscribir acuerdos comerciales bilaterales con terceros países. A priori, esta alternativa es semejante a la ofrecida por el EEE y no resuelve algunas de las objeciones y prioridades británicas que han motivado el *brexit*, una efectiva recuperación de soberanía, sujeta siempre a la espada de Damocles de la UE.

En este contexto, el asunto básico es determinar cuáles son las probabilidades de que la negociación entre la UE y el Reino Unido llegue a buen puerto o se rompa. En puros términos económicos y conforme al estado actual de los intercambios comerciales, la racionalidad abogaría por llegar a un acuerdo. Ambas partes tienen poderosos incentivos para lograrlo. Por citar uno solo, las exportaciones a Britania suponen alrededor del 16 por ciento de las totales de la UE, lo que convierte a aquélla en su principal mercado por países. Además, la balanza comercial Reino Unido-UE es superavitaria para la segunda. Sin embargo, esta visión optimista de las negociaciones se ensombrece cuando se incorporan al análisis las consideraciones de índole política.

En ese plano, un trato generoso al Reino Unido podría estimular las fuerzas centrífugas en curso dentro de algunos Estados de la UE —Austria, Dinamarca o Polonia— y la alimentarían en otros, lo que fomentaría la demanda de acuerdos especiales por parte de otros miembros e incluso la convocatoria de referéndums en otros países sobre la permanencia en las instituciones europeas. Ese riesgo de contagio no ha de ser despreciado por una lógica elemental: un trato favorable al Reino Unido reduce los costes de salida de la UE, lo que tendría serias posibilidades de desencadenar su proceso de desmembración. Por último, un buen número de Estados europeos considera que el *brexit* tiene potenciales efectos benéficos sobre sus economías si produce una deslocalización de empresas y de inversiones hacia ellas.

Desde esta perspectiva, las variables políticas y las expectativas de obtener beneficios económico-financieros de la salida británica de la UE configuran un panorama poco alentador. Esto abundaría en la tesis a favor de la adopción por parte del Reino Unido de un régimen unilateral de libre comercio en el marco de la OMC, acompañado de la disposición a negociar un período de transición al nuevo marco para sectores e industrias específicas. En paralelo, la cooperación británico-europea puede mantenerse en materias de política exterior, de seguridad y de defensa, etcétera.

A pesar de todo eso, la UE puede incurrir en la tentación de imponer costes a Britania cuando haga efectiva la salida. La OMC no le proporciona una completa protección frente a potenciales acciones agresivas de sus antiguos socios. El Reino Unido fuera del ámbito comunitario tendría interés en mantener con ese bloque comercial una relación parecida a la que tienen Japón, Australia o Canadá. Sin duda, la UE quebrantaría las reglas fundamentales de la OMC si pretendiese tratar a las exportaciones británicas de modo diferente al que trata a las procedentes de esos países. Ahora bien, una UE «maliciosa» podría perturbar los flujos comerciales y ganar tiempo adoptando, por ejemplo, medidas «antidumping» contra las exportaciones de Gran Bretaña.

Las consecuencias del *brexit* para la UE

En el epígrafe anterior se han apuntado algunas de las potenciales consecuencias del *brexit* para el resto de Europa. Existen numerosos estudios y con muy diversas evaluaciones que cuantifican los efectos del adiós británico sobre la economía continental. Sin embargo, se suele prestar menos atención a su impacto sobre el sistema político europeo y sobre el funcionamiento de las instituciones que conforman la UE. De entrada, la salida del Reino Unido no es la de un Estado «normal» en el sentido de su relevancia. Se trata de la quinta economía del mundo y de la segunda mayor de la UE. Se habla del Estado más poblado de Europa tras Alemania, un 12.8 por ciento de la población europea total. Se está ante el país europeo que más gasta en defensa de la UE y que dispone de un *soft power* global sin rival entre sus actuales socios europeos. Sólo Francia, y a considerable distancia, goza de una posición similar. Por ello relativizar la importancia del *brexit* es absurdo. Gran Bretaña no es Grecia, y ésta estuvo a punto de llevarse por delante el euro.

Una de las principales contribuciones del Reino Unido ha sido la de ejercer el papel de ariete o de vanguardia en el impulso de las reformas liberalizadoras dentro de la UE. Por tanto, el *brexit* pone en cuestión la probabilidad de impulsar la agenda reformista europea en el medio y en el largo plazo. Bajo el actual sistema de Mayorías Cualificadas, el bloque liberal de la UE —Reino Unido, Suecia, Dinamarca, Holanda, Finlandia y los Países Bálticos— tiene una minoría de bloqueo, esto es, puede paralizar cualquier iniciativa destinada a restar libertad a los mercados, imponer regulaciones excesivas, etcétera. Sin el Reino Unido, este contrapeso desaparece, con lo que los Estados con una orientación más estatista tendrían capacidad de sacar adelante sus propuestas. Algo similar sucede con el Parlamento Europeo y con su composición ideológica. Casi un 60 por ciento de los eurodiputados son de centroderecha. La desaparición de los conservadores británicos de la Eurocámara concedería a la izquierda, por vez primera en muchos años, una posición mayoritaria sin necesidad de contar con el Partido Popular Europeo. Esto puede llevar a una UE aún más socialdemócrata.

El *brexit* altera también el equilibrio de poderes europeo por otras vías. En concreto, fortalece y a la vez debilita la posición de Alemania. El fortalecimiento procede de un aumento aún mayor del peso germano en la UE por razones de sobra conocidas, pero a la vez impide a los alemanes desempeñar el cómodo papel arbitral y moderador que han ejercido hasta la fecha entre las contrapuestas visiones del proyecto europeo y de la política internacional y de defensa de Europa propugnadas por Francia y por el Reino Unido. Esta disyuntiva ha de resolverse, lo que conduce bien a la asunción por Alemania de una indiscutible e incómoda posición de palpable hegemonía en la UE, bien a la resurrección del eje franco-alemán cuya operatividad se ha visto sensiblemente erosionada en los últimos lustros y cuya sintonía se ha reducido de manera significativa en ese período. Francia y Alemania no tienen en estos momentos una concepción común de qué hacer con la UE.

Cualquiera de esas dos opciones es el germen de serios problemas. El papel y la política desplegada por Alemania desde la crisis económica-financiera de 2008 le ha granjeado una creciente hostilidad en los Estados y, sobre todo, en las sociedades del sur de Europa. Por ello, la consolidación sin contrapesos de la hegemonía germana conduciría a incrementar las tensiones entre el sur y el norte de la UE. La recomposición de su alianza con Francia llevaría a una probable parálisis de las reformas que Europa precisa para salir de la postración en la que está inmersa. Los alemanes ya no tendrán la coartada británica para contrarrestar las iniciativas francesas.

En este contexto, el *brexit* tiene un elevado potencial desestabilizador. Las soluciones de transacción entre el norte y el sur que dominaron la escena europea durante décadas tienen escaso margen de maniobra en un entorno de emergencia del populismo. Tanto en sus versiones de izquierda como de derecha, las formaciones populistas sienten una enorme animadversión, si bien por razones distintas, hacia el actual modelo europeo. En algunos Estados continentales forman ya parte del gobierno, en otros tienen serias opciones de participar en él, y en todos han logrado crear un clima social y de opinión pública del que no pueden sustraerse los partidos sistémicos, que han sido los paladines y sostenedores del proyecto de Europa que hoy está en cuestión. El consenso alrededor de aquél ha desaparecido.

Pero el *brexit* plantea también una severa amenaza para la seguridad y la influencia global de Europa. Estamos asistiendo a la descomposición o, al menos, a una revisión radical del sistema multilateral de comercio y de seguridad creados a finales de la Segunda Guerra Mundial. El programa post-Segunda Guerra Mundial de una paulatina disolución de las divisiones tradicionales entre las naciones en una serie de valores y de intereses económicos compartidos está en crisis. El mundo parece caminar hacia una bilateralización de las relaciones internacionales entre Estados soberanos y, de facto, a su reestructuración alrededor de bloques que se moverán entre el antagonismo y la colaboración de acuerdo con sus intereses nacionales. Se vuelve a marchas forzadas a un orden mundial en el que esos intereses en sentido estricto y estrecho van a primar sobre cualquier otra consideración.

En este escenario que se atisba y perfila, la UE tiene una posición de extrema debilidad. La erosión de las instituciones transnacionales —OTAN, ONU, OMC— es una pésima noticia para Europa. Un sistema colectivo económico y de seguridad es un mundo en el cual estructuras políticas difusas o virtuales pueden desempeñar un papel relevante en el concierto internacional. El estar cubierta por el manto protector de esas estructuras globales, caso del Viejo Continente, le ha permitido mantener su estabilidad y una relativa influencia en los procesos de toma de decisiones. Sin embargo, este esquema no sirve para responder a los tradicionales desafíos geopolíticos, esto es, a la competencia planteada por Estados, por ejemplo Rusia, que no asumen las restricciones impuestas por las instituciones internacionales a la persecución de sus objetivos nacionales.

¿Qué quiere decir todo esto? La respuesta es sencilla: la UE no está preparada para responder al retorno de la *realpolitik*, entendida como la expresión de una estrategia de Estados-nación proyectada hacia el exterior. Ello conduce a una arquitectura internacional basada en la construcción de esferas de influencia propias de los Estados con peso geopolítico. Para bien o para mal, esas singulares criaturas han mostrado tener una extraordinaria capacidad de recuperación. En el diálogo entre las grandes potencias nacionales que vuelven a pedir su lugar, las instituciones intermedias supranacionales son innecesarias, por no decir un estorbo. EE UU, Rusia y China, por citar tres ejemplos emblemáticos, son los grandes jugadores de la política global en estos momentos y buscarán alianzas y asociaciones en función de sus objetivos y necesidades propias. En este contexto, la UE no es ni será un Estado ni es ni será un participante en las grandes estrategias globales. Por el contrario, corre el riesgo de que los Estados que la integran sientan la tentación irresistible de cerrar acuerdos bilaterales con las grandes potencias, lo que se traduciría en una balcanización de Europa. Nadie puede pensar que en la actual coyuntura europea sea posible avanzar hacia una unión más estrecha de los países miembros de la UE.

Desde esta óptica, si el *brexit* se resuelve mal, privará al Viejo Continente de un aliado estratégico en la esfera internacional, un Estado con una dilatada experiencia, con un notable poder militar y con una red de relaciones globales muy extensa. Britania ha sido el principal eslabón de la relación atlántica y un poder equilibrador de la tendencia europea a desligarse de ella sin tener los recursos militares y diplomáticos para hacerlo ni la voluntad de seguir ese camino, contando con la paciente complacencia del amigo americano. Al mismo tiempo, el Reino Unido nunca ha creído en la viabilidad de una estructura posmoderna, la UE, en la que la geoeconomía había creído arrumbar para siempre las exigencias de la geopolítica, esto es, la irreal renuncia a que los grandes Estados diluyesen sus objetivos individuales en un mundo kantiano de armonía universal. La desgraciada realidad es que, de momento, la aspiración de un orden global basado en la asunción de una ley internacional igual para todos, de las ventajas del multilateralismo y del rechazo de las relaciones interestatales como un juego de suma cero han desaparecido.

Epílogo para optimistas o para escépticos racionales

El adiós de Britania a la UE es irreversible y la única incógnita por despejar es si será hostil o amistoso. Las consecuencias económicas para el Reino Unido y para el resto de Europa dependerán en cierta medida de cuál sea el marco relacional que se materialice tras la salida, pero también de las políticas que uno y otra apliquen tras ella. A pesar de los hipotéticos efectos negativos sobre la economía británica profetizados por los críticos del *brexit*, estos son discutibles. La salida de la UE tiene indudables riesgos, pero también proporciona al Reino Unido la oportunidad de profundizar en las ventajas competitivas sobre las que se ha asentado su innegable progreso durante los últimos cuarenta años.

Para la UE, el *brexit* constituye un verdadero cataclismo estructural en los planos económico, político y de seguridad porque se produce en el peor momento atravesado por Europa desde la creación de la CEE y en un contexto de profunda mutación en el orden mundial. Si se acepta este diagnóstico, a Europa y al Reino Unido les interesa cerrar un divorcio amistoso, lo que implica buscar una fórmula sin vencedores ni vencidos. Sin duda, la tarea no es fácil y quizá no sea posible. Como siempre, ello dependerá de la inteligencia y de la visión de quienes afrontan este singular desafío.

16

El populismo en Europa Occidental

Mauricio Rojas

Introducción

El populismo europeo ha alcanzado notables éxitos electorales durante estos últimos años y todo indica que aún estamos lejos de haber presenciado el fin de sus avances. Su irrupción se ha dado en todas las regiones de Europa, desde los países nórdicos hasta los mediterráneos y desde las islas británicas hasta los Estados poscomunistas de Europa del Este. Se trata de sociedades muy diversas, que van desde viejos centros industriales de raigambre protestante y fuertes tradiciones liberal-democráticas hasta países mayoritariamente católicos u ortodoxos que nunca alcanzaron niveles similares de industrialización y cuya historia política ha estado marcada por un persistente autoritarismo. Esta ubicuidad y simultaneidad del fenómeno populista sugiere la presencia de causas comunes que lo impulsan, sin importar las grandes diferencias existentes entre diversas zonas de Europa. Al mismo tiempo, estas diferencias son esenciales para entender la variedad de sus manifestaciones y los rasgos específicos de sus bases de apoyo.

El presente ensayo aborda el fenómeno populista europeo en aquellos países que no sufrieron la experiencia comunista y que habitualmente se engloban, forzando un poco la geografía, bajo el concepto de Europa Occidental. El hecho de dejar fuera del análisis a los movimientos populistas que se dan, y con gran fuerza, en los países que formaron parte ya sea de la Unión Soviética, del bloque soviético o de Yugoslavia se debe a las particularidades de una historia y una transición poscomunista cuyo estudio excede los marcos del presente ensayo.[1]

La gran diversidad de movimientos que abarcaremos en este trabajo nos obliga a iniciar su desarrollo con algunas precisiones conceptuales que nos permitan entender la matriz política que le da sentido al uso de un denominador común a pesar de las significativas diferencias que separan, e incluso contraponen, a las diferentes subfamilias populistas entre sí. A partir de ello se analiza el contexto del auge del populismo europeo occidental, poniendo especial énfasis en las condiciones que lo hacen posible, pero también en aquellas que pueden explicar la gran diversidad de sus formas de expresión. A continuación se estudian las características del votante populista para luego pasar a discutir la problemática ubicación de los movimientos populistas en la escala izquierda-derecha y sus formas organizativas. Finalmente, el ensayo se cierra con algunas breves reflexiones de conjunto sobre Europa y el fenómeno populista.

Fenómeno, discurso y movimiento populista

El término «populismo» tiene, como se sabe, una gran diversidad de connotaciones y usos. En su forma más genérica se refiere a un *estilo político* que agita las pasiones populares y busca ganar apoyo mediante promesas demagógicas. En este sentido, el populismo está presente, en grados variables, en la retórica de prácticamente todos los partidos políticos. Este uso del término, siendo en sí plenamente válido, tiene el defecto de reducirlo a una cuestión de grados y matices que diluye o niega la existencia de un *fenómeno populista* cualitativamente diferente de otras expresiones políticas, que se constituye a partir de un conjunto de postulados que conforman una visión o *discurso populista* coherente y distintivo sobre las características de la realidad existente y el tipo de accionar político que ésta demanda. Es en este sentido, como un fenómeno político constituido en torno a un discurso político específico, en el que a continuación se usará el concepto «populismo».[2]

El discurso populista, cualesquiera que sean sus orígenes, contexto y matices, tiende a articularse en torno a cinco ideas básicas que, en su conjunto, forman lo que podemos llamar, en el sentido de Max Weber, su «tipo ideal» o versión arquetípica, a partir de la cual es posible aquilatar el contenido populista de diversos movimientos o partidos.

El primero de ellos, y el más esencial, es *la contraposición maniquea entre pueblo y elite*. Construir una visión de la realidad social dicotomizada entre estas dos categorías antagónicas es la operación discursiva clave del populismo. El populismo inventa tanto al pueblo como, por oposición, a la elite, definiendo sus componentes y dándoles determinadas características. El pueblo («la gente», «los ciudadanos», «las mayorías sociales») es puro y representa la verdadera nación, pero vive bajo la dominación y el engaño de «los de arriba», es decir, de la elite («el *establishment*», «los privilegiados», «la oligarquía», «la casta») que es corrupta y explotadora. En esta dramaturgia, el pueblo es uno y tiene una voluntad esencial única, si bien no siempre la comprende confundido como está por las manipulaciones de la elite.[3]

A este núcleo discursivo se le suma un segundo elemento: *el enemigo foráneo*, en connivencia con el cual actúa la elite autóctona. En el discurso populista clásico latinoamericano este rol fue asumido por «el imperialismo» (británico o estadounidense), mientras que, en el populismo europeo, tanto «de izquierda» como «de derecha», se trata de «la globalización neoliberal» o, usando el lenguaje del Frente Nacional francés, de «la mundialización salvaje». A ello se le suman diversas entidades de carácter supranacional, como la Unión Europea (UE), el Banco Central Europeo (BCE) o el Fondo Monetario Internacional (FMI), promotoras de un orden global «neoliberal» que estaría esquilmando al pueblo y reduciendo a la impotencia a los Estados nacionales y sus democracias.

El tercer elemento del universo discursivo populista es *la metáfora apocalíptica*, es decir, la alusión constante a una amenaza letal contra el pueblo, encarnada ya sea por las elites rapaces, la globalización, los acuerdos de libre comercio, los organismos internacionales, los inmigrantes o, en general, por un orden liberal que atentaría contra los intereses del pueblo-nación. En el imaginario populista el abismo nunca está lejos.

Esto lleva al cuarto elemento del discurso populista: el *componente mesiánico*, es decir, la necesidad de un salvador que emprenda una acción decisiva inmediata, un cambio radical, un quiebre dramático con el estado de cosas imperante, a fin de salvar al pueblo del accionar depredador de sus enemigos. Ése es el rol autoproclamado y la razón de ser de todo movimiento populista. Para los populistas, el destino está siempre en juego en este preciso instante, es ahora o nunca, ya que después será demasiado tarde para revertir la marcha hacia el despeñadero.

Finalmente, está la articulación del mensaje populista como *discurso generalizado de protesta*, donde los antis son mucho más importantes que los pros, tratando de canalizar prácticamente todos los descontentos ofreciendo soluciones *ad hoc* para cada uno de ellos. Se trata de un verdadero cajón de sastre del descontento, que tiende a la inconsistencia programática y a la suma de soluciones simples para problemas complejos. Esta característica es la base tanto de la fuerza (como movimiento transversal de oposición) como de la debilidad (como alternativa de gobierno) del populismo.

Esta forma arquetípica del discurso populista tiende a promover tres características sobresalientes de los *movimientos populistas*. En primer lugar, su preferencia por las *formas democráticas plebiscitarias*, es decir, rupturistas y confrontativas, mediante las que «el pueblo» expresa su voluntad directamente, saltándose las mediaciones propias del sistema liberal-democrático y confiriéndoles a los líderes populistas un mandato refundacional.

Este mismo aspecto explica la segunda característica de los movimientos populistas, a saber, su fuerte orientación hacia el *personalismo*, es decir, hacia el protagonismo de un «hombre (o mujer) fuerte», capaz de encarnar el «verdadero sentir» y realizar la «verdadera voluntad» de la gente. Se trata de una supuesta simbiosis pueblo-líder que pretende conferirle un poder prácticamente ilimitado al caudillo populista mediante una aparente negación de su individualidad. El líder populista *es* el pueblo y por ello exige que en sus manos resida todo aquel poder soberano que a éste le corresponde.

Estas características permiten entender el tercer rasgo típico de los movimientos populistas: su inestabilidad. A diferencia de los partidos corporativos o «de clase» y de aquellos definidos por una ideología más profunda, los movimientos populistas tienden a enfrentar severas crisis cuando, por una parte, su líder fundacional o aquel que le dio prominencia al movimiento desaparece o es desafiado y, por otra, cuando se asumen responsabilidades gubernamentales, teniendo que poner a prueba sus recetas políticas.

Por último, una consideración de importancia para entender la extraordinaria maleabilidad o «naturaleza camaleónica»[4] del populismo y su capacidad de representar opciones valóricas e ideológicas muy diversas. Como dice Ernesto Laclau en *La razón populista*, el populismo es, ante todo, una «lógica política» y no un movimiento «identificable con una base social especial o con una determinada orientación ideológica». Por ello, la lógica o discurso populista puede combinarse con los más diversos elementos ideológicos y hacerse vocera de los más variados intereses sociales.[5]

Condiciones y expresiones del fenómeno populista

Para explicar el avance de las fuerzas populistas en Europa es menester considerar al menos dos circunstancias necesarias para que éste pueda producirse. La primera trata de las condiciones de vida y los sentimientos imperantes en los sectores sociales que le darán su apoyo a los movimientos populistas. La segunda se refiere al debilitamiento o ausencia de canales políticos de expresión de las inquietudes y demandas de esos sectores. Sólo cuando una situación vital experimentada por muchos como apremiante coincide con un vacío o «crisis de representación» es que tenemos una «situación pre-populista», es decir, el escenario propicio para que se produzca una respuesta populista de amplio impacto.[6]

Si nos concentramos en este apartado en los condicionantes de la situación vital que posibilita el auge populista es pertinente partir de los problemas de Europa Occidental para enfrentar los grandes procesos de cambio que han estado remodelando el mundo durante los últimos decenios. Desde los años setenta los países más desarrollados de la región han venido mostrando claros síntomas de lo que por entonces se denominó «euroesclerosis», es decir, una baja capacidad para adaptarse dinámicamente a un entorno global en rápida transformación. Era evidente que Europa tendía a reaccionar lenta y defensivamente frente a esos cambios, tratando más bien de conservar lo que había logrado que de buscar lo que podría llegar a lograr. Sus grupos de poder, entre los cuales los sindicatos, así como las asociaciones profesionales y empresariales, han jugado un rol destacado, optaron por la protección de sus intereses y sus así llamados derechos, incluso al precio de altas tasas permanentes de desempleo y un crecimiento comparativamente pobre. Esta actitud defensiva se plasmó en una extensa maraña regulatoria y en el desarrollo de grandes Estados intervencionistas, cuya tarea primordial era garantizar el *statu quo* y una serie de derechos que la población europea creía haber adquirido definitivamente.[7] Ésta fue la gran tarea del así llamado Estado de bienestar, que creció de manera desmesurada desde la década de 1970 en adelante hasta transformarse en el eje de los procesos económicos y sociales de Europa Occidental.

El desarrollo aquí esbozado caracterizó especialmente a los países más avanzados de la región, mientras que sus zonas periféricas vivieron una fuerte expansión que se hacía eco del creciente estancamiento de esos países, atrayendo un importante flujo de capitales que no encontraba salidas igualmente lucrativas en los países más desarrollados. Ello permitió replicar, a gran velocidad, el desarrollo del centro-norte europeo, pero sobre unas bases productivas mucho más frágiles y generando peligrosas burbujas especulativas así con un fuerte sobreendeudamiento. Se crearon, además, dispendiosos Estados de bienestar y una cultura de los derechos que contaminó a las nuevas generaciones. Muchos creyeron que ya habían alcanzado, de una vez y para siempre, la abundancia y el bienestar. Por ello es que la crisis de 2008 fue en todo sentido tan dura, haciendo aflorar la gran vulnerabilidad del conjunto de la «fortaleza europea» y su garante último, la Unión Europea.

Las consecuencias de esta situación no tardaron en quedar reflejadas en fuertes tensiones dentro de la UE y un desarrollo político altamente desestabilizador: el viejo centro político, formado por los grandes partidos socialdemócratas, socialcristianos y liberal-conservadores, se ha deteriorado con rapidez y con ello se ha resquebrajado el gran consenso político de posguerra acerca tanto del contenido como de las formas de la política.

De esta manera se crearon las condiciones básicas para el surgimiento generalizado de un discurso populista que prácticamente había estado ausente del escenario europeo durante las décadas de la posguerra,[8] haciendo sus primeras apariciones significativas justamente en los años setenta, con el Partido Popular Suizo y los Partidos del Progreso de Dinamarca y Noruega, y luego, a mediados de los años ochenta, con los éxitos electorales del Frente Nacional liderado por Jean-Marie Le Pen en Francia. En los años noventa la Liga Norte cosechará importantes éxitos en Italia y también lo hará el Partido de la Libertad de Austria, mientras que en Bélgica el Bloque Flamenco alcanzará sus primeras victorias tal como lo hará el Partido por la Independencia del Reino Unido. Sin embargo, no será hasta el período posterior a la gran crisis que comienza en 2008 cuando el auge de los partidos populistas se convierte en una marea paneuropea que cambia las coordenadas del mapa político de la región.[9]

A comienzos de 2017 existía una gran cantidad de partidos y movimientos que se encuadran dentro del «tipo populista» definido anteriormente. Sus expresiones electorales más destacadas, es decir, aquellos partidos que han obtenido más del 10 por ciento de los votos en las elecciones parlamentarias nacionales más recientes, son las siguientes (se pone entre paréntesis, cuando sea pertinente, la sigla original, el país de que se trata, así como el año y resultado de la última elección parlamentaria): Syriza (Grecia, 2015: 35.5 por ciento), Partido Popular Suizo (SPV; 2015: 29.4 por ciento), Movimiento 5 Estrellas (M5S; Italia, 2013: 25.1 por ciento), Podemos (España, 2016: 21.2 por ciento), Partido Popular Danés (DF; 2015: 21.1 por ciento), Partido de la Libertad de Austria (FPÖ; 2013: 20.5 por ciento), Verdaderos Finlandeses (PS; 2015: 17.7 por ciento), Partido del Progreso (FrP; Noruega, 2013: 16.3 por ciento), Frente Nacional (FN; Francia, 2012: 13.6 por ciento), Demócratas Suecos (SD; 2014: 12.9 por ciento), Partido por la Independencia del Reino Unido (UKIP; 2015: 12.6 por ciento) y Partido por la Libertad (PVV; Holanda, 2012: 10.1 por ciento).

A ellos se les debe sumar Alternativa para Alemania (AfD), ya que los resultados de las elecciones regionales de 2016 indican que el partido superará el 10 por ciento en las elecciones federales que se celebrarán en septiembre de 2017. Fuera de estos partidos mayores existe un gran número de organizaciones con claros rasgos populistas y una no despreciable presencia electoral, que regionalmente puede ser bastante prominente. Es el caso, por ejemplo, de la Liga Norte en Italia septentrional (especialmente el Véneto y la Lombardía), de La Izquierda en los territorios que fueron parte de la Alemania comunista (en particular Turingia, Sajonia, Brandeburgo y Sajonia-Anhalt) y del Interés Flamenco (sucesor del Bloque Flamenco) en Flandes (Bélgica).

Es sobre este conjunto de partidos, pero con énfasis en los más destacados, sobre los que tratan las consideraciones que se exponen a continuación.

Situación vital y diversidad del populismo europeo occidental

Para que el fenómeno populista pueda cobrar fuerza es necesario que una parte significativa de la población experimente una fuerte insatisfacción con su situación vital. Esta insatisfacción suele nutrirse, en grados variables, de una serie de sentimientos que afectan la estabilidad existencial de la persona: frustración, exclusión, inseguridad, amenaza. Lo decisivo no es tanto la correspondencia exacta de estos sentimientos con situaciones «objetivas» que pudieran motivarlos, sino la existencia de condiciones para que puedan llegar a producirse. Los movimientos populistas son tanto el resultado como un elemento constitutivo del desarrollo de estos sentimientos, presentándose como su voz, pero también jugando un papel clave para darles una forma determinada y, no menos, una racionalidad, es decir, un entramado de causas y culpables que supuestamente los motivan. En este sentido, ni el populismo ni los sentimientos que lo nutren son un reflejo mecánico de una cierta situación, sino una construcción discursiva que sus impulsores hacen a partir de ciertas condiciones vitales de segmentos significativos de la población. Como dice Laclau en *La razón populista*, se trata de un proceso bidireccional, donde «el representado depende del representante para la construcción de su identidad».

En el caso concreto de la Europa más desarrollada se trata, en lo esencial, de un sentimiento de vulnerabilidad y amenaza ante el desarrollo en curso y la percepción de haber sido excluidos —material, cultural y existencialmente— de sus beneficios. Este sentimiento se ha hecho especialmente prominente entre quienes se sienten degradados e ignorados, perdedores o amenazados por el proceso de globalización, dejados de lado y abandonados junto a sus industrias paralizadas y sus barrios o ciudades decadentes, viviendo de modestas pensiones, salarios estancados o subsidios de diverso tipo, desempleados o con empleos precarios, y compitiendo por los escasos puestos de trabajo, la vivienda y unos servicios sociales a menudo deteriorados, con recién llegados con los que prácticamente no se comparte nada más que la desconfianza mutua. Viven en una especie de estado de sitio mental, acosados por el temor y la angustia, enrabiados y deseosos de restablecer un orden en el que se sentían seguros y señores en su propio hábitat.

Estas circunstancias permiten entender dos rasgos esenciales de este populismo de viejo país industrializado. Por una parte, su carácter nostálgico, defensivo y restaurador, «retro» o reaccionario, en el sentido estricto de la palabra. Por otro, el gran apoyo que habitualmente logra entre la población masculina «blanca» de extracción obrera, niveles modestos de educación y residente en zonas industriales deprimidas o más rurales, al punto de transformarse en los nuevos partidos obreros por excelencia. Esto mismo explica el sensible declive electoral que en paralelo ha experimentado la socialdemocracia, ya que estos movimientos populistas se nutren, en gran medida, de sectores medulares de su electorado tradicional. Sin embargo, la amplitud alcanzada por este tipo de movimiento populista hace que su electorado se extienda mucho más allá de su «categoría tipo», abarcando votantes de todo el espectro social.

Las formas de esta reacción defensiva, habitualmente caracterizada como «de derecha», propia de aquella Europa que fue parte del epicentro de las grandes revoluciones industriales del pasado, se diferencian marcadamente de aquellas propias del populismo de las zonas menos o más tardíamente desarrolladas, es decir, de aquellos países del sur europeo que estuvieron sumidos en el atraso económico y experimentaron, como en los casos de España y Grecia, formas autoritarias de gobierno hasta bien entrada la segunda mitad del siglo xx.

En estos casos, el populismo tiende a tomar formas predominantemente «de izquierda» o «progres», como en Grecia y España, o híbridas, como en Italia. Se trata, en lo fundamental, de una reacción ante expectativas incumplidas o la amenaza a unos niveles de vida y protección social recientemente alcanzados. La crisis de los Estados de bienestar es clave en este contexto, tal como lo es la frustración de las nuevas generaciones ante unos sueños que ingenuamente dieron por seguros pero que no se realizarán. El sentimiento predominante es por ello de indignación por haber sido privados de aquello a lo que tenían derecho.

En estos países, el auge populista tiene un sesgo social, profesional y generacional distinto del de los partidos anteriormente reseñados. Así, por ejemplo, los votantes más típicos de Podemos son jóvenes, cuentan con un nivel medio o alto de educación y viven en centros urbanos medianos o grandes.[10] Syriza, por su parte, tiene un perfil notablemente cercano a la media del electorado griego, pero con mayor presencia femenina y una cierta sobrerrepresentación de los empleados públicos, los desempleados y las personas menores de cincuenta y cuatro años.[11] En el caso del Movimiento 5 Estrellas vemos una sobrerrepresentación masculina, juvenil o de personas en edades activas, de ingresos medios y educación media, y también de los desocupados.[12]

Crisis de lo nacional y vacío de representación

Los factores que hemos reseñado son elementos decisivos que posibilitan el surgimiento del populismo europeo, pero ello no hubiese ocurrido, o al menos no con la intensidad y ubicuidad que lo ha hecho, si no se combinasen con un déficit importante de representación de parte de las estructuras políticas existentes. La confianza en ellas ha venido mostrando niveles preocupantemente bajos desde hace ya bastante tiempo, tal como lo muestran los resultados de la Encuesta Social Europea. Su última versión, con datos de 2014 publicados a fines de 2016, muestra que en promedio apenas el 12.1 por ciento de los europeos de los veintiún países considerados confiaba en los partidos políticos.[13] Este resultado se ve confirmado por una encuesta realizada en agosto de 2016 que abarcaba veintiocho países de la Unión Europea. En ella, la confianza en los políticos promediaba el 15 por ciento y menos de la mitad de los encuestados decía estar satisfecho con el funcionamiento del sistema democrático.[14]

Éste es un fenómeno de gran trascendencia y múltiples explicaciones que tiene que ver con la compleja situación en que la democracia representativa se encuentra en muchos países tanto en Europa como fuera de ella. A este respecto, diversos autores han analizado los cambios en el seno de la ciudadanía que la hacen más empoderada, cuestionadora, impaciente y capaz de movilizarse en función de sus demandas, rechazando tanto las autoridades preestablecidas como las mediaciones, compromisos y esperas propias de la democracia representativa.[15] A ello se le suma la pérdida de potencia regulatoria de la política nacional frente al proceso de globalización en marcha. Cada vez son más los flujos económicos, tecnológicos, comunicacionales, culturales y humanos que desafían y desbordan los marcos de lo nacional, como estructura política, comunidad de relaciones sociales y fuente de identidad. Éste es un hecho clave que deja a la deriva a muchos ciudadanos. Pero no sólo eso, en este proceso las elites tienden a hacerse más cosmopolitas, lo que motiva un sentimiento de abandono, o incluso traición, de parte de muchos ciudadanos que no comparten sus posibilidades y recursos ni sus condiciones y estilos de vida.

Esta problemática de carácter general se ha visto fuertemente reforzada en Europa por el proceso de integración en la Unión Europea y el impacto de la reciente crisis financiera. La expansión competencial de la UE ha provocado un desplazamiento de soberanía desde los parlamentos y gobiernos nacionales hacia estructuras de poder que desde un

principio han adolecido de un fuerte déficit de arraigo popular y legitimidad democrática. Ello ha generado un significativo sentimiento anti-
UE que, agravado por los problemas derivados de la introducción del
euro, ha permitido transformar a la Unión y sus diversos centros de poder en una eficaz mezcla de bestia negra y chivo expiatorio.

Éste ha sido uno de los elementos dinamizadores clave del surgimiento del populismo europeo, con su marcado sesgo nacionalista o soberanista, potenciado por un fuerte temor al impacto de la globalización. A ello se agregan los efectos de la crisis financiera de 2008, con su
profundo impacto sobre la sostenibilidad de los Estados de bienestar y
la acentuación del poder de los organismos supranacionales, como el
BCE, sobre los diversos países que conforman la UE.[16] Ante ello, la soberanía nacional y los procesos democráticos dentro de cada Estado
han quedado en una situación muy precaria, haciendo evidente para
muchos que los destinos de Europa dependen más de las tecno-buro-
cracias de Bruselas y Frankfurt o de la opinión de Berlín que de las preferencias de sus propios ciudadanos.

El *brexit* ha sido la expresión más connotada, pero de lejos la única, de una reacción que busca recuperar la plenitud de la soberanía nacional. Pero no se trata sólo de la soberanía política, sino de un verdadero «nativismo», es decir, una lucha por reconstituir o recuperar la
cultura y la solidaridad que se le atribuye a una comunidad nacional supuestamente amenazada. A lo cual, en muchos casos, debe sumársele la
presencia de un fuerte flujo migratorio, visto por muchos como una
amenaza a la cohesión y cultura nacionales. Por ello es que los movimientos eurocríticos tienden a derivar con tanta facilidad en movimientos antiinmigración con un fuerte sesgo antimusulmán. El caso reciente de Alternativa para Alemania es un ejemplo muy ilustrativo de
un fenómeno que se ha repetido consistentemente.[17]

La supuesta renuncia a la defensa de la solidaridad, cultura y soberanía nacionales es la traición mayor que para muchos condena definitivamente a las elites y crea aquel vacío de liderazgo y representación en el

que puede entronizarse el populismo con su imaginario arquetípico: el pueblo o la nación traicionada que se levanta contra las elites desleales y sus aliados foráneos. Pero es importante no olvidar que este imaginario se construye sobre procesos reales que lo hacen posible y creíble. El populismo no es un accidente o un infortunio del destino, sino una respuesta, aberrante y destructiva, a inquietudes, temores y pérdidas profundamente sentidas por muchos.

El votante populista: una aproximación general

Hasta aquí hemos tocado de manera puntual las características y los motivos de quienes apoyan a los partidos populistas. Sin embargo, la importancia del tema amerita profundizar en él. Lo haremos a partir de un par de estudios de carácter general para luego, en el próximo apartado, detenernos en algunos casos específicos.

Disponemos de dos estudios recientes sobre el votante populista que abarcan un número importante de países europeos tanto occidentales como del este. El primero, llevado a cabo por Ronald Inglehart y Pippa Norris;[18] y el segundo, por Catherine de Vries e Isabell Hoffmann.[19] Ambos estudios se inscriben en el marco de lo que ha sido el debate central sobre el votante populista entre autores, como Inglehart y Norris, que apuntan a un *choque de valores* como su motor fundamental y aquellos, como De Vries y Hoffmann, que destacan el impacto de la globalización como su motivación central.

En todo caso, los dos estudios confirman ciertos rasgos generales —pero pronto veremos que existen excepciones— del voto populista, siendo más común entre las generaciones mayores, los hombres, los que sólo han alcanzado niveles bajos de educación formal, la población étnicamente mayoritaria y las personas más religiosas. En cuanto a la extracción social, Inglehart y Norris destacan que el grupo más sensible al mensaje populista, superando incluso a los obreros no calificados, sería lo que llaman *petty bourgeoisie*, compuesta, entre otros, por quienes se desempeñan en empresas familiares, los pequeños comerciantes y los empleados por cuenta propia en diversos oficios.

Para Inglehart y Norris, el auge populista sería, en lo esencial, el resultado de una reacción o *backlash* cultural causada por el fuerte avance experimentado durante las últimas décadas por los valores «posmaterialistas» o «progresistas», que desafían a los valores más tradicionalistas o «materialistas», propios de una sociedad más cerrada y de una situación existencial más insegura en lo material.[20] La razón de esta reacción estaría en que el avance de los valores «progresistas» —asociados, entre otros, al cosmopolitismo, el multiculturalismo, el ecologismo, el igualitarismo entre los géneros y la autorrealización— no es parejo entre las distintas capas de la población, sino que exhibe un marcado sesgo generacional, social y educacional que genera una fuerte tensión valórica al interior de la sociedad en cuestión. Es sobre esa base sobre la que, como lo expresan nuestros autores, se habría «desencadenado un *backlash* contrarrevolucionario retro, especialmente entre las generaciones mayores, los hombres blancos y los sectores con menor educación, que experimentan una situación desmedrada y rechazan activamente la marea ascendente de los valores progresistas, sintiéndose afectados por el desplazamiento de las normas tradicionales que les han sido familiares y formando una base electoral potencialmente vulnerable al mensaje populista».

La investigación de Inglehart y Norris combina una serie de fuentes estadísticas, entre ellas la Encuesta Social Europea y la Encuesta Mundial de Valores, para validar empíricamente su tesis acerca de la primacía del aspecto valórico sobre el económico-social derivado de la globalización en la explicación del auge populista. Sin embargo, los autores están conscientes de que probablemente existan fuertes lazos entre ambos aspectos y que no se trata de explicaciones excluyentes, sino, sobre todo, complementarias.

Por su parte, Vries y Hoffmann trabajan a partir de un material empírico diferente y más reciente que engloba a veintiocho países de la UE.[21] A su juicio, los resultados de su investigación muestran claramente que el elemento dinamizador clave del votante populista mayoritario es, como lo dice el título de su estudio, «el temor, no los valores» («Fear not Values»). Se trata, concretamente, del temor a la globalización como el aspecto más característico de la mayoría de los votantes populistas, con independencia del país de que se trate y la orientación concreta del partido populista que apoye. A su vez, el mayor temor a la globalización (que engloba la dimensión clave de la inmigración) está claramente asociado con una mayor oposición a la UE, así como con un grado menor de confianza hacia los políticos y de satisfacción con el funcionamiento del sistema democrático, un sentimiento más pronunciado de que en el país hay demasiados extranjeros y una oposición mayor, aunque minoritaria, al matrimonio homosexual.

Una profundización del estudio en el caso de nueve países[22] y dieciséis partidos populistas tanto «de izquierda» (6) como «de derecha» (10) muestra que se trata, en cada contexto nacional, de los partidos que concitan una proporción mayor de votantes que dicen temer a la globalización. Nada parecido ocurre con los valores tradicionales. Sin embargo, las diferencias son importantes entre los diversos partidos populistas, yendo desde casos extremos como AfD en Alemania y el FN francés, donde el 78 por ciento, y el 76 por ciento, respectivamente, de sus partidarios dice temer a la globalización, hasta el UKIP, el M5S de Italia y Podemos, donde sólo la mitad o algo menos de sus electores comparte ese temor.

El votante populista: los casos del UKIP, el Frente Nacional y Podemos

Más allá de las generalidades y los clichés en boga sobre el votante populista existe una realidad concreta mucho más compleja que sólo puede ser captada mediante estudios pormenorizados y actualizados del universo electoral del populismo en cada país. Esto último es clave, ya que la gran expansión del voto populista lo ha hecho mucho más diverso de lo que era hace no mucho tiempo. A fin de ilustrar, aunque sea brevemente, esta diversidad se han elegido tres casos: el Frente Nacional francés, el UKIP británico y Podemos de España.

El FN obtuvo su victoria electoral más resonante en las elecciones regionales de diciembre de 2015, cuando recibió el 27.7 por ciento de los sufragios en la primera vuelta, confirmando así el primer lugar ya obtenido en las elecciones europeas de mayo de 2014 con un 24.9 por ciento. El estudio de sus votantes en la elección de 2015[23] nos da el siguiente cuadro sociológico: los tramos de edad más representados van de veinticinco a sesenta y cuatro años, mientras que los mayores de sesenta y cuatro años están fuertemente subrepresentados (-39 por ciento bajo el nivel del FN en la muestra); el porcentaje de hombres es algo mayor que el de mujeres, pero la diferencia es pequeña; las personas sin diploma están notablemente sobrerrepresentadas (+53 por ciento), mientras que lo contrario ocurre con aquellos con títulos de educación superior (-52 por ciento); a su vez, los obreros se encuentran extraordinariamente sobrerrepresentados (+86 por ciento), obteniendo más votos de los mismos que todos los demás partidos juntos, mientras que entre los profesionales de alto nivel se da la circunstancia inversa (-62 por ciento); por último, se constata una sobrerrepresentación de las dueñas o dueños de casa y de las personas con empleos precarios, así como una subrepresentación de los estudiantes, las personas retiradas, los católicos practicantes con regularidad y, más que todos los demás grupos, los musulmanes, aunque no deja de ser llamativo que un 11 por ciento manifieste su preferencia por el FN.

Otro estudio, realizado por el Centre de Recherches Politiques de Sciences Po en vísperas de la elección de 2015,[24] muestra que el nuevo electorado del Frente tiende a atenuar en algo estas fuertes disparidades, ampliando la base social del partido. Así lo resume el estudio aludido: «El electorado conquistado es un poco más femenino, tiene un poco más de edad, cuenta con un poco más de diplomados y está menos concentrado en los grupos populares. Así, el 24 por ciento de los electores frentistas nuevos son profesionales de nivel alto o intermedio, a comparar con el 19 por ciento entre los frentistas tradicionales».

Estos resultados confirman, a excepción del factor edad y matizando la diferencia de género, el cuadro estándar de los partidos populistas. Sin embargo, otros estudios más particularizados sí arrojan resultados sorprendentes. Uno de los más llamativos fue también realizado por el Centre de Recherches Politiques de Sciences Po,[25] el cual mostraba, contra todo lo que se podía suponer dada la oposición del Frente al matrimonio homosexual, que quienes vivían en parejas casadas del mismo sexo apoyaban más al Frente en las elecciones regionales de 2015 (32.5 por ciento) que quienes lo hacían en parejas heterosexuales (29 por ciento). Para poder explicar un hecho semejante debe tomarse en consideración la reorientación del FN bajo el liderato de Marine Le Pen, abandonando la homofobia propia del liderazgo de su padre,[26] y la percepción de una amenaza al respeto a la diversidad sexual proveniente de parte de la comunidad musulmana francesa frente a la cual el FN es visto como la mejor defensa.

El segundo caso a considerar es el del UKIP a partir de los estudios realizados sobre su desempeño en las elecciones al parlamento británico de mayo de 2015 en las que obtuvo el 12,6 por ciento de los sufragios.[27] En cuanto a los electores del UKIP, Matthew Goodwin, uno de los mayores expertos en el tema, nos dice lo siguiente: «Los resultados del UKIP son también significativos porque refuerzan la relación entre el partido y los votantes de la clase obrera británica que económicamente han sido dejados atrás [...] el partido obtuvo sus mejores resultados en la costa este de Inglaterra, su región económicamente más desaventajada, [...] y también en el noreste». Además, Goodwin hace hincapié en un eje central del éxito del UKIP que desborda la cuestión económica: «Más importante, sin embargo, es que ellos (los votantes del UKIP) fueron impulsados por su acuciante preocupación por la inmigración, la identidad nacional y por cómo los rápidos cambios sociales están transformando a Gran Bretaña».[28]

Esta descripción está avalada por los propios análisis estadísticos de Goodwin, así como por otras fuentes que confirman, más aún que los resultados acerca del FN francés, el cuadro clásico del voto populista de los países tempranamente industrializados de Europa, constatando que aumenta con la edad de los electores, en particular entre los hombres, y que está en relación inversa al nivel de educación alcanzado, así como a los ingresos. Así, quienes tenían los grados más bajos de educación apoyaban 3.3 veces más a menudo al UKIP que los diplomados universitarios, y en cuanto a los ingresos, quienes ganaban menos de 20.000 libras anuales votaban 2.5 veces más frecuentemente por el UKIP que quienes ganaban 70.000 libras o más.[29] A su vez, el estudio ya aludido de De Vries y Hoffmann muestra una presencia menos marcada de votantes temerosos de la globalización que en el caso de otros partidos populistas «de derecha», lo que coincide con el perfil político del UKIP y su crítica a la UE por representar un impedimento a una mayor apertura comercial y financiera.

El caso de los votantes de Podemos es, en muchos aspectos, altamente divergente de los anteriores, reflejando las particularidades de este populismo mediterráneo «de izquierda». Para analizarlo disponemos del amplio material estadístico proporcionado por los avances de resultados del *Barómetro del CIS* de abril de 2016 basados en el recuerdo de voto de las elecciones del 20 de diciembre de 2015.[30] Según esta fuente, Podemos está especialmente sobrerrepresentado[31] entre los hombres (+27 por ciento), las personas de 18 a 24 años de edad (+37.8 por ciento) y, sobre todo, las de 25 a 34 años (+96.4 por ciento), así como entre aquellas con niveles medios de estudios (segundo ciclo de secundaria, +25.2 por ciento, y formación profesional, +29.7 por ciento) y quienes se autodefinen como de «clase alta o media alta» (+27.6 por ciento) y, especialmente, como no creyentes o ateos (+104 por ciento). Sus puntos débiles más destacados son los jubilados (-47.3 por ciento), los mayores de 65 años (-61.3 por ciento), las mujeres (-24.3 por ciento), las personas con menor educación (sin educación, -59.5 por ciento, sólo primaria, -49.5 por ciento) y las que se definen como católicas (-39.4 por ciento).

Lo que vemos reflejado en estas cifras es un movimiento cuyos votantes muestran un panorama sociológico que se aleja de su aspiración de representar a los más vulnerables de la sociedad y de su retórica feminista. La dicotomía pueblo-elite del imaginario populista de Podemos poco tiene que ver con sus votantes reales, como tampoco tiene que ver con sus capas dirigentes, cuyo sesgo «elitista» es bastante evidente. Además, se puede constatar que el votante prototípico de Podemos se encuentra, en algunos aspectos, en las antípodas del votante tipo del Partido Socialista (con mayor votación femenina, extracción social marcadamente popular y mucho menor nivel educativo) y, en otros, del elector del Partido Popular (de más edad, fuerte religiosidad y nivel educativo más bajo), acercándose mucho más al de Ciudadanos que, a su vez, muestra el perfil más «elitista» de todos los partidos del ámbito nacional español.

¿Izquierda o derecha?

Generalmente se clasifican las diversas expresiones del populismo europeo en populismo de derecha (la gran mayoría de los populismos de los países del centro-norte de Europa occidental, pero también del este y algunos del sur, como la Liga Norte italiana) y de izquierda (en particular Podemos y Syriza, pero incluyendo también, entre otros, La Izquierda en Alemania y el Frente de Izquierda de Francia, fuera de una serie de partidos de Europa oriental provenientes de los viejos partidos comunistas). Se trata, sin embargo, de una clasificación altamente discutible, ya que en muchos aspectos oscurece más que aclara las similitudes y diferencias existentes dentro del campo populista. Mucho más relevantes son otras líneas divisorias, como las que separan a «modernistas» y «tradicionalistas» en sentido valórico o a aquellos que proponen una expansión de las funciones y regulaciones estatales respecto de quienes propugnan un Estado limitado y mayor libertad de acción para la esfera privada.

Esta última divisoria ha cobrado gran relevancia debido a la evolución de diversos partidos populistas «de derecha» hacia el estatismo, en particular en lo referente al Estado de bienestar, cuya defensa y expansión en muchos casos se ha transformado en un eje clave del discurso populista. Esta orientación asume la forma de lo que ya desde los años noventa se ha denominado *welfare chauvinism* (chovinismo del Estado de bienestar),[32] es decir, una perspectiva que busca circunscribir los beneficios del Estado de bienestar a los autóctonos y describe a los inmigrantes como elementos predominantemente parasitarios que lo amenazan. De allí derivan diversas propuestas de exclusión de los inmigrantes del sistema de bienestar social, como la moratoria de derechos sociales propugnada por el UKIP hasta que el inmigrante haya cumplido cinco años pagando impuestos y cotizando a la Seguridad Social.[33]

Hay casos, como el Frente Nacional bajo el liderazgo de Marine Le Pen, que propugnan una política estatista generalizada, que va desde las medidas proteccionistas y el accionar del Estado como agente clave de sus propuestas de reindustrialización (bajo la figura del «Estado-estratega») a la ampliación de los derechos y servicios sociales para los ciudadanos franceses en desmedro de otros residentes (la así llamada «prioridad nacional») y las alzas del salario mínimo y las pensiones.[34] Esta izquierdización del FN llevó en su momento a Nigel Farage, el conocido líder del UKIP, a calificarlo como un partido de *hard left*,[35] izquierda dura o extrema, y a que otros hayan planteado que los programas del Frente Nacional y del Frente de Izquierda son, en gran medida, intercambiables.[36]

Tomando en cuenta estas consideraciones es interesante recoger la clasificación en populismo de derecha e izquierda usada por Inglehart y Norris en el ensayo ya citado. Para hacerla se basan en los resultados del *Chapel Hill Expert Survey 2014*,[37] usando un eje económico que va de un polo de izquierda definido por propuestas pro-intervención estatal (*state management*), redistribución económica, Estado de bienestar y el colectivismo, a un polo de derecha, que propugna un Estado limitado, mercados libres, desregulación, impuestos bajos y el individualismo. A partir de ello, los partidos populistas se agrupan de una manera altamente *sui generis* pero sin duda relevante. Así, en el polo de izquierda se ubican, entre otros, Podemos, Syriza, el Frente Nacional francés, el Partido Popular Danés y los Verdaderos Finlandeses; en el de derecha el Partido de la Libertad de Austria, Alternativa para Alemania, el Partido por la Libertad de Holanda, el Partido del Progreso de Noruega, el Partido Popular Suizo y el UKIP. Interesante es notar que el Movimiento 5 Estrellas aparece como inclasificable.

Democracia directa y autoritarismo

Entre los rasgos distintivos de todo populismo está su demanda de darle voz directamente al pueblo. Por ello es que en sus programas se acumulan las propuestas plebiscitarias y una retórica sobre la restitución del poder a «los de abajo». La democracia, en su forma de democracia representativa o «partidocracia», como se la denomina peyorativamente, habría sido secuestrada por la elite, casta, clase política u oligarquía. Especialmente entre los partidos populistas de izquierda se pone el acento en lo que llaman «democracia real»,[38] es decir, directamente ejercida por los movimientos sociales de base de los cuales esos partidos dicen ser parte integrante y expresión de sus demandas. Esto se manifiesta incluso en una pretensión de no ser políticos, sino «gente normal», como bien lo expresó el líder de Podemos, Pablo Iglesias, al decir recientemente: «No somos políticos, sino gente haciendo política».[39]

En este contexto es interesante el caso de Syriza, que articuló, en torno a la dicotomía pueblo-oligarquía, una potente retórica populista como medio de llegar al poder en 2015.[40] Un componente central de esa retórica era «transformar el sistema político a fin de profundizar la democracia [...] empoderando e introduciendo nuevas instituciones de la democracia directa», como lo establece el *Programa de Salónica* aprobado por el partido en septiembre de 2014.[41] Este tipo de planteamientos no es sólo un artificio retórico, sino que, en caso de llegar al poder y contar con las condiciones propicias para ello, se transforma en el ariete fundamental con el que se debilitan los mecanismos democráticos representativos, creando una institucionalidad paralela o «una red de contrapoderes», como lo expresa Pablo Iglesias, controlada por los líderes populistas. El caso de Venezuela es muy ilustrativo en este sentido. En el caso de Syriza las condiciones han sido muy distintas, dando paso a todo un debate sobre la «traición» del partido de Alexis Tsipras a su ideario original.

Desde el punto de vista interno los partidos populistas tienden a caracterizarse por formas organizacionales extremadamente centralizadas y verticalistas, con una gran concentración del poder, formal e informal, en la figura de su líder máximo. En esta perspectiva, es interesante analizar un poco más de cerca la experiencia de dos partidos que han hecho del asambleísmo y democratismo interno una parte esencial de su retórica y de su crítica a la «partidocracia» y la «casta política» dominantes. Me refiero a Podemos y al Movimiento 5 Estrellas.

En el caso de Podemos su discurso «abajista» (la política se hace «desde abajo», es decir, desde sus círculos de base y los movimientos sociales) y pro-democracia directa de tipo asambleario se ha visto absolutamente desmentido por un desarrollo que se ha caracterizado por una fuerte concentración del poder en el vértice y, en especial, en la figura de su líder y secretario general, Pablo Iglesias. Esta verticalidad ha ido acompañada por momentos puntuales plebiscitarios a fin de zanjar algunas de las fuertes disputas cupulares que han aquejado a la organización, lo que nada tiene que ver con una política hecha «desde abajo», sino con los conflictos internos de su casta dirigente.

Este centralismo personalista, tan propio de la praxis política populista, pero tan contradictorio con su retórica, ha sido justificado en este caso por la necesidad de enfrentar un calendario electoral extenuante y, para ello, transformar a Podemos en lo que se ha denominado una «máquina de guerra electoral».[42] Así se expresa quien fuera el número dos del partido hasta el congreso de febrero de 2017 (Vistalegre II), Íñigo Errejón, en su recuento del desarrollo organizacional de Podemos: «una situación excepcional requería instrumentos, poderes y orientaciones excepcionales. Por ello, construimos una organización fuertemente centralizada y con una enorme concentración en la figura del secretario general y, de forma derivada, en su gabinete». Por su parte, Iglesias reconoce el «excesivo poder» conferido «al equipo dirigente, que terminaría concentrándose especialmente en las secretarías general, política y de organización», las que por su tamaño y poder habrían terminado convirtiéndose «en aparatos con vida propia». Así, el partido que venía a cambiar la política verticalista de «la casta» terminó sometido a lo que el mismo Iglesias llama «tres macrosecretarías todopoderosas».[43]

En fin, en este caso no cabe sino decir «a confesión de parte, relevo de pruebas», pasando así a ocuparnos de la experiencia del Movimiento 5 Estrellas, que es aquel que más énfasis ha puesto en la ruptura con las formas organizativas tradicionales y la creación de una especie de antipartido, que se autodefine como una «no asociación» regida por un «no estatuto»[44] que supuestamente se hace y rehace constantemente desde abajo, mediante un asambleísmo virtual absolutamente inédito.

Los grandes interrogantes en este contexto se referían tanto a la cohesión interna como a las formas de toma de decisiones y de dirección de una entidad semejante, especialmente considerando los notables éxitos electorales que hicieron del movimiento el segundo partido más importante de Italia, confiriéndole un amplio radio de acción.[45]

Ahora bien, la prueba de la realidad ha sido dura en estas materias y la experiencia de movimiento no puede ser calificada sino como un verdadero fiasco. Las pugnas internas, las expulsiones y las intervenciones autoritarias de su líder, el comediante Beppe Grillo, han sido recurrentes. En sus primeros tres años de vida parlamentaria fueron expulsados o renunciaron 18 diputados de los 109 electos en 2013 y 19 senadores de los 54 electos ese mismo año. Estas disputas no han hecho sino intensificarse con el paso del tiempo, tal como lo muestran las recientes pugnas, que ya han llegado a los tribunales de justicia, en torno a las modificaciones que Grillo, transgrediendo las reglas de funcionamiento del movimiento, le ha impuesto al «no estatuto».[46]

Cesario Rodríguez-Aguilera, en un estudio donde se compara el Movimiento 5 Estrellas (M5S) con Podemos, resume de la siguiente manera la experiencia del movimiento al respecto: «La cuestión clave es que el funcionamiento real del M5S ha desmentido el mito de la "democracia digital" como la "verdadera" por su carácter directo [...]. En el M5S hay una contradicción insoluble entre la retórica de la democracia electrónica y la centralización de los procesos decisionales: Grillo se presenta como el campeón de la democracia directa, pero controla estrechamente las candidaturas, las reglas del juego y las propuestas. En consecuencia, la democracia de la red no es más que un "populismo digital centralizado".»[47]

Palabras finales sobre Europa y el populismo

Nuestro recorrido por el desarrollo y la variada morfología del populismo europeo nos pone frente a un fenómeno que, en su esencia, nada tiene de circunstancial ni de accidental. Por el contrario, su auge hunde sus raíces en la conjunción de una serie de procesos de largo aliento que han ido debilitando los fundamentos del edificio europeo-occidental de la posguerra. Se trata, principalmente, de un desarrollo económico insatisfactorio, una expansión desmedida del Estado y una difícil transición hacia la sociedad posindustrial, pero también de una creciente deslegitimación de las elites dirigentes y un vacío de representación política potenciado por un proceso de integración europea con un evidente déficit democrático y generador de fuertes tensiones intracomunitarias. Estos procesos de largo alcance se han conjugado con fenómenos más puntuales pero de gran significación, como la crisis económica iniciada en 2008, la introducción del euro, los agudos problemas de sustentabilidad de los Estados de bienestar, el gran flujo migratorio de los últimos años y la creciente amenaza islamista-terrorista.

Lo lamentable es que ninguno de los componentes básicos o estructurales del escenario europeo que ha posibilitado la irrupción de la marea populista se ha modificado. Más bien todo lo contrario, y esto no hace sino agudizarse a partir del ascenso populista y la tendencia de más y más partidos del viejo espectro político a asumir sus contenidos y formas discursivas en vez de enfrentar los problemas de fondo que les han abierto las puertas. Se trata de una verdadera tragedia que nada bueno augura para Europa.

El que una tragedia de rasgos similares se esté desarrollando al otro lado del Atlántico no hace sino conferirle una dimensión aún mayor. Es el Occidente como tal el que se debate en conmociones internas en las que mucho está en juego. Hace no mucho, Mario Vargas Llosa presentó, en una columna escrita a propósito del *brexit* y el triunfo de Trump titulada «La decadencia de Occidente»,[48] un diagnóstico severo acerca del difícil predicamento que aqueja a los países que olvidan que «tienen que renovarse y recrearse constantemente para no quedarse atrás» y que ello «requiere arriesgar y reinventarse sin tregua, trabajar mucho, impregnarse de buena educación, y no mirar atrás ni dejarse ganar por la nostalgia retrospectiva». El castigo para quienes lo olvidan es la decadencia, «esa muerte lenta en la que se hunden los países que pierden la fe en sí mismos, renuncian a la racionalidad y empiezan a creer en brujerías, como la más cruel y estúpida de todas, el nacionalismo».

Es de esperar que estas sabias advertencias no corran la suerte de las de Casandra y que la decadencia de Occidente quede pospuesta hasta nuevo aviso. Para ello se requiere el coraje de cambiar y la fuerza innovadora de la libertad, pero también un esfuerzo de comprensión y solidaridad para con quienes experimentan el cambio como una amenaza. Sin ello, la célebre destrucción creativa de Schumpeter puede hacerse insufrible para muchos que buscarán en caudillos y redentores aquel orden y seguridad que el torbellino transformador de la libertad no parece ofrecerles.

Notas

Capítulo 6

1. Brizola volvería a Brasil en 1979 en el contexto de amnistía política para organizar el PDT, o Partido Democrático Laborista. La sigla PTB le fue negada, quedando bajo el mando de la sobrina nieta de Getúlio Vargas, Ivete Vargas.

2. En los primeros años de establecimiento del PT, las organizaciones marxistas más relevantes eran El Trabajo, brazo brasileño de la Organización Socialista Internacionalista (OSI); la Convergencia Socialista, también de orientación trotskista; y un conjunto de organizaciones (aquí recurro a la síntesis realizada por la investigadora Racheal Meneguelo): el MEP (Movimiento de Emancipación del Proletariado), grupo volcado en la lucha armada originado de las divisiones del PCB en la década de 1970; Ala Vermelha, disidente del PC de B; miembros de la AP (Acción Popular), de la PALOP (Política Obrera) y del PRC (Partido Revolucionario Comunista), disidente del PC de B, y la Democracia Socialista, vinculada originalmente al Secretariado Unificado de la Cuarta Internacional. Ninguna de ellas alcanzó relevancia en la estructura política del partido ni estuvo cerca de lograr el control de su conducción nacional, que permanece, desde el comienzo hasta hoy, bajo el control del grupo mayoritario ligado a los antiguos sindicalistas del ABC paulista y a Lula.

3. Denominación informal que se aplica en Brasil a líderes sindicales cooptados por los patrones o por el gobierno y que traicionan la confianza de los trabajadores.

4. De acuerdo con datos del Banco Central, la tasa de endeudamiento familiar en Brasil varía del 18.4 al 46.3 por ciento entre 2005 y 2015.

5. *Lula, el hijo de Brasil* sería el título de la película autobiográfica sobre Lula, dirigida por Fábio Barreto, estrenada en el 2009.

Capítulo 7

1. Partidarios de Acción Democrática, principal partido político durante el siglo XX venezolano.

2. Bravo prescribía, en contra de lo postulado por el Che Guevara, que la vía a la revolución en América Latina pasaba por la infiltración de las fuerzas armadas, y no por la constitución de focos guerrilleros.

3. Es de hacer notar en este sentido que, en el propio acto de su primera juramentación, Chávez, explícitamente, no se sometió a la Constitución y leyes vigentes, cual correspondía. En cambio dijo: «Juro ante Dios, ante la patria y ante mi pueblo, sobre esta moribunda Constitución, que haré cumplir e impulsaré las transformaciones democráticas necesarias para que la república nueva tenga una carta magna adecuada a los tiempos».

4. Emblemática en este sentido resultó la imposición del epíteto «bolivariana» a la república, inicialmente descartado por los miembros de la Asamblea Constituyente.

5. La politización del poder judicial comenzó con la designación en diciembre de 1999 de simpatizantes de Chávez y amigos de Luis Miquilena —mentor del teniente coronel en su vía electoral hacia el poder— como primeros magistrados del Tribunal Supremo. Este proceso se consolidó en 2004 con la aprobación inconstitucional de la ley orgánica de esa instancia judicial y la designación de simpatizantes y políticos oficialistas como nuevos magistrados. La politización culminó en los meses dc diciembre de 2014 y de 2015 con la escandalosa designación de políticos oficialistas en cargos de magistrados del supremo tribunal. Entre 2004 y 2013, en más de 45.000 sentencias examinadas, nunca dictó esta instancia una sola en contra del régimen y sus poderes públicos aliados. Además, entre 2014 y 2017, ha encarcelado a alcaldes, legitimado graves violaciones a derechos humanos, apoyado la política de abolición de la propiedad privada y de la libertad de expresión e información, y dictado hasta 58 decisiones políticas, que no sentencias, en contra de la asamblea nacional

elegida en diciembre de 2015 y en contra, por lo tanto, de la soberanía popular, de la democracia y del Estado de derecho.

6. Claramente el ministro de la Defensa venezolano indicó entonces que el régimen no consideraba terroristas a las FARC.

7. El primero era para entonces ministro de la Defensa, futuro vicepresidente. El segundo, que incluso llegó a afirmar que tenía pruebas de que Montesinos estaba muerto, era —y continúa siendo— diputado chavista y llegaría a dirigir la fracción parlamentaria del Partido Socialista Unido de Venezuela.

8. En el volumen 26, número 4, de noviembre de 2011, la revista Statistical Science, la más prestigiosa en materia de análisis estadístico a nivel mundial, se dedicó exclusivamente a estudiar el referéndum de 2014. Fueron publicados siete estudios. En cinco de ellos se determinó que los resultados publicados por el Consejo Nacional Electoral, dominado por el chavismo, son prácticamente imposibles. Concretamente, Delfino y Salas demuestran que, en 2040 centros auditables, la posibilidad de que ocurriese el resultado publicado es de 2,6 x 10-54, a efectos prácticos, cero. Igualmente el también muy prestigioso International Statistical Review de diciembre de 2006 publicó un estudio que llega a las mismas conclusiones.

9. Hasta entonces Chávez se había valido de un partido propio como el MVR (Movimiento Quinta República, heredero político del clandestino MBR-200) y de una coalición de pequeños y variopintos partidos para avanzar electoralmente.

10. Cuando Chávez ganó las elecciones de 1998 el barril de petróleo se cotizaba a 8 dólares. En diciembre de 2003 estaba alrededor de los 30 dólares. Cuando tuvo lugar el referéndum de 2004 alcanzó los 50 dólares. Entre 2008 y 2009 llegó a un tope de 150 dólares para posteriormente estabilizarse alrededor de los 100 dólares hasta 2012.

11. La participación dentro del Foro de São Paulo fue notable. Los petrodólares venezolanos fluyeron hacia las campañas y gobiernos de personajes como Fidel Castro, Lula, Evo Morales, Rafael Correa, Cristina Kirchner y Daniel Ortega. Para fortalecer la cooperación entre estos gobiernos y debilitar la presión de la OEA, fueron creadas, con gran impulso chavista, la Alianza Bolivariana para las Américas (ALBA) y la Comunidad de Estados Latinoamericanos y Caribeños (CELAC).

12. Aunque resulta imposible dar una cifra precisa, hay a la fecha varios centenares de generales activos. Tampoco resulta posible precisar las competen-

cias específicas de estos oficiales. Para darnos un orden de magnitud, la cifra de generales activos de los Estados Unidos no llega a sesenta.

13. Lo anterior se da a plena luz del día, sin rubor alguno y en cuestiones delicadísimas. Resulta prominente en este sentido que la costosa defensa de los sobrinos de la esposa de Maduro acusados de narcotráfico, llevada a cabo en Nueva York, fuese financiada por un pseudoempresario chavista.

14. La oposición venezolana logró entonces, por primera vez, hacer una prueba de las máquinas utilizadas para votar. Se demostró que guardaban la secuencia de los votantes, contrariamente a lo indicado tanto por Smartmatic, el fabricante, como por el Consejo Nacional Electoral. Ello ponía en riesgo el secreto del acto comicial, ya que la secuencia de los votos podía ser cotejada con la de los votantes, registrada en la máquina captahuellas, paso previo a la emisión del sufragio. Se creó una presión popular brutal para introducir las imprescindibles correcciones. El régimen se negó. Ello ocasionó una abstención del 83 por ciento.

15. Giordani, ministro de Planificación durante largos años, expresó en una suerte de carta-confesión que los comicios de 2012 y 2013 fueron desafíos para «consolidar el poder político», los cuales fueron enfrentados «con un esfuerzo económico y financiero que llevó el acceso y uso de los recursos a niveles extremos».

16. La MUD se halla en posesión de todas las actas de votación, las cuales fueron escaneadas y transcritas por Súmate (www.sumate.org) para el análisis realizado por Humberto Villalobos, del grupo Esdata (www.esdata.info). En las 37.537 actas transmitidas hasta las 20:15 —92 por ciento del total— consta la hora de transmisión al Consejo Nacional Electoral. Las 23.513 actas transmitidas hasta las 19:00 —8.750.577 votos representativos del 63 por ciento de las actas evaluadas— presentaban una ventaja del 1.3 por ciento —115.701 votos— a favor del candidato opositor. A partir de esa hora la tendencia se invierte. Desde las 19:00 y hasta las 20:15 se transmiten 14.024 actas con 5.606.046 votos y en las ellas «gana» Maduro con el 5.8 por ciento de ventaja —328.348 votos— a su favor. Termina «ganando» por 223.599 votos. En ninguno de los dos lotes se determinó correlación alguna con estratos sociales o ubicación geográfica. La veracidad de estos resultados es, en términos estadísticos, muy poco probable. Además, fue notoria la insistencia e intimidación ejercidas para que muchos centros de votación permanecieran abiertos después de la hora de cierre a pesar de no tener electores en cola —debían cerrar a las 18:00 si no había electores—. Cabe también señalar que Maduro prometió a los presidentes

agrupados en UNASUR el conteo de la totalidad de las papeletas introducidas en las urnas, lo cual nunca se dio. Por último, debemos indicar que el candidato opositor, así como la MUD, por razones estratégicas, ejercieron por separado los recursos contencioso-electorales a que había lugar ante el Tribunal Supremo de Justicia, el cual los declaró inadmisibles: no se abrió procedimiento alguno y no fueron sustanciadas las pruebas del fraude.

17. Agredida por la espalda, sufrí cinco fracturas en la nariz durante una sesión de la Asamblea Nacional en la que se pretendía negar el derecho de palabra a los diputados que no reconocíamos a Maduro como presidente.

18. Insisto: cuando Chávez recibe el poder lo hace con el barril de petróleo a 8 dólares y Venezuela funcionaba mucho mejor que hoy, fecha en la que el barril ronda los 50 dólares. Sólo el dispendio y la corrupción sin límites pueden explicar nuestra actual situación. Diversos economistas han señalado que todo el entramado populista, clientelar y mafioso no puede funcionar sin un barril que ronde al menos los 100 dólares.

19. Decenas de miles de personas cruzan a Boa Vista (Brasil) o a Cúcuta (Colombia), generando un problema social enorme. Muchos arriesgan sus vidas hacia islas del Caribe en pequeñas embarcaciones. Estas ondas expansivas de nuestra crisis hacia la región se acentuarán de no darse prontos cambios en Venezuela. Se teme incluso la propagación de epidemias.

Capítulo 9

1. Fabián Alarcón, Rosalía Arteaga, Fabián Alarcón.

2. Constituciones del Ecuador desde 1830 hasta 2008. Ministerio de Relaciones Exteriores del Ecuador. Accesado el 15 de enero de 2017. Disponible en: http://www.cancilleria.gob.ec/constituciones-del-ecuador-desde-1830-hasta-2008/. Luis Fernando Torres, en su libro *Presidencialismo constituyente: La ruta del autoritarismo en el Ecuador,* Editorial Jurídica Cevallos, Quito (Ecuador), 2009, argumenta que la Constitución de 1998 en realidad es la de 1978 reformada. Cronología de presidentes del Ecuador: https://es.wikipedia.org/wiki/Anexo:Presidentes_de_Ecuador.

3. Antonio Rodríguez Vícens, «Mentes lúcidas, corazones ardientes...», El Comercio (Ecuador), 2 de octubre de 2012. Disponible en: http://www.el-comercio.com/opinion/mentes-lucidas-corazones-ardientes.html.

4. Platón, *Las leyes*, Libro Tercero, sección 690b. Edición utilizada disponible en: https://www.amazon.com/Las-Leyes-Spanish-Platón-ebook/dp/B00QVUK7N8/ref=sr_1_1?ie=UTF8&qid=1487004605&sr=81&keywords=platon+las+leyes.

5. William Easterly, *The Tyranny of Experts: The Forgotten Rights of the Poor*, Basic Books, 2013.

6. «Más de 63.000 niños recibirán atención», El Universo (Ecuador), 14 de febrero de 2011. Disponible en: http://www.eluniverso.com/2011/02/14/1/1445/mas-63-mil-ninos-recibiran-atencion.html.

7. Pedro X. Valverde, «¿Adoctrinamiento escolar?», El Universo (Ecuador), 8 de abril de 2011. Disponible en: http://www.eluniverso.com/2011/04/08/1/1363/adoctrinamiento-escolar.html.

8. «Freddy Ehlers: 'Es poco el tiempo que somos felices'», *El Universo* (Ecuador), 31 de agosto de 2014.

9. René Ramírez, *La vida (buena) como riqueza de los pueblos*, Instituto de Altos Estudios Nacionales, 2012.

10. Karl R. Popper, *Open Society and Its Enemies*, Routledge Classics, 2011, p. 146. [Traducción al español de la autora.]

11. Alfredo Bullard, «Naturalmente corruptos», *El Comercio* (Perú), 22 de octubre de 2016. Disponible en: http://www.elcato.org/naturalmente-corruptos.

12. Gabriela Calderón de Burgos, «Abuso de poder: el récord constitucional de Rafael Correa», *El Universo* (Ecuador), 21 de junio de 2007. Disponible en: http://www.elcato.org/abuso-de-poder-el-record-constitucional-de-rafael-correa.

13. «Revelaciones de F. Correa reviven pagos a "diputados de los manteles"», *El Universo* (Ecuador), 22 de junio de 2009. Disponible en: http://www.eluniverso.com/noticias/2014/06/11/nota/602097/revelaciones-f-correa-reviven-pagos-diputados-manteles.

14. Leonor Nicanor Duarte, «Cómo Correa destruyó al Congreso», *ABC Color* (Paraguay), 12 de julio de 2011. Disponible en: http://www.abc.com.py/edicion-impresa/internacionales/como-correa-destruyo-al-congreso-282439.html.

15. Conversación telefónica con el doctor Roberto López el 25 de enero de 2017.

16. https://www.youtube.com/watch?v=SUEbLH8v03k

17. Carlos Rojas y Santiago Zeas, «María Paula Romo: Las buenas ideas de la Constitución están al borde del desprestigio», *El Comercio* (Ecuador), 12 de agosto de 2012.

18. En varios de los casos pendientes en la fiscalía estaban involucrados funcionarios del gobierno (el caso Invermun en el que está implicado el secretario de Administración Pública Vinicio Alvarado; el caso de irregularidades en la compra de ambulancias por parte de la entonces ministra de Salud Caroline Chang; el caso de los helicópteros dhruv que implica al ministro de Defensa, Javier Ponce; entre otros). En un caso incluso estaba involucrado el fiscal Galo Chiriboga, quien es otro amigo del presidente. Hasta hace poco también fue su abogado y hasta justo antes de convertirse en fiscal, embajador en España del gobierno de Correa. http://www.elcato.org/ecuador-instituciones-capturadas.

19. Actual director del Consejo Nacional Electoral, era quien archivaba pedidos de juicio en fiscalía para casos que involucraban a funcionarios del gobierno. http://www.planv.com.ec/investigacion/investigacion/juan-pablo-pozo-el-hombre-que-archivaba-expedientes. También eran cercanos al gobierno sus antecesores Domingo Pareces y Omar Simón. http://www.elcomercio. com/actualidad/domingoparedes-alianzapais-cne-oficialismo-afiliacion.html.

20. http://www.eluniverso.com/noticias/2014/11/09/nota/4199236/ cc-ha-sido-pieza-clave-ruta-gobierno

21. Régimen de transición de la Constitución de Montecristi: http:// pdba.georgetown.edu/Constitutions/Ecuador/ecuador08.html#mozTocI d861685.

22. Luis Fernando Torres, *Presidencialismo constituyente*, Cevallos Editorial Jurídica, Quito (Ecuador), 2009, pp. 251-252.

23. Sentencia Interpretativa de la Corte Constitucional del Ecuador, 2 de diciembre de 2008. Registro Oficial n.° 479.

24. Jorge Alvear, «Aplicación directa de la Constitución», *El Universo* (Ecuador), 20 de noviembre de 2008. Disponible en: http://www.eluniverso. com/2008/11/20/0001/21/printB50FEB7B20CE4294B27C358BA21325E. html.

25. «El ex CSJ plantea sus reglas para reasumir», El Universo (Ecuador), 8 de noviembre de 2008. Disponible en: http://www.eluniverso.com/2008/11/ 08/0001/8/print8B021837BA0F4728BF31DA1FE8EFC2ED.html.

26. Comentario enviado por correo electrónico por el doctor Alvear el 13 de febrero de 2017. Alvear se refiere a los artículos 25 y 26 del Régimen de

Transición de la Constitución de Montecristi (2008), disponible en: http://pdba.georgetown.edu/Constitutions/Ecuador/ecuador08.html#mozToc Id603047.

27. Estefanía Montalvo, «La política marcó la hoja de ruta del Consejo», *El Comercio* (Ecuador), 14 de marzo de 2010. Disponible en: http://www.elcomercio.com/actualidad/politica-marco-hoja-ruta-del.html. «Integrantes del CPCCS reconocen haber sido militantes de AP y laborar con el ejecutivo», *El Universo* (Ecuador), 23 de julio de 2015. Disponible en: http://www.eluniverso.com/noticias/2015/07/23/nota/5034304/integrantes-cpccs-reconocen-haber-sido-militantes-ap-laborar.

28. Gabriela Calderón de Burgos, «Instituciones de bolsillo», *El Comercio* (Ecuador), 26 de septiembre de 2008. Disponible en: http://www.elcato.org/ecuador-instituciones-de-bolsillo.

29. «Teleamazonas fuera del aire», *El Universo* (Ecuador), 22 de diciembre de 2009. Disponible en: http://www.eluniverso.com/2009/12/22/1/1355/teleamazonas-fuera-aire.html.

30. «Gama TV: 8 años en manos del Estado, $4 millones en pérdidas», *Fundamedios,* 10 de octubre de 2016. Revista Plan V (Ecuador). Disponible en: http://www.planv.com.ec/investigacion/investigacion/gamatv-8-anos-manos-del-estado-usd-4-millones-perdidas.

31. «Ecuador alista respuesta al fallo del Comité de la ONU sobre caso Isaías», *El Universo* (Ecuador), 28 de diciembre de 2016. Disponible en: http://www.eluniverso.com/noticias/2016/06/15/nota/5636745/pais-alista-respuestafallo-comite-onu.

32. «Demandas por $500 millones suma Correa,» *El Universo* (Ecuador), 31 de marzo de 2011. Disponible en: http://www.eluniverso.com/2011/03/31/1/1355/demandas-500-millones-suma-correa.html.

33. http://www.fundamedios.org/tag/caso-gran-hermano/

34. «Parte del diálogo entre Encalada y Paredes, según documento entregado a la Fiscalía», *El Comercio* (Ecuador), 20 de abril de 2012. Disponible en: http://www.elcomercio.com/actualidad/politica/parte-del-dialogo-encalada-y.html.

35. «Juan Paredes se titularizó como juez penal», *El Comercio* (Ecuador), 27 de julio de 2012. Disponible en: http://www.elcomercio.com/actualidad/seguridad/juan-paredes-se-titularizo-juez.html.

36. Ley Orgánica de Comunicación, 25 de junio de 2013. Disponible

en: http://www.asambleanacional.gob.ec/es/system/files/ley_organica_comunicacion.pdf.

37. «Libertad de expresión y medios», de Francisco Barbosa, en *El delito de expresarse. Nueve lecturas críticas sobre la ley de comunicación*, Fundamedios y Colegio de Abogados de Pichincha (Ecuador), 2016, pp. 13-15.

38. «Lo que ha significado la LOC para el oficio periodístico», de César Ricaurte, en El delito de expresarse. Nueve lecturas críticas sobre la ley de comunicación, Fundamedios y Colegio de Abogados de Pichincha, 2016, p. 218.

39. Leonardo Vicuña Izquierdo, *La planificación en el Ecuador*, Banco Central del Ecuador, 1987.

40. Wilson Pérez, «Navidad todos los días», *Revista Koyuntura*, Instituto de Economía de la Universidad San Francisco de Quito.

41. Pedro Romero y Fabián Chang, «Hacia una política fiscal sostenible: Un análisis de las instituciones presupuestarias en el Ecuador 1830-2002», ESPOL, 2003. Disponible en: http://www.dspace.espol.edu.ec/bitstream/123456789/3528/1/6055.pdf.

42. *Ibid.*

43. IMF World Outlook Database, actualizada hasta octubre de 2016.

44. Propaganda de la Secretaría de Comunicación de la Presidencia titulada «El milagro ecuatoriano», 29 de mayo de 2014. Disponible en: https://www.youtube.com/watch?v=8pjiAs38UDs.

45. Fander Falconí, «Ecuador Begins to Roar», *The Guardian* (Reino Unido), 7 de abril de 2013. Disponible en: https://www.theguardian.com/commentisfree/2013/apr/07/ecuador-begins-to-roar.

46. Propaganda de la Secretaría de Comunicación de la Presidencia titulada «El sueño ecuatoriano», 15 de noviembre de 2012. Disponible en: https://www.youtube.com/watch?v=whxwMSa6Uwc.

47. «Distinguished Economist, Ha Joon Chang, sees Social Investment in Ecuador as positive», *El Ciudadano* (Ecuador), 16 de febrero de 2016, Disponible en: http://www.elciudadano.gob.ec/en/distinguished-economist-ha-joon-chang-sees-social-investment-in-ecuador-as-positive/. William K. Black, «Correa's and Ecuador's Success Drives The Economist Nuts», *New Economic Perspectives*, 13 de febrero de 2013. Disponible en: http://neweconomicperspectives.org/2013/02/correas-and-ecuadors-success-drive-the-economist-nuts.html. «Like the "Asian Tigers", Ecuador is the "Jaguar of Latin America"», *An-*

des (Ecuador), 4 de marzo de 2013. Disponible en: http://www.andes.info.ec/en/english/«asian-tigers»-ecuador-«jaguar-latin-america».html.

48. Gabriela Calderón de Burgos, «Dolarización y libertad: el caso ecuatoriano», ElCato.org, 9 de septiembre de 2015. Disponible en: https://www.elcato.org/dolarizacion-y-libertad-el-caso-ecuatoriano.

49. Pablo Arosemena y Pablo Lucio Paredes, *La culpa es de las vacas flacas,* 2016. Disponible en: https://www.amazon.com/culpa-las-vacas-flacas-comercio-ebook/dp/B01IB302LY/ref=sr_1_1?ie=UTF8&qid=1490885808&sr=8-1&keywords=la+culpa+es+de+las+vacas+flacas.

50. Cálculos entre 1972 y 1983 realizados por la autora y cálculos entre 1983 y 2014 realizados por Manuel González-Astudillo. Fuentes de información: Banco Central del Ecuador; Alberto Acosta, Magdalena Aguilar, Carlos Quevedo, Walter Spurrier B., y Cornelio Marchán, *Ecuador: Petróleo y crisis económica,* ILDIS, 1986.

51. Base de datos del Banco Mundial. Crecimiento económico anual. Datos obtenidos el 12 de enero de 2017.

52. IMF World Outlook Database, actualizada hasta octubre de 2016.

53. Pablo Arosemena y Pablo Lucio Paredes, *La culpa es de las vacas flacas,* 2016.

54. Sistema de Indicadores Sociales del Ecuador. Accesado el 25 de marzo de 2017. Indicador de Pobreza a nivel nacional por ingresos desde el 2000 hasta 2015. Disponible en: http://www.siise.gob.ec/siiseweb/

55. Deuda pública del sector público del Ecuador. 31 de enero de 2017. Disponible en: http://www.finanzas.gob.ec/wp-content/uploads/downloads/2017/02/DEUDA-SECTOR-PÜBLICO-DEL-ECUADOR_enero2017-2.pdf. El cálculo como porcentaje del PIB parece estar subvalorado en torno a un supuesto demasiado optimista de crecimiento del PIB (4.5 por ciento).

56. Cifras de deuda obtenidas del informe del Ministerio de Finanzas del Ecuador del 30 de noviembre de 2016. Disponible en: http://www.finanzas.gob.ec/wp-content/uploads/downloads/2016/12/DEUDA SECTOR-PUBLICO-DEL-ECUADOR_noviembre2016.pdf.

57. Pablo Arosemena y Pablo Lucio Paredes, *La culpa es de las vacas flacas,* 2016, p. 692 del e-book, Tabla n.º 3: Servicio de la deuda y gasto social.

58. Estadísticas de ejecución del presupuesto del Ministerio de Finanzas del Ecuador, cifras para el Presupuesto General del Estado (devengado), para el

año 2006 y 2016. Disponible en: http://www.finanzas.gob.ec/ejecucion-presu-puestaria/.

59. Cálculos de la autora en base a información del Ministerio de Finanzas para la Ejecución del Presupuesto General del Estado por «Grupos» a diciembre de 2016. Cifras de ejecución para el presupuesto «devengado». Información descargada el 23 de febrero de 2017. Disponible en: http://www.finanzas.gob.ec/ejecucion-presupuestaria/.

60. Estadísticas económicas del Banco Central del Ecuador, sector fiscal. Cifra del PIB para calcular la relación porcentual tomada del informe de deuda pública del Ministerio de Finanzas de noviembre de 2016.

61. Estadísticas económicas del Banco Central del Ecuador, sector fiscal. Cifra del PIB para años posteriores a 2011 tomadas del informe de deuda pública del Ministerio de Finanzas de noviembre de 2016. Aunque es cierto que la contabilidad del gasto del Sector Público No Financiero (SPNF) fue modificada en el año 2008 al incluir en el Presupuesto General del Estado (PGE) el gasto del Estado en subsidios a los combustibles, no es posible homologar los datos desde el 2000 hasta el 2016 por falta de información para todo el período en cuestión. Con la información que encontré en el Banco Central del Ecuador pude realizar el ajuste solamente para el período 2004-2007, sumándole al gasto del SPNF el costo del subsidio a los combustibles, y con este ajuste es posible comparar «manzanas con manzanas» para los períodos 2004-2006 y 2007-2009, y vemos que el gasto público (del SPNF) pasó de un promedio pre-Revolución Ciudadana del 22.6 por ciento a un promedio del 32.3 por ciento. Otra forma de realizar el ajuste es restándole el gasto en subsidios post-2008, y así lo hizo en su blog Juan Pablo Jaramillo (http://ecuanomica.blogspot.com/2014/10/de-donde-vie-ne-y-hacia-donde-va-el.html#more), concluyendo que el incremento en el gasto público habría sido entre 2007 y 2008 de 7.5 puntos del PIB en un año en lugar de 10.6 puntos del PIB. Aún considerando este método de ajuste, se ve que hubo un punto de quiebre en las finanzas fiscales a partir del año 2008. Fuentes para gasto en subsidio a combustibles para años 2004-2007: Informe de Estadística Mensual n.° 1906 de diciembre de 2010 del Banco Central del Ecuador: https://contenido.bce.fin.ec/home1/estadisticas/bolmensual/IEMensual.jsp.

62. «Empleos públicos habrían aumentado 56 por ciento en 8 años», El Universo (Ecuador), 29 de diciembre de 2015. Disponible en: http://www.eluniverso.com/noticias/2015/12/29/nota/5319106/empleos-publicos-habria-naumentado-56-8-anos.

63. Gabriela Franco y Jack Zambrano, «Análisis de sostenibilidad de la política fiscal: Una perspectiva adaptada a la economía ecuatoriana», ESPOL, mayo de 2015. Disponible en: http://economiaenjeep.blogspot.com/2015/05/analisis-de-sostenbilidad-de-las.html.

64. Sebastián Edwards. *Left Behind: Latin America and the False Promise of Populism,* The University of Chicago Press, 2010, pp. 167-168.

65. El artículo 303 de la Constitución del Ecuador, 2008, dice «poder liberatorio», que es otra forma de decir «curso forzoso». Disponible en: http://pdba.georgetown.edu/Constitutions/Ecuador/ecuador08.html.

66. Edwards, p. 188.

67. «BCE reitera decisión de repatriación de fondos», *El Universo* (Ecuador), 1 de junio de 2009. Disponible en: http://www.eluniverso.com/2009/06/01/1/1356/3181C49DD188442F912DC103A808E47A.html.

68. «La banca debe traer del extranjero alrededor de $1.670 millones más», *El Universo* (Ecuador), 31 de julio de 2017. Disponible en: http://www.eluniverso.com/2012/07/31/1/1356/banca-debe-traer-extranjero-alrededor-1670-millones-mas.html.

69. Código Orgánico Monetario y Financiero, septiembre de 2014. Disponible en: http://www.politicaeconomica.gob.ec/wp-content/uploads/downloads/2015/04/CODIGO-ORGANICO-MONETARIO-Y-FINANCIERO.pdf.

70. Boletín Monetario Semanal del Banco Central del Ecuador (BCE), hoja IMS4 Sección III Gobierno Central. 27 de febrero de 2017. Disponible en: https://www.bce.fin.ec/index.php/component/k2/item/761. Cálculo como porcentaje del PIB realizado en torno a la proyección del PIB para 2017 del Ministerio de Finanzas del Ecuador, proyección que luce demasiado optimista (proyección disponible en: http://www.finanzas.gob.ec/wp-content/uploads/downloads/2017/02/DEUDA-SECTOR-PÜBLICO-DEL-ECUADOR_enero2017-2.pdf).

71. Freddy García Albán, «Estimación de un modelo VAR estructural para evaluar el efecto de la política fiscal en Ecuador», ESPOL, marzo de 2016. Disponible en: http://economiaenjeep.blogspot.com/2016/03/buenas-politicas-publicas-o-buena.html. En este estudio se descubre que un incremento de un dólar en los ingresos petroleros hoy podría aumentar hasta 0.20 dólares los ingresos tributarios dentro de un año, manteniendo todo lo demás constante.

72. Información Estadística Mensual n.° 1969 del Banco Central del Ecuador. Marzo de 2016. Inciso 2.1.

73. «Patricia Janiot entrevista al presidente de Ecuador, Rafael Correa», *CNN en español,* 13 de enero de 2017. Disponible en: http://cnnespanol.cnn.com/2017/01/13/patricia-janiot-entrevista-al-presidente-de-ecuador-rafaelcorrea/.

74. Banco Central del Ecuador, Boletín Monetario Semanal. Datos de inflación anual de la Base de Datos del Banco Mundial.

75. «Banco Central presta 550 millones al gobierno», *Vistazo* (Ecuador), 17 de enero de 2017. Disponible en: http://vistazo.com/seccion/pais-actualidadnacional/actualidad-nacional/banco-central-presta-550-millones-al-gobierno.

76. Gabriela Calderón de Burgos, «El cambio de la matriz productiva», El Universo (Ecuador), 5 de diciembre de 2014. Disponible en: https://www.elcato.org/ccuador-el-cambio-de-la-matriz-productiva.

77. Phrases.org: «White Elephant» y Oxford English Dictionary.

78. «Vuelos con cinco pasajeros en Tena; y en El Oro único destino es Quito», *El Universo* (Ecuador), 3 de junio de 2013. Disponible en: http://www.eluniverso.com/noticias/2013/06/03/nota/985386/vuelos-5-pasajerostena-oro-unico-destino-es-quito.

79. «Tame reconoce pérdidas de $58 millones en los últimos dos años», *El Universo* (Ecuador), 18 de febrero de 2016. Disponible en: http://www.eluniverso.com/noticias/2016/02/18/nota/5411901/tame-reconoce-perdidas-58-millones-ultimos-dos-anos.

80. «Aerolínea comercial suspende operaciones en aeropuerto con la tercera pista más grande del país», *Ecuavisa* (Ecuador), 25 de enero de 2016. Disponible en: http://www.ecuavisa.com/articulo/televistazo/noticias/126782-aerolinea-comercial-suspende-operaciones-aeropuerto-tercera.

81. «Vuelos con cinco pasajeros...»

82. «Tame deja de volar entre Latacunga y El Oro; Correa anuncia que la FAE usará el aeropuerto de Tena», El Comercio (Ecuador), 31 de enero de 2016. Disponible en: http://www.elcomercio.com/actualidad/tame-vuelos-tena-aeropuerto-suspension.html.

83. Traducción propia, fuente en inglés: Ludwig Von Mises, *Human Action: A Treatise on Economics,* vol. 3, Liberty Fund, 1996. Disponible en: http://oll.libertyfund.org/titles/1895#Mises_3843-03_187.

84. Fernando Villavicencia Valencia, «Los grandes contratos de la refinería Esmeraldas», *Plan V* (Ecuador), 27 de noviembre de 2015. Disponible en:

http://www.planv.com.ec/investigacion/investigacion/grandes-contratosla-refineria-esmeraldas.

85. «Un oleoducto que transporta agua para una refinería fantasma», *Focus Ecuador y Fundación Milhojas,* 10 de diciembre de 2016. Disponible en: https://focusecuador.com/un-oleoducto-que-transporta-agua-para-una-refinerporcientoC3por cientoADa-fantasma-6938a5509561#.mxjundi9c.

86. Fernando Villavicencia Valencia, «Monteverde, un ojo de la cara», *Plan V* (Ecuador), 27 de junio de 2014. Disponible en: http://www.planv.com.ec/investigacion/investigacion/monteverde-un-ojo-la-cara.

87. «Así se "mató" a Enfarma,» *Plan V* (Ecuador), 17 de octubre de 2016. Disponible en: http://www.planv.com.ec/investigacion/investigacion/asi-semato-enfarma. «Medicamentos: el contrato "confidencial" de $290 millones», *Plan V* (Ecuador), 18 de julio de 2016. Disponible en: http://www.planv.com.ec/investigacion/investigacion/medicamentos-el-contrato-confidencial-290-millones.

88. «Intermediación petrolera: corrupción e impunidad», *Focus Ecuador,* 12 de julio de 2016. Disponible en: https://focusecuador.com/intermediación-petrolera-corrupción-e-impunidad-47e1517d1757#.qbezs5hjp. Fernando Villavicencio Valencia, «Al descubierto red de corrupción petrolera con China», Publicado originalmente en *Focus Ecuador,* tomado de UbicaTV, 13 de diciembre de 2016. Disponible en: https://focusecuador.com/al-descubierto-red-decorrupción-petrolera-con-china-67a95d1e1fe3#.6x4eu71mw. «Gobierno tuvo tres años la información y recién ahora revela el tentáculo Calvopiña en la corrupción de Petroecuador». *Focus Ecuador,* 14 de diciembre de 2016. Disponible en: https://focusecuador.com/gobierno-tuvo-tres-años-la-información-yrecién-ahora-revela-el-tentáculo-calvopiña-en-la-corrupci-cb97ce-8fc54b#.a6szjcmlw.

89. Entidad privada patrocinada casi totalmente por el gobierno de la Revolución. http://exa.ec.

90. «Fue lanzado al espacio Pegaso, el primer satélite ecuatoriano», *El Universo* (Ecuador), 26 de abril de 2013. Disponible en: http://www.eluniverso.com/2013/04/26/1/1445/fue-lanzado-espacio-pegaso-primer-satelite-ecuatoriano.html. «Agencia Espacial da por perdido a satélite Pegaso», *El Universo* (Ecuador), 5 de septiembre de 2013. Disponible en: http://www.eluniverso.com/noticias/2013/09/05/nota/1395646/agencia-espacial-ecuador-da-perdido-satelite-pegaso.

91. «La polémica vida de Lenin Moreno en Ginebra», *Focus Ecuador,* 15 de julio de 2016. Disponible en: https://focusecuador.com/la-polémica-vida-de-lenin-moreno-en-ginebra-cda099ab652e#.14rqrsrar. «Denuncian supuesto derroche económico en proyecto del Circo Social, impulsado por exvicepresidente Lenin Moreno», *Ecuador Inmediato.* Disponible en: http://www.ecuadorinmediato.com/index.php?module=Noticias&func=news_user_view&id=2818805340.

92. *Sobre el poder: Historia natural de su crecimiento,* Unión Editorial, 1998, p. 297. También en: https://www.elcato.org/bibliotecadelalibertad/sobre-el-poder-html#lf08_div_021_23.

93. *Ibid.,* p. 309 y disponible en https://www.elcato.org/bibliotecadelalibertad/sobre-el-poder-html#lf08_div_021_23.

94. *Ibid.,* p. 310 y disponible en https://www.elcato.org/bibliotecadelalibertad/sobre-el-poder-html#lf08_div_021_89.

95. Luis Pásara, «Independencia judicial en la reforma de la justicia ecuatoriana», Fundación para el Debido Proceso; Centro de Estudios de Derecho, Justicia y Sociedad; Instituto de Defensa Legal. Disponible en: http://www.dplf.org/sites/default/files/indjud_ecuador_informe_esp.pdf, p. 94.

96. Luis Fernando Torres, *Presidencialismo constituyente: La ruta del autoritarismo ecuatoriano,* pp. 451-452.

97. «44 de 65 leyes, Ejecutivo marcó tarea legislativa en 4 años», *El Universo* (Ecuador), 10 de enero de 2011. Disponible en: http://www.eluniverso.com/2011/01/10/1/1355/44-65-leyes-ejecutivo-marco-tarea-legislativa-4-anos.html.

98. «Asamblea aprobó 17 leyes del oficialismo, nada de oposición», *El Universo* (Ecuador), 10 de mayo de 2015. De las 17 leyes aprobadas entre mediados de 2013 y mediados de 2015, 14 fueron presentadas por el ejecutivo y tres por asambleístas del partido oficialista, Alianza País. Disponible en: http://www.eluniverso.com/noticias/2015/05/10/nota/4853816/asamblea-aprobo-17-leyes-oficialismo-nada-oposicion.

99. «Fiscalización: sin fondo y sin forma», *Diario Expreso* (Ecuador), 9 de febrero de 2016. Disponible en: http://expreso.ec/actualidad/fiscalizacion-sin-fondo-y-sin-forma-KYGR_8874834.

100. Giovanni Sartori, *¿Qué es la democracia?,* Nueva Imagen, 2000, p. 51.

101. Bertrand De Jouvenel, *Sobre el poder,* Unión Editorial, 1998. Dis-

ponible en: https://www.elcato.org/bibliotecadelalibertad/sobre-el-poder html#lf08_div_023_32.

102. Juan Ramón Rallo, «Los límites y defectos de la democracia», *El Universo* (Ecuador), 30 de julio de 2015. Disponible en: https://www.elcato. org/los-limites-y-defectos-de-la-democracia. Juan Ramón Rallo, «Podemos y el fracaso de la democracia participativa», *Libre Mercado* (España), 26 de julio de 2015. Disponible en: http://juanramonrallo.com/2015/07/podemos-y-el-fracaso-de-la-democracia-participativa/.

103. Michael Weinstein, «Kenneth Arrow, Nobel-Winning Economist Whose Influence Spanned Decades, Dies At», *The New York Times* (EE. UU.), 21 de febrero de 2017. Disponible en: https://www.nytimes.com/2017/02/21/ business/economy/kenneth-arrow-dead-nobel-laureate-in-economics.html?_ r=0.

Capítulo 11

1. Lumpen-proletariat. Según Marx son los desempleados y delincuentes los que nunca alcanzarán «consciencia de clase».

2. Cacique indígena que se sublevó contra los españoles debido a que la nueva corona borbónica española le subió impuestos a los caciques peruanos. Es también símbolo de la rebeldía y la resistencia indígena de Perú y Bolivia. Fue el último en recibir el título de Apu Mallku antes de Morales.

3. Incarri: el mito de que un día retornará el Inca Atahuallpa a vengar las ofensas de los españoles. Es un mito recurrente. Es el Cristo resucitado; el milenarismo católico de los siglos xv y xvi, que era el retorno de Cristo, y también es el retorno de un califa con la sangre del profeta Mahoma que encarnó Abu Bakr al-Baghdadi del Estado Islámico.

4. Jérôme Baschet, *La civilización feudal. Europa del año mil a la colonización de América,* Fondo de Cultura Económica, México, 2009, p. 70.

5. Jacques Le Goff y Jean Claude Smith (eds.), *Diccionario razonado del occidente medieval,* Ediciones Akal, Madrid, 2003, p. 282.

6. http://www.ambito.com/482068-evo-morales-de-gira-por-espana-queremos-socios-no-patrones

7. Benjamin Moffit, *The global rise of populism. Performance, Political Style and Representation,* Stanford University Press, 2016.

8. EFE-Agencia, 23 de marzo de 2010, en Israel Mérida Martínez, *Agenda de un desastre*, Cochabamba, 2014, p. 71.

9. *Revista del Ministerio de Defensa*, 26 de julio del 2013. http://www.mindef.gob.bo/mindef/node/1012.

10. UNASUR: Unión de Naciones Suramericanas.

11. Petrobras: Petróleo Brasileiro, S. A.

12. John Crabtree, *From MNR to MAS: Populism, Parties, the State, and Social Movements in Bolivia since 1952*, capítulo 10 en Carlos de la Torre y Cynthia J. Arnson (eds), *Latin American Populism in the Twenty-First Century*, Johns Hopkins University Press, y editado por Woodrow Wilson Center Press, Washington D. C., 2013.

13. Daniele Benzi y otros, «La cooperación brasileña y venezolana en Bolivia y Ecuador en el marco del nuevo regionalismo Sudamericano: un análisis comparativo», *Revista Sul-americana de Ciencia Política*, v. 1, n.° 3, 22-42 (https://periodicos.ufpel.edu.br/ojs2/index.php/rsulacp/article/viewFile/3320/2755).

14. La Prensa, 19 de febrero, 2006, en Israel Mérida Martínez, *¿Y quieres volver? EVOlución de un gobierno*, Fundación Súmate Bolivia, Cochabamba, 2009, p. 20.

15. Juan Claudio Lechín, *Las máscaras del fascismo. Castro, Chávez y Morales (Mussolini, Hitler y Franco), un estudio comparativo*, impreso en Tarea Asociación Gráfica Educativa, Lima, 2011, p. 101.

16. MAS: Movimiento al Socialismo. Partido de Evo Morales.

17. Humillación de periodista Ramírez por Evo Morales. https://www.youtube.com/watch?v=j5zQvg3r01Y.

18. Sociedad Interamericana de Prensa, http://www1.sipiapa.org/asamblea/bolivia-40/.

19. Eju Tv. Entrevista a Juan Carlos Rocha. Radio Especiales. La Paz, miércoles 10 de diciembre de 2008. http://eju.tv/2008/12/radio-especial-evo-morales-en-incalificable-y-vergonzosa-humillacin-a-un-compatriota/.

20. *Página Siete*, 26 de junio de 2016. http://www.paginasiete.bo/gente/2016/6/27/prensa-boliviana-anos-bajo-acoso-permanente-100872.html.

21. Elcato.org, 13 de octubre del 2010, entrevista a Óscar Ortiz. https://www.elcato.org/bolivia-ley-mordaza.

22. Informe Mundial sobre drogas 2010. Resumen Ejecutivo. Naciones Unidas. Oficina contra la droga y el delito.

23. Insight Crime. http://es.insightcrime.org/investigaciones/bolivia-nuevo-epicentro-narcotrafico-suramerica.

24. Humberto Vacaflor, «La transnacional que maneja Bolivia», 2017. http://vacaflor.obolog.es/transnacional-maneja-bolivia-2451182.

25. *Pajpaku:* bolivianismo que significa «farsante y desordenado».

26. Lechín, *Las máscaras,* p. 32.

27. Filemón Escóbar, *Semblanzas,* Editorial Plural Editores, La Paz, 2014.

28. Partido Comunista de Bolivia (PCB).

29. *Los Tiempos,* 23 de julio de 2003. https://www.nadir.org/nadir/initiativ/agp/free/imf/bolivia/txt/2003/0723asesinatos.html.

30. *Correo del Sur,* 3 de agosto de 2016. http://correodelsur.com/politica/20160803_filemon-senala-a-evo-en-caso-de-esposos-andrade.html.

31. El triunfo de la voluntad, film de propaganda nacionalsocialista (1935).

32. *Erbol Digital.* http://www.erbol.com.bo/noticia/politica/24092014/filemon_mi_error_fue_entregar_el_mas_agentes_cubanos.

33. *La Red 21.* Uruguay. http://www.lr21.com.uy/mundo/310805-un-dirigente-de-las-farc-se-refugia-en-bolivia.

34. *El País,* Madrid, 17 de septiembre de 2008. http://elpais.com/diario/2008/11/21/internacional/1227222012_850215.html.

35. New York Times, 17 de septiembre de 2008. http://www.nytimes.com/2008/09/15/world/americas/15bolivia.html.

36. https://groups.google.com/forum/#!topic/soc.culture.argentina/KFm4OoMmHxo

37. William Herrera Añéz, *El proceso del Terror. La verdad se impondrá,* Editorial Kipus, Cochabamba, 2014.

38. *New York Times,* 27 de abril de 2009. http://www.nytimes.com/2009/04/28/world/americas/28bolivia.html.

39. *Index,* Budapest, 17 de abril de 2009. http://index.hu/kulfold/2009/04/17/eduardo_rozsa-flores_lehet_az_egyik_boliviai_aldozat/.

40. *El País,* Madrid, 11 de febrero de 2009. http://internacional.elpais.com/internacional/2009/02/12/actualidad/1234393201_850215.html.

41. *Clarín,* Buenos Aires, 31 de enero de 2009. http://edant.clarin.com/diario/2009/01/31/um/m-01850194.html.

42. https://www.youtube.com/watch?v=ANc_HBrmKZQ

43. *El País,* Madrid, 26 de agosto de 2016. http://internacional.elpais.com/internacional/2016/08/26/america/1472171180_706695.html.

44. *BBC,* 27 de agosto de 2016. http://www.bbc.com/mundo/noticias-37205575.

45. Enrique Fernández García, *Escritos anti-Morales. Reflexiones de un opositor liberal,* Ed. El País, Santa Cruz de la Sierra, 2009, p. 107.

46. Cas Mudde y Cristóbal K. Rovira (eds.), *Populism in Europe and the Americas. Threat or corrective for Democracy?,* Cambridge University Press, 2012.

47. Michael L. Conniff, *Populism in Latin America,* The University of Alabama Press, Tuscaloosa, 2012.

48. Óscar Ortiz Antelo (senador), *Informe de Fiscalización. Análisis de la Gestión. Unidad de Proyectos Especiales-UPRE. «Programa Bolivia Cambia (2011-2015)»,* primera edición, 2017, Santa Cruz.

49. Ortiz, *Informe.*

50. TIPNIS: Territorio Indígena y Parque Nacional Isiboro-Sécure.

51. Luis Yáñez Valdez, *Derechos humanos y proceso de cambio,* Ed. Gente de blanco, Santa Cruz, 2016, p. 103.

52. Jacques Le Goff y Jean Claude Smith (eds.), *Diccionario razonado del occidente medieval,* p. 282.

53. Universidad de La Habana, de Moscú, Simón Rodríguez, de Santo Domingo y otras.

54. Rodillazo de Morales en los testículos: https://www.youtube.com/watch?v=Oo6jWcbZf5I.

55. Juan Reinaldo Sánchez, *La vida oculta de Fidel Castro. El exguardaespaldas del líder cubano desvela sus secretos más íntimos,* Ed. Península, Planeta, Bogotá, 2014, p. 186.

56. Jérôme Baschet, *La civilización feudal. Europa del año mil a la colonización de América,* pp. 70-71.

57. *Ibid.,* p. 70.

Capítulo 13

* Agradezco la enorme colaboración de Jacinto Gorosabel en la elaboración de este trabajo.

1. C. Mudde y C. R. Kaltwasser, *Populism: A Very Short Introduction*, Oxford University Press, 2017.

2. R. Dornbusch y S. Edwards, «The macroeconomics of populism». In *The macroeconomics of populism in Latin America,* University of Chicago Press, 1991, pp. 7-13.

3. F. Freidenberg, «¿Qué es el populismo? Enfoques de estudio y una nueva propuesta de definición como un estilo de liderazgo», en E. Dubesset y L. Majlátová (coords.), *El populismo en Latinoamérica: teorías, historia y valores,* Presses Universitaires de Bordeaux, 2012, pp. 23-41.

4. I. Jaksic, *Andrés Bello: la pasión por el orden,* Editorial Universitaria, Santiago de Chile, 2001.

5. A. de Ramón, J. R. Couyoumdjian, y S. Vial, *Historia de América: la gestación del mundo hispanoamericano,* vol. 1, Editorial Andrés Bello, Santiago de Chile, 1992.

6. S. Collier, «Chile from Independence to the War of the Pacific», *The Cambridge History of Latin America,* 3, pp. 583-613, 1985.

7. F. Freidenberg, *La tentación populista: una vía al poder en América Latina,* Síntesis, Madrid, 2007, p. 99.

8. *Ibid.,* p. 100.

9. *Ibid.,* p. 101.

10. *Ibid.*

11. *Ibid.*

12. J. Fermandois, *Mundo y fin de mundo: Chile en la política mundial,* 1900-2004, vol. 54, Ediciones Universidad Católica de Chile, 2005, p. 257.

13. *Ibid.*

14. Consultado el 1 de marzo de 2017, en http://www.peronvenceal-tiempo.com.ar/peron/cartas-de-peron/535-carta-al-gral-ibanez-16-03-1953.

15. Consultado el 1 de marzo de 2017, en http://www.archivochile.com/S_Allende_UP/doc_de_UP/SAdocup0003.pdf.

16. *Ibid.*

17. *Ibid.*

18. *Ibid.*

19. *Ibid.*

20. *Ibid.*

21. *Ibid.*

22. *Ibid.*

23. *Ibid.*

24. P. Meller, *Un siglo de economía política chilena (1890-1990),* Editorial Andrés Bello, Santiago de Chile, 1996, p. 117.

25. *Ibid.*

26. *Ibid.*

27. C. Larroulet, *Reflexiones en torno al Estado empresario en Chile,* n.° 22, Centro de Estudios Públicos, 1984.

28. P. Meller, *op. cit.,* p. 117.

29. E. Boeninger, *Democracia en Chile: Lecciones para la gobernabilidad,* Editorial Andrés Bello, Santiago de Chile, 1997, p. 474.

30. Alejandro Foxley, ministro de Hacienda en el período 1990-1994.

31. *Ibid.*

32. Exposición sobre el Estado de la Hacienda Pública del ministro de Hacienda, Alejandro Foxley R., octubre de 1990, pág. 13.

33. C. Larroulet, *Chile camino al desarrollo: Avanzando en tiempos difíciles,* Aguilar, Santiago de Chile, 2013.

34. Programa de gobierno de la candidatura presidencial de Michelle Bachelet (2013).

35. S. Edwards, *Left behind: Latin America and the false promise of populism,* University of Chicago Press, Chicago, 2012.

36. «Bienestar subjetivo: el desafío de repensar el desarrollo», Informe sobre Desarrollo Humano en Chile, Programa de las Naciones Unidas, 2012.

37. Estudio n.° 154, 26 de diciembre de 2016. Plaza Pública, Cadem.

38. Subsecretaría del Ministerio de Telecomunicaciones.

39. Encuesta Nacional Bicentenario Universidad Católica – GFK Adimark, 2015.

40. M. Rojas, *La historia se escribe hacia adelante. 13 protagonistas de un gobierno,* Uqbar editores, Santiago de Chile, 2016.

41. Emol.com (25 de marzo de 2014). «Senador Quintana anuncia "retroexcavadora" contra modelo neoliberal», consultado el 22 de febrero de 2017 en http://www.emol.com/noticias/nacional/2014/03/25/651676/nueva-mayoria-advierte-que-pasara-retroexcavadora.html.

42. Sin duda contribuyó a ello la gestión antipopulista de Andrés Velasco, ministro de Hacienda (2006-2010).

43. C. Larroulet y J. Gorosabel, *La educación en la encrucijada: ¿Sociedad docente o Estado docente?,* RIL Editores, Santiago de Chile, 2015.

44. Programa de gobierno de la candidatura presidencial de Michelle Bachelet (2013), p. 32.

45. El Mercurio, 9 de abril de 2016.

46. Encuesta n.° 162, 20 de febrero de 2017. Plaza Pública, Cadem.

47. Economist.com, consultado el 22 de febrero de 2017 en http://www.economist.com/news/americas/21717105-donald-trump-through-lati-namerican-eyes-peronist-potomac.

Capítulo 15

1. H. Young, *This Blessed Plot. Britain and Europe from Churchill to Blair*, MacMillan, 1998.

2. En Europa se incluirían en este grupo las democracias nórdicas y Holanda.

3. El principal grupo que sostiene ese planteamiento es el articulado alrededor de Economists for Brexit liderado por Patrick Minford.

4. G. Zoega y A. Arnosson, «On the Causes of Brexit», *Working Papers in Economics and Finance,* Birbeck College, 2016.

5. S. Nickell y C. Saleheen, *The Impact of Immigration on Occupational Wage: Evidence from Britain,* Staff Working Paper n. 574, Bank of England, 2016).

6. De acuerdo con los datos ofrecidos por el Deutsche Bank, la mitad de todo el crecimiento económico registrado por el R. U. entre 2009 y 2014 se produjo en Londres y en el sur de Inglaterra.

7. Se ha elegido como ejemplo de este planteamiento el trabajo de Dhinga y otros, *The Consequences of Brexit for UK Trade and Living Standards,* Centre for Economic Perfomance, Brexit Analysis 02, 2016.

8. P. Minford y otros, *Should Britain Leave The EU? An Economic Analysis of a Troubled Relationship,* Edwars Elgar in Association with IEA, 2015.

Capítulo 16

1. Dos obras recientes sobre el tema son: Andrea Pirro, *The Populist Radical Right in Central and Eastern Europe,* Routledge, Londres, 2015, y Bartek Pytlas, *Radical Right Parties in Central and Eastern Europe,* Routledge, Londres, 2016.

2. Esta forma de concebir el populismo y las reflexiones que siguen le deben mucho, si bien con diferencias significativas, a los trabajos de Cas Mudde (por ejemplo «The Populist Zeitgeist» y «Exclusionary vs. Inclusionary Populism», con Cristóbal Rovira Kaltwasser, en *Government and Opposition,* 39/4, 2004, y 48/2, 2013) y Ernesto Laclau, *La razón populista,* FCE, Buenos Aires, 2005.

3. Se trata de la famosa «voluntad general» (única e indivisible) de Rousseau que, como lo expresó en *El contrato social,* no siempre es evidente: «El pueblo quiere siempre el bien, pero, por sí mismo, no siempre lo ve. La voluntad general es siempre recta, pero el juicio que la guía no es siempre esclarecido. Se necesita hacerle ver los objetos tales como son, a veces tal como deben parecerle; mostrarle el buen camino que ella busca». En fin, incluso puede ser preciso «obligar a los unos a conformar su voluntad con su razón» y «enseñarles a los otros a conocer lo que desean». La tradición revolucionaria que va de Robespierre a Lenin y sus seguidores hizo de esta dualidad entre voluntad o conciencia subyacente o esencial y voluntad aparente o falsa la justificación clave de su poder dictatorial sobre ese mismo pueblo que decía representar.

4. Paul Taggart, *Populism,* Open University Press, Buckingham, 2000.

5. Cas Mudde usa la distinción entre ideologías delgadas *(thin-centred ideologies)* e ideologías gruesas o densas *(thick-centred ideologies)* para captar la «liviandad ideológica» y por ende la maleabilidad del populismo. Sobre esta distinción ver *Ideologies and Political Theory* de Michael Freeden, Clarendon Press, Oxford, 1996.

6. Los términos entrecomillados son de Laclau, quien define la situación pre-populista como aquella en que coinciden «una acumulación de demandas insatisfechas y un aparato institucional cada vez menos capaz de vehiculizarlas» («Consideraciones sobre el populismo latinoamericano», *Cuadernos del CENDES* 23/62, 2006).

7. Lo que no impidió la fuerte desindustrialización que ha afectado con particular fuerza a los viejos centros manufactureros europeos y que jugará un

papel clave tanto para el surgimiento del populismo como para su retórica, en la que la reindustrialización siempre aparece como un punto central.

8. La excepción más importante, aunque efímera, fue el poujadisme en Francia, que bajo el liderazgo de Pierre Poujade obtuvo más de dos millones de votos y 52 diputados en 1956, entre ellos el joven Jean-Marie Le Pen.

9. Un panorama de este ascenso se encuentra en los textos de Fareed Zakaria y Cas Mudde en *Foreign Affairs* 95:6 (2016), así como en Andreas Johansson Heinö, *Timbro Authoritarian Populism Index,* Timbro, Estocolmo, 2016, y Eduardo Fernández Luiña, *Mitos y realidades de los movimientos populistas,* Instituto Juan de Mariana, Madrid, 2016. La evolución de los estudios sobre el populismo está bien resumida en lo referente a la «derecha radical populista» por Cas Mudde en *The Study of Populist Radical Right Parties: Towards a Fourth Wave,* University of Oslo, Oslo, 2016.

10. Según los avances de resultados del *Barómetro del CIS* que se detallarán más adelante.

11. Según la encuesta a pie de urna de Kapa Research en la elección de septiembre de 2015 (*National Elections September* 2015, Atenas, Kapa Research 2015).

12. Nicola Maggini, *Il (nuovo) bacino elettorale del M5S: perifericità, lontananza dalla politica e protesta anti-governo,* Florencia, CISE 2015.

13. Es decir, con grados de confianza entre 7 y 10 en una escala de 0 (ninguna confianza) a 10 (total confianza). Hay que señalar que las diferencias entre países son notables, yendo de los escandinavos, donde más de una cuarta parte de la población confiaba en los partidos políticos, a Francia y España, con un 4.2 por ciento y un 3.3 por ciento, respectivamente, que decía confiar en ellos. Ver http://www.europeansocialsurvey.org/data/.

14. Catherine De Vries e Isabell Hoffmann, *Fear not Values. Public opinion and the populist vote in Europe,* Bertelsmann Stiftung, Gütersloh, 2016.

15. Baste citar aquí los ensayos reunidos por Rusell Dalton y Christian Welzel en *The Civic Culture Transformed: From Allegiant to Assertive Citizens,* Cambridge University Press, Nueva York, 2014. Un panorama de esta problemática se encuentra en mi ensayo «El incierto futuro de la democracia», *Estudios Públicos,* 140, 2015.

16. Sobre el impacto de la crisis de 2008 y el desarrollo del populismo véase Hanspeter Kriesi y Takis Pappas (eds.), *European Populism in the Shadow of the Great Recession,* ECPR Press, Colchester, 2015.

17. En mayo de 2016 el partido aprobó un manifiesto titulado *El islam no forma parte de Alemania,* radicalizando así su rápida evolución desde un movimiento esencialmente euroescéptico a uno que prioriza la lucha cultural y por contener la inmigración desde países musulmanes.

18. *Trump, Brexit, and the Rise of Populism: Economic Have-Nots and Cultural Backlash,* Harvard Kennedy School, Harvard, 2016.

19. *Fear not Values. Public opinion and the populist vote in Europe,* Bertelsmann Stiftung, Gütersloh, 2016.

20. Estos conceptos han sido desarrollados por Inglehart ya desde los años setenta. La Encuesta Mundial de Valores ha sido su resultado más relevante desde el punto de vista empírico (http://www.worldvaluessurvey.org/wvs.jsp).

21. El trabajo de campo se realizó en agosto de 2016 y abarcó una muestra representativa de 14.936 personas.

22. Estos países son Alemania, Austria, España, Francia, Gran Bretaña, Holanda, Hungría, Italia y Polonia.

23. *La sociologie du vote au premier tour des élections régionales 2015,* OpinionWay, París, 2015.

24. Jérôme Jaffré, *Les nouveaux électeurs du Front national,* CEVIPOF, París, 2016.

25. Sylvain Brouard, *Les bénéficiaires du mariage pour tous votent-ils plus à gauche?,* CEVIPOF, París, 2016.

26. Lo que forma parte del proceso de «dédiabolisation» (desdemonización), consistente en normalizar la imagen del Frente limando sus aristas más extremas.

27. Este resultado, que implicó cuadruplicar su porcentaje de votos en este tipo de comicios, había sido precedido por un espectacular resultado en la elección europea de 2014, donde se ubica en el primer lugar con un 27.5 por ciento, lo que fue una sensación, ya que era la primera vez desde 1906 que un partido que no fuera el conservador o el laborista obtenía la primera mayoría en una elección británica de ámbito nacional.

28. «Ukip, the 2015 General Election and Britain's EU Referendum», Political Insight, diciembre de 2015, basado en Ukip: Inside the Campaign to Redraw British Politics (con Caitlin Milazzo; Oxford University Press, Oxford, 2015.

29. Peter Kellner, *General election 2015: how Britain really voted,* YouGov, Londres, 2015.

30. Se trata de tres informes: *Avance de resultados, tabulación por variables sociodemográficas* (http://datos.cis.es/pdf/Es3134sd_A.pdf), *Avance de resultados, tabulación por variables de clase social* (http://datos.cis.es/pdf/Es3134cs_A.pdf) y *Avance de resultados, tabulación por recuerdo de voto y escala de ideología política* (http://datos.cis.es/pdf/Es3134rei_A.pdf).

31. Con más de un 25 por ciento de sobrerrepresentación sobre el voto medio del partido o su proporción con relación a la composición de la muestra.

32. Término originalmente usado por Jørgen Goul Andersen y Tor Bjørklund en «Structural Changes and New Cleavages: The Progress Parties in Denmark and Norway», *Acta Sociologica* 33/3, 1990. Ejemplos de usos más recientes son «Do Mainstream Parties Adapt to the Welfare Chauvinism of Populist Parties?», de Gijs Schumacher y Kees van Kersbergen, *Party Politics* 22/3, 2014, y «Populist radical right protectors of the folkhem: Welfare chauvinism in Sweden» de Cristian Norocel, *Critical Social Policy,* 36/3, 2016.

33. Ver *Believe in Britain: UKIP Manifesto 2015* (http://www.ukip.org/manifesto2015).

34. La «izquierdización» del programa del FN quedó plasmada en la plataforma de Marine Le Pen en la elección presidencial de 2012 (Ver http://www.frontnational.com/pdf/projet_mlp2012.pdf). El programa para la eleccciónde abril-mayo de 2017 puede ser consultado en https://www.marine2017.fr/wp-content/uploads/2017/02/projet-presidentiel-marine-le-pen.pdf.

35. «Marine Le Pen est-elle d'extrême gauche?», Guillaume Bernard en Figaro Vox, 18 de febrero de 2014.

36. «Le FN, parti 'hard left'», Gaspard Koenig en Le Point, 23 de febrero de 2014.

37. Basado en una encuesta dirigida a 337 cientistas políticos que da información sobre el posicionamiento de 268 partidos políticos europeos.

38. Concepto clave tanto entre los indignados españoles como griegos (los *aganaktismenoi*).

39. *Plan 2020,* de enero de 2017 (http://estaticos.elmundo.es/documentos/2017/01/13/Iglesias.pdf).

40. Como dice Giorgos Katsambekis en «El ascenso de la izquierda radical griega al poder. Notas sobre el discurso y la estrategia de Syriza» (Línea Sur 9, 2015): «Durante esta campaña, Syriza enfatizó su llamado a restaurar al "pueblo" y su soberanía en contra de la "oligarquía" establecida. Su conciso

programa se abría con un extracto del discurso de Tsipras, en el que afirmaba: "Contamos con usted. No con la oligarquía [...] Con el pueblo soberano"».

41. Ver http://www.syriza.gr/article/SYRIZA---THE-THESSALONI-KI-PROGRAMME.html#.WJtuEH_sGRZ.

42. Es la expresión usada por Íñigo Errejón en «Desplegar las velas», que es su documento programático ante el congreso Vistalegre II de febrero de 2017 (http://estaticos.elmundo.es/documentos/2017/01/13/Errejon.pdf). Iglesias, por su parte, habla de «máquina electoral» en el *Plan 2020* ya citado.

43. Todos los entrecomillados provienen de los dos documentos aludidos en la nota anterior.

44. El primer punto de su Non Statuto dice: «El "Movimiento 5 Estrellas" es una "no Asociación" [...] La "sede" del "Movimiento 5 Estrellas" coincide con el sitio web www.movimento5stelle.it». Ver: https://s3-eu-west-1.amazonaws.com/materiali-bg/Regolamento-Movimento-5-Stelle.pdf.

45. El movimiento alcanzó el 25.5 por ciento de los sufragios (8.7 millones) en la elección a la Cámara de Diputados de febrero de 2013 y luego el 21.2 por ciento en la elección europea de mayo de 2015. En los comicios locales ha logrado hacerse con el gobierno de una serie de ciudades de primera importancia, entre ellas Roma y Turín.

46. Ver «M5s: impugnato lo Statuto sulle espulsioni, Grillo in tribunale», ANSA, 11 de enero de 2017, y también «Espulsi verso class action contro nuovo regolamento M5S. Quorum non raggiunto, Grillo pronto a schierare i legali», *L'Huffington Post,* 28 de noviembre de 2016.

47. La acertada expresión «populismo digital centralizado» es de Luca Raffini. Ver «La politica online alla prova della democrazia», en *La nuova politica. Mobilitazioni, movimenti e conflitti in Italia* a cargo de Luca Alteri y Luca Raffini, Edises, Nápoles, 2014.

48. *El País,* 26.11.2016.

Autores

Álvaro Vargas Llosa

Escritor, periodista, inversor individual. Autor de varios libros, reside en Estados Unidos. Fue nominado Joven Líder Global por el Foro Económico Mundial de Davos y elegido por *Foreign Policy* como uno de los 50 intelectuales más influyentes de América Latina. Es *Senior Fellow* de The Independent Institute.

Enrique Krauze

Historiador mexicano. Director de la editorial Clío y de la revista cultural *Letras Libres*. Miembro del Colegio Nacional y la Academia Mexicana de la Historia. Colaborador de *El País* en España. Ha recibido, entre otros galardones, la Gran Cruz de la Orden de Alfonso X El Sabio.

Yoani Sánchez

Periodista cubana y directora del diario digital *14ymedio.com*. Vive en La Habana (Cuba). Seleccionada por la revista *Time* entre las 100 personas más influyentes del mundo en la categoría «Héroes y pioneros». Su bitácora fue incluida entre los 25 mejores *blogs* del mundo por *Time* y *CNN*.

Carlos Alberto Montaner

Escritor y periodista cubano. Reside en Estados Unidos. Fue elegido por *Foreign Policy* como uno de los 50 intelectuales más influyentes de América Latina. Publica una columna semanal en Estados Unidos, América Latina y Europa. Fue vicepresidente de la Internacional Liberal.

Sergio Ramírez

Novelista y ensayista nicaragüense, y exvicepresidente de su país. Reside en Managua. Ha sido galardonado con el Premio Internacional de Novela Alfaguara, el Premio Carlos Fuentes, que otorga el gobierno de México, y la Orden de las Artes y de las Letras en grado de Oficial que confiere el Estado francés.

Fernando Luis Schüler

Escritor y académico brasileño. Profesor en Insper, curador del proyecto Fronteras de Pensamiento, consultor de empresas y organizaciones civiles en las áreas de la cultura, la ciencia política, la empresa y el tercer sector. Fue secretario de Estado para la Justicia y el Desarrollo Social de Rio Grande do Sul.

María Corina Machado

Ingeniera civil de formación, es una de las principales líderes de la Resistencia democrática en Venezuela y fundadora del partido Vente Venezuela. Fue cofundadora de la organización civil Súmate y diputada de la Asamblea Nacional, de donde fue expulsada por el régimen chavista, mereciendo por ello la solidaridad de gobiernos y organismos internacionales.

Gerardo Bongiovanni

Presidente de Fundación Libertad basada en Rosario (Argentina), y secretario general de la Fundación Internacional para la Libertad, institución presidida por Mario Vargas Llosa. Miembro de la Sociedad Mont Pelerin, la asociación liberal creada por el nobel de Economía Friedrich Hayek tras la Segunda Guerra Mundial. Una de las principales figuras del movimiento liberal internacional.

Gabriela Calderón

Politóloga ecuatoriana. Editora de *ElCato.org,* investigadora del Cato Institute de Estados Unidos y columnista de *El Universo* (Ecuador). Obtuvo su maestría en Comercio y Política Internacional de la George Mason University. Es autora del libro *Entre el instinto y la razón.*

Plinio Apuleyo Mendoza

Novelista, ensayista y diplomático colombiano. Reside en Bogotá y es columnista del diario *El Tiempo.* Fue embajador en Italia y Portugal. Recibió el Premio Nacional de Periodismo Simón Bolívar y el Premio de Novela Plaza y Janés. Es autor, entre otros libros, de *Cinco días en la isla* y *Aquellos tiempos con Gabo.*

Juan Claudio Lechín

Catedrático boliviano de Literatura, Guion Cinematográfico y Economía. Ha investigado la relación entre el fascismo, el comunismo y el socialismo del siglo XXI. Con *La gula del picaflor* ganó el premio Alfaguara 2003 de novela (Bolivia) y quedó finalista en el Rómulo Gallegos 2005 (Venezuela). Ha sido articulista de *El Comercio* (Perú), *Clarín* (Argentina), *El Nacional* y *Tal Cual* (Venezuela) y *La Razón* (Bolivia).

Roberto Ampuero

Novelista chileno, exembajador de su país en México y exministro de Cultura. Enseñó en la Universidad de Iowa, en Estados Unidos, y reside en Santiago. Su novela *El caso Neruda* fue reconocida como una de las diez mejores obras de ficción publicadas en Alemania por la revista *Buchkultur,* y fue nombrado Hijo Ilustre de Valparaíso por su trayectoria literaria.

Cristián Larroulet

Economista, académico e investigador chileno. Fue ministro de la Secretaría General de la Presidencia entre 2010 y 2014. Ha escrito diversas publicaciones académicas tanto en Chile como en el extranjero. Es consejero del Instituto Libertad y Desarrollo y vicerrector de posgrados y director de investigación de la Facultad de Economía y Negocios de la Universidad del Desarrollo.

Cayetana Álvarez de Toledo

Periodista española y exdiputada del Partido Popular por Madrid en las Cortes Generales. Se doctoró en Oxford en Historia Moderna con una tesis dirigida por John H. Elliott. Fue directora del área internacional de FAES. Es fundadora y presidenta de la plataforma Libres e Iguales.

Lorenzo Bernaldo de Quirós

Economista español, es presidente de Freemarket Corporate Intelligence, especializada en estrategia y operaciones, en Madrid. Es académico del Cato Institute de Estados Unidos. Ha sido asesor económico del Círculo de Empresarios y director de estudios económicos de la Cámara de Comercio e Industria de Madrid. Es autor de *Por una derecha liberal.*

Mauricio Rojas

Académico y político chileno. Fue diputado del Partido Popular Liberal en Suecia. Es director de la Cátedra Adam Smith de la Universidad del Desarrollo (Chile), *Senior Fellow* de la Fundación para el Progreso (Chile) y miembro de la junta directiva de la Fundación Internacional para la Libertad.